Über dieses Buch

Auch dieser Band der Reihe ›Klassiker heute‹ versucht, das Interesse für die Werke klassischer deutschsprachiger Literatur zu beleben und zu zeigen, daß uns die Werke der Dichter auch heute noch etwas angehen, daß sich von ihnen her ein Verständnis für die Lebensumstände ›damals‹ erschließen läßt. Die acht Aufsätze des Bandes gehen wiederum vom Biografischen und vom zeitgeschichtlichen Umfeld aus. Sie vermitteln eine ›erste Begegnung‹ mit einem Autor des Expressionismus, behandeln einen besonders interessanten Aspekt eines seiner Werke und bieten einen Einstieg in das Gesamtwerk des jeweils vorgestellten Dichters. Ergänzt wird die Darstellung jedes Autors durch Leseproben, Abbildungen, eine biografische Zeittafel und einige Lesevorschläge für Bücher über Autor und Werk.
Im Fischer Taschenbuch Verlag erschien als Band 3024, herausgegeben von H.-C. Kirsch: ›Klassiker heute. Zwischen Klassik und Romantik. Erste Begegnung mit Jean Paul, Clemens Brentano, Achim von Arnim, Heinrich von Kleist, E. T. A. Hoffmann, Joseph von Eichendorff, Heinrich Heine und Georg Büchner‹.

Die Autoren

Kurzbiografien der Autoren finden sich am Ende des Buches.

KLASSIKER HEUTE

Die Zeit des Expressionismus

Erste Begegnung mit

Georg Heym
Georg Trakl
Gottfried Benn
Johannes R. Becher
Georg Kaiser
Alfred Döblin
Else Lasker-Schüler
Ernst Toller

Fischer Taschenbuch Verlag

Lektorat: Ingeborg Mues

Originalausgabe
Fischer Taschenbuch Verlag
Januar 1982
Umschlaggestaltung: Jan Buchholz/Reni Hinsch
Fischer Taschenbuch Verlag GmbH, Frankfurt am Main

Satzherstellung: Fotosatz Otto Gutfreund, Darmstadt
Druck und Bindung: Clausen & Bosse, Leck
Printed in Germany
1280-ISBN-3-596-23026-8

Inhalt

BRIGITTE DÖRRLAMM

1911–1925: Die Zeit des Expressionismus in Deutschland

»Der Expressionismus ist tot..., es lebe der Expressionismus«, verkündet der Schriftsteller Paul Hatvani 1921. Das klingt historisch und gewichtig, nach Haupt- und Staatsaktion...

Hatvani ist Österreicher und vielleicht deshalb von einem besonderen Hang zum Monarchistischen. Diskutiert aber wird dieser Begriff in Deutschland ebenso pathetisch, und zwar erstmalig bereits vor damals zehn Jahren: 1911, als der sechsundzwanzigjährige Dr. Kurt Hiller in der »Heidelberger Zeitung« bekennt: »Wir sind Expressionisten.«

In eben diesem Jahr veröffentlicht Mynona (d. i. »anonym« und meint Salomo Friedlaender) in der »Aktion« eine heute als »expressionistisches Märchen« gesammelte Satire: »Von der Wollust über Brücken zu gehen«.

Die Brücke – bekannt als Name einer Vereinigung bildender Künstler – ist ein beliebtes Symbol für den Übergang, den man in dieser Zeit sucht und versucht, weil man mit Hamlet sieht – und das ist auch das Motto dieses Textes: »'s ist Etwas faul...«

Hauptperson des Märchens ist ein Wissenschaftler, Doktor van der Krendelen, der ein Verfahren entwickelt hat, die Luft, ja, die »gesamte(n) planetarische(n) Atmosphäre« chemisch zu reinigen, das bedeutet: Er kann die Erde klimatisch revolutionieren.

Um über den Selbstversuch hinauszukommen, wandelt er sein Institut in eine GmbH um und gibt bekannt: »An sein Laboratorium als Zentrale sollten sich Freiwillige mit ihren Privatwohnungen oder Kasernen oder Fabrikräumen oder Ställen usw. anschließen.« Problematisch allerdings dabei ist, daß die »bessere« Gesundheit nur von den wenigsten vertragen wird, beziehungsweise daß die immerhin »künstlich Gesundeten« sich nicht mehr »nach außen begeben« können, »ohne tot umzufallen«. Das paßt den Betroffenen keineswegs, und »ein paar kränkelnde Monarchen« hetzen sogar die Polizei auf die GmbH.

Das treibt den Wissenschaftler, aufs Ganze zu gehen. Er präpariert eine große Menge des luftreinigenden Stoffs und bringt ihn vermittels eines elektrischen Verfahrens in die Erdatmosphäre. Angesichts des folgenden großen, übrigens geruchlosen Sterbens weiß er: ».... daß die Seuche das anzeigende Symptom ihres Gegenteils war: und daß dieses jetzt, von ihm heraufbeschworen, sich leuchtend genug offenbaren werde«.

In der »jungen Reinheit« können sich »die sog. Normalen, der ›gesunde Durchschnitt‹« nicht halten, sie krepieren, wie der Autor sagt; »die Extreme, die Überstumpfen, die Überzarten, die Blöden und die Hypersensiblen« jedoch korrigieren sich »zu einem ganz andern Durchschnitt von ungemeiner Strenge und Präzision, wie wenn in ihre Leiber Mathematik und Musik gefahren wäre, sie paßten und stimmten plötzlich zur Natur... Es formte sich aus Kindheit und Greisentum eine ganz neue wie überirdische Jugend... Und sonderbar, durch die strahlende Reinheit der Luft sah alles ätherischer aus: *irdischer*! Das Licht schien lichter... und alle Leute spürten das Erdgewicht als etwas frei Beherrschbares in den eigenen Gliedern, so daß sie mit der Erde um die Sonne spielten, wie sie wollten; und in ihrem Willen war von selbst ein Unisono. So setzten sich, als der Frühling sich vom Winter getrennt hatte, und die Jahreszeit ebenfalls selbständig geworden war, auch Sterben und Werden wie Schlafen und Wachen sauber auseinander und vereinigten nicht mehr ihren Mittelstand, so daß in jeder Beziehung das Aus und Ein exakt funktionierte, und alles und alle jetzt wußten, wo aus und wo ein.«

Es ist ein Märchen – nicht nur das »Paradies der Lungen«, sondern vor allem das Unisono des Willens. Das nämlich gibt es damals in keinem Bereich: im politischen, im weltanschaulichen und gesellschaftlichen nicht und nicht in der Kunst. Nicht einmal rückblickend ist es erkennbar.

Nicht nur Walter H. Sokel (in: »Der literarische Expressionismus«) rubriziert: »Naturalismus/Realismus«, »Surrealismus« im Gegensatz zu »Kubismus«, »Symbolismus«, »Dadaismus«, »Futurismus« und »Neue Sachlichkeit«. Da gibt es Abgrenzungen zwischen dem »Aktivismus«, und zwar dem »politischen« wie dem »messianischen«, und dem »religiösen Expressionismus«; da spricht man von »Nihilismus« und »Universalismus«, von »Subjektivismus« und »Abstraktionismus«, »metaphysischem Pessimismus« und »Vitalismus«, von »Intellektualismus« und »Vampirismus«. Es wird eine Linie gezogen vom »Chauvinismus« zum »Pazifismus«. Die sogenannte linke Expressionismusdebatte, die erst 1937/38 geführt wird, muß sich mit dem überspitzten Argument Alfred Kurellas auseinandersetzen, nach dem »der Geist, der den Expressionismus hervorgebracht habe..., auch in den Faschismus geführt« haben soll (Hans-Jürgen Schmitt): bürgerliche Dekadenz – entartete Kunst.

Wenn das alles oder auch nur ein Teil davon 1911 in der Luft gelegen hat, wäre die märchenhafte Reinigung mehr als nötig gewesen. Tatsächlich aber sucht man Klarheit zunächst auf dem Papier: Kaum eine andere Zeit hat so viele Manifeste und Programme, Sammlungen, Reihen, Jahrbücher und Zeitschriften produziert wie diese. In Wien erscheint bereits seit 1899 »Die Fackel« des wortmächtigen Karl Kraus und in Berlin seit 1905 Siegfried Jacobsohns, später Ossietzkys und Tucholskys Organ »Die Schaubühne«, fortgesetzt als »Die Weltbühne«. In der deutschen Hauptstadt werden 1910/11 gleich drei Zeitschriften gegründet: »Der Sturm« mit dem Herausgeber Herwarth Walden, bürgerlich Georg Levin, »Die Aktion« als Nachfolgerin des »Demokraten« mit Franz Pfemfert und »Pan« mit Paul Cassirer und dem streitbaren Alfred Kerr. In München folgt auf die kurzlebige »Neue Kunst« die »Revolution«, 1913, und im gleichen Jahr bringt Erik-Ernst Schwabach, später René Schickele in Leipzig »Die weißen Blätter« heraus. – Von Zeitungsbeilagen und Tagespresse einmal abgesehen, ein beachtliches Forum, auf dem um künstlerische und soziale Identität gerungen wird, um die soziale Identität des Künstlers und Intellektuellen, um die gesellschaftlichen Möglichkeiten von Geist und Kunst überhaupt.

Spitzwegs und des »armen Poeten« Zeiten in der Dachkammer sind vorbei. Die biedermeierlich-deutsche Kleinstaaterei, die außer dem alten Goethe in Weimar keinem Dichter eine in der Gesellschaft vorgesehene Rolle bot, sogar die exilkalten Jahre des Heineschen Wintermärchens scheinen überwunden. Die Wilhelminische Ära hat sich gefestigt. Jetzt will man sich einmischen, und zwar mehr als »jene Ästheten«, die nach Kurt Hiller »nur zu reagieren verstehen, die nur Wachsplatten für Eindrücke sind und exakt-nuancenreich arbeitende Deskribiermaschinen (...) Wir sind Expressionisten. Es kommt uns wieder auf den Gehalt, das Wollen, das Ethos an.« Wenn Mynona, der Märchenerzähler aus der »Aktion«, recht hat, gibt es allerdings um 1911 »kränkelnde Monarchen«, denen es auf etwas anderes ankommt.

Kaiser Wilhelm II. regiert im dreiundzwanzigsten Jahr das Zweite Deutsche Reich, das unter ihm nach den USA und Großbritannien zur führenden Weltwirtschaftsmacht aufgestiegen ist. Außer der allergnädigsten, aber äußerst leicht zu beleidigenden Majestät, die sich nach wie vor »von Gottes Gnaden« dünkt und ein »persönliches Regiment« führt, gibt es die »Reichsleitung«, wie sich die Regierung mit Rücksicht auf die Fürsten nennt. Und es gibt den Reichstag, für den am 12. Januar 1912 rund 14½ Millionen deutsche Männer wahlberechtigt sind. Seit langem stetig steigend – 1912: 29% – ist die Zahl der sozialdemokratisch Wählenden. 22% stimmen damals liberal, 14% für das Zentrum und 10% konservativ. Auf die Partikularisten und Nationalitäten entfallen 5% und auf die in den Statistiken als Randparteien Bezeichneten 4%.

Solche Statistiken dürfen aber nicht darüber hinwegtäuschen, daß es sich hier keineswegs um Parlamentarismus auch nur im heutigen Sinn handelt. Das Deutsche Reich ist ein Obrigkeitsstaat, und die Deutschen sind, wie Heinrich Mann in seinem 1914 geschriebenen Roman feststellen wird: Untertanen.

Kurt Tucholsky sieht in der Hauptperson dieses Buches, das er 1919 »gottseidank in aller Hände« wähnt, »nicht nur Diederich Heßling oder ein(en) Typ. Das ist der Kaiser, wie er leibte und lebte. Das ist die Inkarnation des deutschen Machtgedankens, das ist einer der kleinen Könige, wie sie zu Hunderten und Tausenden in Deutschland lebten und leben, getreu dem kaiserlichen Vorbild, ganze Herrscherchen und ganze Untertanen.«

Heinrich Mann selber, der Autor, weiß 1911: »Die Geschlechter müssen vorübergehen, der Typus... muß sich abnutzen: dieser widerwärtig interessante Typus des imperialistischen Untertanen, des Chauvinisten ohne Mitverantwortung, des in der Masse verschwindenden Machtanbeters, des Autoritätsgläubigen wider besseres Wissen und politischen Selbstkasteiers. Noch ist er nicht abgenutzt. Nach den Vätern, die sich zerrackerten und Hurra schrien, kommen Söhne mit Armbändern und Monokeln, ein Stand von formvollen Freigelassenen, der sehnsüchtig im Schatten des Adels lebt...«

Weitreichend ist dieser Schatten damals: Der Reichskanzler Bethmann Hollweg hat wie seine fünf Vorgänger das »von« im Namen, der Berliner Polizeipräsident, mit dem sich u.a. Alfred Kerr im »Pan« langwierig herumschlägt, ist ein Herr von Jagow, und der Staatssekretär im Reichsmarineamt, der sich seit der Jahrhundertwende um Deutschlands Zukunft kümmert, die laut Wilhelm II. »auf dem Wasser« liegt, heißt Alfred von Tirpitz.

Zur Propagierung der neuen See- und Kolonialpolitik des Kaisers existiert, gegründet von Alfred Krupp, dessen Firma bereits ihrer Hundertjahrfeier entgegensieht, seit 1898 der »Deutsche Flottenverein«. Mit über einer halben Million Mitgliedern behauptet er inzwischen seine führende Stellung im deutschen Vereinswesen. Der Matrosenanzug für Kinder beiderlei Geschlechts wird große Mode. Nicht ungern führe man jetzt schon gegen das imperialistisch konkurrierende Engeland. Und die Schwerindustrie ist natürlich am Panzerschiffbau interessiert. Die Firma Mannesmann zeigt außerdem Interesse z. B. an den reichen Kupferlagern im Susgebiet in Marokko, dem einzigen formell noch unabhängigen Land Nordafrikas, in dem allerdings Frankreich seit der ersten Krise 1905 die Polizeihoheit hat.

Als der betreffende Vertrag ausläuft, glauben die Deutschen, auf alle Fälle präsent sein zu müssen, und schicken am 1. Juli 1911 das Kanonenboot »Panther« in den Hafen von Agadir. Für nicht wenige dokumentiert dieser sogenannte »Panthersprung« u. a. das »Recht zum Kriege«, wie das erste Kapitel eines Buches heißt, in dem sich General Friedrich von Bernhardi 1911 mit »Deutschland und dem nächsten Krieg« befaßt.

Daß kurz nacheinander dieses Werk zum zweiten- und drittenmal aufgelegt wird, zeigt, daß der Autor nicht alleinsteht mit Befunden wie diesem: »Wo die Fähigkeit verlorengeht, die höchsten materiellen Güter, Leben, Gesundheit, Besitz und Wohlbefinden, freudig dahinzugeben für ideale Zwecke: für die Erhaltung nationaler Eigenart und politischer Selbständigkeit, für die Erweiterung der Machtsphäre und des territorialen Besitzes im Interesse der nationalen Wohlfahrt, für bestimmenden Einfluß im Konzert der Völker nach Maßgabe der eigenen Kulturbedeutung, für geistige Freiheit gegen dogmatischen und politischen Zwang, für die Ehre der Fahne als Inbegriff des eigenen Wertes: da ist die aufsteigende Entwicklung gebrochen, der Niedergang besiegelt, und innerer und äußerer Zusammenbruch sind nur noch eine Frage der Zeit.« Derart verschlungene Gedanken aus der Schule der Nation werden, wenn nicht verstanden, so doch offenbar akzeptiert, denn: »Was die allgemeine Wehrpflicht betrifft... so betrachtet sie der Deutsche nicht als schwere Last, sondern als eine heilige patriotische Pflicht, deren Erfüllung er seine Existenz, seinen Wohlstand und seine Zukunft verdankt...«, meint ein Oberst namens Schwarzhoff, dessen Existenz ohne die »heilige patriotische Pflicht« in der Tat gefährdet wäre...

Der sozialdemokratische Rechtsanwalt Dr. Karl Liebknecht dagegen veröffentlicht Artikel, in denen er vor allem die »jungen Proletarier« vor dem Militarismus als dem »Würgengel der Kultur« und der »Summe aller Volksfeindlichkeit« warnt. – »Vorbereitung des Hochverrats«, urteilen die, die diese Artikel im Auftrag und Interesse des Staates lesen; Liebknecht bekommt eineinhalb Jahre Festung, und die Schreibenden, auch die Autoren literarischer Zeitschriften, wissen wieder einmal, daß sie gefährlich leben. So wird der »Pan« in seinem ersten Erscheinungsjahr dreimal von der zuständigen Polizeibehörde beschlagnahmt. Man braucht schon den Mut, den Alfred Kerr in seinem »Brief an die Herausgeber« »fröhlich« grüßend gesteigert wissen will, und die Prominenz des »Allesüberschauenden« (Herbert Eulenberg als Antwort auf eine Umfrage in der »Aktion«), um die »Pan«-Macher öffentlich aufzufordern: »Helfen Sie, die gebildete Tatlosigkeit der anständigen Menschen als etwas Unanständiges ihnen einzubläuen. Vielleicht kommen sie dann über Ironie, Kopfschütteln und hochstehend fortschrittliche Feigheit hinweg... Stellen Sie denen als Ideal solche vor, die bei letzter Kultur, bei klingender Künstlerkraft ein Stück Pöbel in sich tragen, ein Stück Waldtier bei aller verfeinerten Stadthaftigkeit. Die brauchen wir.«

Der durchaus »stadthafte« Berliner Alfred Kerr ist damals 44 und sicher der am meisten gefürchtete, anerkannt urteilsfähigste Theaterkritiker und Publizist am (zentralen) Platze. Er kennt die deutschsprachige literarische Szene 1911:

Von denen, deren Anfang man später mit dem Etikett »Naturalisten« belegt hat, ist Gerhart Hauptmann inzwischen 49 Jahre alt; über vier Nummern hinweg annonciert die »Aktion« eben seinen letzten Roman: »Der Narr in Christo Emanuel Quint«. Der lange noch produktive Autor wird ein Jahr später den Nobelpreis bekommen.

Von Arno Holz, 48, ist seit einem guten Dutzend von Jahren nichts Nennenswertes erschienen; aber erst 1929 wird Alfred Döblin dem »Enterbtesten aller Enterbten«, dessen Rolle es ist, »in Deutschland den Bruch mit einer faulen und unechten Überlieferung einzuleiten und vollziehen zu helfen«, die Grabrede halten.

Gleichaltrig mit Hauptmann lebt in Wien Arthur Schnitzler, praktischer Arzt und als Autor zuletzt 1908 in »Der Weg ins Freie« mit der Darstellung des Ästhetentums als Lebensform und Lebensgefahr befaßt. Möglicherweise kamen ihm Inspirationen dazu in dem »Schlößl« in der Rodauner Ketzergasse, wo seit 1901 Hugo von Hofmannsthal, 37, als freier Schriftsteller residiert. Im Jahre 1911 kommt nicht nur der Strauß-Hofmannsthalsche »Rosenkavalier«, sondern auch der »Jedermann« auf die Bühne von Dresden bzw. Berlin.

Stefan George, 43, zu dessen Jüngerkreis der junge Hofmannsthal vorübergehend gehört hat, hält sich wie der jetzt dreißigjährige Stefan Zweig viel im Ausland auf. Von Zweig erscheint 1911, angeregt durch Gespräche mit einer schwedischen Sozialpädagogin namens Ellen Key, ein dieser Frau gewidmeter Novellenband »Erstes Erlebnis«.

Vorübergehend in Wien, und zwar als Praktikant und Bibliothekar an der Technischen Hochschule, ist der 31jährige Robert Musil, der 1906 bereits »Die Verwirrungen des Zöglings Törleß« aufgezeichnet hat. Rainer Maria Rilke, 36, ist wohl einer derjenigen, die Kurt Hiller unter »jene Ästheten« zählt, »die nur Wachsplatten für Eindrücke sind« oder, wie derselbe Autor anläßlich der »Aufzeichnungen des Malte Laurids Brigge« in der zweiten Nummer der »Aktion« sich ausdrückt, einer der »auf leiseste Reize widerstandslos Reagierenden«; das Jahr 1911 verbringt das »adelige(s) Exemplar von ›dégénéré supérieur‹« auf Einladung der Fürstin Marie von Thurn und Taxis auf Schloß Duino an der Adria.

Weniger gastlich aufgenommen, sogar von »einer systematischen Verdrängung aus der Öffentlichkeit« bedroht ist »das Schaffen Frank Wedekinds«. Jedenfalls ist das die Beobachtung von zweiundzwanzig Künstlerkollegen aus allen Bereichen, die Mitte des Jahres wiederum in der »Aktion« »die Hand zu einem Zusammenschluß« bieten, um zu verhindern, daß »ein Drittel der gesamten dramatischen Produktion« des inzwischen 47jährigen Wedekind »infolge von Polizeiverboten an keiner deutschen Bühne zur Aufführung zugelassen« wird.

Der Lübecker Thomas Mann dagegen, jahrgangsgleich mit Rilke, lebt großbürgerlich reserviert in München. Wenn man als Höhepunkt seines literarischen Ruhms den Nobelpreis ansieht, den er 1929 für die »Buddenbrooks« bekommen wird, hat er noch Zeit und Muße genug, sich geschmäcklerisch über die Eignung von bestimmten Drucktypen für bestimmte Literaturerzeugnisse zu verbreiten. Da der Herausgeber ihn wertschätzt, kann er in der »Aktion« feststellen, daß der »Wilhelm Meister« in Antiqua völlig undenkbar ist... Seine »Königliche Hoheit« liegt zu dieser Zeit bereits seit einigen Monaten in den Buchhandlungen. Sein vier Jahre älterer Bruder Heinrich Mann hat es da schon schwerer. Als Sozialdemokrat hat er in seinen kulturpolitischen Essays (1910 unter dem Sammlungstitel »Geist und Tat« erschienen) über sein Vaterland unvorsichtigerweise gemeint: »Weder die Abschaffung ungerechter Gewalt noch die Befreiung von den Ansprüchen eines lächerlich gewordenen Glaubens hat (hier) Hände bewegt. Man denkt weiter als irgendwer, man denkt bis ans Ende der einen Vernunft, man denkt bis zum Nichts: und im Lande herrscht Gottes Gnade und die Faust.« – Mit solchen Sätzen weist dieser Autor allemal über die bisher genannten Zeitgenossen hinaus.

In keinen Zusammenhang zu bringen ist schließlich der 28 Jahre alte Franz Kafka, der in seinem Tagebuch im November 1911 selbstquälerisch sinniert: »Würde ich einmal ein größeres Ganzes schreiben können, wohlgebildet vom Anfang bis zum Ende, dann könnte ich auch die Geschichte niemals endgültig von mir loslösen, und ich dürfte ruhig und mit offenen Augen, als Blutsverwandter einer gesunden Geschichte, ihrer Vorlesung zuhören, so aber läuft jedes Stückchen der Geschichte heimatlos herum und treibt mich in die entgegengesetzte Richtung.«

Auf ihn paßt – zumindest in der angedeuteten Situation – Max Herrmann-Neißes 1911 in der »Aktion« erstveröffentlichter

Wallfahrts-Choral der Jungen

Wir sind die Jungen:
Mit zukunftszarten, schamschwachen Knochen,
Von neuen vernichtenden Stürmen zerbrochen,
Wund und zerrungen – – –

Aber wir wollen ja siegen!
Wir wollen ja unsere Stimmen hören,
Wir wollen Seelen besitzen und Töchter betören
Und jemanden haben, an den wir uns schmiegen – –

Doch wir sind stets allein!
Wir haben auch niemand, mit dem wir sprechen.
Wir werden uns in uns selbst zerbrechen –
Es muß wohl sein!

Wie es sein muß, für Hillers Expressionisten-Generation, wird sich vor allem an dem Ereignis zeigen, das für viele der Jungen zum Schicksal und zum Thema geworden ist: am Krieg. Die jüngsten von ihnen erreicht er als Zweiundzwanzigjährige.

Herrmann-Neiße, der Autor des »Wallfahrts-Chorals«, ist 1886 geboren. Jahrgangsgleich mit ihm sind die Lyriker Albert Ehrenstein und Gottfried Benn. Georg Heym, Jakob van Hoddis und Georg Trakl sind ein Jahr, Alfred Wolfenstein ist zwei Jahre jünger. Noch ein Jahr später sind Walter Hasenclever, Ernst Wilhelm Lotz und Franz Werfel geboren, und der Jahrgang 1891 weist die Namen von Johannes R. Becher, Ivan Goll und Kurt Heynicke auf.

Erst 1892 ist Reinhard Johannes Sorge geboren, der Autor des mit dem Kleist-Preis ausgezeichneten Dramas »Der Bettler«, in dem die gängigen Literaturgeschichten den frühesten dramatischen Versuch des Expressionismus sehen: Mit Sorge begonnen – mit Unruh beendet, lautet ein verspieltes Bonmot.

Fritz von Unruh, der Koblenzer Generalssohn, Jahrgang 1885 und damit ein Jahr jünger als Max Brod, hat zwar mit »Ein Geschlecht« und »Platz«, 1918 und 1920 beide in Frankfurt uraufgeführt, späte, noch als expressionistisch geltende Theaterstücke produziert, ist aber bereits viel früher ein erfolgreicher Bühnenautor; sein Stück »Offiziere« entsteht 1911 und »Louis Ferdinand« 1913.

Über die bloßen Jahreszahlen – so erstaunlich eng die Geburtsdaten der »Jungen« beieinanderliegen – ist kaum ein Zusammenhang herzustellen. Es gibt da nämlich noch die 1911 Dreißig- bis Vierzigjährigen, die sich mit der aktuellen Kunst- und Lebenssituation auseinandersetzen: Ernst Barlach, 41, August Stramm, 37, Georg Kaiser, Carl Sternheim, Alfred Döblin, alle drei 33, und Else Lasker-Schüler, die der Frage: »alt oder jung?« auf weibliche Weise beizukommen versucht, indem sie ihr wirkliches Geburtsjahr 1869 auf 76 vordatiert.

Als »zukunftszart« jedoch, wie das Gedicht es will, weist sie weniger diese Manipulation als vielmehr ihr Werk aus, und dazu gehört sie nicht durch ihre Jahre, sondern durch ihr bemerkenswertes Leben, das sie mit Kurt Hiller, Trakl, Benn und Döblin zusammenführt. Mit dem »Sturm«-Herausgeber Georg Levin, für den sie das Pseudonym Herwarth Walden erfindet, ist sie zehn Jahre, eben bis 1911, verheiratet, ohne daß die beiden künstlerisch dasselbe wollen.

Alle sind sie verschieden, so sehr sie sich auch über Programme und Schriften zu verständigen versuchen.

In Herrmann-Neißes Klage: »... wir sind stets allein!« steckt die ganze widersinnige Doppeldeutigkeit der Situation: »wir« – »allein«. Man kennt sich, bestätigt und bekämpft sich gegenseitig, angeführt von den großen Kritikern, Walden, Kraus und Kerr, aber: wir?

Wenn es notwendig ist, steht man solidarisch zueinander, öfter als je zuvor, besonders gegenüber der Zensur, weil sie das Bürgerliche des Obrigkeitsstaates in seiner ganzen Spießbürgerlichkeit entlarvt. Wie sie für Wedekind eingetreten sind, so tun sie es nun für Herbert Eulenberg, der nach Ansicht der öffentlichen Moralwächter mit seiner sexuellen Aufklärung eines fiktiven Sohns in einem fiktiven Brief zu weit gegangen ist. Die Kollegen erklären und entschuldigen. – Überhaupt interpretieren und korrigieren sie sich gegenseitig, das haben sie gelernt, die gymnasial gebildeten, zumeist auch studierten Bürgersöhne, die sich absetzen wollen von ihren Vätern, und das, obwohl sie wissen, was sie dem Fleiß der Gründerjahre verdanken.

Hans von Hülsen veröffentlicht in der Nummer 20 des »Pan« am 16. 8. 1911 »Künstler und Bürger. Ein Nocturno«, in dem er den Hesseschen Zwiespalt schulmeisterlich präludiert:

Da begegnen sich auf ihrem abendlichen Heimweg in Münchens

damaligem Nobelviertel Bogenhausen zwei Männer, von denen vor allem einer, der mit den feisten weingeröteten Wangen, »einen satten Eindruck« macht. Der andere, »der Künstler(,) sieht noch immer den Himmel an und lauscht wohl auch der Melodie des Flusses. Er ist hager, sein Gesicht schmal, die Augen liegen tief. Diese Augen sind hell und gütig und hundertfältig umspielt... Die miserablen Ernteaussichten scheinen ihn wenig zu interessieren.« Trotzdem findet der Bürger schließlich, nachdem sie mühsam ein paar Worte gewechselt haben, »daß diese Künstler im ganzen doch recht umgängliche Leute sind und eigentlich auch eine Menge wissen. Wünschenswert wäre es nur, wenn sie sich bequemen wollten, etwas weniger sprunghaft zu denken und etwas weniger in Bildern zu reden... Man kann ihnen manchmal effektiv nicht folgen... Das macht diese Sorte von Menschen unbequem und verscherzt ihnen die Gunst der guten Gesellschaft, während sie doch alle Ursache hätten, sich um ihre Gunst zu bemühen... Weil der Stand der Künstler [man beachte: »der Stand«!]... in den Augen aller Leute von Geschmack... nun sagen wir: suspekte Persönlichkeiten sind, Vagabunden, innerlich wie äußerlich unsaubere Gesellen, dazu gänzlich unkontrollierbar, was allein genügen könnte, sie suspekt zu machen.«

Der Künstler, der Dichter, dem dies so unverblümt, wenn auch im Schutz nächtlicher Dunkelheit, gesagt wird, ist nicht etwa außer sich ob solcher Klassifizierung. Nein, »ohne jeden Affekt, mit einer ganz gleichförmigen [übrigens vorher schon als ›sonor‹ charakterisierten!] Stimme« räumt er ein: »O ja. Gewiß. Es gibt solche Leute, solche... suspekten Persönlichkeiten. Sie laufen hier massenhaft herum, feiern Atelierfeste und schieben Kegel, und verbergen sich gar nicht. Sie sind widerlich in ihrer Aufdringlichkeit. Aber man irrt sich im Namen... es sind Ästheten, Amoralisten, Lümpchen, Schädlinge... Schädlicher für die Kunst noch als für die Gesellschaft... Man nennt sie auch Bohémiens, was zu deutsch ›Zigeuner‹ heißt.«

Dieses Deutsch und solche Abgrenzungen liefern sicherlich keine Gründe für das »überspitzte Argument« Kurellas, so sehr auch der Wunsch des Hülsenschen Künstlers, man möge auf der Eisenbahn, wie seither schon für Hunde, für die »Zigeuner« extra Coupés einrichten, an die nationalsozialistische Herrenrasse-Doktrin erinnert. Denn bei diesem »Nachtstück« deutscher Literatur handelt es sich nicht um das, was – welche Expressionisten auch immer – als Kunst anstrebten. Aber es handelt sich – und das keineswegs nur fiktiv – um Bürgermeinung aus dieser Zeit.

Der Münchner nächtliche Heimkehrer schlägt vor: jene »Ernste(n), Ruhelose(n), Arbeitsame(n), die in freiwilliger Abgeschiedenheit um neue Kulturwerte sich mühen«, soll man »bürgerliche Künstler« nennen. Das jedoch lehnt sein Gesprächspartner »im bleichen Spiel des Mondlichts« als »Nonsens«, als »hölzernes Eisen« ab, denn: »Der Künstler ist ewig unbürgerlich... antibürgerlich, er ist Antipode des Bürgers. Sie sind wie Feuer und Wasser, keine Brücke führt vom einen zum andern.« Schopenhauer schon, so doziert der »echte Künstler« weiter, nenne den Bürger »einen Sohn der Not und bezeichnet es als den Zweck seines Lebens, sich alles zu verschaffen, was zum leiblichen Wohlsein beiträgt. Aber der Künstler ist der strikte Gegensatz zu diesem Sohn der Not, er ist eine freie Intelligenz, und sein einziges Ziel ist die Erkenntnis, sein einziger Zweck die Mitteilung dieser Erkenntnis...«

Aus solcher Erklärung kann der genötigte Bürger nur einen Schluß ziehen: »Dann ist der Künstler ein Schmarotzer!... Denn er läßt sich ohne Gegenleistung ernähren!« – »Ohne Gegenleistung?« – Auf das Argument hat der Künstler von 1911 geradezu gewartet: »Denn wer, glauben Sie, schafft heutzutage die neuen Werte?...« Gewiß, man lebe im technischen Zeitalter – Luftschiff, Flugmaschine, von den Autos ganz zu schweigen; in Deutschland gibt es um diese Zeit nicht ganz 50000... Aber weder die Technik noch die Wissenschaft könnten die Welt »auch nur um Daumesbreite« vorwärtsschieben. Die Wissenschaft habe es übrigens »immer nur mit den Beziehungen der vorhandenen Werte zueinander zu tun, sie ist nicht schöpferisch... Schöpferisch ist nur die Kunst, und alle Werte, die geschaffen worden sind, verdankt man der Kunst...«

Gegenüber solchem Anspruch nimmt sich G. Forsters Expressionismus-Definition bescheiden aus; er spricht von dem »leidenschaftlichen Versuch, einen neuen Ausdruck zu schaffen und die Grenzen des Bürgertums zu überschreiten«.

Hülsens Dichter beruft sich noch einmal auf Schopenhauer. Bei diesem Philosophen und bei Friedrich Nietzsche suchen die Schöpferischen und die Geistigen, aber auch die Mächtigen und die, die an die Macht wollen, Orientierung für den Neuen Menschen.

Schopenhauers Definition der Welt als Wille, das heißt als blindes, rasendes, zielloses Streben, und der Kunst, vor allem der Musik, als Umformung dieses Willens in die Vorstellung weist dem genialen Menschen, dem Künstler, deutlich eine Aufgabe zu, die Aufgabe, den Menschen wenigstens zeitweilig zu erlösen, ihn aus den praktischen Interessen im sinnlosen Kampf ums Dasein zu reißen, bevor ihn die zerstörerische Gewalt des Willens wieder verschlingt.

Wenn nun diese Erlösung für den durchaus bürgerlichen Schopenhauer noch lediglich in der Enthüllung der Sinn- und Nutzlosigkeit des Daseinskampfes besteht, dann geht Nietzsche ein halbes Jahrhundert später so weit zu fordern, daß alle zur Sicherung und Steigerung von menschlicher Herrschaft entwickelten Wertbegriffe nicht nur als systemerhaltende Zweck-Hypothesen entlarvt, sondern entwertet werden sollen. – Daß der Dichter, der Nietzsche auch war, dabei sein individuelles Ich, seine bürgerliche Schale, nicht bewahren kann, sondern sprengen und sich einbringen muß in die allgemeine Umwertung der Werte, erscheint folgerichtig:

»Also sprach Zarathustra: ... Ich liebe den, welcher arbeitet und erfindet, daß er dem Übermenschen das Haus baue und zu ihm Erde, Tier und Pflanze vorbereite: denn so will er seinen Untergang.

... Ich liebe den, welcher nicht einen Tropfen Geist für sich zurückbehält, sondern ganz der Geist seiner Tugend sein will: so schreitet er als Geist über die Brücke.«

Mynonas Märchen handelte »von der Wollust über Brücken zu gehen«, und auch dieser Begriff ist Nietzsche keineswegs fremd.

»Also sprach Zarathustra: ... Ich liebe den, dessen Seele sich verschwendet, der nicht Dank haben will und nicht zurückgibt: denn er schenkt immer und will sich nicht bewahren.

... Ich liebe den, welcher goldne Worte seinen Taten vorauswirft und immer noch mehr hält, als er verspricht: denn er will seinen Untergang.

Ich liebe den, welcher die Zukünftigen rechtfertigt und die Vergangenen erlöst: denn er will an den Gegenwärtigen zugrunde gehen.

... Ich liebe den, dessen Seele tief ist auch in der Verwundung, und der an einem kleinen Erlebnisse zugrunde gehen kann: so geht er gerne über die Brücke.

Ich liebe den, dessen Seele übervoll ist, so daß er sich selber vergißt, und alle Dinge in ihm sind: so werden alle Dinge sein Untergang.«

Der so Geliebte hat eine Identitätskrise ohnegleichen durchzustehen. Walter H. Sokel schreibt: »Die Expressionisten haben das ›gute Gewissen‹ des Übermenschen verloren, das frühere, romantische Generationen noch besaßen. Ihr Stolz ist unsicher, und ihre Arroganz erscheint ihnen als maskierte Selbstverachtung. Sie hegen den Verdacht, daß die grenzenlose Selbstachtung des Übermenschen vielleicht die Kompensation des Untermenschen sein könnte.«

Aber nicht nur Künstler sind verunsichert. Die Ambivalenz von Technik und Industrie verschiebt gewohnte Maßstäbe. Die Stadt, der Ort, wo sich Erfahrungen von Größe und Bedrohung, von Masse und Einsamkeit, Faszination und Ratlosigkeit, Glanz und Elend des immer wieder sogenannten modernen Menschen verdichten, wird zum Thema der Schreibenden ebenso wie der Zeichner und Maler. – Berlin wird von allen bevorzugt, das Berlin, das Alfred Döblin im Jahre 1925 in einem Photoband so beschreiben wird:

»... Aus der Stadt und in die Stadt führen nach und von allen Richtungen Schienen, im Bereich der Reichseisenbahndirektion Berlin arbeiten 20 Fernbahnhöfe, 121 Vorortbahnhöfe, 27 Ringbahnhöfe, 14 Stadtbahnhöfe, 7 Rangierbahnhöfe, 7 Werkstätten.

Die Menschen der Stadt werden zur Arbeit, zu Einkäufen, zu Erholung befördert von der Hoch- und Untergrundbahn, der Straßenbahn, der Omnibusgesellschaft. Aus der Stadt heraus wurden 1925 fast 13 Millionen Personen von den Fernbahnhöfen befördert.

Diese Kapitale war 1871 noch ein Ort mit 900000 Einwohnern. Der Ort brauchte 20 Jahre, um auf 2 Millionen zu kommen. In den letzten 30 Jahren hat sich die Zahl verdoppelt.

... Will man nun wissen, wie diese neue Stadt aussieht, so braucht man nur durch eine einzige östliche, nördliche oder südliche Straße zu gehen... 95 Prozent aller andern Straßen sehen ebenso aus. Es ist ein Haus wie das andere, die riesigen Straßenzüge entlang ein Nutzbau, eine Mietskaserne ohne Gesicht neben der andern ohne Gesicht. Aber dennoch! Das Ganze hat ein Gesicht!

... Das große mächtige Ganze ist zu sehen. Es kann niemand von einem Stück Berlin sprechen oder mit Vernunft eine einzelne Baulichkeit zeigen (es sei denn eine Mietskaserne multipliziert mit 100000). Nur das Ganze hat ein Gesicht und einen Sinn: den einer starken nüchternen modernen Stadt, einer produzierenden Massensiedlung.«

Dieses »große ernste Massenwesen« des Wahl-Berliners Döblin sieht der 23jährige Georg Heym archaischer, er erlebt es als:

Der Gott der Stadt

Auf einem Häuserblocke sitzt er breit.
Die Winde lagern schwarz um seine Stirn.
Er schaut voll Wut, wo fern in Einsamkeit
Die letzten Häuser in das Land verirrn.

(Der Gesamttext des Gedichtes siehe Seite 33.)
Das sind Visionen, die vor allem die Jungen ängstigen. Und die in Ängste und Enge Getriebenen reagieren in der bekannten Weise. Sie rufen zum Aufstand gegen die Alten, die Väter, die Götter, die Schulen, die Systeme: Macht kaputt, was euch kaputtmacht! Albert Ehrenstein schreibt:

Ich beschwöre euch, zerstampfet die Stadt,
ich beschwöre euch, zertrümmert die Städte,
ich beschwöre euch, zerstört die Maschinen:
ich beschwöre euch, zerstört den Staat.

Der Lyriker dichtet die Zerstörung – bis zur Tat ist es weit im damaligen Deutschland; auch Sinnvolleres bleibt Utopie oder Traum. Das Dichten selbst wird für viele zur Fluchtmöglichkeit: die Poesie als Ausweg in das ganz Andere. Das Doppelleben, dessen eine Hälfte die andere kompensiert, bietet den Traurigen und Zarten Zuflucht, den Robusten Abwechslung und Genuß.

Aber vielen hilft das Wort nicht, nicht allein...

Harry Haller, Hermann Hesses Steppenwolf, spürt andere Erweiterungsmöglichkeiten auf, so daß ihn noch 36 Jahre nach seinem Erscheinen, im Jahre 1963, der amerikanische Psychologe Dr. Timothy Leary einen »Meisterführer zum psychedelischen Erlebnis« nennt. Der durch seine LSD-Experimente vor allem in Hippie-Kreisen bekannt gewordene ehemalige Harvard-Dozent zitiert:

»Aus einer Wandnische nahm (Pablo) drei Gläschen und eine kleine drollige Flasche..., schenkte aus der Flasche die drei Gläschen voll, nahm aus der Schachtel drei dünne, lange, gelbe Zigaretten, zog aus der seidenen Jacke ein Feuerzeug und bot uns Feuer an. Jeder von uns... trank in kleinen langsamen Schlucken die... Flüssigkeit, die in der Tat unendlich belebend und beglückend wirkte, als werde man mit Gas gefüllt und verliere seine Schwere.« Pablo sagt: »Sie strebten fort von hier, nicht wahr? Sie sehnen sich danach, diese Zeit, diese Welt, diese Wirklichkeit zu verlassen und in eine andere, Ihnen gemäßere Wirklichkeit einzugehen, in eine Welt ohne Zeit... Sie wissen ja, wo diese andere Welt verborgen liegt, daß es die Welt Ihrer eigenen Seele ist, die Sie suchen. Nur in Ihrem eigenen Innern lebt jene andere Wirklichkeit, nach der Sie sich sehnen... Ich kann Ihnen nichts geben, nur die Gelegenheit, den Anstoß, den Schlüssel.«

Für Leary, der in diesem Bereich mehr als das »kleine Anregungsmittel« kennt, »scheint (es) klar, daß Hesse ein psychedelisches Erlebnis beschreibt, einen durch Drogen herbeigeführten Verlust des Selbst, eine Reise in die innere Welt«.

Für den 1913 fünfundzwanzigjährigen Georg Trakl, Weintrinker und »Drogenesser«, ist diese innere Welt schließlich so tief, daß er nur noch »De profundis« rufen kann:

Es ist ein Stoppelfeld, in das ein schwarzer Regen fällt.
Es ist ein brauner Baum, der einsam dasteht.
Es ist ein Zischelwind, der leere Hütten umkreist –
Wie traurig dieser Abend.

Für die Deutschen, die Künstler und die Bürger, die Militärs, die Wirtschaftler und die Politiker, ist es ein Vorabend, der Vorabend zum europäischen Krieg, von dem der Kanzler Bethmann Hollweg glaubt, daß »das Volk« ihn »nötig hat«.

Schon Anfang Dezember 1912 läßt Wilhelm II. durch Admiral von Müller den Reichskanzler im Anschluß an eine militärpolitische Besprechung anweisen, »durch die Presse das Volk darüber aufzuklären, welche großen nationalen Interessen auch für Deutschland bei einem durch den österreichisch-serbischen Konflikt entstehenden Krieg auf dem Spiele ständen... Das Volk dürfe nicht in die Lage versetzt werden, sich erst bei Ausbruch eines großen europäischen Krieges die Frage vorzulegen, für welche Interessen Deutschland in diesem Kriege zu kämpfen habe. Das Volk müsse vielmehr schon vorher mit dem Gedanken an einen solchen Krieg vertraut gemacht werden.«

Als am 1. August 1914 der Mobilmachungsbefehl für »das deutsche Heer und die Kaiserliche Marine« ergeht, ist man mit dem Gedanken durchaus vertraut. Überall erwartet man vom Krieg nicht nur die Lösung unübersichtlicher Bündniskonflikte, nicht nur, wie es heißt, die lebenswichtige Sicherung der deutschen Machtstellung, sondern – nach einem Zweiten Weltkrieg klingt das zynisch – man erwartet: Belebung. Der Krieg als moralischer Faktor, als Weckruf für den Neuen Menschen.

Die Männer rücken begeistert aus; viele Junge, Abiturienten, Intellektuelle und Künstler melden sich freiwillig. Kaum einer verweigert sich jetzt so konsequent wie Johannes R. Becher oder der erklärte Pazifist Kurt Tucholsky.

Allgemein glaubt man in diesem Hochsommer, Weihnachten wieder zu Hause zu sein. Franz Pfemfert verspricht den Lesern und Mitarbeitern seiner »Aktion« unter dem Datum des 5. August 1914: »Soweit es von meiner Kraft abhängt, von meinem Wollen, wird unsere Zeitschrift ohne Unterbrechung weitererscheinen.« – Er wird durchhalten. Bis 1918 wird die »Aktion« den schnell wachsenden Schrecken des Krieges der verschleiernden Propaganda und den offiziellen Heroismusparolen gegenüberstellen.

Bereits Ende Oktober 1914 erstarren die westlichen Fronten im sogenannten Stellungskampf... Langemark... An der Ostfront fallen August Stramm und viele seiner Generationsgenossen. In der »Aktion«, der Ausgabe vom 25. September, widmet Johannes R. Becher sein Gedicht »Der Tod im Sommer – Dem Andenken eines getöteten Dichters«. 1916 toben die Hölle vor Verdun und die Schlacht am Skagerrak. 1917 beginnt der uneingeschränkte U-Boot-Krieg, jetzt auch gegen die USA.

In Deutschland: der Steckrübenwinter – die nackte Not! In Aufrufen ist nun von dem »uns aufgedrungene(n) Krieg« die Rede. Ernst Tollers »Marschlied«, »hinter dessen Worten«, wie Pfemfert schreibt, des Autors »Schicksal steht«, beginnt:

Wir Wandrer zum Tode,
Der Erdnot geweiht,
Wir kranzlose Opfer,
Zu Letztem bereit.

Das ist 1918. Ein Jahr zuvor ist in Rußland die Revolution gewesen. Der Funke springt über. Die Freiwilligen von 1914, jetzt entschiedene Kriegsgegner, wollen immer noch Kämpfer sein, aber jetzt Kämpfer in eigener Sache. Franz Werfel schreibt einen »Revolutions-Aufruf«, und Johannes R. Becher fordert: »Heraus aus Gräben Betrieben Asylen Kloaken, der höllischen Spelunke!« Walter Hasenclever sieht »die Meute« »Schon aus roten Kasematten« schäumen, und Alfred Wolfenstein will, daß »Der gute Kampf« gekämpft wird.

Währenddessen streiten sich die deutschen Militärs, die um einen Waffenstillstand nachsuchen müssen, und die, die das nicht wollen, über die Frage, wer den Krieg verloren habe. Man sucht nach Schuldigen oder zumindest Verantwortlichen. Kurzerhand wird die konstitutionelle in eine parlamentarische Monarchie umgewandelt; aber schließlich zieht es Wilhelm II. doch vor zu gehen.

Die Republik wird ausgerufen. In Bayern – wie übrigens fast vier Jahre später auch in Sachsen und Thüringen – gibt es vorübergehend eine Räterepublik. Unruhen – heimkehrende Soldaten – Regierungstruppen.

»Bekanntmachung. Wer Handlungen gegen die jetzige Regierungsgewalt unternimmt oder zu solchen Handlungen auffordert, wer raubt, plündert oder stiehlt, wird gemäß den noch zu veröffentlichenden Bestimmungen über den Belagerungszustand erschossen.

München, den 21. Februar 1919.

Der Vollzugsrat des Arbeiterrats: Niekisch. Der Vollzugsausschuß des Soldatenrats: Simon. Der Polizeipräsident: Staimer. Der Stadtkommandant: Dürr.«

Hier wie in Berlin und anderen Städten: Barrikaden, Streiks und immer wieder Regierungstruppen. Aber in München gibt es während dieser Zeit auch Aktivitäten im Presse-, Hochschul- und Theaterbereich. Schriftsteller und Intellektuelle engagieren sich und werden verurteilt. Erschossen. Erschlagen. »Literaten an der Wand« heißt eine umfangreiche Sammlung von Texten, Materialien und

Dokumenten zur Münchner Räterepublik, die Hansjörg Viesel in der Büchergilde Gutenberg herausgegeben hat über Oskar Maria Graf, Erich Mühsam, Gustav Landauer, Ernst Toller, Eugen Leviné, Ret Marut, Ernst Niekisch, Albert Daudistel, H. F. S. Bachmair, Erich Wollenberg, Jakob Haringer, Rudolf Hartig, Alfred Wolfenstein.

In Berlin versucht der sozialdemokratische Friedrich Ebert, »das deutsche Volk vor Bürgerkrieg und Hungersnot zu bewahren«. Er arrangiert sich mit der Macht. – »Verräter!« schimpfen ihn Wut und Trauer nach der Ermordung Rosa Luxemburgs und Karl Liebknechts am 16. Januar 1919. Brecht schreibt an »Spartakus«, der ersten Fassung des Heimkehrer-Stücks »Trommeln in der Nacht«.

Wer über Wörter verfügt, redet. Hoffnungen und Ängste, Glaube und Verzweiflung werden ausgedrückt, in Gesprächen und Tagebüchern, in Aufsätzen und Aufrufen, besonders aber in der persönlichen und gültigen Form der Lyrik.

Kurt Pinthus, geboren 1886, gibt in diesem Jahr die Gedichtsammlung »Menschheitsdämmerung« heraus. Der Titel – er findet sich sechzig Jahre später als Stichwort im Band 16 der neusten Ausgabe von »Meyers Enzyklopädischem Lexikon« – ist zum Begriff geworden, der Band zu *dem* Buch im Bereich der Lyrik, nicht in bezug auf Einheitlichkeit oder gar Vollständigkeit, sondern als authentische Gestalt unter dem doppelgesichtigen Motto, in dem die »Dämmerung« an Abend und Morgen denken läßt: an Untergang und Erhebung, an Ende und Anfang.

275 Gedichte von 23 Autoren, komponiert zu einer »Symphonie« unter den Satzüberschriften: Sturz und Schrei – Erweckung des Herzens – Aufruf und Empörung – Liebe den Menschen. »Dies Buch«, so erläutert der Herausgeber im Herbst 1919, »nennt sich nicht nur ›eine Sammlung‹. Es *ist* eine Sammlung!: Sammlung der Erschütterungen und Leidenschaften, Sammlung von Sehnsucht, Glück und Qual einer Epoche – unserer Epoche. Es ist gesammelte Projektion menschlicher Bewegung aus der Zeit in die Zeit. Es soll nicht Skelette von Dichtern zeigen, sondern die schäumende, chaotische, berstende Totalität unserer Zeit.

Stets war die Lyrik das Barometer seelischer Zustände, der Bewegung und Bewegtheit der Menschheit. Voranzeigend kündete sie kommendes Geschehen..., die Schwingungen der Gemeinschaftsgefühle..., das Auf, Ab und Empor des Denkens und Sehnens.«

Wieder wird wie in Mynonas Märchen »das Unisono der Herzen und Gehirne« beschworen, aber – so muß eingeschränkt werden: »Diese Gemeinsamkeit ist die Intensität und der Radikalismus des Gefühls, der Gesinnung, des Ausdrucks, der Form; und diese Intensität, dieser Radikalismus zwingt die Dichter wiederum zum Kampf gegen die Menschheit der zu Ende gehenden Epoche und zur sehnsüchtigen Vorbereitung und Forderung neuer, besserer Menschheit.«

Nur knapp drei Jahre später – die Weimarer Verfassung ist inzwischen in Kraft, und der Staat hat, für diesmal unterstützt von einer Einheitsfront von sozialdemokratisch und kommunistisch orientierten Arbeitern, den rechtsradikalen Kapp-Putsch abgewehrt – schreibt der wohl immer noch »junge(r) Literatur- und Zeitkritiker in Berlin« aus Anlaß des zwanzigsten Tausends der »Menschheitsdämmerung« einen »Nachklang« und erinnert sich fast schon wehmütig, daß »die Glut dieser Generation... sich aus Opposition gegen das Gewesene, Verwesende entzündet« hat. Dann aber muß er resigniert zugeben, daß sie »die Menschheit zur großen Tat oder zum großen Gefühl« nicht hat entflammen können.

Die junge Republik hat sich als das alte System entpuppt, das sich ohne ein »Republikschutzgesetz« gegen die – vor allem – rechtsradikalen Terrororganisationen nicht halten kann. Mit dem Attentat auf den Außenminister Walther Rathenau sind es 376 politische Morde, die man seit 1919 registriert hat. Und Angst und Unsicherheit steigen noch, beschleunigt durch die eskalierende Währungs- und Wirtschaftskrise, durch die Not in der Bevölkerung, die der Berliner Oberbürgermeister so beschreibt: »Zahlreiche Kinder, auch im zartesten Alter, erhalten nie einen Tropfen Milch, kommen ohne warmes Frühstück zur Schule. Als Schulfrühstück erhalten sie trockenes Brot oder als Aufstrich gequetschte Kartoffeln. Die Kinder gehen vielfach ohne Hemd und warme Kleidungsstücke zur Schule oder werden aus Mangel an Leib- und Unterwäsche ganz vom Schulbesuch zurückgehalten. Dic Not erstickt allmählich jedes Gefühl für Ordnung, Sauberkeit und Sitte und läßt nur noch dem Gedanken an Kampf gegen Hunger und Kälte Raum.« Da klingt es beinahe wie Hohn, wenn Pinthus, nachdem auch sieben seiner Autoren »nicht mehr unter den Lebenden sind«, klagt: »... die große allgemeine neue Dichtung, von vielen als Stab und Weiser ersehnt, ist nicht entsprossen, weder den Nachkommen des alten Bürgertums, noch den nachrückenden Massen der Proletarier, weder dem Glanz der über die Erdoberfläche hemmungslos schweifenden Neubeglückten, noch der Qual des neugewordenen Proletariats. Im Dunkel der Jugend, die jetzt aufwächst, sind kaum einige Lichtlein für die Dichtung zu erblicken.« –

»Verströmt«, wird er bei der Neu-Herausgabe »Nach 40 Jahren« urteilen; 1959 wird das im Gedichtteil unverändert gebliebene »Dokument des Expressionismus« bereits Gegenstand von Dissertationen geworden sein, und viele werden wie der inzwischen in den USA lebende und lehrende Kurt Pinthus meinen: »Die Expressionisten waren enttäuschte Humanisten, da die Wirklichkeit, in der sie lebten, nichts gemein hatte mit jener, die der Humanismus der Gymnasien und Universitäten lehrte. Man könnte sagen, daß die sozialistischen oder utopischen Forderungen des Expressionismus nicht von Marx, wie man annimmt, sondern vom Humanismus herstammen (wahrscheinlich kam auch Marx daher). Denn der Humanismus hatte einst das Wort und die Idee der Utopie geschaffen.«

Deutlicher, plastischer, unübersehbarer auch als in jeder anderen Literaturform können Utopien im Theater vorgestellt werden; dahin kommen die Bürger mit Erwartungen. Und nicht nur junge Autoren haben zu dieser Zeit an die Erlösung der menschlichen Gemeinschaft durch ihr Theater geglaubt: Die Erschaffung des Neuen Menschen sollte hier in Szene gesetzt werden. – Seit zehn Jahren erleben Berlin, Dresden, Leipzig, Frankfurt, München, aber auch Provinzstädte wie Augsburg und Darmstadt zahlreiche Uraufführungen, und mindestens ebenso viele Stücke bleiben auf dem Papier. Sorge, Rubiner, Brust, Hasenclever, Bronnen, Kornfeld, Sternheim, Lasker-Schüler, Kaiser, Toller, Wittfogel, Mühsam... werden gefeiert und verdammt (auch verboten, trotz der Abschaffung der Zensur im Jahre 1918). Die »Revolution in Poesie« fordert ihre Opfer, frißt schließlich ihre Kinder.

Geblieben ist Bertolt Brecht, aber nicht als Revolutionär, sondern als Klassiker, dessen Stücke in den bundesdeutschen Stadt- und Staatstheatern so oft gespielt werden wie Shakespeare und Schiller.

1922 kommt er zum ersten Mal nach Berlin, zwei Jahre später bleibt er. Da ist aber die »Druck-Kunst«, wie er Impressionismus und Expressionismus verächtlich nennt, auf der Bühne bereits im letzten Akt. Der Neue Mensch ist zum bloßen Mann heruntergekommen, und von ihm gilt nach Brecht: »Mann ist Mann«.

Die gleichnamige Parabel von der Verwandlung des Packers Galy Gay in den Soldaten Jeraiah Jip sei ein »Lustspiel«, behauptet der Autor, aber Elisabeth Langgässer, die die Darmstädter Uraufführung am 29.9.1926 in der »Rhein-Mainischen Volkszeitung«, Frankfurt, kritisiert, schreibt über die »verborgene Tragödie dieses Dramas«: »Man sieht wohl, daß dieses Lustspiel durch seine scharfe, gegen sich selbst gerichtete, Konsequenz von hoher zeitgeschichtlicher Bedeutung und in seinen Elementen symbolkräftig und wahrhaftig dichterisch ist... die Fratze des Wahnsinns – das Ende der Magie.«

Das Theater konkurriert damals bereits heftig und nicht immer glücklich mit den neuen Medien Rundfunk, der seit 1923 Unterhaltungssendungen ausstrahlt, und Kinofilm. Es dauert nicht mehr lange, bis die »Arbeiter-Illustrierte-Zeitung« über einen nationalistischen »Filmrummel« berichtet. Man denkt inzwischen in Deutschland deutsch und national: Von gut 1 000 Zeitungen weist eine Statistik 20 als kommunistisch aus, 142 als sozialdemokratisch, 166 als demokratisch, 284 als dem Zentrum zuzuordnen und 444 als rechtsstehend.

Immer wieder greifen sie auch den Reichspräsidenten an. Am 28. Februar 1925 stirbt Ebert, vierundfünfzigjährig. Sein Nachfolger wird Paul von Hindenburg, 78. Das Alte wird wieder mächtig; mancherorts verbünden sich die kritischen Geister. In Berlin schließen sich die namhaftesten jüngeren Schriftsteller zur »Gruppe 1925« zusammen: Becher, Brecht, Döblin, Klabund, Kisch, Rudolf Leonhard, Tucholsky und andere. Aber man wird sich nicht lange einig sein.

Bertolt Brecht, »Der Nachgeborene«, kennzeichnet die Situation so:

> Ich gestehe es: ich
> Habe keine Hoffnung.
> Die Blinden reden von einem Ausweg. Ich
> Sehe.
>
> Wenn die Irrtümer verbraucht sind
> Sitzt als letzter Gesellschafter
> Uns das Nichts gegenüber.

Erste Begegnung mit

Georg Heym
Georg Trakl
Gottfried Benn
Johannes R. Becher
Georg Kaiser
Alfred Döblin
Else Lasker-Schüler
Ernst Toller

Georg Heym, 1911

HANS-CHRISTIAN KIRSCH

Georg Heym oder die Dämonie der großen Städte

Annäherung, Bedeutung, Stimmen der Zeitgenossen

Im Jahr 1911 veröffentlichte ein 23jähriger Student, der eben unter recht fragwürdigen Umständen die erste juristische Staatsprüfung hinter sich gebracht hatte, in einer der zahlreichen literarischen Zeitschriften, die damals in der Hauptstadt des Deutschen Kaiserreiches, Berlin, erschienen, den folgenden Text:

Eine Fratze

Unsere Krankheit ist unsere Maske.
Unsere Krankheit ist grenzenlose Langeweile.
Unsere Krankheit ist wie ein Extrakt aus Faulheit und ewiger Unrast.
Unsere Krankheit ist Armut.
Unsere Krankheit ist, nie allein sein zu können.
Unsere Krankheit ist, keinen Beruf zu haben, hätten wir einen, einen zu haben.
Unsere Krankheit ist Mißtrauen gegen uns, gegen andere, gegen das Wissen, gegen die Kunst.
Unsere Krankheit ist Mangel an Ernst, erlogene Heiterkeit, doppelte Qual. Jemand sagt zu uns:
Ihr lacht so komisch. Wüßte er, daß dieses Lachen der Abglanz unserer Hölle ist, der bittere Gegensatz des ›Le sage ne rit qu'en tremblant‹ Baudelaires.
Unsere Krankheit ist der Ungehorsam gegen den Gott, den wir uns selbst gesetzt haben.
Unsere Krankheit ist, das Gegenteil dessen zu sagen, was wir möchten. Wir müssen uns selber quälen, indem wir den Eindruck auf den Mienen der Zuhörer beobachten.
Unsere Krankheit ist, Feind des Schweigens zu sein.
Unsere Krankheit ist, in dem Ende eines Welttages zu leben, in

einem Abend, der so stickig ward, daß man den Dunst seiner Fäulnis kaum noch ertragen kann.
Begeisterung, Größe, Heroismus. Früher sah die Welt manchmal die Schatten dieser Götter am Horizont.
Heute sind sie Theaterpuppen. Der Krieg ist aus der Welt gekommen, der ewige Friede hat ihn erbärmlich beerbt.
Einmal träumte uns, wir hätten ein unnennbares, uns selbst unbekanntes Verbrechen begangen. Wir sollten auf eine diabolische Art hingerichtet werden, man wollte uns einen Korkenzieher in die Augen bohren. Und wir flohen – im Herzen eine ungeheure Traurigkeit – eine herbstliche Allee dahin, die ohne Ende durch die trüben Reviere der Wolken zog.
War dieser Traum unser Symbol?
Unsere Krankheit. Vielleicht könnte sie etwas heilen: Liebe. Aber wir müßten am Ende erkennen, daß wir selbst zur Liebe zu krank wurden.
Aber etwas gibt es, das ist unsere Gesundheit.
Dreimal ›trotzdem‹ zu sagen, dreimal in die Hände zu spucken wie ein alter Soldat, und dann weiterziehen, unsere Straßen fort, Wolken des Westwindes gleich, dem Unbekannten zu.

Der junge Mensch, der dies schreibt und mit diesem Text eine Faustskizze seines Bewußtseins liefert, heißt Georg Heym.
Knapp ein Jahr später ist er tot.
Am 16. Januar 1912, zwischen 15 und 16 Uhr, sind Georg Heym und sein Freund Ernst Balcke beim Schlittschuhlaufen auf der Havel ertrunken.

Noch zu Heyms Lebzeiten, nämlich in der zweiten Aprilhälfte des Jahres 1911, ist der erste Gedichtband des jungen Mannes mit dem Titel »Der ewige Tag« erschienen.

Schon im März 1912, also nur zwei Monate nach Heyms Tod, erlebt dieses Buch, das in der Lyrik den Expressionismus in Deutschland mit eingeleitet hat, eine zweite Auflage.

Ernst Stadler, ein anderer junger Dichter des Expressionismus, der kurz darauf im Ersten Weltkrieg fällt, kennzeichnet die Bedeutung dieses Buches mit den Sätzen:

»›Der ewige Tag‹ ist mehr als eine starke Verheißung; wirklich ein neuer Ton in der deutschen Lyrik der Gegenwart, etwas in seiner Art Vollkommenes. Nicht im Sinn jener verdächtigen Art Vollkommenheit, wie sie frühreife Georgeschüler in physiognomielosen Erstlingsbüchern pflegen, sondern durch die Selbständigkeit seiner dichterischen Visionen und die Intensität seiner Mittel. Hier spricht eine festgefügte Persönlichkeit, deren poetisches Ausdrucksvermögen über eine bildliche Energie von erstaunlicher Wucht und Anschaulichkeit verfügt. Modern und den Besten und den Jungen verschwistert durch die unbedingte Zusage an unsere Gegenwart, an diese Zeit, der noch die voraufgegangene Generation geschmäcklerisch und wählend gegenüberstand, und die Georges ethisches Pathos mit flammenden Worten verdammte.«

Anfang Juni 1912 veröffentlicht der Rowohlt Verlag Heyms lyrischen Nachlaß unter dem Titel »Umbra vitae«.

Der junge Mann hinterläßt außerdem mehrere Dramen und das Manuskript zu einem Novellenband »Der Dieb«, den zu publizieren Ernst Rowohlt zunächst gezögert hatte.

In einem Brief vom 25.10.1911, in dem beiläufig aufschlußreiche Bemerkungen über den Zeitgeist und die Verlegersituation damals einfließen, hatte es geheißen:

»Abgesehen davon, daß die bisher vorliegenden Erzählungen kaum den möglichen Umfang haben, um ein Buch zu füllen, so trage ich auch als Verleger die größten Bedenken, sie vereint als Novellen herauszubringen. So sehr mir persönlich die Erzählungen gefallen, so bin ich fest davon überzeugt, daß es völlig ausgeschlossen ist, auch nur einen kleinen Leser- und Abnehmerkreis für ein Buch zu gewinnen, das einzig und allein von irrsinnig fiebernden Kranken und Gelähmten und Leichen handelt. Sie dürfen mich nicht mißverstehen: Ich will Sie durchaus nicht veranlassen, Humoreskes zu schreiben, aber es ist Ihnen und noch weniger mir damit gedient, wenn ich ein Buch drucke, dessen Absatz auch nur im bescheidensten Umfang nicht nur unwahrscheinlich, sondern auch ausgeschlossen ist.«

Solche Bedenken bestehen bei Ernst Rowohlt nach Heyms Tod offenbar nicht mehr. Jedenfalls ist er nun energisch bestrebt, die zögernden Eltern Heyms zur Herausgabe des Novellenmanuskriptes zu veranlassen, um es ebenfalls rasch auf den Markt zu bringen.

Man kommt nicht darum herum, festzustellen: Der frühe und tragische Tod des Dichters hat viel dazu beigetragen, sein Werk in der Öffentlichkeit weithin bekannt zu machen.

Zehn Jahre später, 1922, urteilt der Herausgeber der berühmten Expressionismus-Anthologie »Menschheitsdämmerung«, Kurt Pinthus, ganz ohne solch sensationelle Aura, über die Bedeutung des Heymschen Werkes:

»Und jetzt, nachdem ich Heyms ungeheuren Nachlaß durchgesehen habe: Tagebücher, Dramatisches, Prosa, Grotesken und Gedichte, Gedichte, Gedichte auf unzähligen Blättern, Fetzen, in viele Hefte fast unleserlich hingehauen und dennoch immer wieder durchgearbeitet und umgeformt, scheue ich mich nicht zu sagen, daß dieser Heym seit Georg Büchner die stärkste dichterische und eruptische Begabung der Deutschen war, und daß er unter den Dichtern seiner Generation an visionärer Seherkraft und sicher packendem Griff, an Fülle der heranströmenden Bilder und Weite des düster-feurigen Umblicks nichts seinesgleichen hat... ich gestehe, daß mich nichts Gelesenes so erschüttert hat wie das nachgelassene Werk des Dichters Georg Heym, verbunden mit seinen bereits gedruckten Büchern. Erschüttert nicht etwa aus Trauer, weil diese große Begabung in unserer armen Zeit so früh dahinschwand, sondern weil kein Dichter, selbst Hebbel nicht, so wüst die zerstörenden Dämonien in sich rasen fühlte. Heym weiß sicher und unabwendbar, daß ihn das Schicksal zerschlagen will, sieht genau in Träumen bis zu Einzelheiten seinen Tod; er formt viele Jahre zu früh mit grausiger Klarheit die Ereignisse und Gestalten des Krieges, der verwüsteten Städte, die verwesenden Soldaten, den überall dräuenden Aufruhr... Der Vorlebende erschaut in apokalyptischen Gesichten voll Gegenwärtigkeit und Faßbarkeit Zusammensturz und Qual der Menschheit und der Natur, wie nicht während und nicht nach dem Weltkrieg Miterlebende es vermochten.«

Geben wir hier, als Annäherung an Eindruck und Wirkung von Heyms Dichtung auf Zeitgenossen schließlich noch den Auszug aus einem 1913 verfaßten Text von Anselm Ruest wieder.

Er hat die Form eines platonischen Dialogs. In der Unterwelt unterhält sich der Schüler des Sokrates, Apollodoros, mit dem Pythagoräer Kebes über Grundprobleme und Strukturen moderner Dichtung. Ersterer versucht, das Wesen der Moderne im Gedicht durch Verweise auf Texte von Stefan George, Hugo von Hofmannsthal, Rainer Maria Rilke und Georg Heym, der hier Oikon genannt wird, zu verdeutlichen. Wir blenden uns dort in das Gespräch ein, wo Apollodoros seinem Gesprächspartner erklärt, daß eine Welt, die schon »für den oberflächlichsten Blick täglich neu wird«, freilich auch »neue Götter oder Ideen und Symbole hervorbringe. Und«, fährt Apollodoros fort, »so sind auch die Dämonen der Städte neu und jung geboren und werden von den heutigen großen Dichtern besungen.«

Kebes wendet dagegen ein, daß Städte und die Probleme, die das Zusammenleben von Menschen in Städten mit sich brächte, so neu nicht seien. Er erinnert an Athen, an Sparta, »an unser volkwimmelndes Milet«. Doch Apollodoros erwidert, die Städte der Antike ließen sich nicht im entferntesten mit denen der Moderne vergleichen. Wörtlich fährt er dann fort: »... die moderne Stadt, mein Kebes, muß ein Neues und Furchtbares sein, wenn ich meinem Gewährsmann, dem jungen Oikos, trauen darf. Das muß ein Ungeheures sein, innen tönend wie der riesige Bauch einer Muschel, von blutigen Furchen und rissigen Falten durchzogen, und ruhend auf Füßen, die hohl sind. Aber aus dem mittelsten Inneren dringt ewig ein magischer Lichtschein, wie Flamme, die durch den Rauch hindurchschwälen muß, und Qualm und Dunst wie von Opferfesten wirbelt betäubend in dichten Schwaden, und macht unausgesetzt Tanzende, Trinker und Berauschte. Dies entnahm ich seinen Erzählungen.«

Aber hören wir einen Ausschnitt aus diesen Erzählungen selbst, Georg Heyms Gedicht:

Der Gott der Stadt

Auf einem Häuserblocke sitzt er breit.
Die Winde lagern schwarz um seine Stirn.
Er schaut voll Wut, wo fern in Einsamkeit
Die letzten Häuser in das Land verirrn.

Vom Abend glänzt der rote Bauch dem Baal,
Die großen Städte knien um ihn her.
Der Kirchenglocken ungeheure Zahl
Wogt auf zu ihm aus schwarzer Türme Meer.

Wie Korybanten-Tanz dröhnt die Musik
Der Millionen durch die Straßen laut.
Der Schlote Rauch, die Wolken der Fabrik
Ziehn auf zu ihm, wie Duft von Weihrauch blaut.

Das Wetter schwelt in seinen Augenbrauen.
Der dunkle Abend wird in Nacht betäubt.
Die Stürme flattern, die wie Geier schauen
Von seinem Haupthaar, das im Zorne sträubt.

Er streckt ins Dunkel seine Fleischerfaust.
Er schüttelt sie. Ein Meer von Feuer jagt
Durch eine Straße. Und der Glutqualm braust
Und frißt sie auf, bis spät der Morgen tagt.

Wohl kaum zuvor und selten danach in deutschsprachiger Lyrik ist die Dämonie, die unheimliche Faszination, der Wahnwitz, das Sich-aus-der-Macht-des-Menschen-Ablösende, das nach Rausch und Betäubung Verlangende und Selbstzerstörerische einer modernen Großstadt so überzeugend mit Worten beschworen worden.

Dieses Gedicht, vor über siebzig Jahren entstanden, bietet, vielleicht abgesehen von seiner Formstrenge und einigen Bildern, die aus der Mythologie entnommen sind, für einen heutigen Großstadtbewohner oder aus der Großstadt Geflohenen kaum Identifikationsschwierigkeiten. Das, was Heym in diese fünf Strophen faßt, ist eine uns vertraute Welt, sind Bilder, wie wir sie an einem jeden Abend bei einer Fahrt oder einem Gang durch eine Stadtlandschaft vor uns sehen, sind Empfindungen, Gefühle, Ängste, Faszinationen, wie sie noch immer von Großstädten ausgehen.

Aber kehren wir noch einmal zu Anselm Ruests platonischem Dialog zurück. Hören wir, wie Apollodoros Kebes die Qualitäten Heymscher Lyrik an einem anderen Gedicht zu erläutern versucht:

»... endlich las er [der Dichter] mir noch ein Gedicht, das er auf die Hinrichtung eines gewissen gallischen Königs gemacht hatte. Denke dir, mein Kebes, in diesem ganzen Gedicht war mit keiner Silbe einer menschlich-seelischen Regung gedacht, weder im Delinquenten, der freilich einst das verkörperte Tyrannending gewesen sein muß, noch im Volk, das sich nur um die ersten Zuschauerplätze balgt. Dennoch, als er gelesen, war mir deutlich, als sei einem bösen Dämon für immer das furchtbare Hydrahaupt abgeschlagen und aus verstopften Röhren und Kanälen schösse das langgestaute Blut der Freiheit wieder sprudelnd klar frisch.

Kebes: Du warst stets ein großer Unzufriedener, Apollodoros, und ein Tyrannenhasser. Gewiß hat dich das Motiv gelockt und erfreut.

Apollodoros: O, wie sehr doch, mein Kebes, verkennst du noch immer, worauf ich hinaus will. Oikos hat es vielmehr nur verstanden, den Gott zu besingen, nämlich den Gott eines aufatmenden, befreit aufstöhnenden Volkes, und endlich den Gott eines von uralter Fron vollständig mitleidlos, eisenhart gewordenen Herzens. Oder nennen wir das wieder nicht bloß Gott, nennen wir es Idee, ja nennen wir es trotz der Mißverständlichkeit gegenüber den Philosophen selbst ruhig ›Begriff‹, der beispiellosen Gehalts-Verdichtung wegen, die hier stattgefunden hat. Dieser ›Begriff‹ ist es gewesen, der irgendwann einmal in absolut letzter Formung und Gestalt dem geistigen Auge des Dichters vorgeschwebt hat, und den er da wie eine Hülle, ein Gewand ergreifen konnte, sich völlig damit zu überkleiden. Und wiederum weil er somit aus seinem Innersten gleichsam, aus seinem Wesentlichsten heraus zur Entfaltung und Ausbreitung vor die Sinne kommt: so teilt er wie von Natur allen seinen Mitteln, seinen Organen – dem Rhythmus, dem Reim, den einzelnen Worten – Unverwechselbares sowie ewig Unaustilgbares mit. Zum Beispiel werde ich, weil der obengenannte Begriff sich selber krönend in der überhaupt kurz gedrängtesten Lautsymbolik zweier Vokale deutlich auch so ausklang, nie den Ton der letzten

Zeile dieses Gedichts vergessen, die etwa lautete: Blut speit sein Hals.

Dies lange ›u‹, gefolgt von einem noch längeren ›ei‹, es war einfach wie ein aufgedrehter Hahn. Alles taute hin – wie geschmolzen...«

Ehe auf diesen Text über ein Heymsches Gedicht näher eingegangen wird, muß der Leser freilich erst jene Strophen vorgestellt oder in Erinnerung gerufen bekommen, auf die er sich bezieht. Sie sind überschrieben mit »Louis Capet«, also mit dem Namen des durch die Revolution zum Bürger degradierten französischen Königs. Sie gehören in eine kleine Gruppe von insgesamt vier Gedichten (die drei übrigen tragen die Titel »Bastille«, »Danton« und »Robespierre«), zu denen Heym vielleicht durch die Lektüre des Werkes von Georg Büchner angeregt worden sein könnte.

Werden von ihm am 13.9.1908 im Tagebuch Hölderlin, Kleist und Grabbe sowie Büchner mit dem Zusatz »den ich wenig kenne«, als *die* poetae Germaniae (also die ihm wichtigsten deutschen Dichter) bezeichnet, so heißt es im Tagebuch unter dem 29.1.1909 dann:

»Georg Büchner erhalten und einen neuen Gott zu Grabbe auf den Altar gestellt. Immanuel Jeibel (gemeint ist Geibel), poeta, Dir müßte man noch den Schädel zertreten...«

Louis Capet

Die Trommeln schallen am Schafott im Kreis,
Das wie ein Sarg steht, schwarz mit Tuch verschlagen.
Darauf steht der Block. Dabei der offene Schragen
Für seinen Leib. Das Fallbeil glitzert weiß.

Von vollen Dächern flattern rot Standarten.
Die Rufer schrein der Fensterplätze Preis.
Im Winter ist es. Doch dem Volk wird heiß,
Es drängt sich murrend vor. Man läßt es warten.

Da hört man Lärm. Er steigt. Das Schreien braust.
Auf seinem Karren kommt Capet, bedeckt,
Mit Kot beworfen, und das Haar zerzaust.

Man schleift ihn schnell herauf. Er wird gestreckt.
Der Kopf liegt auf dem Block. Das Fallbeil saust.
Blut speit sein Hals, der fest im Loche steckt.

Abgesehen davon, daß die Revolution als thematisches Stichwort im Gesamtwerk Heyms von ähnlicher Wichtigkeit wie das der Stadt ist

(Heym hat ein dramatisches Fragment über den Sturm auf die Bastille und Szenen zu einem Stück über die badischen Revolutionäre der 48er Revolution hinterlassen), fällt an dem voranstehenden Gedicht zunächst die Reihung sehr genauer Bilder und ihre Einbindung durch ein klassisches Versmaß auf. Sodann der Verzicht auf die direkte Benennung irgendeines Gefühls, einer Empfindung.

Die Bilder geben eine Folge dynamischer Gesten, die alles Starre und Feste, was sich ihnen in den Weg stellt, durchbrechen, bis sie sich in jenem Halbsatz »Blut speit sein Hals« endgültig zur Freiheit durchgewühlt haben.

In der Tat gibt dieses Gedicht, statt Gefühle oder Empfindungen auszustellen, das Wesen der Phänomene selbst wieder, in diesem Fall: das Wesen der Revolution. Über den Tyrannenmord wird weder zustimmend noch ablehnend geurteilt. Die Verse stellen fest, was ist. Noch der Augenblick, in dem die Befreiung erreicht ist (letzte Zeile), bei dem ein eindrucksvolles Bild von einem unvergeßlichen Klang in der Satzmelodie unterstützt wird, ist schön und schrecklich zugleich. Selbst hier sind der Ausdruck von Freiheit (Blut speit sein Hals) und der von Unfreiheit (... der fest im Loche steckt) miteinander verbunden. Immer ist das eine auf das andere bezogen, wird bei dem einen das andere mitbedacht. Diese Ambivalenz von Freiheit und Angst, Leben und Sterben, Ruhm und Dreck durchzieht das ganze Gedicht, vielleicht am genialsten komprimiert in Zeilen wie:

> Im Winter ist es. Doch dem Volk wird heiß.

Oder:

> Der Kopf liegt auf dem Block. Das Fallbeil saust.

In dieser Fähigkeit, Ambivalenzen sprachlich auf engstem Raum zu vereinigen bzw. gegeneinander zu stellen, liegt das, was Ruest als »beispiellose Gehaltsverdichtung« beschreibt. Mit dieser Spannung wird das Wesen der Dinge freigesetzt. Es fliegt gewissermaßen heraus, teilt sich uns zwischen den Worten des Gedichts, die es beschwören, mit. Doch man muß vorsichtig sein: Das Wesen Heymscher Lyrik läßt sich nicht allein auf die Formel des Schrill-Grellen, auf das Stichwort »Dynamik« festlegen.

Georg Heym, mag nach den Ordnungsprinzipien herkömmlicher Literaturgeschichte mit ihm und seiner Lyrik auch der Expressionismus beginnen, ist viel zu sehr eine eigenständige Persönlichkeit, in sich bizarr und nicht festzulegen, als daß das Unverwechselbare seines Werkes mit solchen Etiketten schon beschrieben wäre.

Gottfried Benn, Zeitgenosse der Blütezeit des Expressionismus und ein Autor, der jedenfalls mit seiner frühen Lyrik selbst zu der

Kerngruppe expressionistischer Dichter gerechnet wird, hat in dem Vorwort zu einer 1955 erschienenen Anthologie »Lyrik des expressionistischen Jahrzehnts« die Fragwürdigkeiten eines solchen »Aufklebers«, einer solchen Zuordnung zu einer Richtung oder Schule, so umschrieben:

»... zum Beispiel Heym. Er gilt als Vertreter der neuen Richtung [gemeint ist damit: der Expressionismus] schlechthin. Man liest über ihn ›aufgelöste von Enjambements zerrissene Sonettenform‹ – ›die Spannung einer fast quälerischen Herbe‹ – ›barocke Wucht und Gräßlichkeit seiner Visionen‹ – also alles Stigmata der kosmischen Entgrenzung und der visionären Ekstase, die man dem Expressionismus zuspricht. Und dann stößt man bei Heym auf ein Gedicht:«

Letzte Wache

Wie dunkel sind deine Schläfen.
Und deine Hände so schwer.
Bist du schon weit von dannen,
Und hörst mich nicht mehr.

Unter dem flackernden Lichte
Bist du so traurig und alt,
Und deine Lippen sind grausam.
In ewiger Starre gekrallt.

Morgen schon ist hier das Schweigen
Und vielleicht in der Luft
Noch das Rascheln von Kränzen
Und ein verwesender Duft.

Aber die Nächte werden
Leerer nun, Jahr um Jahr.
Hier wo dein Haupt lag, und leise
Immer dein Atem war.

Benn schreibt weiter: »Kein Sturm, kein Drang, keine Satzbauzerrüttung, es ist ein Gedicht aus vier Versen mit je vier Reihen, die zweite und vierte gereimt, es ist ein ganz schlichtes Gedicht, trauervoll, tränenvoll, von einer Melancholie ganz ohnegleichen. Ist er [Heym] also ein Expressionist oder nicht?«

Solche Verunsicherung gegenüber glatten Formeln und Definitionen und den mit ihnen rasch beschrifteten Schubkästchen ist gerade bei Georg Heym besonders angebracht. Seine spezifische Begabung und sein bei der Kürze der Lebens- und Schaffenszeit relativ umfangreiches und vielseitiges literarisches Werk, jene Spannung in Form und Inhalt, die die Unverwechselbarkeit seiner Lyrik ausmacht – all das hängt entscheidend mit den mannigfachen Ambivalenzen in der Persönlichkeit des Dichters, aber auch mit dem Mut zusammen, sich offenzuhalten.

Der Zusammenhang zwischen Leben und Werk ist bei Heym eng. So eng, daß Prosazeilen aus dem Tagebuch in den Gedichten unverändert wiederkehren, Traumprotokolle zum Ausgangspunkt für den eingangs vorgestellten Text »Eine Fratze« wurden.

Andererseits scheint ein erstaunlich tiefer Graben zwischen Heyms innerer und äußerer Welt zu liegen. Sich der Ursachen dafür bewußt zu werden, heißt, die vielleicht wichtigste Voraussetzung zum Verständnis des literarischen Werkes liefern. Deswegen muß nun, ehe eine kritische Übersicht über die verschiedenen Interpretationsansätze zu seinem Werk gegeben wird, zunächst eine biographische Skizze folgen.

Um aber gleich auch zum Werk ganz subjektiv Stellung zu beziehen:

Mir scheint, daß Georg Heym, vor allem seine Lyrik, Menschen unserer Zeit viel zu sagen hat. Vielleicht stehen wir überhaupt erst heute, nachdem uns der Fortschrittsglaube endgültig abhanden gekommen ist, an einem Punkt, an dem wir die Kühnheit, die Schönheit und die Überzeugungskraft der Bilder in seinen Gedichten recht zu würdigen wissen. Wenn ich behaupte, Heym habe den Menschen am Ende des 20. Jahrhunderts viel zu sagen, so ist dies nicht im Sinn eines billigen, vordergründigen Parallelismus gemeint, auch nicht im Sinn einer Aufforderung, nostalgisch zurückzuschauen. Vielmehr will das sagen: Weil Heym sich dem Schrecken, den er in seiner Zeit spürte, in selten sonst so radikal praktizierter Unbedingtheit aussetzte, weil er das Grauenvolle und Inhumane nicht achselzuckend als Preis des Fortschritts zu akzeptieren bereit war, weil er darauf beharrte, an einem solchen Zeitgeist und in einer solchen Atemluft müsse der Mensch ersticken oder werde schon zu Lebzeiten zu einem Toten, zum Gespenst seiner selbst, deshalb könnte er uns wichtig sein.

Wo viele verharmlosten, wo eine kritisch-mahnende Position als übersteigert und hysterisch hingestellt oder gar von der Mehrheit als pathologisch denunziert wurde, drückte er unbeirrt seine Erfahrungen in Bildern aus, die dem Betrachter eine Entscheidung abverlangen.

Es gibt bei Heym einen auf den ersten Blick eher irritierenden Satz:

»Man könnte vielleicht sagen, daß meine Dichtung der beste Beweis eines metaphysischen Landes ist, das seine schwarzen Halbinseln weit herein in unsere flüchtigen Tage streckt.«

Irritierend, weil sich aus den Tagebüchern auch belegen läßt, daß Georg Heym wenig von den um die Jahrhundertwende bei der Mehrzahl der Bürger in Ansehen stehenden sogenannten ewigen Werten gehalten hat, auch wenn seine Eltern, erschreckt über den Skandal in Leben und Dichtung des Sohnes, nach dessen Tod meinten, das Gegenteil behaupten zu müssen.

Irritierend auch, weil seine Gedichte mit fortschreitender Nähe gegen seinen eigenen Tod hin das Totenreich mit immer nihilistischeren Bildern beschreiben.

Auch findet sich in seinem Nachlaß eine Vortragsskizze mit der Überschrift »Versuch einer neuen Religion«, in der es heißt:

»Wir wollen uns aber nicht von der Kirche knechten lassen, wir wollen uns eine neue Religion zimmern. Wir wollen anknüpfen an die Antike und an die Renaissance, wir wollen dem Menschen und der Natur einen Tempel errichten... abgesehen von den dogmatischen Dornenhecken, ist die christliche Religion nicht imstande, die Herzen eines Volkes zu befriedigen. Ihre Hauptlehre, die Liebe, kann man herüberretten, ihre Formen muß man zerschlagen.«

Von Jesus Christus heißt es in diesem Entwurf:

»Wir werden ihn entgöttern und ihm dafür die Krone der Menschheit verleihen.«

Also wie nun, könnte man fragen: Zerstörung und Zersetzung der überlieferten Werte, Auflösung des Metaphysischen der christlichen Religion und dann wieder der Hinweis auf ein metaphysisches Land? Was soll nun gelten? Ist der merkwürdige Satz über das Wesen seiner Dichtung nur eine sprachliche Attitüde, mit der dem eigenen Werk und der Tätigkeit des Schreibens überhaupt eine Art Heiligenschein verliehen werden soll? Sind das die Mächtigkeitsphantasien eines Machtlosen?

Ganz davon abgesehen, daß man sich daran gewöhnen muß, in Heym einem Menschen zu begegnen, bei dem derartige Widersprüche unaufgelöst bestehen, beschreibt das Bild von den »schwarzen Halbinseln des metaphysischen Landes« tatsächlich aber mit poetischer Genauigkeit, worauf sich die Hauptanstrengung seiner Existenz richtete, nämlich durch Dichtung Inseln des Bewußtseins zu schaffen, auf denen der Mensch zu sich selbst gelangt. Es macht Hoffnung, daß jemand, der freilich bei diesem Versuch in manchmal schier unerträglicher Spannung mit seiner Umwelt lebte und schließlich in diesen Spannungen viel Lebensenergie verzehrte, letztlich dennoch erfolgreich gewesen ist und daß es immerhin auch eine gewisse Anzahl von Menschen gab, die schon zu seinen Lebzeiten diesen Versuch als solchen erkannt und richtig eingeschätzt haben.

Georg Theodor Franz Artur Heym wird am 30. Oktober 1887 in Hirschberg, Schlesien, als erstes Kind des Staatsanwalts Hermann Heym und seiner Ehefrau Jenny geboren.

Beide Elternteile stammen aus Juristen- und Gutsbesitzerfamilien. Der Urgroßvater der Mutter ist aus Ungarn eingewandert und hat ein Gut in Oberschlesien besessen. Der Mädchenname der Mutter, Taistrzik, ist offenbar von dem Ortsnamen eines Bezirks (Taistr) in Ungarn abgeleitet.

Der Vater, Hermann Heym, war der Sohn eines Gutsbesitzers aus Trebnitz. Er nahm als Zwanzigjähriger an dem Krieg 1870/71 teil und wurde mit dem Eisernen Kreuz II. Klasse ausgezeichnet. Nach Kriegsende setzte er sein Jurastudium fort, gehörte dem Heidelberger Corps »Vandalia« an und machte nach Abschluß seiner juristischen Ausbildung rasch Karriere. Schon 1882 wurde er Staatsanwalt, kam 1883 nach Hirschberg und wurde 1884 als 1. Staatsanwalt nach Gnesen versetzt.

Sein Leben scheint zunächst reibungslos in den für einen Akademiker in der Gesellschaft des Kaiserreiches vorgezeichneten Bahnen verlaufen zu sein. 1885 wurde Hermann Heym Leutnant der Landwehr, 1893 Rittmeister.

Immerhin muß er von ungewöhnlicher Sensibilität gewesen sein. Die Szenen bei einer Hinrichtung, der er von Amts wegen beizuwohnen hatte, verstörten ihn so, daß er sich einer längeren Behandlung in einem Nervensanatorium unterziehen mußte. Im Alter, nach Ende des Ersten Weltkrieges, wurde er schwermütig und mußte abermals in eine Nervenklinik eingeliefert werden.

Während der frühen Kindheit seines Sohnes Georg und der 1889 geborenen Tochter Gertrud ist er, wie gesagt, zunächst Staatsanwalt, dann, seit 1900, Militäranwalt am Reichsmilitärgericht in Berlin. 1910 läßt er sich offenbar vorzeitig in den Ruhestand versetzen.

Während Hermann Heym, der Vater, von einigen Biographen, die darin wohl etwas einseitig und zu unkritisch den Tagebuchaufzeichnungen Georgs gefolgt sind, als Typ des preußischen Familiendespoten geschildert wird, ergibt sich aus den Berichten von Freunden und Bekannten Georgs ein etwas differenzierteres Bild der Familiensituation, wobei sich allerdings auch herausstellt, daß das Verhältnis Georgs zu allen Familienmitgliedern problematisch gewesen sein muß.

Georg Heyms Jugendfreund David Baumgardt schreibt retrospektiv:

»Heyms Vater war für mich der typisch energiebetonte preußische Beamte der Kaiserzeit, dessen Widerstand gegen die revolutionäre Geistes- und Gefühlssprache des ›Ewigen Tages‹ mir aber keineswegs so eisern vorkam wie dem Sohn.«

Rudolf Balcke berichtet:

»Vater Heym war sehr schwermütig, stark religiös eingestellt, aktiv in der Inneren Mission tätig. Frau Heym trat nie besonders hervor, seine Schwester Gertrud war ebenfalls sehr kirchlich eingestellt und allen weltlichen Dingen und Freuden ablehnend. Neigte ebenfalls zu Schwermut. In dieser Umgebung hat G. Heym, der das Leben und seine Freuden bejahte, sich nie wohl gefühlt...«

Und schließlich gibt es ein Zeugnis von Erwin Loewenson, ebenfalls ein Jugendfreund Georgs:

»Außer Georg war die ganze Familie hager, ausgemergelt, vertrocknet, verschrumpelt. Unter dem (kleinen) Vater hat G. H. sehr gelitten. In seinem Schüler-Tagebuch (Neu-Ruppin) sucht er ihn öfter zu entschuldigen, da liebt er ihn noch. Nach vielen Details, die G. (und die Ernst Balcke mir) erzählt hat, muß dieser Vater einer der widerwärtigsten preußischen Beamtentypen gewesen sein und auch noch die Ehre seines hohen Ranges, die Prestige-Suggestion seines Milieus etc. zum Nachdruck seiner väterlichen Despotie eingesetzt haben...«

Bei all dem muß man bedenken, daß der Generations- und vor allem der Vater-Sohn-Konflikt im Expressionismus ein Hauptthema des Schreibens und Dichtens war. Von daher ist eine gewisse klischeehafte Verzeichnung des Bildes Hermann Heyms auch durch Georgs Freunde nicht auszuschließen. Wer Hermann Heym nur als den Inbegriff des »häßlichen« Beamten und wilhelminischen Spießbürgers hinstellt, wird ihm wahrscheinlich nicht gerecht.

Außerdem muß man sich vorstellen, daß Georg zeit seines Lebens einen geradezu wildwütigen Nonkonformismus an den Tag legte, an dem vieles theatralisch-plakative Pose gewesen ist.

Dazu noch einmal Rudolf Balcke:

»In dem langen Zusammenleben habe ich Heym genau kennengelernt. Er paßte nicht in die ihn umgebende Welt. Jeden Zwang, ob Kirche, Schule, Studentenverbindung, Beruf, lehnte er ab, in seinem Kampf gegen diese Gewalten beging er manche Dinge, die für andere völlig unbegreiflich waren. Er war überhaupt nicht mit dem üblichen bürgerlichen Maßstab zu vergleichen. Hemmungslos in seinen Wünschen und Begierden, sprunghaft in seinen Entschlüssen, trotz seiner geistigen Begabung in Dingen des praktischen Lebens oft kindlich naiv, bei aller Ablehnung gesellschaftlicher Bindungen doch wieder von dem Urteil, Lob und Tadel seiner Umgebung innerlich stark abhängig, in seinem Aussehen manchmal salopp, manchmal eitel, beinahe stutzerhaft...»

Zum ersten bekanntgewordenen Konflikt zwischen dem Heranwachsenden und einer saturierten, strikt auf Anpassung an die Normen ihrer Moral und Umgangsformen pochenden Gesellschaft kommt es 1905.

Wegen mangelhafter Leistungen in den Hauptsprachen und in Mathematik schafft Georg die Versetzung nach Unterprima nicht und muß das Joachimsthalsche Gymnasium in Berlin verlassen. Das Abgangszeugnis vermerkt in der Spalte »Betragen« zudem: »Er mußte vielfach wegen Verstößen gegen die Ordnung der Schule getadelt werden.«

Der Vater besteht auf Ablegung des Abiturs. Georg kommt an das Friedrich-Wilhelm-Gymnasium nach Neu-Ruppin, »in die Verbannung«. Die Schule war offenbar dafür berühmt oder berüchtigt, verlorene Söhne wieder auf den Pfad von Leistung und Tugend pressen zu können. Der Direktor, Dr. Bergemann, ist ein nervöser Schultyrann mit eisgrauem Vollbart.

»Nicht nur zum Schulgang, sondern schlechterdings (immer) hatten wir Schülermützen zu tragen«, erinnert sich Helmut Schneider, ein Mitschüler Georg Heyms aus diesen Jahren, »jede Klasse von besonderer Farbe. Spazierstöcke, damals ein Kennzeichen der ›Herren‹, waren verboten, um 21 Uhr war Silentium, das von patroullierenden Lehrern gelegentlich überwacht wurde und nur für die drei obersten Klassen sonnabends auf 11 Uhr ausgedehnt wurde. Wirtschaften und Konditoreien waren tabu, ebenso das ›Poussieren‹ mit höheren Töchtern. Die Lehrer waren, abgesehen von Bergemann (in ihrer fachlichen Qualifizierung) miserabel. Das Schulgebäude – ein ehemaliges Kloster, idyllisch in der Stadtmitte beherrschend gelegen. In etwa galt die Schule als Refugium peccatorium [Zufluchtsort der Sünder], besonders für Berliner: Wem das Abitur anderswo nicht glückte, der hoffte, es hier zu erlangen.«

Wer die Erinnerungen der ehemaligen Schüler an die Zeit in Neu-Ruppin liest, begreift erst recht, warum die Auflehnung und der Protest gegen die Schule als Thema in der Literatur um die Jahrhundertwende – man denke an Wedekind, an Heinrich und Thomas Mann, an Erich Mühsam, Ernst Toller – eine so wichtige Rolle spielten.

Die Jugendlichen waren in den meisten Schulen einem diktatorial-terroristischen System unterworfen, in dem Bespitzelung ebensowenig fehlte wie die umständlichsten Untersuchungsverfahren bei den geringfügigsten Jugendstreichen.

Heym beginnt in diesem Jahr 1905 ein Tagebuch, in dem sich die für die Diskrepanz zwischen schulischem Lehrstoff und persönlichem Interesse bezeichnenden Sätze finden:

»Ach, was für eine Qual. Ich habe heute einen Aufsatz zurückbekommen: Frieden und Streit in Göthes Hermann und Dorothea. Note: mangelhaft. Phrasen können die Gedanken nicht ersetzen! Was für eine Qual ist es, unter einem solch hölzernen Kerl von Pauker zu arbeiten. Steif wie ein Ladestock. Bei Besprechung der Friedenszene im Haus des Wirts eingangs des Gedichts schreibe ich: Diese ganze Friedensszene nimmt sich aus wie ein Bildchen auf den verstaubten Porzellantäßchen der Großmutter. Urteil: ›Werden sie nicht abgewischt?‹«

Ein andermal heißt es im Tagebuch übersteigert, großspurig, aber dennoch signifikant:

»Ich glaube, diese Schule ist der Verderb jeden Genies. Was wollte ich wohl arbeiten, wenn ich mir meine Lehrer zu allem Guten und Schönen selbst wählen könnte.«

Mit seinen unzähligen Verweisen auf Mädchen, für die der Gymnasiast Georg Heym schwärmt und von denen er meist enttäuscht wird, macht das Tagebuch auch etwas von dem Liebeshunger und der Gefühlsintensität deutlich, die den Jungen quälen und durchschütteln. Er selbst ist manchmal bestürzt über die Vielzahl seiner Liebesobjekte:

»Alle drei waren schön: Stenzi, Toni, Emma, während ich mich zu Toni hingezogen fühlte, d.h. Naylow hatte sich an Emma angeschlossen, und ich ließ alles gehen wie es ging und kam dabei zufällig auf Toni, bereute ich immer, daß ich sie nicht alle drei lieben konnte.«

Schon in Neu-Ruppin übt sich Georg in gewissen Posen der Ablehnung und Abgrenzung:

»Meine Pensionsmutter sagte mir, ich sähe immer so mißmutig aus. Ich bin eigentlich stolz darauf. Denn hier fröhlich aussehen kann nur der, der in die Atmosphäre dieser Kleinstadt paßt...«

Über die Eltern heißt es im Tagebuch:

»Der Vater war ein seelenguter Mensch, aber er war fürchterlich jähzornig, und das bohrte sich dem Kind so ins Herz, daß es seinen Vater zu fürchten anfing. Die Mutter war auch eine gute Natur. Und sie liebte der Knabe mit seiner Seele, und zu ihr floh er vor dem Vater. Aber als der Knabe wuchs, da verstand sie ihn nicht mehr. Ihr wurde bange um ihn, wenn er sich ihr verschloß. Denn sie konnte ihm nichts geben, als ihre Liebe. Die nahm der Knabe dankbaren Herzens, aber auf seinem Weg nach der Erkenntnis konnte sie ihm nicht folgen, da tat sich auch hier eine Kluft auf...«

Georg Heym als Schüler, etwa 1906 oder 1907

Wie groß diese Kluft, von der hier schon die Rede ist, schließlich noch werden sollte, beweist eine andere Tagebucheintragung aus dem Dezember 1911, also vier Jahre später und zu einem Zeitpunkt, zu dem Georg Heyms erster Gedichtband schon erschienen ist:

»Wundervoll. Gespräch mit meiner Mutter über meine Kunst.

Meine Mutter: ›Du hast keine edle Seele. So was kann ich nicht lesen. Wer wird denn so etwas lesen. Edle und zarte Seelen kaufen doch so etwas nicht.‹ – Meine Einwände... ›Aber Georg, Goethe und Schiller haben doch auch anders gedichtet. Warum schreibst du denn nicht im ›Daheim‹ oder in der ›Gartenlaube‹ [populäre bürgerliche Unterhaltungsblätter].‹

Schließlich habe ich ihr versprechen müssen, jetzt edle und zarte Gedichte zu machen.«

Bezeichnenderweise beginnt die nächste Eintragung mit dem Satz:

»Größe ohne Schlechtigkeit nicht denkbar.«

Aber zunächst noch einmal zurück in die »Jahre der Verbannung«, zum Unterprimaner, der sich im Tagebuch über seinen Entwicklungsprozeß nach der Entfremdung von der Mutter so ausspricht:

»... da wandte er sich dem Ideal im Weibe zu. Und er suchte bei ihm die Liebe, die ihn verstand und mit ihm gehen wollte. Er fand sie für einen Abend. Da wurde ihm sein Herz so voll von Glück, daß er es in Worte nicht fassen konnte. Am nächsten Tag ließ ihn das Mädchen fallen. Er trug es und hoffte auf die Zukunft.«

Weiter ist davon die Rede, »daß ihm die Liebe Religion war. Aber wenn er in seinem Heiligtum beten wollte, fand er es verschlossen... dann wollte er sich dem Wissen in die Arme werfen. Doch seine Lehrer waren im Schuldienst erstorbene Pedanten und Kleinlichkeitskrämer.«

Noch vor der Verbannung nach Neu-Ruppin hat die Freundschaft Georg Heyms mit Ernst Balcke, dem Sohn eines Bankiers, begonnen.

Die beiden Jungen lernen sich 1904 im Tennisklub Blau-Weiß kennen und besuchen im Winter 1904 auf 1905 zusammen die Tanzstunde.

Auch Balcke ist in Berlin von der Schule »geflogen«. Er hat um die Selbstmordpläne eines hochbegabten Mitschülers gewußt und sie der Schulleitung nicht gemeldet.

Für Balcke ist der Verbannungsort das Saldernsche Institut in Brandenburg.

Unter dem 15. 5. 1905 heißt es in Georg Heyms Tagebuch:

»... Ernst Balcke schreibt mir viel. Er ist sehr besorgt um mich, trotzdem er in gleicher Lage ist. Er ist der einzige Mensch, der hinter der äußeren Schale meines kindlichen Wesens das Höhere herausfühlt.«

Und einen Monat später notiert Georg:

»Ich schäme mich, vor anderen Leuten mein Leid zu zeigen, aber ich selbst kann mich ja daran weiden. Es wird ja kaum ein anderer zu sehen bekommen. Erbe soll auch nur mein Freund Ernst sein, denn er versteht mich.«

In Neu-Ruppin existiert eine Schülerverbindung, freilich heimlich, denn solche Zusammenschlüsse sind verboten.

Am Saldernschen Institut in Brandenburg gibt Ernst Balcke eine Schülerzeitung heraus, die den Titel »Kreißende Sonnen« trägt, sich in einer Sondernummer mit dem Problem des Selbstmordes auseinandersetzt und in der auch zwei Gedichte von Heym erscheinen.

Bei Heym kommt es noch nach dem endlich im März 1907 bestandenen Abitur zum Eklat. Auf der allgemeinen Konferenz am 20. 3. 1907, deren Protokoll vorliegt, teilt der Direktor mit, »daß der Abiturient Georg Heym, der gleich am 18. d. M. auf Grund eines ärztlichen Zeugnisses von dem Direktor entlassen worden war unter der Zusage am 19. nachmittags abzureisen, noch hier sei und eingestandenermaßen in der letzten Nacht etwa um 12 Uhr in Gegenwart des stud. theol. Gottfried Schmidt aus Halle eine dem Abiturienten Paradies gehörende weiße Primanermütze auf die Krone der Germania des Kriegerdenkmals vor dem Gymnasium gesetzt habe, die erst heute morgen nach 8 von der Polizei entfernt worden sei und daß... bei der Untersuchung ermittelt worden sei, daß die beiden Abiturienten und Meinecke... gestern ohne Erlaubnis bis 11 ausblieben...«

Bei der Polizei, die vom Direktor eingeschaltet worden ist, scheint dann doch das Einschätzungsvermögen für die Bedeutung des Vorfalls etwas realistischer funktioniert zu haben als bei den Gymnasiallehrern.

Unter dem 20. 3. 1907 hat Georg Heym in sein Tagebuch nur ein Wort eingetragen: »Frei.«

Er beginnt nun sein Jura-Studium in Würzburg. Er wird Mitglied des Korps Rhenania, einer schlagenden Verbindung. Am 30. Oktober 1907 schlägt er in Würzburg seine erste Mensur.

Von Würzburg aus – sein Studienfach ist ihm verhaßt, unter seinen Korps-Brüdern findet er weder Verständnis für die eigenartigen Gedichte, die er schreibt, noch für die neumodischen Stücke am Stadttheater, die er sich gern ansehen würde – unternimmt er mit dem Corps eine Fahrt an Rhein und Mosel und mit den Brüdern Ernst und Rudolf Balcke in den Semesterferien eine Reise ins Riesengebirge. Im November 1908 tritt er wieder aus der Verbindung aus und vermerkt dazu im Tagebuch:

»Ich habe endlich meinen Austritt aus dem Korps genommen. Niemand kann zween Herren dienen. Und was soll mir, der die Schönheit und Freiheit liebt, ein solcher Zwang.«

Immer deutlicher wird jenes Rollenverhalten, über das er im Tagebuch, in der dritten Person, von sich schreibt:

»Heym ist maskiert. Ihm beliebt es, als Naturbursche zu erscheinen.«

Derartige Eintragungen müssen mit anderen konfrontiert oder parallel gelesen werden, mit solchen, in denen sich Georg Heym ohne Maske zu erkennen gibt:

»Ich leide unter folgender eigentümlicher Krankheit. Ich gehe mit irgend jemand spazieren. Wir unterhalten uns. Plötzlich sage ich etwas, was ich nicht sagen will. Aber ich muß es sagen, trotzdem ich im selben Augenblick genau weiß, daß es nicht wahr ist.«

Welch hohes Maß seine Sensibilität erreicht und daß sich damit für ihn »neue Welten«, höchst ungewöhnliche Zusammenhänge ergeben, belegt die folgende Beobachtung:

»Es gibt in der Tat auch für den Tastsinn feine und eigentümliche, beinahe wollüstige Genüsse. Denke dir eine tiefe Schale bis zum Rand mit kleinen Kugeln z. B. Erbsen oder Steinkugeln gefüllt. Du greifst mit beiden Händen hinein und wühlst dich mit den Fingern tief in die Schale hinein. Diese zugleich greifende und lassende Bewegung wird dich zweifellos ganz eigentümlich erregen. Auch die Füße in einer solchen Schale zu baden, erregt die Sinne in gleicher Weise.«

Frauen und Mädchen bleiben ein Problem. Nicht, daß Georg Heym keine Erfolge bei Frauen hätte. Aber seine Ansprüche sind übersteigert und unrealistisch. Nicht wenige seiner Freundinnen verschreckt er durch Posen von Kraftmeierei, aber auch durch seinen Unwillen, sich den Sitten und Umgangsformen der von ihm als »Schauspiel an Heuchelei« charakterisierten bürgerlichen Gesellschaft anzupassen.

Doch auch solche Eintragungen finden sich im Tagebuch:

»Ja, wenn man sich mit den Frauen über Dinge der Anschauung unterhalten könnte, über die wahnsinnige Freude eines Baumes, über eine Wolke, über die Zeichen des Unorganischen (ein albernes Wort), über die Farben, das Gold einer einsamen Wieseneiche gegen einen tiefblauen Himmel. Das verschiedene Braun-Grün einer Herbstlandschaft usw., ja dann würde diese Gesellschaft mir schon zuhören. Aber sie sind alle so dumme Rhinocerosse.«

Verlangen nach Gemeinsamkeit und Übereinstimmung mit einer Frau und ein nie zu befriedigender Hunger nach Liebe machen sich in Attacken Luft, die seine Umwelt als schamlos, bizarr oder komisch auffaßte:

»Wohl aber sehe ich ihn noch, wie er«, berichtet Friedrich Schulze-Maizier, »anläßlich eines Berliner Ausfluges in weiblicher Gesellschaft sich plötzlich Jacke und Schuhe auszog, als ein kleiner vollbesetzter Dampfer herankam, halbangezogen ins Wasser sprang, waghalsig um das Schiff herumschwamm und unter dem Hallo der Fahrgäste ein paar Schüsse aus einem alten Trommelrevolver in die Luft knallte.«

Das Merkwürdige war, daß der so sensible junge Mann Statur und Physis eines Kraftmenschen hatte. Einmal sagte jemand zu ihm: »Lieber Heym, Sie sehen so unanständig gesund aus.« Daß der äußere Eindruck trog, belegt das Tagebuch:

»Daß geniale Veranlagung irgendwo und irgendwie mit Krankheit concorriert, beweist mit meine Familie. Ich selbst, der ich an Krampfadern, Sprachfehler und wer weiß was noch an nervösen Hemmungen kranke, meine Schwester, die Epileptikerin ist, mein Vater, der an einer Art religiösem Wahnsinn und Versündigungswahn leidet. Schließlich ist Genie wohl doch eine Art Degeneration.«

Die Spannung zwischen Pflicht und Neigung, zwischen juristischem Studium und der Lust zu dichten wird immer unerträglicher:

»Ich habe mir eben mein Gedicht vorgelesen in einer goldwolkigen Landschaft, in der selbst die Bäume aus einem grün patinierten edlen Metall schienen. Jetzt trete ich vom Fenster zurück. Palmyra kriecht in einen Winkel, und ich schlage auf: das Buch des elenden Scheißnotars und Arsch (...) N. N. in F... S. 8: ›Der Kaufmann Karl Schulze lebte von seiner Frau getrennt.‹ (...)

Müßte mein Drama längst vollendet haben. Und nun muß ich mich vollstopfen wie eine alte Sau auf der Mast mit der Arsch-Scheiß-Lause-Juristerei, es ist zum Kotzen. Ich möchte das Säuzeug lieber anspeien, als es in die Schnauze nehmen. Ich habe solchen Trieb, etwas zu schaffen. Ja, es ist zum Scheißen. § § § § § Scheiß, Scheiß, Scheiß. Wenn ich bloß Geld hätte, ich hätte schon lange etwas anderes angefangen.«

Im November 1908 kehrt er zur Fortsetzung seines Jura-Studiums nach Berlin zurück. Er zeigt Maximilian Harden sein Drama »Die Athener Ausfahrt«, und dieser gibt ein positives Urteil darüber ab. Georg wohnt bei seinen Eltern. Die Spannungen in der Familie nehmen immer mehr zu. David Baumgardt berichtet darüber:

»Als ich an einem heißen Sommertag in die Wohnung seiner Eltern kam, öffnete sie [Heyms Schwester] die Tür zu seinem Zimmer und prallte dann einfach zurück. Da saß er nackt, eine blutrote Schärpe nur lose über den Leib gebunden und brummte laut: ›Immer rin in de jute Stube; ik bin der wandelnde Nagel am Sarge von meiner Familie.‹ Dann zeigte er mir ein Bild Rimbauds an der Wand, unter das er in großen Buchstaben Der Göttliche geschrieben hatte; und dazu fragte er mich – was er öfters zu tun pflegte –, ob sein letztes Gedicht, das er mir vorlesen wollte, nicht einen neuen Ton hätte.«

In vielen der Erinnerungen seiner Freunde werden provozierende Kraftakte erwähnt – wohl außer dem Schreiben die einzige Möglichkeit, sich der unerhörten Spannung zu entäußern, unter der er stand. Kompromisse zu schließen, haßt er auf den Tod. An deutschen Schriftstellern der Vergangenheit bewundert er vor allem Grabbe, Lenau, Hölderlin, Günther und Lenz. Er fragt sich, »wie es für diese Naturen, die zu anständig waren, um zu kompromißlern (wie die Goethe, Rilke und George etc.), in dieser trüben und vor Wahnsinn knallenden Zeit überhaupt noch möglich war, sich durchzuschlagen«.

Über seine Wirkung auf Kollegen erzählt Emmy Ball-Hennings:

»Seine äußere Erscheinung, auch seine Art im gewöhnlichen Leben, ist nicht ganz leicht zu beschreiben. Sein Gesicht hat entschieden Ähnlichkeit mit dem von Arthur Rimbaud, von dem ich mehrere Bilder sah. Er war kräftig, robust sogar gebaut, und auch seine Gesichtszüge waren nicht frei von einer gewissen Wildheit, die erschreckend hätte wirken können, wenn diese wilde, jungenhafte Energie nicht durch eine (ihm eigentümliche) schwermütige Sanftmut der Augen – auch der Stirnpartie (selten, daß eine Stirn so ausdrucksvoll sein kann) – gedämpft worden wäre. Ein elegisches Gesicht, wenn man so sagen kann, mit Kühnheit gepaart. Er war halb Rowdy, halb Bandit und halb Engel, und so zeigte sich auch sein Wesen.«

Die Art und Weise, in der Georg Heym Mitte Januar 1911 seine erste juristische Staatsprüfung besteht, ist ein Witz. Es gelingt ihm, sich die Antworten auf die Fragen der schriftlichen Prüfung in einer Tüte Obst in den Prüfungsraum einschmuggeln zu lassen.

Die dann folgende Zeit als Referendar am Amtsgericht Berlin-Lichterfelde endet mit einem Skandal. Georg hat einen ihn langweilenden Grundbuchfall zu bearbeiten und stopft die entsprechenden Akten kurzerhand in eine Toilette, was, als der Vorfall bekannt wird, zu seiner Entlassung führt.

»Selbst als Referendar«, so erzählt Erwin Loewenson, »konnte G. es bei seiner wohlhabenden Familie nicht durchsetzen, daß sie ihm die (sehr geringen) Kosten für ein eigenes möbliertes Zimmer außerhalb des ›Schoßes der Familie‹ bewilligte. Nach einem unerhörten Affront der vor seiner Zimmertür versammelten Familie, einschließlich einer Besuchstante, gegen eine Freundin, die man bei ihm entdeckt hatte – bei welchem Kampf er selbst von Fäusten und infamen Schimpfworten Gebrauch machte – bekam er einen eigenen Schlüssel zur Wohnung von einem von uns (van Hoddis). G. H. war immer in Geldnot, anspruchslos wie er war. Ich glaube, nur einen Monat hat G. H. das Geld für ein eigenes Zimmer aufgebracht (Spichernstr. 14, März 1911). In den letzten zwei Jahren ist er, soviel ich weiß, nur einmal von Hause fortgelaufen und kampierte zuletzt einige Zeit im noch völlig leeren Berliner Atelier des begabten jungen Malers und Silhouettenschneiders Ernst Moritz Engert...«

Nach dem Hinauswurf aus der Referendarstelle am Amtsgericht – das Ärgste scheint durch das Eingreifen des Vaters vermieden worden zu sein – hat Heym zunächst seine Promotion betrieben. Zwischen Juli und Oktober 1911 ist er noch einmal in den Vorbereitungsdienst an ein Amtsgericht zurückgekehrt und trägt sich nach seiner Promotion, die erst beim zweiten Anlauf gelingt – zunächst ist die Doktorarbeit zurückgewiesen worden –, mit dem Gedanken, entweder in den diplomatischen Dienst einzutreten und ins Ausland zu gehen oder Offizier zu werden. Je weiter von Deutschland fort, desto besser. Er beginnt mit Sprachstudien in Arabisch und Chinesisch.

Ein Gesuch um eine Fahnenjunkerstelle beim Feldartillerie-Regiment No. 72 wird im November 1911 abgelehnt. Das Elsässische Infanterie-Regiment in Metz ist endlich bereit, ihn als Offiziersanwärter anzunehmen. Aber die Antwort trifft erst kurz nach Heyms Tod in Berlin ein.

Während also in seiner bürgerlichen Existenz alles immer auf ein Scheitern hinausläuft, hat er als Autor mehr Glück.

Innerhalb von zwei Jahren ist er zumindest im Kreis der literarischen Avantgarde in Berlin bekannt geworden, hat er in Ernst Rowohlt einen Verleger gefunden. Sein erster Gedichtband »Der ewige Tag« findet unter den damals maßgeblichen Kritikern ein positives Echo. Heym hat Kontakte zu Walden und seiner Zeitschrift »Der Sturm« anknüpfen können. Seine dramatischen Versuche sind von damals angesehenen Verlagen zumindest geprüft worden. (Darunter auch der S. Fischer Verlag, der am 18. Dezember 1911 Heyms Tragödie »Der Feldzug nach Sizilien« ablehnt.)

Vielleicht die wichtigsten und fruchtbarsten Einflüsse auf Georg Heyms Entwicklung als Lyriker, die ja hier im Vordergrund der Betrachtung steht, sind seine Kontakte zum »Neuen Club« und die Reaktionen auf seinen Lesungen im »Neopathetischen Cabaret«.

Der »Neue Club« ist hervorgegangen aus einer nichtschlagenden Studentenverbindung, die sich in kürzester Zeit immer mehr intellektualisiert und die schließlich unter Leitung des »auf Ewigkeit« gewählten Präsidenten, Kurt Hiller, wöchentlich zu Diskussionsabenden im Nollendorf-Casino in Berlin zusammenkommt.

Ein von Erwin Loewenson verfaßtes und in der Berliner Universität öffentlich angeschlagenes Manifest enthält Zitate von Spinoza, Oscar Wilde, Frank Wedekind und Hugo von Hofmannsthal. Mit Friedrich Nietzsche wird da proklamiert, »daß wir wirksame Wesen, Kräfte sind, ist unser Grundglaube. Die Mitglieder des ›Neuen Clubs‹ wollen mit ihren Texten einen wortgewaltigen Angriff gegen die Dekadenz der Zeit und die niedergehende Lebenskraft führen«. Sie kritisieren das »Ruhebedürfnis und die Affektlosigkeit der Zeit-

Neopathetisches Cabaret

4. Abend: Freitag 9. Dezember 1910 8½ Uhr

Café Kerkau, Behrenstr. 48.

Aus dem Programm:

(Reihenfolge vorbehalten)

Kurt Hiller: Der Eth.
Georg Heym: Gedichte.
Else Lasker-Schüler: Prosa.
Jakob van Hoddis. Italien.

Ernst Blaß: Gedichte
Neopathetisches Potpourri.
Else Lasker-Schüler: Gedichte.
Golo Gangi: Aus dem Cyklus Die Herrschenden.
Die Unsichtbaren (Szene a d. Irrenhaus)
Jakob van Hoddis: Porträts.

Erich Unger: Die Gehemten.
Jakob van Hoddis: Der Jünger.
Kurt Hiller: Elegien.
Paul Marx (Less. Theater): Frank Wedekind „Rabbi Esra".
Friedrich Nietzsche: Epilog.

Der nächste Abend des Neopathetischen Cabarets findet ca. 15. Januar 1911 statt. Jeden Mittwoch Abend 10 Uhr Nollendorf-Casino, Kleiststr. 41. Gäste auch ohne Einführung willkommen.
Geschäftsstelle des Neuen Club: Dr. Kurt Hiller, W. 30, Nollendorfstr. 34.

Ankündigung einer Veranstaltung des Neopathetischen Cabarets

genossen, die Geniefeindlichkeit einer vorgeblich demokratischen Staatsordnung und deren konservative Tendenzen«. Sie wenden sich an jene, »die in sich die Decadence überwunden haben und die Steigerung der Lebensintensität für sich als höchsten Wert anerkennen«. Sie wollen »dieser Zeit der platzenden Belanglosigkeiten einen Schlag ins Gesicht versetzen und als Politiker, Künstler und Philosophen eine allgemeine Regenerationsbewegung einleiten«. Georg Heym gilt in dem Gründerkreis als »Naturphänomen und leibhaftiges Gegenbild der Dekadenz«.

Seit Frühjahr 1910 wendet sich der »Neue Club« mit Veranstaltungen, die »Neopathetisches Cabaret« genannt werden, an eine breitere Öffentlichkeit. Schon am zweiten Abend liest auch Georg Heym. Das »Neopathetische Cabaret«, dessen Hausgötter Nietzsche und Wedekind heißen, wird im Laufe der Jahre zur Plattform für so unterschiedliche Autoren wie Else Lasker-Schüler, Jakob Wassermann, Max Brod, Carl Einstein, Gustav Meyrink. Neben Prosa und Lyrik werden dort auch Werke der zeitgenössischen Musik, unter anderem Stücke von Arnold Schönberg, aufgeführt.

Anfang 1911 kommt es, ausgelöst von einem Wutausbruch von J. van Hoddis, zu einem Bruch zwischen den sogenannten »Voluntaristen« und den »Intellektiven«, die zum Auszug der einen Sektion und zur Gründung des »Literarischen Clubs Gnu« führt. E. Loewenson charakterisiert die Veranstaltungen des »Neuen Clubs« als »die fast frivole Form eines ungeniert farbenfrohen und verwegenen Cabarets«. Die Reaktion der Presse schwankt zwischen völliger Verständnislosigkeit und unverhüllten Beschimpfungen. Im Wortspiel mit der Bezeichnung Neopathetiker ist von »Jüngern der Neuropathologie« die Rede. Georg Heyms Gedichte werden als »das Gestammel eines jungen Mannes« abgetan, »der die Flegeljahre psychisch noch nicht überwunden zu haben scheint«. Trotz solcher Kritik, die Heym sehr betroffen machen kann, bringt ihm der Kontakt mit dem »Neuen Club« die Bekanntschaft mit einer Anzahl sich freilich auch untereinander heftig streitender junger Autoren. Er lernt die wichtigsten Ansätze der progressiven Literatur und Kunst kennen und sieht sich zur Auseinandersetzung mit diesen Werken veranlaßt.

Mit Ernst Rowohlt kommt Heym Ende 1910 in Verbindung, als dieser, aufmerksam geworden durch die Lyrik Heyms in der Zeitschrift »Der Demokrat«, den jungen Autor zur Einsendung von Manuskripten auffordert. Daß auch Rowohlt bei all seinem Spürsinn und seiner Bereitschaft zum Risiko gezwungen ist, gewisse Konzessionen an den Zeitgeschmack zu machen, beweist seine vorsichtig-hinhaltende Reaktion auf Heyms Novellen.

Erstaunlich ist es, daß die entscheidenden Kritiker, sich damit gegen den Strich des literarischen Geschmacks breiter Käuferschichten entscheidend, die große Begabung des jungen Mannes schon nach Erscheinen seines ersten Gedichtbandes im April 1911 richtig einschätzen, Heym also in seinen letzten Lebensjahren, trotz aller anderen Schwierigkeiten, die Genugtuung verspürt haben muß, nun als Dichter in zunehmendem Maße anerkannt zu werden.

Rudolf Balcke, der Bruder des zusammen mit Georg Heym ertrunkenen Ernst Balcke, schreibt dazu nicht unkritisch:

»In den letzten Jahren trat immer stärker das unbedingte Verlangen nach Anerkennung als Dichter hervor. Er wollte auf jeden Fall bekannt und berühmt werden. Hierzu war ihm jedes Mittel recht, er schloß sich dann auch Kreisen an, denen er sich innerlich überlegen und fremd fühlte, nur um seine Werke einem großen Kreis bekannt zu machen.«

Daß aber auch in diesem Punkt Georg Heyms Haltung schwankend bleibt, ersieht man aus Tagebucheintragungen.

Am 5.12.1910 schreibt er: »Mache für mich Propaganda und verteile den Demokraten in der Stadtbahn.« Der »Demokrat« war eine Zeitschrift, die Gedichte von ihm abgedruckt hatte.

In einer anderen Tagebuchnotiz aber nimmt er sich vor, er wolle nun keine Reklame mehr für seine Gedichte machen, sie seien gut und würden sich, dank ihrer Qualität, schon von selbst durchsetzen.

Auch das Schreiben erlöst ihn jetzt häufig nicht mehr von jener enormen inneren Spannung, unter der er fast immer steht. Eine Tagebucheintragung vom 20.11.1911 lautet:

»Jetzt habe ich den Kampf, denn meine Phantasie ist gegen mich aufgetreten und will nicht mehr, wie ich will. Meine Phantasie, meine Seele, sie haben Angst und rennen wieder verzweifelt in ihrem Käfig. Ich kann sie nicht mehr fangen. Wo ist die göttliche Ruhe des Tages, der Ophelia, des Fieberspitals?« [Titel von Gedichten Heyms]

Zwei Monate trennen bei dieser Eintragung Georg Heym vom Tag seines Todes im Eis.

Am 16. Januar 1912, am Vormittag gegen 9 Uhr, treffen sich Georg und sein Freund Ernst Balcke am Bahnhof Charlottenburg. Sie fahren mit der S-Bahn zur Station Pichelssee, kommen dort gegen 10 Uhr mit Schlittschuhen auf dem Rücken durch die Sperre. Sie haben Butterbrote mitgenommen, also offenbar vorgehabt, den ganzen Tag draußen zu bleiben. In der vorangehenden Nacht sind es 13,7 Grad minus gewesen. Die Eisdecke auf der Havel scheint von daher unbedingt sicher. Zwischen 12 und 13 Uhr tauchen die beiden

Freunde in einem kleinen Restaurant auf der Insel Lindwerder am Ostufer der Havel auf. Sie wärmen sich und gehen dann gegen 14 Uhr wieder aufs Eis.

Als der Bruder von Ernst, Rudolf Balcke, der zu dieser Zeit Militärdienst tut, am späten Nachmittag in die elterliche Wohnung kommt, sind die beiden immer noch nicht von ihrem Ausflug zurück, obwohl sie ihre Heimkehr für die Zeit zwischen 16 und 17 Uhr angekündigt hatten. Rudolf Balcke sucht zunächst Georg Heyms Eltern auf, die aber durchaus nicht beunruhigt sind. Sie erklären ihm, Georg nehme es mit der häuslichen Ordnung nie sehr genau und verspäte sich häufig.

Rudolf forscht weiter nach, kann aber an diesem Abend nicht mehr in Erfahrung bringen, als daß die beiden jungen Männer mit Schlittschuhen über der Schulter an der erwähnten S-Bahnstation gesehen worden sind. Erst bei seinen Erkundigungen am nächsten Tag kommt ein klärender Hinweis. Er und sein Freund Hans Thomas, der sich an der Suche nach den Vermißten beteiligt, treffen zwischen Landwerder und Schwanenwerder in den Wäldern an der Havel Holzarbeiter.

Die weitere Darstellung der Ereignisse folgt nun dem ausführlichen und zuverlässigsten Bericht von Hans Peter Renz.

»Diese Waldarbeiter berichten, sie hätten in den frühen Nachmittagsstunden des Vortages, während sie hier auf dem östlichen Ufer am Rand des Grunewaldes Bäume fällten, zwei Schlittschuhläufer beobachtet, die in etwa 800 bis 1200 Meter Entfernung von ihrer Arbeitsstelle flußaufwärts unterhalb Lindwerder zwischen 15 und 16 Uhr eingebrochen seien. Fast eine halbe Stunde lang habe der eine der Schlittschuhläufer gellende Hilferufe ausgestoßen, sie hätten ihn auch im Eis sehen können, aber da es ihnen an Leitern, Stangen und Booten gefehlt habe, vermochten sie nicht zu helfen. Zudem, die offenen Stellen im Haveleis, die man für Fischer und Wasservögel geschlagen habe, und welche des nachts wieder zufrören, machten das Eis unbegehbar. Wohl in eines solcher Löcher müßten die beiden Schlittschuhläufer hineingeraten sein. Niemand sonst sei zu dieser Zeit in der Nähe gewesen. Nach einer halben Stunde, so sagten sie noch, sei es draußen auf dem Eis still geworden.«

Die Leiche Georg Heyms wird am 20. Januar gegen 14 Uhr etwa 200 bis 300 Meter vom Ostufer der Havel entfernt in der Nähe der Fahrrinne gefunden.

»Rudolf Balcke ist zugegen, als die Fischer den toten Georg Heym in ihr Boot bergen. Die Leiche muß zwischen Wasserpflanzen auf dem Grund des Sees gelegen haben. Sie ist nicht vereist, da in der Tiefe eine Temperatur von etwas über null Grad herrschte.«

Ernst Balcke, 1910

Die Leiche Ernst Balckes gibt der Fluß erst in den Mittagsstunden des 6. Februar wieder frei. Es scheint sicher, daß Heym bei dem Versuch, seinen Freund, der zuerst eingebrochen ist, zu retten, ins Wasser gestürzt und untergegangen ist. Der für die Charakterisierung und Bewertung des Heymschen Werkes wichtigste Nachruf auf den Ertrunkenen stammt von Kurt Pinthus. Es heißt darin unter anderem:

»Nur wenige wußten, daß dieser junge Mann ein Dichter war. Und doch wurde sein Gedichtbuch ›Der ewige Tag‹ von aller Lyrik des vergangenen Jahres am meisten beachtet, nachdem Eulenberg, Kerr, Lissauer mit Kraft und Beredsamkeit für dieses Buch gesprochen hatten. Alle jüngeren Dichter und Kritiker in Deutschland lasen diese Gedichte; und ich weiß, alle fühlten, daß hier ein Begabter, ein zu erwartender Vollendeter sich starr und fest aufgerichtet hatte. Wir alle in Berlin, München, Leipzig empfanden: hier wird erfüllt, wonach wir alle streben: des unhaltbaren Leben Herrliches und Schreckliches, grell Sichtbares und dumpf Unbewußtes in mächtiger Form zu gestalten.«

Die Gedichte – Interpretationen in kritischer Sicht

In einem ersten Gesamtüberblick über die Lyrik des Expressionismus mit dem Titel »Der expressionistische Mensch und die deutsche Lyrik der Gegenwart« erklärt Ferdinand Josef Schneider 1927, die Kunst des Expressionismus rühre her aus einem expressiven Lebensgefühl, das es auch zuvor schon in der Gotik, im Barock und im Sturm und Drang gegeben habe. Es wird ein »zeitloser Typus«, der expressive Mensch, angenommen. In ekstatisch-visionärer Schau offenbare sich ihm das Wesen der Dinge in Urbildern. In einer kosmischen »Entgrenzung der Persönlichkeit« suche er die »unio mystica von Ich und All«.

Eine Haupteigenschaft expressionistischen Dichtens und Schreibens wäre damit die Dynamik. Mit ihr durchbricht der Dichter, so dieser Erklärungsversuch, »die naturgesetzliche Ordnung der materiellen Welt«. Das Naturgefühl wirkt dabei als Antrieb. Es gelingt, eine erstarrte Umwelt aufzubrechen. Dank seiner Dynamik gelangt der Dichter zu einer visionären Schau intuitiv erfaßter Wesensinhalte. Auch wenn Hermann Pongs 1927, bezogen auf expressionistische Lyrik, von »kosmischer Dynamik« spricht, meint er damit etwas Ähnliches. Bei Werner Rittich (1933) wird eine Verbindung zwischen den irrationalen Tendenzen, wie sie sich um die Jahrhundertwende in der sogenannten Lebensphilosophie und später im Denken

Bergsons zeigen, und dem Stil des Expressionismus hergestellt. Rittich versucht von daher auch eine Definition der »Weltanschauung« des Expressionismus: »Man sieht die Menschheit als Allgemeinheit in den Kosmos eingeordnet, als kosmische Kräfte sieht man die Triebe wirksam; mithin räumt man ihnen im Leben stärkere Beeinflussung ein, demgemäß ist das Handeln triebhaft.«

Damit nähern sich die Erklärungsversuche des Expressionismus der Lehre C. G. Jungs von den Archetypen an. In den Bildern der expressionistischen Lyrik, aber auch in der bildenden Kunst des Expressionismus, so heißt es in diesen Interpretationen, würden »archaische Elemente im modernen Seelenleben« freigesetzt. Der Dichter erschaut angeblich »etwas von jener psychischen Welt... die der Schrecken und zugleich die Hoffnung der Primitiven ist«.

Speziell auf Georg Heym bezogen, erklärt Helmut Greulich in einer 1931 erschienenen Monographie: »Ihm waren jene kosmischen Gefühle, jene Urgefühle vertraut, deren Wirksamkeit infolge der jahrhundertelangen Zivilisation und des Überwiegens der ratio allmählich zurückgedrängt und unterdrückt worden ist.«

Greulich greift dabei auf eine Überlegung zurück und wendet diese auf das Werk Georg Heyms an, die Wilhelm Worringer in seinem Aufsatz »Abstraktion und Einfühlung« schon 1908 entwikkelt. Es heißt da: »Die rationalistische Entwicklung der Menschheit drängte jene instinktive, durch die verlorene Stellung des Menschen innerhalb des Weltganzen bedingte Angst zurück.«

Wie sich solche Erklärungsansätze »vererben«, läßt sich auch an einer Arbeit von Wilhelmina Stuyer zeigen, in der 1939 im Zusammenhang mit der Bildwelt der Totenzüge und des Totenreiches bei Heym ein Vergleich mit animistischen Seelenwanderungsmythen gezogen wird. 1954 spricht Ludwig Schneider von einem »animistischen Welterlebnis« Heyms, während Fritz Martini in seinem Buch »Was war Expressionismus?« 1948 die Besonderheit des lyrischen Ausdrucks bei Heym »in der Auflösung des Zeitlich-Menschlichen in ein letztes ursprunghaftes Sein« gesehen hat.

Häufig taucht auch in der Reihe der Interpretationen von den zwanziger Jahren bis heute die Feststellung auf, daß der Expressionismus mit seiner Dynamik und der Umsetzung des Geschauten in Personifikationen einen neuen Mythos geschaffen habe, in den, manchmal stärker, manchmal schwächer, antike und orientalische Vorstellungen eingegangen seien.

Genau an diesem Punkt knüpft der prominente Vertreter marxistischer Literaturtheorie, Georg Lukács, in dem Aufsatz »Größe und Verfall« (des Expressionismus) mit seiner Kritik an. Die Errungenschaften dieser neuen Mythologie sind für ihn »Ideologie«

und damit »falsches Bewußtsein«. Der Expressionismus wird als »kleinbürgerliche ideologische Fluchtbewegung« charakterisiert. Lukács' Kritik gipfelt in dem Satz: »Der Expressionismus als schriftstellerische Ausdrucksform des entwickelten Imperialismus beruht auf einer irrationalen, mythologischen Grundlage; seine schöpferische Methode geht in die Richtung des pathetisch-leeren, deklamatorischen Manifests, der Proklamierung eines Scheinaktivismus.«

In eine ähnliche Richtung zielt M. F. E. van Bruggen 1946 in seiner Schrift »Im Schatten des Nihilismus – die expressionistische Dichtung im Rahmen und als Ausdruck der geistigen Situation Deutschlands«. Für van Bruggen ist expressionistische Dichtung vor allem »Ausdrucksform psychologischer Verhaltensweisen«, »Projektion der eigenen Untergangsgefühle«, »emotionale Füllung der geistigen Leere«. Bei ihm trifft man auch eine Feststellung, an die spätere Interpretationsversuche wieder anknüpfen: »Die Einbeziehung des Häßlichen und Grauenhaften, die man bereits in der Lyrik Rimbauds und Baudelaires beobachten kann«, wird betont, zugleich aber negativ als »grauenvolles Phantasieren« oder »zynisch-makabrer Spaß« bewertet.

Einen neuen, den meiner Ansicht nach bisher überzeugendsten Interpretationsansatz, liefert Kurt Mautz in seinem 1972 erschienenen Buch »Georg Heym – Mythologie und Gesellschaft des Expressionismus«.

Mautz weist zunächst den bisherigen Interpreten entscheidende Mängel nach. Er zeigt, daß die »Kontrastierung der antik-mythologischen Motive und der Elemente des Jugendstils mit naturalistischen Bildern der industriellen Wirklichkeit« eine Methode ist, die das gesamte lyrische Werk Heyms durchzieht.

Er führt vor, wie sich in der »dämonischen Personifikation« und in den »dämonisierenden Metaphern« dieser Gedichte die »übermächtig, blind wirkende Gewalt einer dem Menschen entfremdeten gesellschaftlichen Wirklichkeit« und die »Entfremdung sowohl der Menschen voneinander wie des Menschen von sich selbst« abbilden.

Er erklärt, wie sich in der immer wiederkehrenden Thematisierung des Irren und Pathologischen ein »zwanghafter Protest gegen eine Zwangswelt« ausspricht. Hinter Strukturen und Funktionen der zahlreichen Tiervergleiche in Heyms Gedichten sieht Mautz die »Klage über die Enthumanisierung des Menschen, seiner Welt und der Natur«.

Mautz weist schließlich nach, daß die Farben, die in den Heymschen Gedichten auftauchen, alle eine aus dem Gesamtzusammenhang des lyrischen Werkes erschließbare Bedeutung haben und nicht etwa zufällig oder wahllos gesetzt sind.

Mautz Methode läßt sich in der hier notwendigen Verkürzung vielleicht am besten mit seiner Interpretation des Gedichts »Der Krieg« bzw. an seiner Kritik und Auseinandersetzung mit der Interpretation dieses Gedichts durch Johannes Pfeiffer (1946) vorstellen. Zunächst das Gedicht:

Der Krieg

Aufgestanden ist er, welcher lange schlief,
Aufgestanden unten aus Gewölben tief.
In der Dämmrung steht er, groß und unbekannt,
Und den Mond zerdrückt er in der schwarzen Hand.

In den Abendlärm der Städte fällt es weit,
Frost und Schatten einer fremden Dunkelheit.
Und der Märkte runder Wirbel stockt zu Eis.
Es wird still. Sie sehn sich um. Und keiner weiß.

In den Gassen faßt es ihre Schulter leicht.
Eine Frage. Keine Antwort. Ein Gesicht erbleicht.
In der Ferne zittert ein Geläute dünn,
Und die Bärte zittern um ihr spitzes Kinn.

Auf den Bergen hebt er schon zu tanzen an.
Und er schreit: Ihr Krieger alle, auf und an!
Und es schallet, wenn das schwarze Haupt er schwenkt,
Drum von tausend Schädeln laute Kette hängt.

Einem Turm gleich tritt er aus die letzte Glut,
Wo der Tag flieht, sind die Ströme schon voll Blut.
Zahllos sind die Leichen schon im Schilf gestreckt,
Von des Todes starken Vögeln weiß bedeckt.

In die Nacht er jagt das Feuer querfeldein,
Einen roten Hund mit wilder Mäuler Schrein.
Aus dem Dunkel springt der Nächte schwarze Welt,
Von Vulkanen furchtbar ist ihr Rand erhellt.

Und mit tausend hohen Zipfelmützen weit
Sind die finstren Ebnen flackend überstreut,
Und was unten auf den Straßen wimmelnd flieht,
Stößt er in die Feuerwälder, wo die Flamme brausend zieht.

Und die Flammen fressen brennend Wald um Wald,
Gelbe Fledermäuse, zackig in das Laub gekrallt,
Seine Stange haut er wie ein Köhlerknecht
In die Bäume, daß das Feuer brause recht.

Eine große Stadt versank in gelbem Rauch,
Warf sich lautlos in des Abgrunds Bauch.
Aber riesig über glühnden Trümmern steht,
Der in wilde Himmel dreimal seine Fackel dreht.

Über sturmzerfetzter Wolken Widerschein,
In des toten Dunkels kalten Wüstenein,
Daß er mit dem Brande weit die Nacht verdorr,
Pech und Feuer träufet unten auf Gomorrh.

Mautz bestreitet zunächst thesenhaft die von Pfeiffer und anderen vertretene Auffassung, es sei Heyms Absicht gewesen, »eine prophetisch, mythische Vision des Krieges« in dem Sinn zu geben, daß er »eine gewissermaßen in der Luft liegende Katastrophe in beschwörender Ahnung« vorwegnehme. (Ein solcher Erklärungsversuch findet sich schon in Pinthus' Aufsatz über den Nachlaß Heyms in den zwanziger Jahren.)

Vor allem, so sagt Mautz, sei es falsch, in der Personifizierung des Krieges das Bild für eine »kosmische Urmacht« zu sehen, wie das Pfeiffer vorschlägt. Zunächst einmal sei damit überhaupt nicht »ein bestimmter, historisch faßbarer Krieg« gemeint, ebensowenig »das Phänomen Krieg schlechthin«, »der Krieg an sich, als verabsolutiertes Sein ortlos, zeitlos, von allen Sinnbindungen abgelöst«. »Vielmehr ist das Gesamtbild, die Vision des Krieges, eine einzige große Metapher für das ›geschähe doch einmal etwas‹ in der Tagebuchaufzeichnung, der Krieg ist ein Bild, das sagen will, daß eine bestimmte Welt sich ändern oder verändert werden soll. Es bezieht sich nach Zeit und Ort auf den geschichtlichen Zustand« der von ihm um sich wahrgenommenen Welt, von deren »erbärmlichem Frieden« beispielsweise ja auch das eingangs vorgestellte Prosastück »Eine Fratze« Zeugnis gibt.

Das Wort »Krieg« ist also bei Heym im Gedicht wie im Tagebuch eine Metapher. Es darf nicht im Sinn einer realen Kriegsbegeisterung gedeutet werden. Das Wort meint vielmehr »Veränderung der Welt heute«.

Den Dämon in diesem Gedicht deutet Mautz als eine Personifizierung der katastrophalen Tendenzen eines Fortschritts, »der die Welt mit lebenserstickenden, entmenschlichenden Zwangsmechanismen überzieht«. Er stehe aber andererseits auch als »buchstäblich flammender Protest gegen eine solche Welt. Daher die Ambivalenz von Grausen und berauschender Faszination in der Darstellung ihres Untergangs.«

Eine Schlüsselstelle für eine Interpretation des Gedichts in diesem Sinn sind die Zeilen:

In die Nacht er jagt das Feuer querfeldein,
Einen roten Hund mit wilder Mäuler Schrein.
Aus dem Dunkel springt der Nächte schwarze Welt,
Von Vulkanen furchtbar ist ihr Rand erhellt.

Unter Verweis auf Freud erklärt Mautz »den roten Hund mit wilder Mäuler Schrein« als Traumsymbolik für verdrängte Triebe.

Zum besseren Nachvollzug und zur Überprüfung hier die entsprechende Stelle aus Freuds Aufsatz »Das Unbehagen in der Kultur«:

»Mit *wilden Tieren* symbolisiert die Traumarbeit in der Regel leidenschaftliche Triebe, sowohl die des Träumers als auch die anderer Personen, vor denen der Träumer sich fürchtet, also mit einer ganz geringfügigen Verschiebung die Personen selbst, welche Träger dieser Leidenschaften sind. Von hier ist es nicht weit zu der in dem Totemismus anklingenden Darstellung des gefürchteten *Vaters* durch böse Tiere, Hunde, wilde Pferde. Man könnte sagen, die wilden Tiere dienen zur Darstellung der vom Ich gefürchteten, durch Verdrängung bekämpften Libido.«

Davon ausgehend erklärt Mautz:

»In der Tat richtet sich der in ›Der Krieg‹ dargestellte Aufstand eines gehemmten, erstickenden Lebens gegen eine patriarchalische Zwangswelt: Die schemenhaften Gestalten in den Gassen der Städte sind mit zitternden Bärten und spitzem Kinn als greisenhaft gekennzeichnet, und der Mond, den der Krieg in der Hand zerdrückt, ist (...) bei Heym geradezu das Sinnbild einer ›Vaterwelt‹ und hat, wenn er als Zauberer, Henker, Greis usw. personifiziert wird, immer die dämonisch-bösartigen Züge einer negativen ›Vaterfigur‹, wie sie (uns) in zahlreichen expressionistischen Dichtungen begegnet.«

Korrespondenzen zu diesem, sich in Bildern ausdrückendem Lebensgefühl finden sich an vielen Stellen der Tagebücher. So, wenn es dort heißt:

»Ich ersticke noch mit meinem brachliegenden Enthusiasmus in der banalen Zeit.« Oder: »Es ist immer das gleiche, so langweilig, langweilig, langweilig. Es geschieht nichts, nichts, nichts. Wenn doch einmal etwas geschehen wollte, was nicht diesen faden Geschmack von Alltäglichkeit hinterläßt... würde wieder einmal eine Barrikade gebaut. Ich wäre der erste, der sich darauf stellte, ich wollte noch mit der Kugel im Herzen den Rausch der Begeisterung spüren. Sei es auch nur, daß man einen Krieg begänne, er kann ungerecht sein. Dieser Friede ist so faul, ölig und schmierig wie eine Leimpolitur auf alten Möbeln.«

Wenn man allein diese Sätze des Tagebuches liest, begreift man, wie es dazu kommen konnte, daß auch das Gedicht »Der Krieg« als prophetische Schau oder vitalistische Zustimmung zu einem Weltkrieg gedeutet wurde.

Bei genauerem Lesen, vor allem bei einem Lesen, das die Bilder zu diesem Thema in den verschiedenen Gedichten vergleicht, wird aber deutlich, daß Heym hier eben nicht ein »Urphänomen Krieg« darstellt, sondern daß sich so Protest gegen die Zustände in einer konkreten Gesellschaft ausspricht, in der die Natur des Menschen verkümmert, er sein Leben nicht mehr gemäß der ihm eingeborenen Bestimmung entfalten kann.

Hier schließt sich der Kreis unserer Betrachtungen. Wenn zu Anfang in einem Zitat der Zustand des Erstickens zur Sprache gekommen ist, so wird jetzt klar, welches die Ursachen dieses von Heym so häufig protokollierten Empfindens sind. Das Gefühl, ersticken zu müssen, ergibt sich aus der Eigenart der sprunghaft industrialisierten und kommerzialisierten Gesellschaft der Gründerzeit.

Dies ist es, was in dem Text »Eine Fratze« »unsere Krankheit« genannt wird. Und daß es eine Krankheit zum Tode sein werde und der Weltuntergang bevorstehe, haben damals viele gemeint. So Karl Kraus, wenn er schreibt, daß er »dieses von einer lausigen Glorie ornamentierte Leben in die tabula rasa« verwandeln möchte.

Gegen eine genormte und automatisierte Welt, die jeglichen Enthusiasmus, jegliche Spontaneität abwürgt, den Menschen bei lebendigem Leibe versteinern läßt, in der sein Leben nichts mehr mit Lebendigkeit zu tun hat, vielmehr auf ein bloßes Funktionieren reduziert worden ist, lehnt Heym sich in seinen Gedichten auf.

Dichten ist hier nicht nur Kampf gegen diese entstellte Welt, es ist »Überlebenstraining«, ein Mittel der Selbstheilung gegen das *Ersticken*!

Jene damals herrschende Schicht einer imperialistisch-spätbürgerlichen Gesellschaft, die so stolz auf die Werke ihrer Technik, auf den Glanz ihrer Städte, auf das Ausmaß des sich akkumulierenden Kapitals war, konnte kaum anders reagieren, als solche Verse entweder als Hirngespinste eines pathologischen Menschen abzutun oder sie in ihrer Wirkung dadurch von sich zu rücken und zu entschärfen, daß sie erklärte, in ihnen drücke sich eben die Beschreibung übermächtiger, kosmischer Phänomene aus.

Wir, die wir im verschärften Maß unter der Unwirtlichkeit und Unmenschlichkeit der Großstädte leiden, die wir nicht nur eine Ahnung, sondern die furchtbare Gewißheit haben, daß der technische Fortschritt nicht länger den Menschen, sondern häufig genug der Eliminierung ihres Lebensraums dient, sind eben deshalb, sofern wir nicht Lyrik als eskapistische Droge konsumieren, erst recht dazu in der Lage, die Kühnheit der Lyrik Georg Heyms zu begreifen. Ihn unter dieser Perspektive zu lesen oder wiederzulesen, heißt, sich der Erschütterung durch einen Klassiker der Moderne aussetzen. Es heißt auch, sich von diesen Gedichten zum Widerstand gegen den Leviathan der großen Institutionen und Mechanismen ermutigen zu lassen.

1887 30. 10.: Geboren in Hirschberg, Schlesien.
Geheimer Rückversicherungsvertrag Deutschlands mit Rußland vereinbart gegenseitige wohlwollende Neutralität.
21000 Beschäftigte in den Krupp-Werken. Papst Leo XIII. erklärt den Kulturkampf für beendet.
1889 März: Geburt der Schwester Gertrud Heym. Adolf Hitler geboren.
Theaterverein »Freie Bühne« von Maximilian Harden, den Brüdern Hart und Theodor Wolff gegründet.
1893 Georg Heym besucht die Grundschule.
Gerhart Hauptmanns »Biberpelz« und Schnitzlers »Reigen« erscheinen.
Japanisch-chinesischer Krieg.
Tower-Brücke in London fertiggestellt.
1896 Georg Heym kommt in Gnesen aufs Gymnasium. In München wird der »Simplizissimus« gegründet. Paul Verlaine gestorben.
1900 Versetzung des Vaters nach Berlin.
1904 Beginn der Freundschaft mit den Brüdern Ernst, Rudolf und Werner Balcke.
1905 Heym wird nicht in die Oberprima versetzt. Kommt im April nach Neu-Ruppin.
Marokkokrise. Hermann Hesse veröffentlicht »Unterm Rad« und Heinrich Mann den Roman »Professor Unrat«.
1907 Heym besteht die Reifeprüfung am Gymnasium in Neu-Ruppin.
Ende der Dreyfuß-Affäre in Frankreich. Dreyfuß wird freigesprochen.
Hamburger Hauptbahnhof erbaut.
Upton Sinclair veröffentlicht den »Sumpf« (Roman über die Schlachthöfe Chicagos).
April: Beginn des Jura-Studiums in Würzburg.
Juli–August: Ferienreise nach Tirol.
Oktober: Erste Mensur in Würzburg.
1908 März–April. Während der Semesterferien lebt Georg Heym in Berlin. Reise mit Ernst und Rudolf Balcke ins Riesengebirge.
Flottengesetz: Das Deutsche Reich wird nach England zur stärksten Seemacht.
Arno Holz: »Sonnenfinsternis«.
Juni: Fahrt mit Korps-Brüdern an den Rhein und die Mosel.
Juli: Krankenhausaufenthalt in Würzburg.
November: Fortsetzung des Studiums in Berlin.
1909 Juni: Kontakt mit Maximilian Harden.
Im Sommer: Reise an die Ostsee.
Von Thomas Mann erscheint »Königliche Hoheit«.
Von Heinrich Mann erscheint »Die kleine Stadt«.
1910 Ende April mit Rudolf Balcke nach Jena. Kommt aber häufig nach Berlin.
1. 6.: Erster öffentlicher Vortragsabend des »Neuen Clubs«.
6. 7.: Heym liest im Neopathetischen Cabaret.
Anfang August: Vorbereitung auf die erste juristische Staatsprüfung in Berlin.

Oktober: Erste Gedichte in Zeitschriften.
November: Heym liest wieder im Neopathetischen Cabaret.
Ende November: Rowohlt nimmt Kontakt zu Georg Heym auf.
Hermann Hesse veröffentlicht »Gertrud«, G. Hauptmann »Der Narr in Christo Emanuel Quint«.
Weltausstellung in Brüssel.

1911 Januar: Heym besteht erste juristische Staatsprüfung.
Besuch bei Ernst Rowohlt in Leipzig.
Februar: Grundbuchaktenaffäre.
Ende April: Heyms erster Gedichtband, »Der ewige Tag«, erscheint.
Rückweisung seiner Dissertation durch die Universität Würzburg. Er erhält drei Monate Frist zur Überarbeitung.
August: Abermaliger Versuch mit dem juristischen Vorbereitungsdienst. Pläne, Offizier zu werden.
Herbst: Georg Heym wohnt vorübergehend in Berlin im Atelier des Malers Ernst Moritz Engerts.

1911 Bewerbung um Offiziersstelle beim Feldartillerie-Regiment 72 wird abgelehnt.
Promotion in Rostock (bisher nicht nachweisbar).

1912 Januar: Fahrt nach Metz zur Bewerbung um eine Offiziersstelle beim Elsäßischen Infantrie-Regiment in Metz.
16. 1.: Georg Heym ertrinkt beim Schlittschuhlaufen auf der Havel.

WEITERFÜHRENDE LITERATUR

Zur umfassenden Beschäftigung ist die Gesamtausgabe: Georg Heym: Dichtungen und Schriften, herausgegeben von Karl Ludwig Schneider, Verlag Ellermann, München 1964 (Band 1: Lyrik, Band 2: Prosa und Dramen, Band 3: Tagebücher, Träume und Briefe) sowie der Band: Georg Heym, Dokumente zu seinem Leben und Werken, herausgegeben von Karl Ludwig Schneider und Gerhard Burckhardt, Verlag Ellermann, München 1978, unbedingt zu empfehlen.

Einen nicht immer leicht verständlichen, aber genauen und umfassenden »Einstieg« in die schon recht umfangreiche Interpretationsliteratur, die sie zugleich um einen interessanten Ansatz erweitert, stellt dar: Kurt Mautz: Georg Heym – Mythologie und Gesellschaft im Expressionismus, Athenäum Verlag, Königstein/Ts. 1972.

Georg Trakl, 1914

ULRICH KONITZER

Georg Trakl: Die Angst vor der Wirklichkeit

»Und in dem Park von Hellbrunn vollzöge sich eine neue Verwandlung, schon kämen Schneewolken von den Bergen herunter, das Licht würde fahl. Da könnte Trakl im Übermut Steine aufsammeln und in die Teiche werfen. Das Wasser könnte langsam gefrieren. Diese Stadt, könnte Trakl sagen, ist feindlich. Eben weil alles wunderlich ist, gefärbelt, prunkvoll, eben deshalb ist sie es. Ginge es an, zu sagen, sie lügt?!«

Peter Rosei

1887–1897: Niemand liebte ihn oder unheilige Kindheit

Welche Einblicke haben wir in die Kindheit Trakls? Merkwürdig gering ist das Material, das uns Freunde und Geschwister zur Verfügung stellen. Wohnte »die Kindheit in blauer Höhle«, »ruhig« in sich geschlossen? War sie »erfüllt von Krankheit, Schrecken und Finsternis«? Beides lesen wir in Trakls Poesie.

Wir hören vom Bruder über eine Familie, die im bürgerlichen Wohlstand lebte, der es »sehr gut ging«. Georg war ein Kind wie »wir anderen auch, fröhlich, wild und gesund«. Jemand berichtet, er sei »zu jedem Schabernack bereit« gewesen. Aber da gibt es jene ganz anderen Verhaltensweisen des Kindes.

Georg wirft den Teller aus dem Fenster, wenn ihm das Essen nicht gefällt; er will sich schier umbringen, wenn ihm etwas verweigert wird. Früh schon versinkt er in abwesendes Brüten, zeigt »ein scheues Absonderungsbedürfnis«. Mit acht Jahren läuft Georg, ohne auf die Umwelt zu achten, in einen Teich hinein, nur sein Hut zeigt an, wo er verschwunden ist. Einmal wirft er sich vor ein laufendes Pferd, um es aufzuhalten. Ein anderes Mal versucht er, sich vor eine fahrende Lokomotive zu werfen, um sie anzuhalten. Freunden fällt auf, daß er immerzu Süßigkeiten schleckt.

Unter den frühesten Fotos Trakls ist eines einem Psychologen aufgefallen, weil es das Kind »mit irgendwie tierhaft traurigen Augen zeigt«. Besaß diese Kindheit wirklich ein »goldenes Auge des Anbeginns«, oder wohnte sie nicht vielmehr in »finsteren Dörfern«? Woher dieses Widerspenstige, dieses Widersetzliche, dieses Eigensinnige kindlicher Natur? Der Vater betreibt ein florierendes Eisenwarengeschäft in Salzburg. Erfolgreich, protestantischer Berufsethik wohl verpflichtet, sind seine Freuden das bißchen Tarockspielen im Café, das bißchen Wein zu Abend. Er hat nicht viel Zeit fürs Familienleben, für seine sechs Kinder. Ausgesetzt dem immerwährenden Konkurrenzkampf und dem Auf und Ab der Konjunkturen, bedarf es aller Energien, um in dieser Stadt zu bestehen, deren Einwohner durch und durch kalt sind, deren tägliches Brot die niederträchtige Berechnung ist (Thomas Bernhard).

Es ist auch vorstellbar, daß der schwierige Sohn Georg ihm nicht gerade nahesteht. Das Kind sehnt sich nach dem »bärtigen Antlitz, das Stille« väterlicher Geborgenheit ausstrahlt. Es sehnt sich, an der »Hand des Vaters« geführt zu werden. »Altes Hausgerät der Väter« soll anheimeln, soll Vertrautheit vermitteln, aber diese »traurige Kindheit« findet nicht den Weg zum Vater. Die Sehnsucht des Knaben nach väterlicher Entsprechung sieht keine Erfüllung. Da wird schließlich die »Stille« der Vaterhand zur »knöchernen Hand des Greisen«, der die Sohneszuneigung als »rosiges Kindlein« im furchterregenden »schwarzen Mantel« trägt. Ungeborgenheit und Alleinsein des Knaben erfüllen das alte Haus der Väter, zeugen die Angst und den Schrecken: »Seine Träume erfüllten das alte Haus der Väter.« Es existiert keine Möglichkeit, sich mit der Vaterfigur zu identifizieren, durch sie Welterfahrung und Wirklichkeitsbezug herzustellen. Ungeborgenheit und Alleingelassensein werden zu Angst und Trauer: »Wenn er in seinem kühlen Bett lag, überkamen ihn unsägliche Tränen.« Aber auch der Haß bricht auf gegen den sich ihm versagenden Vater. In der frühen Lyrik heißt es: »Im Finstern trippelt puppenhaft ein Greis.«

Und die Mutter? »In dunklen Zimmern versteinerte das Antlitz der Mutter«, denn dort schließt sie sich ein, umgeben vom schönen Mobiliar und Antiquitäten. Um Mann und Kinder kümmert sie sich weniger als um die Ausstattung der Zehnzimmerwohnung. War sie Trinkerin? Sie schenkt Georg keine bergende Zuneigung. Das »Rauschen eines Frauengewandes« läßt den kindlichen Sohn vor Furcht erstarren. An der »frierenden Hand der Mutter« überkommen ihn Unruhe und Ungewißheit. »Vor dem weißen Antlitz der Mutter« verbirgt sich der Sohn, spricht ihr gegenüber die Unwahrheit. Da fallen einem Verse Rimbauds ein, dem Trakl ein Bruder ist! Ich meine »Les poètes de sept ans«!

> Hatte die Mutter dann das Pflichtbuch zugemacht,
> Ging sie zufrieden fort, sehr stolz und ohne Acht,
> Daß aus dem blauen Aug, der Buckelstirn des Jungen
> Doch eine Seele sprach voll Trotz und Weigerungen.
> Tagsüber schwitzte er Gehorsam aus; sehr klug
> War er; doch schwarze Ticks und manch geheimer Zug
> Schienen von Heuchelei ganz schlimmer Art zu sagen.
> Im dunklen Flur, der stets mit feuchtem Schorf beschlagen,

Streckt' er, die Fäuste an den Bauch gedrückt, beim Gehn
Die Zunge aus, sah Punkte hinterm Lide stehn.
Und da ihm sonderlich das Düstere behagte,
Ließ er im Schlafzimmer, das Feuchtigkeit zernagte,
Das nackt war, hoch und blau, die Jalousien herab,
Und las im Roman, der ständig Arbeit gab:
Himmel ockrig und schwer, Wälder im Strom versunken,
Fleischblumen, aufgetan im Hain voll Sternenfunken,
Taumel, Zusammenbruch und Fluchen jammervoll.

Der Sohn versucht dennoch, die Mutter aufzuspüren, die »Stille der Mutter« wie die des Vaters zu gewinnen. Doch sie entzieht sich ihm, reagiert mit Distanz, läßt das Kind allein. Trakl wird später seine klagende Suche nach der Mutter in bewegenden Bildern formen.

Weit über ein Jahrzehnt existiert für die Kinderschar eine Art Mutter, nämlich in Gestalt einer sogenannten Gouvernante, »Mademoiselle« genannt. Sie kommt aus dem Elsaß. Von ihr läßt sich der Junge auffällig leiten: Sie bringt ihn dazu, Briefmarken zu sammeln, ausdauernd Französisch zu lernen, ihren Erzählungen gespannt zuzuhören. Georg hat offensichtlich zeitweise »Mademoiselle« als Muttterersatz angenommen, ohne jedoch für seine tiefwurzelnde Suche nach Mütterlichkeit das wirkliche Ziel gefunden zu haben. Es gab »niemand, der die Hand auf seine Stirn gelegt hätte«. So hat denn auch die Gouvernante keine lyrischen Bilder in Trakl erzeugt. Übrigens auch kaum einer seiner Freunde!

Wenn jemand die Kinder dieser nach heutigen Begriffen Großfamilie als Spielgemeinschaft bezeichnet hat, so scheint er entweder gewisser Familienideologie oder einer Aussage des Bruder Friedrich aufgesessen zu sein, meint der doch in einem erfragenden Gespräch über sein Verhältnis zu Georg: »Er und ich, wir waren die besten Spielkameraden.« Nur muß man wissen, daß gerade dieser Bruder allerhand dazu getan hat, Trakls unbürgerliche, nach seiner Vorstellung unmoralische Lebensweise nicht nur zu verharmlosen, sondern sogar zu verwischen.

Höchst ungewöhnlich ist jedenfalls, daß die Kinder untereinander sehr häufig Französisch sprachen, damit dem Personal des Hauses oder anderen gegenüber eine Art Code benutzten. Wie überhaupt Kinder solcher Großfamilien eine Binnenstruktur entwickeln, die zu ganz intensiver Kommunikation untereinander führt und für einzelne von ihnen zu Bindung aneinander, die Außenbeziehungen stört oder nur schwach zuläßt. Es kommt zu einem Hordeneffekt, und Außenstehenden wird fast ausschließlich mit Abneigung begegnet.

Vielleicht ist Trakls Schwesterbeziehung unter diesem Aspekt weiterführend interpretierbar.

So ist Trakls Kindheit eine verlorene Kindheit ohne Geborgenheit und ohne Gewißheit von Wirklichkeit. Die Identifikation mit dem Vater bleibt versagt, das Urvertrauen der Mütterlichkeit nicht erlebbar. In dieser gescheiterten Kindheit liegt der Schlüssel für die Tür zur Biographie Trakls, hinter der wir seine gebrochene Existenz finden. Denn niemals hat das Kind über die Elternbeziehung erfahren, wie die Wirklichkeit eines Individuums aussieht. Immerzu lesen wir aus den Gedichten die Suche nach einer »Stille« der Kindheit. In seinen letzten Gedichten muß sich die Mutter »ums Kindlein zagen« und klagt.

Der junge Trakl wird unfähig werden, »sich und sein Leben zu gestalten und den Versuchungen und Verfinsterungen des eigenen Innern formend entgegenzutreten« (Spoerri). An dieser Stelle geht es nicht darum, Trakls Werk als Ergebnis eines Angstneurotikers abzuqualifizieren. Es geht darum zu erfahren und zu erfassen, welche psychische Struktur zugrunde liegt, die eine solche poetische Qualität schafft.

1898–1910: Deine Seele geht nach dem Leiden oder die Schwester, die dunkle Liebe eines wilden Geschlechts

Die Kindheit Trakls geht unter Schmerz und Leid zu Ende. Nur in wenigen Gesprächen hat er später die Misere des Elternhauses angedeutet. Die Erfahrungen der frühen Jahre haben sich in die Tiefen seiner Seele eingegraben. Angst und Schrecken werden den jugendlichen Trakl nicht mehr verlassen. Sie werden sein lyrisches Werk unauswechselbar kennzeichnen. Die Bedrohung durch das Draußen, dem sich Trakl als Kind ausgesetzt fühlte, fällt in der Pubertät neuartig über ihn her. Er ist unfähig, die neue existentielle Situation ohne Hilfe einer Identifikationsfigur zu bewältigen. So verändert sich sein Gemütszustand in einer derart schnellen Weise, daß »mit einem Male die erschreckende Zäsur eintrat«, daß er »umdüstert, brütend geradezu wurde«. Brütend hockt er in der Schulbank des Gymnasiums, lauert spöttisch auf Fehlleistungen schwächerer Schüler. Sogar mürrisch und abweisend reagiert er vielfach auf die, die ihn respektieren, ihn als geistig überlegen ansehen. Eine Gefühlskultur hat Georg nicht erfahren, d. h., er ist ungeübt, Annahme und Ausgabe von Neigung und Ablehnung zu balancieren. Ja, er kennt »keine Art von Gefühlen« (so ein Freund), weil er sie nicht in den Elternfiguren identifizieren konnte. Gewiß, solche Züge des Charakters sind in der Pubertät durchaus geläufig. Mancher frühe Jugendliche gefällt sich auch darin, als arrogant bezeichnet zu werden. Hier jedoch liegt ein gänzlich anderer psychischer Zustand vor. Es ist mehr als eine einfache Pubertätskrise. »Lasset das Lied auch des Knaben gedenken, seines Wahnsinns«, heißt es später im »Helian«.

Trakl greift nämlich ungefähr mit 15 Jahren zu Rauschgiften. Er taucht seine Zigaretten vor dem Rauchen in eine Opiumlösung, narkotisiert sich mit Chloroform bis zur Ohnmacht, trägt lange Zeit eine kleine Narkoseflasche mit sich herum. Freunde finden ihn wintertags betäubt und halb erfroren. Wieder zu sich kommend, verlangt er sogleich nach Alkohol. Sein Verhalten grenzt an Selbstzerstörung.

Vielleicht will er wie Baudelaire »nichts wissen, nichts lehren, nichts wollen, nichts fühlen – schlafen und immer schlafen«? Rebelliert er gegen den sich versagenden bürgerlichen Vater? Sucht er in der Narkotisierung, die ihn frühzeitig süchtig werden läßt, die Lust, die der Muttergeborgenheit gleichkommen könnte? Man macht es sich zu einfach, den Griff nach Narkotika auf reine Neugier für Verbotenes zurückzuführen. Verlassenheit und Verlorenheit eines Jugendlichen sprechen dafür, daß zur Droge gegriffen wird.

Auch die Freundschaft mit Gleichaltrigen kann nach der Zerstörung der Kindheit Identität mit sich nicht neu bauen. Ihre Verluste an Wirklichkeitserfahrung, an seelischen Zuwendungen sind nie mehr aufholbar, höchstens in der Freundschaft als Thema zur Diskussion der Misere dieser Welt. Nie erlernte Liebesfähigkeit läßt sich nicht mehr gewinnen. Das Bewußtsein über den Mangel führt nur zur verzweifelnden Erkenntnis: »Zu wenig Liebe, zu wenig Gerechtigkeit und Erbarmen, und immer zu wenig Liebe... das bin ich.« Eine grausame Selbstbezogenheit ist die Folge aller kindlichen Verwundungen.

In der Judengasse zu Salzburg – »im Hurenhaus Gelächter klingt« –, da hockt der junge Trakl bei einer älteren Prostituierten und hält Monologe über seine Bedrängungen. Sucht er die Mutter? Vielleicht hat er ihr in ähnlich brünstigen Wortkaskaden seine Seele geschildert, wie es diese Verse aus einem der ersten Gedichte von 1904 tun.

> Wenn in der Hölle selbstgeschaffener Leiden
> Grausam-unzüchtige Bilder ihn bedrängen
> – Kein Herz ward je von lasser Geilheit so
> Berückt wie seins, und so von Gott gequält
> Kein Herz – hebt er die abgezehrten Hände,
> Die unerlösten, betend auf zum Himmel.

Die Schule wird für Trakl zur unerträglichen Last. Er schafft nicht das geforderte Pensum, bleibt sitzen. In einem Brief vom August 1905 schreibt er: »Die Ferien haben für mich so schlecht, als es nur möglich ist, begonnen. Seit acht Tagen bin ich krank – in verzweifelter Stimmung. Ich habe anfangs viel, ja sehr viel gearbeitet. Um über die nachträgliche Abspannung der Nerven hinwegzukommen, habe ich leider wieder zu Chloroform meine Zuflucht genommen. Die Wirkung war furchtbar. Seit acht Tagen leide ich daran – meine Nerven sind zum Zerreißen.« Im September meldet ihn der Vater von der Schule ab. Vorher soll sein Deutschlehrer gesagt haben, man werde noch von Trakl hören.

Trakl beginnt eine Ausbildung als Apotheker. Manche seiner ehemaligen Mitschüler schauen nun hochmütig auf den abgebrochenen Gymnasiasten und Lehrling herab. Das unentwickelte Selbstgefühl Trakls wird damit hart angeschlagen. Jedoch kann er nach bestandener Lehre das Pharmaziestudium beginnen. Merkwürdig bleibt, daß dieser Drogenabhängige gerade einen Beruf anstrebt, der ihm allzuleicht Möglichkeiten öffnet, sich mit Narkotika zu versorgen. Der Keller der Apotheke »Zum weißen Engel« steht ihm bereits zur Verfügung!

Des Schulzwangs ledig, befleißigt sich nun der Lehrling einer betont antibürgerlichen Haltung in modischer Kleidung, in zahlreichen offenkundigen Bordellbesuchen, als Kettenraucher. Des Nachts bleibt er manchmal im Park des Schlosses Hellbrunn: »hinwandelnd durch den dämmervollen Garten«, oder er geht »mit weichen Schritten in die Nacht, die voller purpurner Trauben hängt«.

Aber die erste Fassung eines Gedichtes zeigt auch eine andere Einstellung zum Park mit dessen Teichen:

Um die Blumen taumelt das Fliegengeschmeiß,
Um die bleichen Blumen auf dumpfer Flut,
Geh fort! Geh fort! Es brennt die Luft!
In der Tiefe glüht der Verwesung Glut!
Die Weide weint, das Schweigen starrt,
Auf den Wassern braut ein schwüler Dunst,
Geh fort! Geh fort! Es ist der Ort
Für schwarzer Kröten ekle Brunst.

Hier wird ansatzweise in Trakls ganz früher Lyrik ablesbar, wie Natur nicht einfach geschildert wird, sie auch nicht Symbol im Sinne Goethes ist, sondern bedrohende Wirklichkeit, für uns nicht auflösbar oder erfaßbar. Ist dieser Park vielleicht der Ort, von dem es dann heißen wird: »Im Park erblicken zitternd sich Geschwister?«...

Schon von der Schulzeit her ist Trakl mit ein paar Freunden aufs engste verbunden. Sie sind sich einig in der aggressiven Ablehnung der österreichischen Provinz, wie diese sich für sie in der Stadt Salzburg darstellt. Trakl und die Stadt sind eine lebenslängliche, untrennbare, wenn auch fürchterliche Beziehung, wie sie Jahrzehnte später ebenfalls von Thomas Bernhard erlebt werden wird.

Einer von den Freunden, Erhard Buschbeck, wird mit kaufmännischem Geschick seinem Freund Georg den Weg zum literarischen Markt zu öffnen verstehen. Dieser beansprucht in langanhaltenden Monologen ihre Verständnisbereitschaft. Sie hören seine ersten poetischen Versuche und sind beeindruckt. Noch kennt er manche helle Stunde, in der er ausgelassen und heiter sein kann. Dann schreibt er jene beschwingte, leichte Lyrik, die von ihm vernichtet werden wird! Aber die Freunde berichten auch von Umbrüchen seiner Stimmung, von Verschlossenheit und Absonderung, sogar von Drohungen, dem sinnlosen Leben ein baldiges Ende zu machen. Die melancholischen und depressiven Brüche in den Stimmungen und Haltungen deuten auf eine tiefwurzelnde Ungewißheit der eigenen Existenz. Dieses jugendliche bürgerliche Individuum findet nicht seine Identität, die von bürgerlicher Gesellschaft um die Jahrhundertwende verlangt wird. Das Elternhaus hat sie ihm nicht vermitteln können, um so enger schließt sich Trakl als Jugendlicher einer typischen jugendlichen Gruppe an, die ihm Aufnahme und Verstehen verspricht.

Einer der Freunde erzählt: »Trakl und mehrere literarisch interessierte junge Leute bildeten um 1904 bis 1906 einen literarischen Zirkel. Sie versammelten sich monatlich einmal... Jeder las sein Geschaffenes vor. Unter den sieben Teilnehmern war Trakl der fruchtbarste und sonderlichste... Die Originale, wie auch die Abschriften der handgeschriebenen Zeitung ›Literarische Versuche‹ sind unwiderbringlich verloren und ebenso ein Gedicht, das mir Trakl verehrte.« Man diskutiert über Gott und die Welt, attackiert die Bürgermoral. Auf einem Foto, aus dem Jahre 1906 wohl, sehen wir sie sitzen, die Mitglieder des literarischen Zirkels. Sie machen äußerlich so gar keinen antibürgerlichen Eindruck im Sinne der Boheme, eher wirken sie von der Kleidung her snobistisch. Aber damit kann man auch die Distanz zur Vater-Gesellschaft manifestieren. Die gemeinsame Lektüre von Nietzsche, Dostojewski, Ibsen, Strindberg fördert in den jungen Lesern kulturkritische Einstellungen. Ihre subkulturelle Anti-Haltung findet sich in der Lektüre bestätigt.

Noch hat Trakl die Ergebnisse seiner schriftstellerischen Tätigkeit der Öffentlichkeit nicht gezeigt. Alles Schreiben vollzieht sich im

Rahmen der jugendlichen Clique. Da lernt er im Herbst des Jahres 1905 einen Mann kennen, unter dessen Einfluß er sich dem literarischen Publikum öffnet. Es handelt sich um den 32jährigen Gustav Streicher, der in Auftreten und Haltung so recht den Bohemien verkörpert. Dieser Mann wird für den 18jährigen Trakl zum Mentor, wohl zu einer, sofern bei ihm überhaupt möglich, Identifikationsfigur. Trakl beginnt, einen Einakter zu schreiben, dem deutlich der Einfluß von Ibsen anzumerken ist. Weist doch eine Salzburger Tageszeitung im Rahmen ihrer wohlwollenden Kritik auf dessen »Gespenster« hin. Streicher war es im März 1906 gelungen, das schauerliche Stück unter dem Titel »Totentag« am Stadttheater unterzubringen. Schauerlich deswegen, weil sich in ihm ein blinder junger Mann auf der Bühne umbringt; er ist von seinem Mädchen, das auffälligerweise wie die Schwester des Autors Grete heißt, betrogen worden. Im Herbst des gleichen Jahres kommt der Einakter »Fata Morgana« zur Aufführung. Nun jedoch attestiert die Presse dem jungen Schriftsteller seine Unfähigkeit als Dramatiker. Auch die Schar der Freunde spart nicht mit Kritik, einige äußern sich erst gar nicht. Damit hat Trakl eine Niederlage erlitten, die er bei seinem labilen Selbstgefühl nicht verwinden kann. Sicherlich wird er zu Veronal und Morphium gegriffen haben, um sich der feindlichen Wirklichkeit zu entziehen. Tiefe Depressionen zerschlagen alle poetischen Versuche fast für ein Jahr lang.

Es gibt von beiden Stücken keine Texte mehr. Trakl hat sie vernichtet. Immerhin hat die Produktion des ersten Einakters die Redaktion der »Salzburger Volkszeitung« dazu gebracht, den jungen Autor abzudrucken. In den nächsten zwei Jahren werden lyrische Skizzen, Gedichte und Kritiken publiziert. Aus einer Rezension: »Es ist seltsam, wie diese Verse das Problem durchdringen und wie oft der Klang der Worte einen unaussprechlichen Gedanken ausdrückt... der Mollklang dieser Sprache stimmt die Sinne nachdenklich und erfüllt das Blut mit träumerischer Müdigkeit.« Das könnten Bemerkungen zu Trakls eigener Lyrik sein. Wie auch diese, die seine frühe Existenz angeht: »Mir geziemt es, im Dunkel zu wandern... meiner harrt... das Schweigen der Nacht«, sagt eine männliche Gestalt in einer der Skizzen.

Wie ist Trakls frühe Lyrik beschaffen? Ganz auffallend ist die formale und inhaltliche Übernahme Baudelaires in »Der Heilige«. »Les fleurs du mal« werden ihm nicht unbekannt gewesen sein. Ebenfalls bekannt sind ihm Verlaine, George, Rilke, Hofmannsthal. An ihren poetischen Mustern entwickelt sich der junge Dichter wie jeder andere Schriftsteller in seinen Anfängen auch. Es gibt Ankläge an die Romantik:

> Mich däucht, ich träumte von Blätterfall,
> Von weiten Wäldern und dunklen Seen,
> Von trauriger Worte Widerhall –
> Doch könnt' ich ihren Sinn nicht verstehn.

Manches erinnert an Anakreontik des 18. Jahrhunderts:

> Phöbus eine Flamme glüht
> Noch an Aphrodites Munde,
> Und von Ambraduft durchsprüht –
> Rötet dunkel sich die Stunde.

Bedeutsam ist, wie Trakl darangeht, mit aggressiver Besessenheit seine seelischen Zustände lyrisch auszudrücken. Viel Sexualität und Religiosität, viel Brunst und Verwesung. Und doch läßt sich manches ablesen, das ab 1910 zum Unauswechselbaren und Unverkennbaren seiner Lyrik wird. Es handelt sich einmal um die Farbqualität im Bild verbunden mit Akustischem, zum anderen um den Gebrauch eines gleichbleibenden Wortbestandes. Ein Beispiel für die Farbe: »In Wolken tönt ein rosafarbnes Glimmen wie frühe Liebesnot.« Für die charakteristische Wortwahl: »Aus dem Geäst fällt wie aus einer Wunde blaß schimmernd Tau, und fällt, und fällt wie Blut.« In beiden Beispielen noch der für Trakl und die moderne Lyrik verpönte Wie-Vergleich!

Im Frühjahr 1908 schließt Trakl mit einem gelungenen Examen das Praktikum beim Apotheker Hinterhuber ab. Er könnte jetzt seiner Wehrpflicht als Einjährig-Freiwilliger nachkommen, geht aber lieber im Herbst des Jahres zum Pharmaziestudium nach Wien.

Bei seinen Kontaktschwierigkeiten, seiner Unfähigkeit, sich auf andere einzustellen, seiner ganzen Ich-Bezogenheit werden die ersten Monate zur Mühsal. Mit einigen Freunden aus Salzburg hockt er gelegentlich beim Weine, bleibt sonst viel allein. Freund Buschbeck kommt erst ein Jahr später zum Studium nach und wird zur Hilfe und Hoffnung zugleich. Hat doch Buschbeck mit seinen 20 Jahren einen ganz schönen Geschäftssinn entwickelt. Er hat gar keine Bange, an die damaligen Literaturpäpste heranzugehen und die Gedichte seines Freundes anzupreisen. Trakl hat dies dankbar und belustigt zu würdigen verstanden: »O der Buschbeck und Geschäft!« Buschbeck korrespondiert unermüdlich mit Redaktionen und Verlagen, sucht Subskribenten, um seinen Georg auf dem literarischen Markt anzubieten. Der folgende Auszug aus einem Brief an Trakl mag seinen Sinn fürs Praktische oder Realistische demonstrieren: »Unternimm Schritte, daß Du in den Kürschnerschen Literaturkalender kommst. Bei jedem Namen, der einem Redakteur unterläuft, schaut er immer zuerst, ob er schon im Kürschner steht. Um wieviel leichter nimmt er etwas an, wenn dies schon der Fall ist... Das müßte Dir sogar (wenn Du angibst, daß Deine Dramen schon aufgeführt wurden) sehr leicht gelingen... Du mußt doch wirklich auch einmal für Dich Reklame machen.« Ja, da war der Freund Trakl nun wirklich überfordert. Er braucht die helfende Hand, er will sich sicher fühlen, will bestätigt werden. Er schreibt, nachdem sich Buschbeck bei dem bekannten Autor und Kritiker Hermann Bahr für ihn verwandt hatte: »Alles was ich von ihm [d. i. Bahr] erhoffe, ist, daß seine geklärte und selbstsichere Art meine ununterbrochen schwankende und an allem verzweifelnde Natur um etliches festigt und klärt. Und was auch könnte ich mehr erwarten, als dies! Ist es doch das Hauptsächlichste, was ich je erhofft habe.«

Das Jahr 1909 scheint für Trakl mit Glückhaftem erfüllt gewesen zu sein. Er macht mit Erfolg die Vorexamina. Die Kulturzeitschrift in Wien »Der Merker« will einige der Gedichte publizieren. Das vielgelesene »Neue Wiener Journal« bringt drei Gedichte. Er schreibt in diesem verheißungsvollen Sommer des Jahres 1909 an Buschbeck: »Du kannst Dir nicht leicht vorstellen, welch eine Entzückung einen dahinrafft, wenn alles, was einem sich jahrelang zugedrängt hat, und was qualvoll nach einer Erlösung verlangt, so plötzlich und einem unerwartet ans Licht stürmt, freigeworden, freimachend. Ich habe gesegnete Tage hinter mir – o hätte ich noch reichere vor mir, und kein Ende, um alles hinzugeben, wiederzugeben, was ich empfangen habe – Es wäre doch ein Leben!«

Wie nicht anders zu erwarten, ist die glückhafte Situation nur eine scheinbare. Die seelischen Verwundungen aus Kindheit und früher Jugend haben Wunden geschlagen, die wieder aufbrechen, bedrohlich wuchern, so daß Angst nicht mehr zu löschen ist. Tatsächlich hat Trakl den Aufenthalt in Wien als ständige Last schrecklich empfunden. Im Herbst 1909 kommt seine Schwester Margarethe zum Musikstudium nach Wien, eine weitere Bedrohung, der er nicht entfliehen kann.

Zuerst die bedrohliche Last der »großen Stadt«, wie wir sie aus einem Brief ablesen können: »Was meine Gedichte anlangt, die du an den Merker geschickt hast, so interessiert mich es nicht mehr, was damit geschehen wird. Das zu sagen ist wohl nicht recht, da du dich für mich bemüht hast. Nein – meine Angelegenheiten interessieren mich nicht mehr. Ich bin ganz allein in Wien... Eine große Angst und Entäußerung. Ich möchte mich gerne ganz einhüllen und

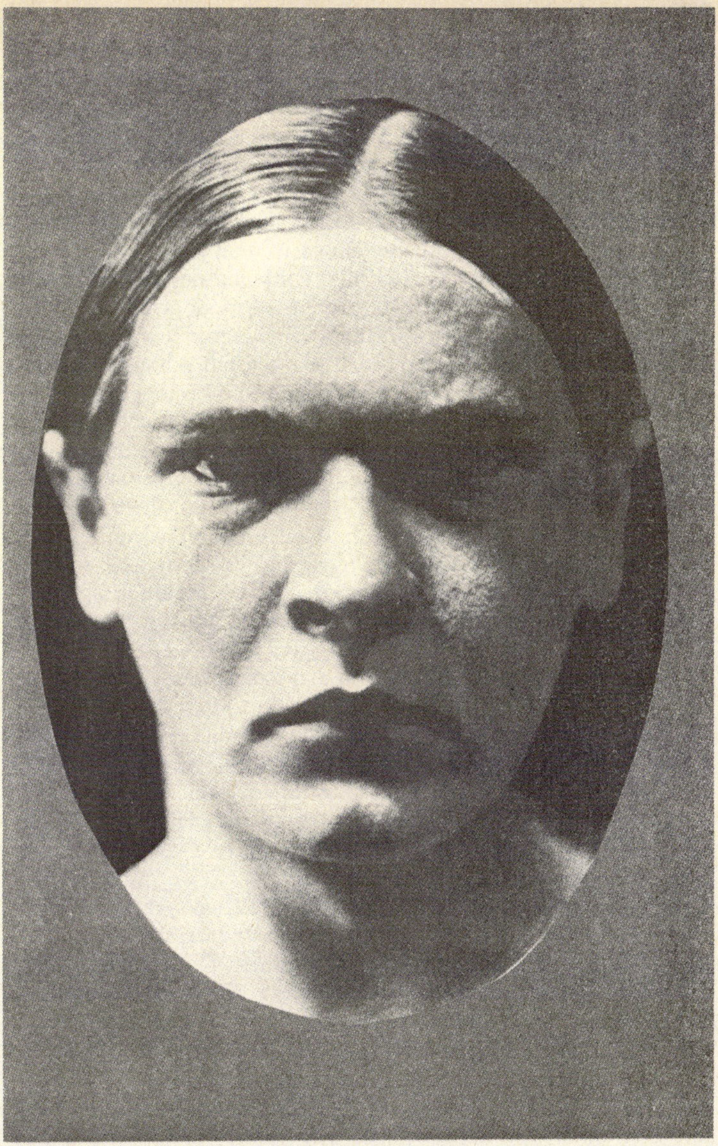

Georg Trakl, 1909 oder 1910

anderswo sichtbar werden.« Wien ist für ihn die »Dreckstadt«, abstoßend, ganz fremdartig, gefährlich. Schon der Anblick der Stadt erweckt Grauen: »O der Wahnsinn der großen Stadt, da am Abend an schwarzen Mauern verkrüppelte Bäume starren«, heißt es später. Oder: »am Abend liegt die Stätte öd und braun, die Luft von gräulichem Gestank durchzogen.«

Diese Zweimillionenstadt ist das Zentrum der österreichischen Industrie und des Bankwesens und nicht die operettenselige Kaiserstadt. Dort wohnt »kalt und böse ein verwesend Geschlecht«. Dieses Geschlecht verwest, weil es sich den Zwängen des kapitalistischen Marktes, der doch gar keine menschlichen Bindungen mehr zuläßt, unterwirft. Die Produktion der Ware verdrängt stilles Schauen und Genuß, das hatte Trakl anhand der Vatergestalt schon in Salzburg schmerzhaft erleben müssen. Nun erlebt er die Zwänge im Rahmen seiner Berufsausbildung. Er soll sich ihr unterwerfen, soll verzichten auf Inspirationen und Entwürfe seiner dichterischen Existenz. Jene Individualität, von der bürgerliche Ideologie predigt, wird in Wirklichkeit nicht einmal toleriert. Die Funktion des einzelnen ist gefragt und gefordert, nicht jedoch seine humane Qualität. Verdinglichung als gesellschaftliche Vergewaltigungsform des Menschen, so erlebt Trakl das Wien vor 1914. In seiner Sprache als »Entäußerung«!

Aber auch die nichtindustrialisierte Landschaft der Heimat kann sich nicht der kapitalistischen Welt entziehen. Die entsetzliche Ausweglosigkeit der Moderne ist in den Partien der Gedichte ablesbar, die so idyllisch scheinen. Denn auch dort »tönt ein eisiger Wind an den Mauern des Dorfes« oder »Blicke voll Gier« treffen sich, »wenn tierischer Dunst die Stube durchweht«. Sicherlich, da gibt es die Verse, in denen das Jahr »mit goldnem Wein und Frucht der Gärten« endet, in denen »sanft ein Hirte vom Hügel geht«, aber dazwischen unüberlesbar: »wie scheint doch alles Werdende so krank«!

Nun der zweite bedrohende Vorgang in Wien. Anfang Oktober 1908 schreibt Trakl an seine ältere Schwester Hermine einen Brief, also zu Beginn der Studienzeit in Wien, dessen Inhalt wir in enge Beziehung zur Übersiedlung der Schwester Grete im Herbst 1909 bringen müssen. »Als ich hier ankam, war es mir, als sähe ich zum erstenmal das Leben so klar, wie es ist, ohne alle persönliche Deutung, nackt, voraussetzungslos als vernähme ich alle jene Stimmen, die die Wirklichkeit spricht, die grausamen, peinlich vernehmbar. Und einen Augenblick spürte ich etwas von dem Druck, der auf den Menschen für gewöhnlich lastet, und das Treiben des Schicksals. Ich glaube, es müßte furchtbar sein, immer so zu leben, im Vollgefühl all der animalischen Triebe, die das Leben durch die Zeiten wälzt. Ich habe die fürchterlichsten Möglichkeiten in mir gefühlt, gerochen, getastet und im Blute die Dämonen heulen hören, die tausend Teufel mit ihren Stacheln, die das Fleisch wahnsinnig machen. Welch entsetzlicher Alp! Vorbei! Heute ist diese Vision der Wirklichkeit wieder in nichts versunken, ferne sind mir die Dinge... und ich lausche, ganz beseeltes Ohr, wieder auf die Melodien, die in mir sind... Ich bin bei mir, bin meine Welt! Meine ganze schöne Welt, voll unendlichen Wohllauts.«

Zeilen also, die mit denen vom nächsten Sommer zu korrespondieren scheinen: dort die »gesegneten Tage«, hier »meine ganze schöne Welt«. Es scheint auch, als ob für Trakl der Studienanfang in Wien als eine Art Neuanfang gewertet wurde, als eine Befreiung von schlimmer Bedrohung. Was waren das für »fürchterliche Möglichkeiten«, welcher »Alp« hielt ihn unklammert? Warum nun die Freude über die Distanz zu gewissen Dingen?

Gleich an dieser Stelle muß zum Verständnis die Auskunft des mäzenatischen Freundes Ludwig von Ficker eingefügt werden. Er berichtet: »Die tragische Beziehung Trakls zu seiner Schwester... ist aus seinen Dichtungen herauszulesen – bestätigt auch durch eines der Jugendgedichte. Sie ist für das Bild des Menschen bei Trakl wichtig, für das Inferno, durch das er gegangen ist... Darüber war Trakl persönlich die Verstummtheit selbst, doch hat sich mir seine Schwester, die nach dem Tode nur mehr ein Schatten seiner und ihrer selbst war, in einem verzweifelten Selbstverwerfungsbedürfnis – sie hat ja dann später Hand an sich gelegt – darüber einmal anvertraut... Der Dichter selbst (hat), wie gesagt, nie ein Wort darüber verloren, aber (war) sichtbar gebeugt unter der Last eines solchen Schicksals und (setzte in) Augenblicken des Nachsinnens und der Versunkenheit stets mit einem Seufzer ein Ende.« Soweit also Ficker über die Inzestbeziehung Trakls.

Der Beginn der sexuellen Begegnung ist nicht datierbar. Die Familie hat mit einigem Geschick alle Spuren dorthin verwischen können. Höchst merkwürdig ist auch das Verschwinden von Familienbriefen aus den Jahren 1899/1900. Verschwunden ist auch der Nachlaß der Schwester. Es gibt überhaupt keine Briefe mehr, die Bruder und Schwester miteinander ausgetauscht haben. Im übrigen scheint sich die Familie eines Schweigegebotes befleißigt zu haben.

Bevor auf das Inzestmotiv in der frühen Lyrik Trakls eingegangen wird, erscheint es sinnvoll, sich einige Gedanken über Gründe für die Entstehung inzestuöser Beziehungen zu machen. Da kein Material existiert, muß eine zulässige Konstruktion errichtet werden. Trakls Verhältnis zur Schwester ist nicht ablösbar als einzelne Handlung aus dem Kontext seines kindlichen und frühjugendlichen

Lebens. »Die Tat« wird schließlich ein gewaltiges Thema seiner Dichtung.

An sich sind erotische Beziehungen zwischen Bruder und Schwester nicht ungewöhnlich. Wer hat ihn nicht schon einmal erlebt, jenen flirrenden und girrenden, anscheinend nicht endenwollenden Dialog von Geschwistern, andere nicht ins Gespräch aufnehmend, sogar mißachtend? Gestik, Mimik und Sprache scheinen dem Außenstehenden irgendwelche Vorgänge codeartig zu verbergen. Der wird unsicher, zieht sich zurück. Die beiden Geschwister haben erreicht, was sie wollten, nämlich mit sich alleine zu sein.

Die Familienverhältnisse in Salzburg begünstigen solche Haltungen. Der erfolgreiche Geschäftsmann/Vater findet nur schwer Kontakt mit dem Sohn. Die Mutter ist überhaupt ohne rechte Beziehung zu ihren Kindern. Anfangs schon wurde die Binnenstruktur dieser Familie mit ihrem Hordeneffekt erwähnt. Wenn Kinder nämlich unsichere Elternbezüge haben, kann sich die Bindung untereinander und füreinander verstärken. Damit geht aber viel und Wesentliches an Wirklichkeitserfahrung verloren. Einerseits sind die Eltern unfähig, eine kritische Identität mit entsprechenden Werturteilen für das Draußen verinnerlichen zu lassen. Andrerseits bedingt die enge Bezogenheit der Geschwister auch mit allen Spannungen untereinander eine Abkapselung vor dem Draußen. Vorurteile, Intoleranz, Aggressionen sind die Folge. So ist Trakl zeit seines kurzen Lebens nie fähig gewesen, Kontakte zu Menschen des Alltags herzustellen. Er zeigt meistens Mißachtung, lehnt auf eine infantile Weise Erwachsene des Draußen ab.

Am stärksten werden durch solche geschilderten Verhältnisse die Kinder betroffen, die die Abneigung der Eltern besonders lebhaft spüren. Sie finden zu einer Zweisamkeit vor allem dann zusammen, wenn sie sich in vielfacher Hinsicht entsprechen, z. B. in Unsicherheit und Furcht vor dem Draußen. In dieser Zweisamkeit erleben sie kindliche und pubertäre Sexualität. Eine Sexualität, die gegenüber der kalten Ungeborgenheit bürgerlicher Familie und den Drohungen von Draußen ein Angenommensein verspricht. Einer der Freunde berichtet, die Schwester sei für den Bruder »das schönste Mädchen« gewesen.

Ein Foto, datierbar wohl für das Jahr 1897, zeigt auffällige Ähnlichkeit der beiden Geschwister. Sie stehen dem Betrachter in abweisender Distanz gegenüber. Grete wild, fast böse blickend, Georg mit spöttischem Gesicht. Sie wirken wie dieser Erde fremde Wesen. Die Phantasie ist geneigt, in sie Mutantenartiges hineinzugeheimnissen.

Außer der Auskunft Fickers über die Inzestbeziehung gibt uns die ganz frühe Lyrik einen entscheidenden Hinweis. Ficker meint mit dem von ihm erwähnten Gedicht die »Blutschuld«, wahrscheinlich aus dem Jahre 1904.

Es dräut die Nacht am Lager unsrer Küsse.
Es flüstert wo: Wer nimmt von euch die Schuld?
Noch bebend von verruchter Wollust Süße
Wir beten: Verzeih uns, Maria, in deiner Huld!

Aus Blumenschalen steigen gierige Düfte,
Umschmeicheln unsre Stirnen bleich vor Schuld.
Ermattend unterm Hauch der schwülen Lüfte
Wir träumen: Verzeih uns, Maria, in deiner Huld!

Doch lauter rauscht der Brunnen der Sirenen
Und dunkler ragt die Sphinx vor unsrer Schuld,
Daß unsre Herzen sündiger wieder tönen
Wir schluchzen: Verzeih uns, Maria, in deiner Huld!

Dreimal pointiert die Sünde, die Schuld der beiden gegenüber bürgerlicher Sexualethik; dreimal die Anrufung der ethischen Instanz im Bilde der Hl. Maria. Uns interessiert hier nicht die Frage nach dem künstlerischen Wert der drei Strophen. Es geht hier vielmehr um die Frage, auf welche Weise hat Trakl den Inzest, wie man sagt, verarbeiten können. Oder anders: auf welche Weise ist der Inzest in sein Werk eingegangen. Immer wieder wird über das Geschehen in den Gedichten »die wilde Klage des Bruders« ertönen und »der Schwester Mund in schwarzen Zweigen« flüstern. Im endenden Leben des Dichters steht ihm allein das Bild der Schwester zur Seite: »Es schwankt der Schwester Schatten durch den schweigenden Hain.«

»Blutschuld« ist aber nicht der einzige Hinweis in der frühen Lyrik auf den Inzest. Vor allem in den sogenannten Balladen finden wir auffallende Textstellen:

Da war es dunkel dort und hier –
Ein Schluchzen: Bruder, o betest du nicht?

Oder:

Ein schwüler Garten stand die Nacht.
Wir verschwiegen uns, was uns grauend erfaßt.
Davon sind unsre Herzen erwacht
Und erlagen unter des Schweigens Last.
Ein Dämon hat im Dunkel gelacht.
Seid alle verflucht! Da ward die Tat.

Woanders lesen wir, daß es niemanden gibt, »der für uns« bittet. Beide bleiben in Einsamkeit, denn diese frühen Stücke lassen erkennen, daß neben allem Schuldgefühl die Angst vor Entdeckung mit folgender Bestrafung der »Sünde« herrscht. Beide unterliegen »des Schweigens Last«. Verstrickt im Trieb, finden sie keine Befreiung, wissen sie doch von der furchtbaren Wirklichkeit, die ihnen die unaufhebbare Dauer des Inzest bereitet. »Welch entsetzlicher Alp!« Die schlimme Angst Trakls vor der Wirklichkeit ist die gesteigerte moralische Furcht vor der Wirklichkeit des Triebkonfliktes. Es gibt gar keine Lösung, um mit der »Tat« ins reine zu kommen, sie zu verdrängen. Niemals hat er doch Ansätze zur Identitätsfindung erhalten, alleingelassen von den Eltern, isoliert vor der Realität in der Geschwisterfamilie. So kommt in diesem jungen bürgerlichen Individuum die Neurose zustande: Die Angst vor dem Trieb ist die Angst vor der Welt.

Die Schwester wird an der Schuld zugrunde gehen, der Bruder aber den nicht bewältigten Triebkonflikt in lyrischer Überhöhung der Schwester zur Dichtung transzendieren. Als »Jünglingin« oder »Fremdlingin« ist sie später das zentrale Motiv der Gedichte. Es gibt Verse, die reine Liebeslyrik sind, wunderschön und bedrängend zugleich.

Leise der Flug der Vögel tönt,
Die Schwermut über deinen Augenbogen.
Dein schmales Lächeln tönt.

Eine andere Versgruppe:

Da ich deine schmalen Hände nahm,
Schlugst du leise die runden Augen auf.
Dies ist lange her.

Der beabsichtigte Neubeginn in Wien vom Oktober 1908 erweist sich als eine Illusion. Die Ankunft der Schwester ein Jahr später stürzt beide nur noch tiefer in ihr Unheil.

1910–1914: Alle Straßen münden in schwarze Verwesung oder Es ist ein namenloses Unglück, wenn einem die Welt entzweibricht

Den Winter 1909 auf 1910 erlebt Trakl bedrückt und verdunkelt. Er kennt von nun an nur noch wenige Stunden der Aufhellung, des Freiseins von Bedrückung. Der selbstzerstörerische Drogengebrauch verstärkt sich. Aus diesem Winter könnte jenes Foto stammen, das ihn in einer brutalen, grauenerregenden Pose zeigt. Was ist geschehen?

Der Abfall in Verzweiflung und Zerstörung ist in dem Puppenspiel »Blaubart« ablesbar. Jemand hat dieses Stück inhaltlich und formal als »krassen Rückschritt auf primitivere Entwicklungsstufen« des Autors charakterisiert. Psychologisch ausgedrückt: als Regression. Das ganze erinnert tatsächlich an spätpubertäre Lyrik Trakls. Da macht die Nacht »Molche und Lilien geile«, da will einer dem Mädchen »Scham und Jungfräulichkeit« aus den Eingeweiden saugen. Solche Passagen haben nichts zu tun mit der sanften Melancholie in »Verfall« oder in »Die schöne Stadt« der gleichen Schaffensperiode, die das eigentliche große Werk einleiten. Anfangs heißt es:

> Beklagst du, Gerechter, dies wirre Bild,
> Das von Gelächter und Irrsinn zerwühlt
> Glaub' mir, bis wir uns wiedersehn
> Wird mein Helde auf sittsameren Wegen gehen!
> Amen!

Ich meine, wir finden eine Erklärung im Besuch der Schwester in Wien. Im Herbst 1908 das »Vorbei!... Ich bin bei mir...!«, die Trennung von der lastenden Gefährlichkeit der Bruder-Schwester-Liebe. Im Herbst 1909 kommt die Schwester, damit zwanghaft die Fortführung des Inzest mit aller Angst vor Entdeckung. Zwar wohnen beide getrennt, doch keiner kann sich dem anderen entziehen. Der Bruder verhilft ihr zu Drogen und muß erleben, wie sie genau wie er süchtig wird. Die schreckliche Verzweiflung der frühen Jahre in Salzburg bricht wieder heraus. »Es schüttelt und graut ihn.« Sie schlägt sich im Gebrauch der gleichen Sprache nieder, mit der Trakl damals versuchte, Schmerz und Qual seiner »Blutschuld« poetisch zu äußern. Aber auch wie damals eine durch nichts begründete Hoffnung, daß er auf »sittsameren Wegen gehn« wird. Im Laufe des Jahres wird die Schwester Wien verlassen und nach Berlin ziehen.

Im Juni stirbt der Vater. Der Sohn äußert sich über den Tod nirgends brieflich, jedoch wird die Vatergestalt im Werk aufgehoben. Im Sommer besteht Trakl die Examina, um die Würde des »artis pharmaceuticae Magistrum« zu erwerben.

Dieser Sommer 1910 bringt für den Dichter den Durchbruch zur Erkenntnis seiner lyrischen Kraft. Er erwähnt nämlich seine »bildhafte Manier, die in vier Strophenzeilen vier einzelne Bilderteile zu einem einzigen Eindruck zusammenschmiedet«. In einem Brief an Freund Buschbeck heißt es: »Aber ich bin derzeit von allzu viel (was

Georg Trakl als Medikamentenakzessist

für ein infernalisches Chaos von Rhythmen und Bildern) bedrängt, als daß ich für anderes Zeit hätte, als dies zum geringsten Teil zu gestalten, mich am Ende vor dem, was man nicht überwältigen kann, als lächerlicher Stümper zu sehen, den der geringste äußere Anlaß in Krämpfe und Delirien versetzt... Was für ein sinnlos zerrissenes Leben führt man doch!« Das klare Bewußtsein der eigenen schöpferischen Kraft kann nicht die verdunkelte Seele des Dichters erhellen. Das Gefühl, eine sinnlose Existenz zu sein, die mit der umgebenden Wirklichkeit nicht fertig wird, führt vom Sommer 1910 zu verstärkten Depressionen und umfangreichem Drogengebrauch. Vor allem nach der Dienstzeit beim Militär, über die wir so gut wie gar keine Informationen haben (ein Brief Trakls erwähnt tagelange Zechtouren), brechen mit voller Wucht alle Ängste hervor. Er wird am 30. September 1911 entlassen als »Einj. Freiw. titl. Korporal Pharm.«.

Trakl muß sich einen Beruf suchen, kann nicht weiter der Familie auf der Tasche liegen. Er bewirbt sich um eine Praktikantenstelle im Ministerium für öffentliche Arbeiten, arbeitet als Rezeptarius wieder in der Apotheke Zum weißen Engel. Dort soll er die Kundenbedienung nicht ertragen haben, aus Platzangst habe er an einem Vormittag sechs Hemden durchgeschwitzt. Nach seiner Ernennung zum Militärapotheker im Rang eines Leutnants der Landwehr zum 1. 12. 1911 sucht er um Aktivierung bei der Armee nach. Eine Flucht vor unmenschlicher Welt in die Abgeschiedenheit der Kaserne, in der Ordnung und Organisation Depression und Angst zwar nicht heilen, aber doch vor dem Draußen abschirmen können? Mit Hangen und Bangen wartet er auf den Bescheid der Behörde. Die Ungewißheit und der Mangel an Geld – obwohl von Hause ganz gut ausgestattet, benötigt er mehr und mehr Alkohol und Narkotika – treiben Trakl in eine ausschweifende, der Wirklichkeit ausweichende Lebensführung hinein. Um zu Geld zu kommen, scheut er sich nicht, liebgewordene Bücher zu verkaufen.

Er trifft in der »Salzburger Literatur- und Kunstgesellschaft Pan« einen Mann, Karl Hauer, zwölf Jahre älter, der skeptisch und zynisch die Weltzustände attackiert und ein anarchisches Leben führt. Trakl schließt sich ihm in wüsten Monaten an.

Zum 1. April 1912 wird er Medikamentenakzessist in der Apotheke des Garnisonsspitals Nr. 10 zu Innsbruck. Er soll aber erst sechs Monate zur Probe eintreten. Es kommt, wie es kommen mußte: Die Briefe zeigen die Unfähigkeit Trakls, sich auf Wirklichkeit einzustellen. Schon am Ende des Monats heißt es: »Ich glaube nicht, daß ich hier jemanden treffen könnte, der mir gefiele, und die Stadt und Umgebung wird mich, ich bin dessen sicher, immer abstoßen...

Irgendwie wird sich das Gewitter, das sich in mir ansammelt, schon entladen.« Er hat das Gefühl, daß ihn »ein fremder Wille vielleicht ein Jahrzehnt hier leiden lassen werde«, und könnte darüber »in einen Tränenkrampf trostlosester Hoffnungslosigkeit verfallen«. Und: »Ich werde endlich doch immer ein armer Kaspar Hauser bleiben.« Mit der Gestalt des rätselhaften Findlings aus dem 19. Jahrhundert identifiziert sich der Dichter. Der Jugendliche Kaspar Hauser wird für Trakl zum Bild der eigenen verlorenen Kindheit und Jugend, seiner Einsamkeit, in deren Phasen ihm Wirklichkeit und Menschsein rätselhaft blieben.

An zwei Begegnungen knüpft der Dichter Hoffnung für sein Schaffen. Er lernt Karl Röck und Ludwig von Ficker kennen. Der erste findet ihn anfänglich »irgendwie fremd und andersartig«, hat später zweimal die Beziehung zum Freund abgebrochen, denn dieser »kannte keine Art von Gefühlen«. Er wird das Werk in Zyklen thematisch verknüpfen, wird sich mühen, nicht immer mit Zustimmung Trakls, »um größtmögliche Übereinstimmung zwischen der grundsätzlichen Anordnung und der chronologischen Reihenfolge«. Der zweite veröffentlicht in der für die Programmatik des Expressionismus sehr wichtigen Kulturzeitschrift »Der Brenner«, die er herausgibt, die Lyrik Trakls. Auch Ficker hat Schwierigkeiten im Umgang mit ihm gehabt, so daß gelegentlich »Feindliches, schwer unterdrückt, in (ihm) aufstehen wollte«. Das »Funkelnd-Böse« im Freund hatte er bald entdeckt. Bis zum Ausbruch des Weltkrieges erhält Trakl eine Zuflucht in Fickers Wohnung.

Die Begegnungen mit Röck und Ficker, die Aufnahme in den »Brenner«, auch die Existenz verläßlicher Freunde wie Buschbeck können Trakl nicht aus dem Mißtrauen, aus den selbstzerstörerischen Zwängen herausholen. Wenn Buschbeck, berührt von Gedichten des Freundes, ihm mitteilt, daß die »Welt von Bildern und Gesichten« dort ihn mehr an Georg bindet als die »Gemeinsamkeit einer Jugend«, hilft diese Aussage auch nicht, ein Gefühl von Annahme oder Geborgenheit entstehen zu lassen. Welt und Mensch bleiben undurchschaubar, nicht erfahrbar. War Trakl doch einmal der Meinung, daß er die Menschen gar nicht recht sehe, deshalb auch gar keine Kenntnis ihrer Physiognomie habe. Er kann deshalb auch nicht aussagen, was ist oder was geschieht. »Man kann sich überhaupt nicht mitteilen.«

Im Laufe des Jahres 1912 wächst das für den Dichter charakteristische Bild-Werk. Er hatte vorher schon zu Buschbeck geäußert, daß ein umgearbeitetes Gedicht besser geworden sei, weil »es nun unpersönlich ist, und zum Bersten voll von Bewegung und Gesichten«. Als Beispiel mag die Umarbeitung eines der Stücke aus »Die drei Teiche in Hellbrunn« dienen. Das »Geh fort!«, das das Grauen des lyrischen Ichs trägt, ist fortgenommen. An seine Stelle treten allein die schrecklichen Bilder der Verwesung. Es gibt keine Geschichte zum Erzählen mehr. Das Ich weicht vor den Gesichten einer entfremdeten Existenz. Da es zum Handeln nicht mehr fähig ist, schwindet die Funktion des Verbs in den Versen. Substantiva und Adjektiva übernehmen die Aufgabe, Isoliertheit und Beziehungslosigkeit auszudrücken.

Auffälliger wird auch der Gebrauch von Farben. Möglicherweise kann dieser Vorgang mit Trakls Drogenabhängigkeit in Verbindung gebracht werden. Bei Kokain und Haschisch erleben die Süchtigen solche Bilder, die Synästhesien genannt werden. Darunter versteht man, daß durch einen Sinnenreiz mehrere Sinnesempfindungen erregt werden. Bei Trakl lesen wir vielfach akustisch-optische Synästhesien, z. B. tönt blaues Wild oder es läuten leuchtende Schritte. Diese Farbbilder haben eine bestimmte Funktion, eine bestimmte Qualität, die der Dichter willkürlich festlegt, nicht die Sprache der Gesellschaft benutzend. Denn wenn er unfähig ist, die Welt mitzuteilen, dann können lyrische Bilder nicht mehr Träger von Wirklichkeitserfahrung sein, sondern Chiffren eines Code, die eine neue Realität herstellen.

Konsequent und intensiv arbeitet Trakl an den Gedichten. »Gründlich und gewissenhaft« prüft er die Manuskripte, bevor sie gedruckt werden. Fast pedantisch tauscht er Bilder und Verse aus, um äußerste Stimmigkeit besorgt. Seine Technik ist als bewahrende Versetzung bezeichnet worden! Aber es packt ihn auch die Unruhe, ja, die Angst, wenn ein Text fertig zu sein scheint. Man hat den Eindruck, er scheut das Endgültige, weil dies Entscheidung bedeutet, die er meidet, weil sie ihn ängstigt. So gibt es eine Reihe von Fassungen mancher Gedichte.

1912 entsteht das meiste des Zyklus »De profundis« und auch der »Traum des Bösen«. Es fällt »schwarzer Regen«, und leere Hütten werden von einem »Zischelwind« umkreist. Und wieder ist da das Inzestmotiv:

> Des Vogelflug wirre Zeichen lesen
> Aussätzige, die zur Nacht vielleicht verwesen.
> Im Park erblicken sich zitternd Geschwister.

Am 1. Oktober des Jahres erscheint im »Brenner« ein Gedicht, das Trakl dem scharfsinnigen Gesellschaftskritiker Karl Kraus gewidmet hat. Dieser »Psalm« wird in der Literatur gerne dazu benutzt, Trakls Beziehung zu dem französischen Dichter Rimbaud klarzumachen.

Man sollte den Rimbaud-Einfluß nicht strapazieren, also nicht aus der Lyrik Trakls ameisenhaft Partikel für Partikel zusammentragen, um auf Gedeih und Verderb entweder die totale Kongenialität festzustellen oder Trakl des Plagiates zu zeihen. Ähnliche Praktiken machen Hölderlin oder sogar den Hainbund des 18. Jahrhunderts für Trakls Lyrik haftbar! Vielleicht hat er sich dem Franzosen tatsächlich derart verbunden gefühlt, daß er sich ganz bewußt nicht scheute, den »Psalm« ähnlich wie dessen »Enfance« zu strukturieren.

Kraus hat Trakl in seiner Zeitschrift »Die Fackel« mit bewegten Worten für das Gedicht gedankt. Der telegrafiert an ihn: »Ich danke Ihnen einen Augenblick schmerzlichster Helle.«

Die schönen Erfolge des Jahres stehen in gar keinem Verhältnis zur alltäglichen Existenz des Dichters. Sie sind nicht Ansätze zur Lösung von Bedrückung und Qual. Sie können schon gar nicht das Gefühl von Schuld und Sühne aufheben. Er meidet Menschenansammlungen, über andere fällt er Urteile, die in ihrer Brutalität und in ihrem niedrigen Reflexionsgrad abscheulich wirken: »Ich wünsche jedem Deutschen, daß er durch das Henkerbeil falle.« Mancher hat Angst vor ihm, vor seiner Aggressivität.

Ständig hat Trakl das Gefühl zu stürzen. Jemand hat diesen Zustand in Verbindung mit Analysen der Psychiatrie gebracht. »Trakl erscheint ... wie einer, der am Abgrund entlang wandelt, von Angst und Schwindel erfüllt, sich jede gefährliche Bewegung versagt, doch gleichzeitig in heftigen Bewegungsabläufen, in Vorstellung und Versinnbildlichung des Fallens das Erfahren des Abgrundes vorwegnimmt.« Tatsächlich wird unter den seltenen Verben der Lyrik »sinken« und »stürzen« am häufigsten gebraucht! Merkwürdig ist eine Karikatur, die den Dichter mit wolfsähnlichen, bedrohlichen Augen zeigt, wie im Fallen begriffen.

Besinnungslos betrinkt er sich: »Wein, dreimal: Wein, daß der k.u.k. Beamte durch die Nächte tost wie ein brauner, rotbrauner Pan.« Er hat kaum Geld, borgt bei Freunden. Sprunghafte Wechsel von Verzweiflung zu einer ironischen Euphorie lassen sich im Brief vom Oktober ablesen:

»Daß es Winter und kalt wird, spüre ich an der abendlichen Weinheizung. Vorgestern habe ich 10 (sage! zehn) Viertel Roten getrunken. Um vier Uhr morgens habe ich auf meinem Balkon ein Mond- und Frostbad genommen und am Morgen endlich ein herrliches Gedicht geschrieben, das vor Kälte schebbert. In Wien ›strahlt‹ die Sonne am ›heitren‹ Himmel und die ›weiche Melancholie‹ des Wienerwaldes ist auch nicht ›ohne‹. Beim Heurigen freut sich das ›goldene‹ Herz und wenn dort die ›schmachtenden Weisen‹ erklingen, so denke o Mensch daran, daß es bei den ›wackeren Älplern‹ schneit und grimmig kalt ist. O! wie weh ist die Welt, wie wahnig das Weh, wie weltlich der Wahn.«

Vier Wochen nach der Übernahme in den Militärdienst kommt es zum Eklat. Trakl gerät in einen Streit mit einem anderen Offizier. Verletzlich, wie er ist, empfindlich bis zum »Gefühl der Unberührbarkeit seines Körpers«, so Buschbeck, erregt er sich fürchterlich und stellt gleich den Antrag auf Versetzung in die Reserve. Dem Antrag wird zum 30. November entsprochen. Trakl fährt nach Innsbruck, um dort in einen durch Veronal ausgelösten tagelangen Schlaf zu verfallen.

Es ist ihm gelungen (halfen Freunde?), eine Rechnungspraktikantenstelle im Ministerium für öffentliche Arbeiten zu ergattern. Aber im Januar schon läuft er davon. Der Anfang des Jahres 1913 wird zu einer Kette von Krankheit und Verzweiflung, der Kleinzyklus »Delirien« zeugt davon, bringt aber zugleich die Vollendung des »Helian«, der im »Brenner« zum 1. Februar erscheint. Ficker ist begeistert: »Je mehr ich ihm auf den Grund zu blicken glaube, desto inniger fühle ich ihn als eine der erschütterndsten Offenbarungen, welche die deutsche Lyrik aufzuweisen hat. Die Gestalt dieser Dichtung mutet wie eine erstarrte Ewigkeit an.« Damit zeigt der Herausgeber des »Brenner« mehr literarischen Spürsinn und Einfühlung als die Lektoren des Albert-Langen-Verlages in München, die in dem ablehnenden Bescheid vom März Trakls Gedichte als »sehr talentvoll« klassifiziert haben, aber mehr auch nicht.

> Lasset das Lied auch des Knaben gedenken,
> Seines Wahnsinns, und weißer Brauen und seines Hingangs,
> Des Verwesten, der bläulich die Augen aufschlägt.
> O wie traurig ist dieses Wiedersehn.

Es geht im »Helian« um den Knaben Georg Trakl, um dessen Kindheit und Jugend. Da sind zwar die »gelben Mauern des Sommers«, an denen entlangzugehen schön ist. Da »wandeln wir« als »Besänftigte« an »roten Mauern«. Aber dann sind die Mauern voll Aussatz, und »es verfallen die schwarzen Mauern«. Das Ende melancholisch, entsagend, traurig.

> O ihr zerbrochenen Augen in schwarzen Mündern,
> Da der Enkel in sanfter Umnachtung
> Einsam dem dunkleren Ende nachsinnt,
> Der stille Gott die blauen Lider über ihn senkt.

Auffällig ist in diesem Gedicht das Mauer-Motiv! Trakl führt uns hier wieder auf ein von Kindheit an dauerndes, sich sogar verstärkendes Gefühl von Schuld und Sühne. In der Eingrenzung der Mauer finden wir das schuldig gewordene Ich in seiner Verlorenheit und Einsamkeit. Die Mauer an der Innsbrucker Wohnung Trakls löst bei ihm Ängste aus!

»Immer tönt an schwarzer Mauer Gottes einsamer Wind«, heißt es im »Elis«. Elis ist der Name eines Knaben, der, im mythischen Bild vermittelt, sich auf die Gestalt Trakls bezieht. In zwei Gedichten, die im Mai und Juli 1913 im »Brenner« gedruckt werden, ist die jugendliche Existenz des Elis unentrinnbarem Untergang ausgeliefert. »Elis, wenn die Amsel im schwarzen Wald ruft, dieses ist dein Untergang«, heißt es in »An den Knaben Elis«. Im anderen Gedicht scheinen anfangs Ruhe und Geborgenheit zu herrschen, denn »vollkommen ist die Stille des goldenen Tages«, in der Elis ein »Ruhender mit runden Augen« ist. Doch schon sind die Mauern kahl, »Wild blutet leise im Dorngestrüpp«, und Elis erlebt in grausiger Angst schließlich die Ungeborgenheit dieser Welt.

Im Oktober erscheint »Sebastian im Traum«. Keine Verklärung der Kindheit, denn »dunkel der Tag des Jahres« und traurig die Kindheit. Sogar die Nähe des Todes empfindet das Kind. Der Knabe Sebastian erfährt nicht das Entstehen seiner Menschlichkeit, denn »die Silberstimme des Engels« erstirbt.

In die Reihe der Gedichte mit dem Knaben-Motiv des Jahres 1913 gehört auch wohl das im Herbst geschriebene »Kaspar Hauser Lied«. Trakl hat sich mit dieser rätselvollen jugendlichen Gestalt aus dem 19. Jahrhundert identifiziert. Vielleicht hat ihn das Verhängnis, das diese Figur umgab, auch deren nicht auflösbare Herkunft erschüttert. Lebt er doch ständig selbst unter dem Eindruck, sich nicht zurechtfinden zu können, ausgeliefert zu sein irgendwelchen verhängnisvollen, nicht beeinflußbaren Mächten. Ja, sogar tödlich bedroht zu sein in der Unerfahrbarkeit der Wirklichkeit. So gehen alle Sehnsüchte des Knaben im Gedicht wie die des Dichters nicht in Erfüllung. Alles ist vergeblich, die Existenz wird durch »den Schatten des Mörders« bedroht. Der Schatten, das ist die andere Ich-Seite, dunkel und gefährlich abgewendet. »Gewaltig verzerrt ein wunderlich Tier.« Der Schatten der »Blutschuld« gehört zur Person Trakls, der Inzest ist es, dem er nicht entkommen kann. »Und sein Mörder suchte nach ihm«, heißt es im Text. Diese Last erdrückt ihn, tötet ihn also.

Das Jahr 1913 ist angefüllt von einem Übermaß an Not und Leid. Berufssuche, Verdruß mit einer Publikation seiner Gedichte, finanzielle Mißlage und schließlich Sorge um die unglückliche Schwester

Grete. Fickers Angebot, bei ihm einen Ort der Ruhe zu haben, hilft nicht. Schwindelanfälle, tage- und nächtelange Veronalnarkosen, exzessiver Alkoholkonsum, »ein Meer von Wein verschlungen, Schnaps und Bier«. Wer ihm damals begegnet, dem erscheint Trakl »irgendwie fremd und andersartig« oder »unausgeschlafen mit eingesunkener Hautfarbe, etwa wie ein unschuldiger viciöser (d. i. lasterhaft) Knabe«. Er fühlt sich als ein Getriebener: »Es erschreckt mich, wie sehr sich in der jüngsten Zeit ein unerklärlicher Haß gegen mich mehrt und in den kleinsten Geschehnissen des täglichen Lebens in fratzenhafte Erscheinung tritt.«

Die Freunde lassen ihre Beziehungen spielen, um den Freund beruflich sicher unterzubringen, obwohl sie dessen Unstete zur Genüge kennen. Er möchte als Apotheker am Wiener Allgemeinen Krankenhaus arbeiten. Ganz kurz ist er zur Probe als Rechnungspraktikant im Kriegsministerium. Er kann sich nicht entscheiden, ihn »ängstigt jeder Entschluß«. Vielleicht sollte er doch wieder in den Militärdienst zurückkehren? Oder sollte er keine Chancen haben, im neuen albanischen Staat Heeresapotheker zu werden? Im Herbst scheinen alle beruflichen Wege verbaut zu sein. Die Freunde borgen Geld, nicht immer mit Gelassenheit. »Er braucht 200 K monatlich: 2 K pro Tag für Weintrinken und Rauchen. Wie viele Menschen leben mit diesem Geld ganz«, schreibt einer in sein Tagebuch.

Trakl bleibt auch nichts erspart, sogar der Abdruck von Gedichten bringt Ärger. Die getroffene Auswahl seiner Lyrik durch den Verlag ist ihm zu gering, er hätte gerne mehr publiziert gesehen. Als Honorar erhält er statt der abgesprochenen 400 K nur 150. Wütend schreibt er: »Damit bin ich selbstverständlich in keiner Weise einverstanden, und ich verbitte mir, daß vor Erscheinen des Gesamtbandes meiner Gedichte, der allein Gegenstand unserer Vereinbarungen war, irgendeine Teilausgabe erscheint, die von mir nie vorgesehen war.« Nach weiteren Verhandlungen erscheint im Sommer der kleine Band »Gedichte«, im Herbst soll die Gesamtausgabe folgen. Dazu ist es nicht gekommen, erst 1917 wird sie ausgeliefert.

Eine Reise nach Venedig mit Freunden, übrigens die einzige länger dauernde Vergnügungsreise in Trakls Leben, zeigt schon in der Ankündigung auch das Ergebnis. Buschbeck liest Mitte August: »Lieber! Die Welt ist rund. Am Samstag falle ich nach Venedig hinunter.« Wie oft gibt es doch das Bild des Fallens in seiner Lyrik. In einem Gespräch meint er, er habe das Gefühl des Schwindels, die Furcht vor dem Fallen auch bei bestimmten existentiellen Themen.

Das Ergebnis der Reise stellt sich im Gedicht »In Venedig« dar:

Schwärzlicher Fliegenschwarm
Verdunkelt den steinernen Raum
Und es starrt von der Qual
Des goldenen Tags das Haupt
Des Heimatlosen.

Schon vor dieser Sommerreise bahnt sich der Zusammenbruch des Spätherbstes an, und zwar soll Grete im Juni nach Salzburg kommen. Sie lebt in unglücklicher Ehe, der Bruder ist verzweifelt, unfähig zu helfen, dazu seine eigenen Mißhelligkeiten. Er weiß weder ein noch aus, nirgends ist Hilfe in Aussicht. Am 26. Juni schreibt er an Ficker: »Ich sehne den Tag herbei, an dem die Seele in diesem armseligen von Schwermut verpesteten Körper nicht mehr wird wohnen wollen und können, an dem sie diese Spottgestalt aus Kot und Fäulnis verlassen wird, die ein nur allzu getreues Spiegelbild eines gottlosen verfluchten Jahrhunderts ist. Gott, nur ein kleiner Funken reiner Freude – und man wäre gerettet; Liebe – und man wäre erlöst.«

Die »Verwandlung des Bösen«, im »Brenner« vom 15. Oktober, weist in visionären Bildern auf den seelischen Herbst des Autors hin. »Herbst: schwarzes Schreiten am Waldsaum; Minute stummer Zerstörung; auflauscht die Stirne des Aussätzigen unter dem kahlen Baum... aus dem Sternenweiher zieht der Fischer einen großen, schwarzen Fisch, Antlitz voll Grausamkeit und Irrsinn... Oder es neigt sich verblichen über die kalte Stirn des Mörders im Dunkel des Hausflurs... Du, noch Wildnis, die rosige Inseln zaubert aus dem braunen Tabaksgewölk und aus dem Innern den wilden Schrei eines Greifen holt, wenn er schwarze Klippen jagt in Meer, Sturm und Eis.«

Was Trakl im Brief vom 11. November mit seinen »Angelegenheiten« meint, ist unklar geblieben. Er hat derart viel Veronal zu sich genommen, daß er ziemliche Vergiftungserscheinungen zeigt. In seiner »Wirrnis und all der Verzweiflung der letzten Zeit« weiß er nicht mehr, was er tun soll. Der andere Brief aus dem gleichen Monat, ebenfalls an Ficker, läßt uns in eine Seele schauen, die in totaler Vereinzelung nirgends Hoffnung oder Geborgenheit sieht. Er teilt mit, es hätte sich in den letzten Tagen Furchtbares ereignet, das er sein Leben lang nicht aus der Erinnerung tilgen könnte. In wenigen Tagen sei sein Leben zerbrochen worden. »Ich weiß nicht mehr ein noch aus. Es (ist) ein so namenloses Unglück, wenn einem die Welt entzweibricht. O mein Gott, welch ein Gericht ist über mich hereingebrochen ... Sagen Sie mir, daß ich nicht irre bin. Es ist steinernes Dunkel hereingebrochen.« Ficker hat später gemeint, diese seelische Katastrophe hätte zu tun gehabt mit dem unsäglich traurigen Schicksal der Schwester, die fern vom Bruder eine gescheiterte Ehe führt und in diesen Monaten eine Schwangerschaft erlebt. »Ich habe kein Recht, mich der Hölle zu entziehen«, bekennt Trakl zu Beginn des Jahres 1914. Die Last der Schuld der frühen Jahre kann ihm nicht genommen werden. Er sieht die Drogensucht und den Alkoholismus der Schwester als Folgen seiner »Tat«. Er muß erleben, daß sie sich mit einem seiner engsten Freunde einläßt, wahrscheinlich um an Opium zu gelangen. Beide verheimlichen lange Zeit ihre Beziehungen vor anderen. »Bei mir darf ich Sie nicht mehr sehen«, schreibt sie an Buschbeck, um den es sich hier handelt. (1939 wird er die frühen Gedichte seines Freundes herausgeben. Sehr späte Wiedergutmachung?) Zeitweise trägt sich Trakl mit dem Gedanken, alle Last mit einem Schlage von sich zu werfen und mit der Schwester gemeinsam in den Tod zu gehen. Wie schwer diese unter eigenem Versagen und Schuldgefühl gelitten hat, wie sie gewiß dem Bruder ein Unmaß an Verantwortung aufgebürdet hat, gibt ihre Aussage wieder, daß ihr die Einsamkeit das Letzte nehme, was ihr der Bruder noch an Menschenglauben gelassen habe (Spoerri).

Anfang Dezember liest Trakl in Innsbruck aus eigenen Werken, offensichtlich mit großem Erfolg. Im »Allgemeinen Tiroler Anzeiger« lesen wir: »... erst später konnte man in den monotonen gebethaften Zwischensprachen dieses schon äußerlich ganz eigenartigen Menschen Worte und Sätze, dann Bilder und Rhythmen erkennen, die seine futuristische Dichtung bilden. Alles wird Bild und Gleichnis in ihm, tauscht sich in seiner Seele zu andern Ausdrucksmöglichkeiten um, die dann den Menschen von heute noch nicht liegen, aber doch so überzeugend gebracht werden, daß man an ihre Möglichkeit glaubt. Allerdings, wann dieses Dichters Zeit gekommen sein wird?« Auch solcher Erfolg kann Trakl nicht beruhigen. Der Zustand »rasender Betrunkenheit und verbrecherischer Melancholie« bleibt. Dies schreibt er an Karl Kraus am 13. Dezember. Der Briefumschlag enthält außer den persönlichen Zeilen ein Gedicht, das die Zerrissenheit des Dichters ablesen läßt. Es handelt sich um »Ein Winterabend«.

Wanderer tritt still herein,
Schmerz versteinerte die Schwelle.
Da erglänzt in reiner Helle
Auf dem Tische Brot und Wein.

Wir spüren alle Sehnsucht des Getriebenen, des »Wanderers« nach Zuflucht und Annahme. Im mythischen Bild von Brot und Wein wird die Erfüllung des Seins bei Gott, die Erlösung von Sündenschuld gestaltet.

Aber der, der diese Verse schreibt, bleibt doch im Dunkel der Hoffnungslosigkeit, ohne Gnade für den Schuldbeladenen. Das kleine Prosastück »Winternacht« zeigt den böse rasenden Trakl. Was er dort schildert, ist grausame Wirklichkeit von Natur und Mensch. Nach einem Streitgespräch ist der Autor mitten in der stürmenden Winternacht, längs des Bahndammes nach Innsbruck, zu seinem Wohnort gerast. Unterwegs verliert er vor Trunkenheit die Besinnung und fällt in den Schnee, in dem er am Morgen gefunden wird. Diese Tour übersteht er ohne Krankheit!

Unter dem Eindruck der schier ausweglosen, durch nichts aufhebbaren Situation verstärkt sich Trakls feindselige Ichbezogenheit. Zwei Psychiater sollen ihn damals für geisteskrank erklärt haben. Er fühlt sich von aller Welt nicht nur mißverstanden, sondern im Stich gelassen. Einer seiner Vertrauten schildert ihn: »Ein finsterer, fast bösartiger Zug gab ihm etwas Faszinierendes wie bei einem Verbrecher. Denn in der Tat: wie eine Maske starrte sein Antlitz; der Mund öffnete sich kaum, wenn er sprach, und unheimlich nur funkelten manchmal die Augen. Gleich bestürmte ihn D. in seiner unbefangenen Art mit Fragen; aber Trakl gab nur kurz und wie unwillig Antwort, und wenn ihm eine der Fragen zu nahe zu kommen schien, wich er scheu und fast feindselig zurück... Unter dem Einfluß des Weines schien Trakl langsam lebendig zu werden. Er zog sich vor D.s Fragen nicht mehr so mimosenhaft zurück, begann mit einer leisen, wie ferner Donner grollenden Stimme immer häufiger jene sibyllinischen, orakelhaften Worte und Sprüche hinzuwerfen, die mir in ihrer frappanten Bildlichkeit mit einem Mal den Schlüssel zu seinem Dichten in die Hand gaben: er schrieb in gewissem Sinne genauso, wie er redete.«

Im Februar 1914 finden wir im »Brenner« das Prosastück »Traum und Umnachtung«, wohl im Januar niedergeschrieben. Wieder wird Kindheit erlitten. Grauenhafte Gesichte jagen den Dichter. Gedrängte Sätze tragen melancholische und schreckliche Inhalte: Ratten und eine zerschnittene Taubenkehle, Mörder und Verwesende, aber auch Abende am grünen Fluß und grüner Hollunder. Über allem lastet der Tod, die »Kost der Schuldbeladenen«. Da tritt aus »blauem Spiegel« die Gestalt der Schwester. »Haß verbrannte sein Herz, Wollust, da er im grünenden Sommergarten dem schweigenden Kind Gewalt antat.« Drohend weist die Schwester auf die Schuld des Bruders. Am Ende eine Nacht, »die das verfluchte Geschlecht verschlang«. Alles ist gedeutet worden als Poesie, die letzte Erschütterungen der immer mehr dem Verfall preisgegebenen Dichterseele aufzeigt.

Die »Passion« ist dem eben genannten Prosastück verwandt. Wieder geht es um Bruder und Schwester. Wie Orpheus ruft er sie, die dem Tod Verfallene. Deutlicher noch in der zweiten Fassung »Zwei Wölfe im finsteren Wald mischten wir unser Blut«. So kann die Schwester, »die Büßerin in der steinernen Stadt«, wie Eurydike nicht aus dem Schatten der Unterwelt heimgeholt werden.

Die Passion der Geschwister nimmt kein Ende. In »Frühling der Seele« schreit diese ihre Pein heraus, ihre Sehnsucht nach Aufhebung aller Qualen: »Reinheit! Reinheit!« Und Bruder und Schwester finden sich: »Freude im rosigen Wind; der sanfte Gesang des Bruders am Abendhügel«. Im März reist Trakl nach Berlin, um der vom Ehemann verlassenen Schwester nach einer Fehlgeburt nahe zu sein. Wir besitzen keine Informationen über ihre Gespräche. Er schreibt an Ficker, der immer mehr zum wahren Vertrauten geworden ist: »Sie verdient es wohl tausendmal mehr als ich, im Kreise guter und edler Menschen zu leben, wie es mir in solch übergroßem Maße in schwerer Zeit vergönnt war.« Merkwürdig ist der sachlich-nüchterne Stil des Briefes, als ob der Schreiber Emotionen verdrängen möchte.

In Berlin begegnet er der Lyrikerin Lasker-Schüler. »Sein Schatten weilte unbegreiflich auf dem Abend meines Zimmers«, wird sie nachher schreiben. Er widmet ihr »Abendland«, in dessen 3. Teil es heißt: »So sprachlos folgt der Heimatlose mit dunkler Stirne dem Wind.«

Voller Leid kommt Trakl aus Berlin zurück, sucht nach finanzieller Hilfe für die Schwester und erlebt die unwürdige Abweisung durch einen Schulfreund. Ficker ist ihm damals besonders zugetan. Der »Gesang einer gefangenen Amsel« mit dem zutreffenden letzten Vers ist diesem Freund gewidmet.

Im Mai und Juni entstehen das namenlose Dramenfragment und die Prosa »Offenbarung und Untergang«. Nochmals geht es um die »verwesten Träume der Kindheit in meinen zerbrochenen Augen«. Und nochmals gibt es den Fluch über die damalige »Tat«: »Mein Blut über dich – da du brachest in meinen Schlaf«, ruft die weibliche Gestalt. Erlösung scheint nahe zu sein. Wir finden im Prosastück Stille und Frieden, den Himmel und die Sterne, Angst und Schrekken und Schmerzen vergehen.« Und es hob sich der blaue Schatten des Knaben strahlend im Dunkel, sanfter Gesang; hob sich auf mondenen Flügeln über die grünenden Wipfel, kristallene Klippen das Antlitz der Schwester.«

In den letzten Gedichten erscheint die Schwester groß und erhaben, einer heilenden Göttin gleich. Sie ist die »goldene Gestalt«, die »Jünglingin«, die über dem Grauen dieser Welt steht. Als »Mönchin« soll sie den Bruder in ihr »Dunkel« schließen, dann wird dessen »Erdenwallen« zum traumhaft Reinen und Guten.

In den endenden Julitagen vor Ausbruch des Großen Krieges ist der Dichter noch in den Genuß einer beträchtlichen Geldsumme gekommen. Ludwig Wittgenstein, Sohn eines sehr vermögenden Unternehmers, später bekannt als Verfasser des »Tractatus logico-philosophicus« von 1922, gab etwas vom ererbten Reichtum an Künstler ab. Was sich nun abspielt, als Ficker und Trakl gemeinsam Geld abheben wollen, zeigt eindringlich die Angst Trakls vor realitätsgebundenen Entscheidungen: Er rennt schweißgebadet aus der Bank. Der letzte Brief aus den Kriegstagen verfügt, daß seine »liebe Schwester Grete, alles was (er) an Geld« besitzt, erben soll.

Doch weder Geld noch Gut können wiedergeben, was einmal durch Schuld zerstört. »Kein Gedicht kann Sühne sein für eine Schuld«, so will Ficker den Freund bei dessen Abmarsch ins Feld gehört haben. Trakl geht Ende August als Medikamentenakzessist mit einer Sanitätseinheit in den Krieg im Osten, »eine rote und bei jedem Abschiedsnicken fast gespenstig mitnickende Nelke« an der Feldmütze.

In Galizien werfen die Russen im August und September österreichische Armeen zurück, ein Gegenangriff wird ebenfalls zerschlagen, so daß die österreichische Front auf die Karpaten zurückgenommen werden muß. Das alles vollzieht sich, weil Österreich den Ansturm der russischen Armeen so lange abzuwehren hat, denn nichts anderes verlangte die deutsch-österreichische Generalstabsplanung, bis der deutsche Bundesgenosse im Westen in einem schnellen Feldzug Frankreich die Niederlage bereitet hat. Dann sollte auch im Osten der Sieg errungen werden.

Was Trakl damals im einzelnen erlebte, wissen wir nicht. Ficker erhält eine Karte aus Krakau. »Verehrter Freund! Ich bin seit fünf Tagen hier im Garnisonsspital zur Beobachtung meines Geisteszustandes... Ich verfalle recht oft in eine unsägliche Traurigkeit. Hoffentlich sind diese Tage der Niedergeschlagenheit bald vorüber.« Der Freund reist sofort nach Krakau. Zwei Tage (24. u. 25. Oktober) sind beide zusammen. Ficker hört, was geschehen ist. Trakl hat in der Schlacht um Grodek westlich von Lemberg in einer Scheune an die hundert Schwerverletzte zu betreuen gehabt. Zwei Tage erlebt er ihre Qualen, kann nicht helfen. Einer erschießt sich, die Gehirnteile kleben an der Wand. Trakl stürzt ins Freie und erblickt die reihenweise als Spione Gehenkten an den herbstlichen Bäumen. Der

Schrecken über das Geschehene tobt in ihm: Er will dem Leben ein Ende machen. Man liefert ihn zur Beobachtung ins Lazarett ein. Panik überfällt ihn, weil er glaubt, wegen Feigheit vor dem Feinde erschossen zu werden. Er liegt auf der psychiatrischen Abteilung. Um ihn die Unruhe, die Schreie der Kranken. Am 10. Oktober lesen wir in der Krankengeschichte: »Nachts gewöhnlich schlaflos, schreibt er verschiedene Gedichte... Nebenbei sei bemerkt, daß er in Zivil seinen Beruf nicht ausübt, sondern ›dichtet‹.«

Ficker befürchtet das Schlimmste, er ahnt zu Recht, daß der Freund Gift versteckt hat. Zwei Briefe, eine Karte treffen nachher bei ihm ein. Einer enthält auf fleckigem Bogen, das Wasserzeichen ist ein Blütenkranz mit Schleife, eines der erschütterndsten Gedichte über den Krieg, nämlich »Grodek«. Eine Bemerkung weist auf das Ende hin: »Ich fühle mich fast schon jenseits der Welt.«

Am 15. November berichtet das k.u.k. Garnisonsspital Nr. 15 in Krakau dem Bruder in München: »In Erledigung geehrter Zuschrift vom 11. XI. 1914 wird Ihnen mitgeteilt, daß Ihr Bruder Medik.-Akzessist Georg Trakl im hiesigen Spitale wegen Geistesstörung (Dem. praec.) in Behandlung stand, am 2. November nachts einen Selbstmordversuch durch Cocainvergiftung (das Medikament hat er wahrscheinlich von der Feldapotheke, wo er früher tätig war, mitgebracht und so aufbewahrt, daß trotz sorgfältiger Untersuchung bei ihm nichts gefunden wurde) unternommen hat und trotz aller möglichen ärztlichen Hilfe nicht mehr gerettet werden konnte. Derselbe starb am 3. November um 9 Uhr abends und wurde im hiesigen Rakoviczer Friedhofe beerdigt.«

Ein Bergarbeiter aus Hallstatt, Trakl als Bursche zugeteilt, ist der einzige Leidtragende beim Begräbnis.

Sommer

Am Abend schweigt die Klage
Des Kuckucks im Wald.
Tiefer neigt sich das Korn,
Der rote Mohn.

Schwarzes Gewitter droht
Über dem Hügel.
Das alte Lied der Grille
Erstirbt im Feld.

Nimmer regt sich das Laub
Der Kastanie.
Auf der Wendeltreppe
Rauscht dein Kleid.

Stille leuchtet die Kerze
Im dunklen Zimmer;
Eine silberne Hand
Löschte sie aus;

Windstille, sternlose Nacht.

Zu Abend mein Herz

Am Abend hört man den Schrei der Fledermäuse.
Zwei Rappen springen auf der Wiese.
Der rote Ahorn rauscht.
Dem Wanderer erscheint die kleine Schenke am Weg.
Herrlich schmecken junger Wein und Nüsse.
Herrlich: betrunken zu taumeln in dämmernden Wald.
Durch schwarzes Geäst tönen schmerzliche Glocken.
Auf das Gesicht tropft Tau.

In den Nachmittag geflüstert

Sonne, herbstlich dünn und zag,
Und das Obst fällt von den Bäumen.
Stille wohnt in blauen Räumen
Einen langen Nachmittag.

Sterbeklänge von Metall;
Und ein weißes Tier bricht nieder.
Brauner Mädchen rauhe Lieder
Sind verweht im Blätterfall.

Stirne Gottes Farben träumt,
Spürt des Wahnsinns sanfte Flügel.
Schatten drehen sich am Hügel
Von Verwesung schwarz umsäumt.

Dämmerung voll Ruh und Wein;
Traurige Guitarren rinnen.
Und zur milden Lampe drinnen
Kehrst du wie im Traume ein.

Der Gewitterabend

O die roten Abendstunden!
Flimmernd schwankt am offenen Fenster
Weinlaub wirr ins Blau gewunden,
Drinnen nisten Angstgespenster.

Staub tanzt im Gestank der Gossen.
Klirrend stößt der Wind in Scheiben.
Einen Zug von wilden Rossen
Blitze grelle Wolken treiben.

Laut zerspringt der Weiherspiegel.
Möven schrein am Fensterrahmen.
Feuerreiter sprengt vom Hügel
Und zerschellt im Tann zu Flammen.

Kranke kreischen im Spitale.
Bläulich schwirrt der Nacht Gefieder.
Glitzernd braust mit einem Male
Regen auf die Dächer nieder.

Am Moor

4. Fassung

⟨Wanderer im schwarzen Wind; leise flüstert das dürre Rohr
In der Stille des Moors. Am grauen Himmel
Ein Zug von wilden Vögeln folgt;
Quere über finsteren Wassern.⟩

Aufruhr. In verfallener Hütte
Flattert mit schwarzen Flügeln der Geist der Fäulnis;
Verkrüppelte Birken im Herbstwind.

Abend in verödeter Schenke ⟨.⟩ Den Heimweg umwittert
Die sanfte Schwermut grasender Herden;
Erscheinung der Nacht; Kröten tauchen aus braunen Wassern.

Nächtliche Klage

2. Fassung

Die Nacht ist über der zerwühlten Stirne aufgegangen
Mit schönen Sternen
Über dem schmerzversteinerten Antlitz,
Ein wildes Tier fraß des Liebenden Herz
Ein feuriger Engel
Stürzt mit zerbrochener Brust auf steinigen Acker,
Wiederaufflatternd ein Geier.
Weh in unendlicher Klage
Mischt sich Feuer, Erde und blauer Quell

Der Schlaf

2. Fassung

Verflucht ihr dunklen Gifte,
Weißer Schlaf!
Dieser höchst seltsame Garten
Dämmernder Bäume
Erfüllt von Schlangen, Nachtfaltern,
Spinnen, Fledermäusen.
Fremdling! Dein verlorner Schatten
Im Abendrot,
Ein finsterer Korsar
Im salzigen Meer der Trübsal.
Aufflattern weiße Vögel am Nachtsaum
Über stürzenden Städten
Von Stahl.

Im Dorf

Ans Fenster schlagen Äste föhnentlaubt.
Im Schoß der Bäurin wächst ein wildes Weh.
Durch ihre Arme rieselt schwarzer Schnee;
Goldäugige Eulen flattern um ihr Haupt.

Die Mauern starren kahl und grauverdreckt
Ins kühle Dunkel. Im Fieberbette friert
Der schwangere Leib, den frech der Mond bestiert.
Vor ihrer Kammer ist ein Hund verreckt.

Drei Männer treten finster durch das Tor
Mit Sensen, die im Feld zerbrochen sind.
Durchs Fenster klirrt der rote Abendwind;
Ein schwarzer Engel tritt daraus hervor.

An den Knaben Elis

Elis, wenn die Amsel im schwarzen Wald ruft,
Dieses ist dein Untergang.
Deine Lippen trinken die Kühle des blauen Felsenquells.

Laß, wenn deine Stirne leise blutet
Uralte Legenden
Und dunkle Deutung des Vogelflugs.

Du aber gehst mit weichen Schritten in die Nacht,
Die voll purpurner Trauben hängt
Und du regst die Arme schöner im Blau.

Ein Dornenbusch tönt,
Wo deine mondenen Augen sind.
O, wie lange bist, Elis, du verstorben.

Dein Leib ist eine Hyazinthe,
In die ein Mönch die wächsernen Finger taucht.
Eine schwarze Höhle ist unser Schweigen.

Daraus bisweilen ein sanftes Tier tritt
Und langsam die schweren Lider senkt.
Auf deine Schläfen tropft schwarzer Tau,

Das letzte Gold verfallener Sterne.

Traum und Umnachtung

1. Abschnitt

Am Abend ward zum Greis der Vater; in dunklen Zimmern versteinerte das Antlitz der Mutter und auf dem Knaben lastete der Fluch des entarteten Geschlechts. Manchmal erinnerte er sich seiner Kindheit, erfüllt von Krankheit, Schrecken und Finsternis, verschwiegener Spiele im Sternengarten, oder daß er die Ratten fütterte im dämmernden Hof. Aus blauem Spiegel trat die schmale Gestalt der Schwester und stürzte wie tot ins Dunkel. Nachts brach sein Mund gleich einer roten Frucht auf und die Sterne erglänzten über seiner sprachlosen Trauer. Seine Träume erfüllten das alte Haus der Väter. Am Abend ging er gerne über den verfallenen Friedhof, oder er besah in dämmernder Totenkammer die Leichen, die grünen Flecken der Verwesung auf ihren schönen Händen. An der Pforte des Klosters bat er um ein Stück Brot; der Schatten eines Rappen sprang aus dem Dunkel und erschreckte ihn. Wenn er in seinem kühlen Bette lag, überkamen ihn unsägliche Tränen. Aber es war niemand, der die Hand auf seine Stirne gelegt hätte. Wenn der Herbst kam, ging er, ein Hellseher, in brauner Au. O, die Stunden wilder Verzückung, die Abende am grünen Fluß, die Jagden. O, die Seele, die leise das Lied des vergilbten Rohrs sang; feurige Frömmigkeit. Stille sah er und lang in die Sternenaugen der Kröte, befühlte mit erschauernden Händen die Kühle des alten Steins und besprach die ehrwürdige Sage des blauen Quells. O, die silbernen Fische und die Früchte, die von verkrüppelten Bäumen fielen. Die Akkorde seiner Schritte erfüllten ihn mit Stolz und Menschenverachtung. Am Heimweg traf er ein unbewohntes Schloß. Verfallene Götter standen im Garten, hintrauernd am Abend. Ihm aber schien: hier lebte ich vergessene Jahre. Ein Orgelchoral erfüllte ihn mit Gottes Schauern. Aber in dunkler Höhle verbrachte er seine Tage, log und stahl und verbarg sich, ein flammender Wolf, vor dem weißen Antlitz der Mutter. O, die Stunde, da er mit steinernem Munde im Sternengarten hinsank, der Schatten des Mörders über ihn kam. Mit purpurner Stirne ging er ins Moor und Gottes Zorn züchtigte seine metallenen Schultern; o, die Birken im Sturm, das dunkle Getier, das seine umnachteten Pfade mied. Haß verbrannte sein Herz, Wollust, da er im grünenden Sommergarten dem schweigenden Kind Gewalt tat, in dem strahlenden sein umnachtetes Antlitz erkannte. Weh, des Abends am Fenster, da aus purpurnen Blumen, ein gräulich Gerippe, der Tod trat. O, ihr Türme und Glocken; und die Schatten der Nacht fielen steinern auf ihn.

Grodek

2. Fassung

Am Abend tönen die herbstlichen Wälder
Von tödlichen Waffen, die goldnen Ebenen
Und blauen Seen, darüber die Sonne
Düstrer hinrollt; umfängt die Nacht
Sterbende Krieger, die wilde Klage
Ihrer zerbrochenen Münder.
Doch stille sammelt im Weidengrund
Rotes Gewölk, darin ein zürnender Gott wohnt
Das vergoßne Blut sich, mondne Kühle;
Alle Straßen münden in schwarze Verwesung.
Unter goldnem Gezweig der Nacht und Sternen.
Es schwankt der Schwester Schatten durch den schweigenden Hain,
Zu grüßen die Geister der Helden, die blutenden Häupter;
Und leise tönen im Rohr die dunkeln Flöten des Herbstes.
O stolzere Trauer! ihr ehernen Altäre
Die heiße Flamme des Geistes nährt heute ein gewaltiger Schmerz,
Die ungebornen Enkel.

ZEITTAFEL

1887 3. 3.: Trakl wird um 14 Uhr 30 in Salzburg geboren.

1891 8. 8.: Margarethe (Grete) Trakl in Salzburg geboren.

1896 Freundschaft zwischen Trakl und Buschbeck beginnt, die fast bis zum Tode Trakls dauern sollte.

1897 Trakl kommt auf das Gymnasium.

1904 Mitglied des literarischen Zirkels (Apollo). »Der Heilige« entsteht. Erste Erfahrungen mit Narkotika.

1905 Trakl bleibt zu Beginn der Oberstufe des Gymnasiums sitzen, worauf ihn der Vater von der Schule nimmt. Am 18. 9. Beginn des pharmazeutischen Praktikums in der Apotheke Zum weißen Engel.
Freundschaft mit dem Erzähler und Dramatiker G. Streicher.

1906 31. 3.: Aufführung von »Totentag. Dramatisches Stimmungsbild in 1 Akt« im Stadttheater zu Salzburg.
15. 9.: Aufführung von »Fata Morgana. Tragische Szene« in Salzburg. Erste Publikation einer Prosaarbeit »Traumland. Eine Episode« in einer Salzburger Tageszeitung.

1907 Fruchtloses Jahr nach der Enttäuschung über den Durchfall von »Fata Morgana«. Er gewöhnt sich immer stärker an Veronal und Morphium.

1908 26. 2.: Erster Abdruck eines Gedichtes, »Das Morgenlied«, in Salzburg. Abschluß der Praktikantenzeit mit Examen.
Im Oktober Beginn des Pharmaziestudiums in Wien. Trakl liest Rimbaud in der Übertragung von K. L. Ammer.

1909 Trakl besteht die Vorprüfungen mit »Genügend«. Ab September ist seine Schwester Grete in Wien.
Er stellt ab August eine erste Sammlung seiner Lyrik zusammen, die »Sammlung 1909«, erlebt das Gefühl schöpferischer Kraft. Im Oktober veröffentlicht das »Neue Wiener Journal« drei frühe Gedichte: »Andacht«, »Vollendung«, »Einer Vorübergehenden«.

1910 18. 6.: Tod des Vaters. Im Februar das Puppenspiel »Blaubart«. Am 25. 7. Magister d. Pharmazie. 1. 10. Beginn des Wehrdienstes als Einjährig-Freiwilliger bei der k. u. k. Sanitätsabteilung Nr. 2 in Wien.
Trakl wird sich im Sommer seiner dichterischen Kraft bewußt.

1911 30. 9.: Ende des sogenannten Präsenzdienstes in Wien. Im Oktober Bewerbung um eine Praktikantenstelle im Ministerium für öffentliche Arbeiten. Zum 1. 12. wird Trakl Landwehrmedikamentenakzessist (Leutnant). Gesuch um eine Stelle als Militärapotheker am 20. 12.
Im Herbst besonders tiefe Depressionen und exzessiver Lebenswandel.

1912 1. 4.: Antritt des Probedienstes als Militärapotheker im Garnisonsspital Nr. 10 in Innsbruck. Im Mai erste Begegnung mit Ludwig v. Ficker, dem Herausgeber des »Brenner«. Beginn enger Freundschaft mit Karl Röck, der ein Tagebuch über die Freundschaft der beiden führt.
Im Juli heiratet die Schwester Grete in Berlin den Buchhändler Arthur Langen.
Im Herbst organisiert Buschbeck eine Subskription, um Trakls Gedichte zu veröffentlichen. Er bietet sie auch dem Verlag Albert Langen in München an, der sie im nächsten Jahr ablehnen wird.

Trakl ist aus dem Militärdienst ausgeschieden und will wieder zum Arbeitsministerium. Schwere Ängste und Trunkenheitsexzesse.

1913 Trakl sucht am 1.1. um Entlassung aus der am Vortage angetretenen Stelle im Ministerium an. Am 4.4. wird die väterliche Eisenwarenhandlung im Gewerberegister gelöscht.

1.4. bietet der Verleger Kurt Wolff Trakl an, eine Reihe von Gedichten zu veröffentlichten. Im Juli erscheint der Band »Gedichte« in der Bücherei »Der jüngste Tag«, 7/8.

Trakl ist unstet in der Berufsentscheidung. Die bisher schwerste seelische Krise im November, wohl wegen der unglücklichen Schwester Grete. Ficker bietet ihm eine dauernde Zuflucht bei sich und seinem Bruder in der Umgebung Innsbrucks an. Reise mit Ficker nach Venedig.

1914 Mitte März: Besuch bei der Schwester in Berlin. Er begegnet der Lasker-Schüler. Im Juni Anfrage Trakls in den Niederlanden, ob er in den Kolonialdienst eingestellt werden könnte.

Am 27.7. erhält er 20000 K. von Ludwig v. Wittgenstein. Am 24.8. Abmarsch ins Feld. Trakls Sanitätseinheit wird in der Schlacht von Grodek vom 6. bis 11.9. eingesetzt. Am 7.10. Einlieferung ins Lazarett zu Krakau. Am 3.11. Tod durch Kokainvergiftung.

1925 Beisetzung in Mühlau bei Innsbruck.

WEITERFÜHRENDE LITERATUR

Georg Trakl: Das dichterische Werk, dtv-Bibliothek Nr. 6001, München 1979. – Diese Ausgabe bringt nicht nur die frühen Gedichte, sondern führt auch den Laien ausführlich an historisch-kritische Textarbeit heran.

Theodor Spoerri: Georg Trakl, Strukturen in Persönlichkeit und Werk, Francke-Verlag, Bern 1954. – Eine vorzügliche, wenn auch umfängliche Analyse von Mensch und Werk.

Benno v. Wiese (Hrsg.): Die deutsche Lyrik, Bd. 2, Bagel-Verlag, Düsseldorf 1964. – Dort findet man drei Interpretationen.

Walther Killy: Wandlungen des lyrischen Bildes, Vandenhoeck & Ruprecht, Göttingen 1958. – Der Autor untersucht in konzentrierter Kürze die Bilder Trakls und legt sie als sogenannte Chiffren fest.

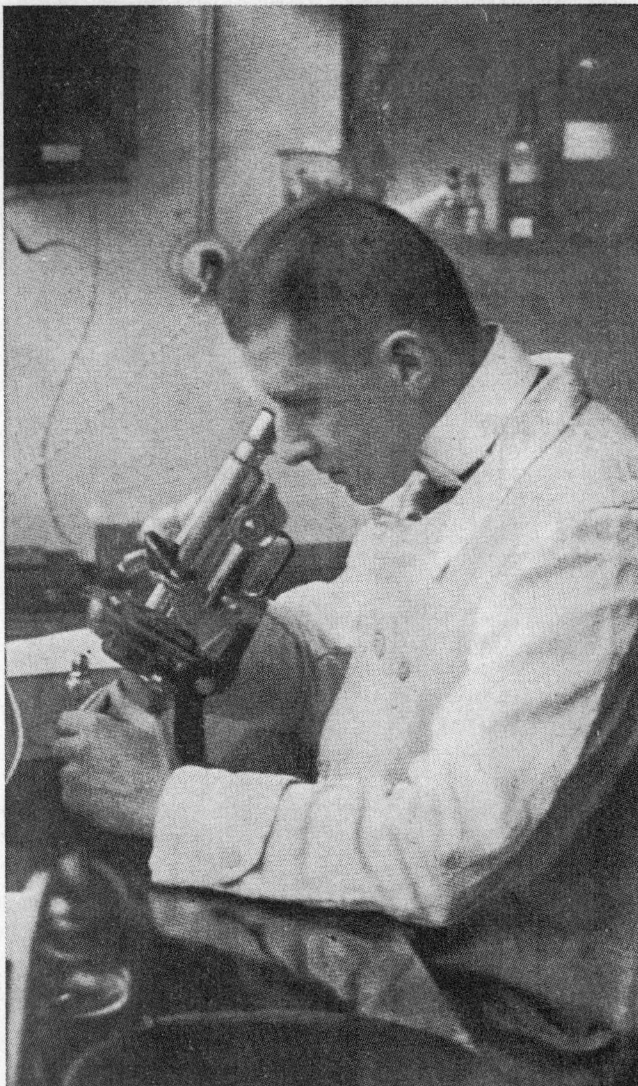

Gottfried Benn in Brüssel, 1916

ULRICH KONITZER

Gottfried Benn: Der Zerfall der Wirklichkeit

»Doch gab mir die Behauptung eines Dichters zu denken, man könne im Laufe eines Lebens sechs gültige Zeilen zustande bringen. Dem widersprach übrigens ein anderer Dichter. Da ich von diesem wußte, daß er jedes seiner eigenen Worte, mit denen er nicht gerade sparsam umging, von vornherein gewissermaßen in Marmor gemeißelt vor sich erblickte, machte sein Widerspruch kaum Eindruck auf mich. Wichtiger erschien mir der Satz des ersten zu sein: er ließ mich nicht gänzlich ohne Hoffnung.«

Stephan Hermlin über G. Benn

1886–1903: In meinem Elternhaus hingen keine Gainsboroughs – wurde auch kein Chopin gespielt – ganz amusisches Gedankenleben

Die Verse eines späten Gedichtes von Benn lauten in melancholischer Erinnerung:

> Es ist ein Garten, den ich manchmal sehe
> östlich der Oder, wo die Ebenen weit,
> ein Graben, eine Brücke, und ich stehe
> an Fliederbüschen, blau und rauschbereit.
>
> Es ist ein Knabe, dem ich manchmal trauere,
> der sich am See in Schilf und Wogen ließ,
> noch strömte nicht der Fluß, vor dem ich schauere,
> der erst wie Glück und dann Vergessen hieß.

Merkwürdig, gewiß verständlich, wie Benn gleich anderen Schriftstellern im Alter eigene Kindheit und frühe Jugend verklärt – »etwas frisiert wird ja die Sache«. Mitten im Leben schreibt er ganz anders. Da ist der Vater nicht zur sorgenden und führenden Gestalt geworden. Da ist er noch der »Zelot und Fanatiker«, kein »Felsbezwinger und Urjäger«, in dessen Nähe dem Kind nichts Böses widerfahren kann. Der weltmännische Sohn muß sich seines Vaters schämen: »Morgen nämlich kommt mein ärmlich, aber nicht unsauber gekleideter Vater hier durch und ich kann ihn nicht mitbringen, er spricht so laut, daß sich alle immer nach ihm umsehen und was er erzählt, hat viel Charakter aber wenig Allgemeininteresse... darum sitze ich mit ihm lieber im christlichen Hospiz.« Die Mutter lebt nicht mehr, als Benn die Zeilen 1928 schreibt. Wer weiß, welches Unbehagen er empfunden hätte, wenn die alte und rundliche Frau vom Lande ihn in der Großstadt Berlin besucht hätte.

Im Alter wird die Landschaft, in die Benn hineingeboren wurde, zur »Kindheitserde«, zur bergenden Stätte, vertraut und anheimelnd. Er wächst auf in einem »Dorf mit 700 Seelen«, die der Pastor-Vater betreut, »unerreichbar für eine zerrissene städtische Natur«. (Schon der Großvater war Landpfarrer gewesen.) Dort war noch jedes Ding mit Gott verknüpft »und nie mit Irdischkeit, standen die Dinge fest auf ihrem Platz und reichten bis in das Herz der Erde«, da erschien die Welt »so glücklich«. Der Pastor Benn predigt wortgewaltig. Er wird von den Bauern geholt bei Mißhelligkeiten und Glücksfällen gleichermaßen. Hilfe nämlich kann er bringen durch Handauflegen und Gebet. Sie nehmen es ihm nicht übel, daß er neben der »Kreuzzeitung« auch noch den sozialdemokratischen »Vorwärts« liest. Im übrigen ist er »ganz einfach, gänzlich unintellektuell; er hat kaum je ein Buch gelesen«. Und die Mutter, aus der französischen Schweiz nach Ostelbien verschlagen, mit der romanisch getönten Sprache, lebt das Leben der ländlichen Pfarrfrau unter dem gestrengen Patriarchat des Pfarrherrn »voll Lächeln und Tränen«, so meint der Sohn 30 Jahre später über »die liebe Fremde«.

In diesem protestantischen Pfarrhaus muß Not zur Tugend gedeihen. Mit der vielköpfigen Kinderschar zusammen wachsen gelegentlich ein paar Schwererziehbare mit auf. Das Gehalt des Pfarrers ist knapp, ein Teil davon wird in Naturalien empfangen, und ein Stückchen Landwirtschaft gehört auch zum Haushalt. Um mit dem späten Benn zu sprechen, dieses Pfarrhaus stellt einen »soziologischen Nenner« dar. Tatsächlich täuschen Kargheit und Armseligkeit darüber hinweg, daß solche Häuser in der deutschen Kulturgeschichte Zellen geistigen Lebens waren. Lassen wir Benn selber über dieses Thema sprechen:

»Ich habe in verschiedenen Aufsätzen der letzten Jahre auf das eigentümliche Erbmilieu dieses protestantischen Pfarrhauses hingewiesen, eigentümlich nicht nur, weil es statistisch in den vergangenen drei Jahrhunderten Deutschland weitaus die meisten seiner großen Söhne geschenkt hat, nämlich... weit über 50 Prozent, sondern weil es eine ganz bestimmte Art von Begabung war, die das Pfarrhaus erbmäßig produziert hat und die in seinen Söhnen zutage trat. Es war die Kombination von denkerischer und dichterischer Begabung, die so spezifisch für das deutsche Geistesleben ist und in dieser Prägung bei keinem anderen Volk vorkommt... So kann man sagen, daß aus dem Erbmilieu des evangelischen Pfarrhauses tatsächlich ein enormer Teil der gesamten geistig produktiven, kulturschaffenden Macht des deutschen Volkes hervorgegangen ist.«

Ist es wirklich die Erbmasse, wie Benn behauptet, die den Poeten schafft? Ist es nicht vielmehr stärker das Milieu mit Freud und Leid, Freundschaft und Feindschaft, Liebe und Haß, mit Vaters Strenge und Mutters Lächeln, kurz, das ganz erfüllte kindliche Leben mit allem Drinnen und Draußen? Da treibt sich Gottfried mit den Arbeiter- und Bauernkindern bei Ernte und Kühen herum, spricht ihr Platt. Altes wendisches Brauchtum zu Ostern und Pfingsten, die Silvesternacht von 1900 beflügeln die Phantasie. Die Bäume rauschen um das Haus, eine kleine Birke wächst wundersam auf dem Haustor. Die Mutter singt den Kindern französische Volkslieder vor, erzählt aus ihrer Heimat, so daß der Sohn die Landschaft des Jura vor sich entstehen sieht. Der Vater ereifert sich in machtvollen Worten. Gefühl und Einfühlung des Kindes Gottfried entwickeln sich, es ist ungemein empfindlich und verletzlich, nimmt Anteil an Ungerechtigkeit, am Leid der anderen.

Der Junge fängt an, Geschichten zu ersinnen, bemerkenswert seine Einfälle. Eine heißt »Onkel ohne Haut«. Abends vor dem Schlafengehen erzählt er den Geschwistern über die Tiere im Walde, die dort frieren. Beim Singen des Liedes »Was frag' ich viel nach Geld und Gut« ist der Jüngsten in der Familie das Wort Laster unbekannt, sie singt dafür einfach »Pflaster«. Der Bruder erklärt, sie solle ihn anschauen, er sei das Laster. Er denkt sich für sie einen Kinderreim aus. Die Kinder sollen auf Wunsch des Vaters über einen Apfel ein Gedicht machen. Gottfried bringt folgenden intelligenten Vierzeiler zustande:

Warum soll ich über dieses Thema
schlechte Verse reißen.
Über Rosen kann man dichten,
in den Apfel soll man beißen.

Der Sohn wird vor Eintritt in das Gymnasium zuerst vom Vater unterrichtet, der einmal meint, er sei so unbegabt, daß er nicht einmal Tischler werden könnte, dann von einem Hauslehrer zusammen mit den Söhnen des Grafen Finck von Finckenstein. Benn berichtet später: »Es (waren) die Söhne des ostelbischen Adels, mit denen ich umging. Diese alten preußischen Familien, nach denen in Berlin die Straßen und Alleen heißen, ganze Viertel, die berühmten friderizianischen und dann die bismarckschen Namen, hier besaßen sie ihre Güter.« Sie sind »der zweite Schlag, mit denen ich groß wurde«. Als er 1896 das Gymnasium in Frankfurt/Oder bezieht, ist auch ein Heinrich von Finckenstein mit dabei. Beide wohnen in der gleichen Pension.

Die Schüler des deutschen Gymnasiums kamen damals überwiegend aus dem Bildungsbürgertum, und dort aus der höheren Beamtenschaft. Bis 1902 besaß das Gymnasium das Monopol in Form des Abiturs als einzige Zulassung zur Universität. Gegenüber den Unterschichten erstarrte es in einer defensiven Abwehrhaltung, die bewußt die Barrieren hochhielt und die Vorzüge höherer Bildung, die hier als Summe erweiterter materieller und ideeller Lebenschancen verstanden werden können, für eine relativ schmale Schicht reservierte (H. U. Wehler).

Mit welcher Sehnsucht gedenke ich der Zeit,
wo mir eine Mark dreißig lebenswichtig waren,
ja, notgedrungen, ich sie zählte,
meine Tage ihnen anpassen mußte,
was sage ich Tage: Wochen, mit Brot und Pflaumenmus
aus irdenen Töpfen
vom heimatlichen Dorf mitgenommen,
noch von häuslicher Armut beschienen,
wie weh war alles, wie schön und zitternd!

Gottfrieds traute und wehmütige Empfindungen, die er später in diese Verse fassen kann, gehen zusammen mit einer für ihn unaussprechbaren Bedrohung. In der Pubertät verstärkt sich auffallend bei ihm ein Charakterzug, der ihn weiter im Leben kennzeichnet, ein Hang zur Wehleidigkeit und zum Selbstmitleid, ein Gefühl der Minderwertigkeit. Hat der Patriarch zu Hause erwachendes Selbstbewußtsein des Sohnes angeschlagen? Sicherlich finden wir im Vater-Sohn-Verhältnis Spuren, die uns zu Vorgängen führen, von denen sich Benns kommende Scheu und durch Forschheit getarnte Unsicherheit herleiten lassen. Jedoch spüren wir andere, die deutlich machen, daß der Junge noch anderswo seelische Verletzungen erlitten hat. Und diese Spuren weisen auf die soziale Situation des Schülers Benn hin.

Dieser Jugendliche ist sich seiner Intellektualität und seines Reichtums an Empfindungen sehr bewußt. (Wahrscheinlich hat er Freund Heinrich von den Finckensteins geholfen, überhaupt die Schule zu überstehen.) Er kann aber seine Befähigungen in kein Verhältnis zur Armseligkeit des Elternhauses bringen. Er schämt sich seiner Eltern, wenn sie ihn in Frankfurt besuchen. Zugleich entdeckt dieser Jugendliche an sich selbst, wie politische Herrschaft schöpferische Individualität unberücksichtigt läßt, vielleicht nicht einmal als Wert anerkennt, sondern daß es den Trägern von Herrschaft vor allem um Machterhaltung geht. Der Pfarrerssohn vom Lande hatte schon zu Hause erlebt, wie die Klassenherrschaft des preußischen Adels handfest aussieht. »Eines Tages fuhren wir in einem kleinen Jagdwagen in den Wald u. der alte Graf, ein ziemliches Rauhbein, entdeckte Holzsammler in seinem Wald, stieg ab, verdrosch sie feste, kam zurück u. sagte: ›So muß man mit den Leuten umgehn, höflich, aber bestimmt.‹«

Dieses deutsche Kaiserreich ist ein Klassenbündnis von Großagrariern und Großindustriellen. Beide Gruppen versuchen mit allen Mitteln, ihre Klassenherrschaft rücksichtslos abzusichern. Sie benutzen den Staat für Subventionen und Interventionen zu ihren Gunsten. Das preußische Dreiklassenwahlrecht, in Europa einzigartig in seiner undemokratischen Rückständigkeit, wird vom preußischen Adel wie ein Augapfel gehütet, »als ein kostbares Gut, das die Regierung aufzugeben nicht gesonnen ist«, so der Innenminister v. Puttkamer. Die Finanzrevisionen bei den preußischen Landräten von 1910 zeigen ein gewaltiges Ausmaß an Korruption und Manipulation, viele »alte preußische Familien« (Benn!) sind bei den Steuerhinterziehungen beteiligt.

Der ostelbische Adel legt um sich ein breites Feld ausgedehnten Abstandes zu allen Schichten der Bevölkerung, vor allem zum ländlichen und städtischen Proletariat, hält aber auch die Kleinbürger auf gebührender Distanz. Der Wertkatalog aus Pflicht, Gehorsam, Zucht verhilft dazu, seinen sozialen Zustand zu kaschieren, verleiht eine Aura, die verhindert, hinter die Kulissen zu gucken.

Zeit seines Lebens ist Benn von Zucht und Ordnung, von »Sicherheit des Geformten« in elitärer Machtausübung regelrecht gebannt gewesen. Ihm ist überhaupt nie bewußt geworden, wieviel seiner Gehemmtheit, seiner Scheu zurückzuführen ist auf Leitbilder, die Elternhaus und Schule in ihn gesenkt haben. Er sieht seine gesellschaftliche Rolle als armselig an, hat das Gefühl, nicht konkurrieren zu können mit der Herrenschicht trotz Begabung und Fähigkeit. Er hat anfangs wohl zu kompensieren versucht mittels Arroganz, wie so mancher der Altersgefährten auch, gab sich Lehrern und Schülern gegenüber spöttisch und ironisch.

Der Junge steht abseits beim Sport, wird gelegentlich verlacht. Er sagt: »nur Tiere laufen«. Liebeskummer überfällt ihn. Er schreibt Liebesgedichte in der Tanzstundenzeit. Aber die blonden, die »unwahrscheinlichen Beauties, langbeinig, hoher Wasserfall«, für die er zeitlebens einen Blick haben wird, scheinen an dem ländlichen Jungen nichts gefunden zu haben. Also Versagung, Einsamkeit – die pubertäre Phantasie ohne Befriedigung. In den Ferien wenigstens findet der Sohn Trost und verständnisvollen Zuspruch bei der mitfühlenden Mutter. Ein Brief aus Benns Schulzeit soll hier angeführt werden. Ist es ein geschwisterlicher Pflichtbrief gewesen, sozusagen der Befehl des Vaters vollzogen worden? Man ist geneigt zu vermuten, in diesen Zeilen gibt es bereits Ansätze eines künftigen »Doppellebens«. Die späteren Briefe an Freundin und an Freund, an die Tochter, werden genauso lieb und nett, ja anmutig, aber distanziert sein wie dieser: Wir wissen, in welcher Sensibilität der 14jährige lebt, welche Empfindsamkeit sein Wesen bestimmt. Nichts davon in diesem Brief an die Schwester!

»Gestern bist Du also wieder in Göppingen angekommen. Es ist doch wunderschön so nach den schönen Ferien wieder in die alte Schule, nicht wahr? Beschreibe mir doch bitte in Deinem nächsten Brief Deine Ferien. Ich will es jetzt ein bißchen tun. Ich schlief bei Onkel Eugen, d. h. in seiner Wohnstube; da saß er dann, wenn ich im Bett lag, manchmal noch stundenlang, und dann erzählte er und erzählte; das war klassisch. Über die Feiertage war Hans Wrede, ein Freund von Papa, da. Der erzählte massig Geschichten aus Papas und seinem Schülerleben.

Am Silvesterabend blieben ›wir‹ Großen bis 12 auf, die Kleinen wurden auch geweckt, sie kamen nun mit blassen, verschlafenen Gesichtern an; bekoberten sich aber beim Punsch sehr bald wieder. Papa, Onkel Eugen und ich gingen dann auf den Turm, wo geläutet wurde und läuteten auch mit. Um 1 gingen wir dann zu Bett. Da ich nicht weiß, ob Du schon weißt, was ich zu Weihnachten bekommen habe, so will ich es Dir sagen. 1) Von Papa ein wunderschönes Buch, in dem 200 bunte Bilder von der ganzen Erde. 2) von Onkel Eugen den ›Lichtenstein‹ von Hauff. 3) von Frau Gräfin: 30 Lebensbilder deutscher Männer. 4) Ein Buch über Nansen von Onkel Paul Brodersen aus Patras. 5) Von ›Onkel‹ Wrede, so nennen wir ihn nämlich, ›Hans Jürgen von der Linde‹, ein ganz nettes Buch. 6) Manschetten mit Manschettenknöpfen. 7) Von Frau Badicke 10 M, für die ich mir ein Paar vernickelte Schlittschuhe kaufte. 8) Einen Schlips. 9) Einen Abreißkalender. 10) Einen Briefbeschwerer. 11) einen kleinen Abreißblock und 12) denn das Beste kommt zuletzt, Deinen furchtbar niedlichen Kalender, für den ich Dir, wenn ich es noch nicht getan habe, herzlich danke.

Ich war in den Ferien teilweise etwas krank, Hals- und mächtige Zahnschmerzen. Den Zahn ließ ich mir am Silvester bei Dr. Schröder ausziehen. Das tat schauderbar! Sechsmal zog er!

Übrigens muß ich Dir noch eine Geschichte von Cöhlers erzählen. Mama und ich gingen mal hin, um was zu kaufen. Da stand dann Dentichens ›Juttarzitter‹ und schließlich ließ sie sich dann herab

Gottfried Benn als Student in Marburg, 1904

entzückend zu spielen. Da sagte dann Fr. Cöhler ›Ja, wenn ihr schläfert, holt sie sie immer und spielt auf die Juttar-Zitter.‹...

Es grüßt Dich herzlichst Dein treuer Bruder Gottfried.«

1903–1912: Das adlige ist Benn das »liebste Milieu«

Im Herbst 1903 macht Benn mit ganzen 17 Jahren das Abitur und geht vom Fleck weg zum Studium nach Marburg. Auf Drängen des Vaters soll er ein Brotstudium beginnen, mit dem Ziel, Oberlehrer am Gymnasium zu werden. Der Pastor mit den vielen Söhnen, die doch alle standesgemäß studieren sollen, ist darauf bedacht, seinen Gottfried schnell durchs Studium zu bringen, ohne zu ahnen, daß nun der Vater-Sohn-Konflikt vehement ausbrechen wird. Der Abiturient will Medizin studieren, der Vater läßt das teure und lange Studium nicht zu.

Die damalige deutsche Universität wird von rund 35000 Studenten, überwiegend aus dem akademischen Bürgertum, besucht. Benn gehört zu den 10 Prozent, die Theologie studieren. In allen Fakultäten wird gleichermaßen die bestehende soziale Ordnung gerechtfertigt, jede Kritik von vornherein ausgeschlossen. Die liberale Gelehrtengeneration mit Männern wie Virchow und Mommsen ist verschwunden. Die philosophische und die juristische Fakultät sind die Hochburgen der Staatsvergötterung. »Von den Medizinern waren auch damals im allgemeinen keine kritischen Einwände zu erwarten.« (H. U. Wehler) In den Studentenverbindungen wird die Feudalisierung der jungen Bürger vorgenommen. Die Wertvorstellungen dort entsprechen der vorindustriellen Epoche (Mensuren!). Diese sogenannten Korporationen mit ihren Alten Herren, also den ehemaligen Studenten, die zu Amt und Würde gekommen sind, bereiten den Examinierten den Weg in die höheren Ämter bei Gericht und Verwaltung. Herrschaft regeneriert sich ständig.

In Marburg also hört Benn Literatur und Philosophie, von Theologie erfahren wir nichts. »Ich studierte damals Philologie und hörte ein Kolleg bei Professor Ernst Elster, dem Herausgeber der ersten großen Heine-Ausgabe, sein Kolleg hieß: Poetik und literaturhistorische Methodenlehre... Ich hörte bei Professor Wrede über mittelalterliche Lyrik.« Seine philosophischen Studien haben ihn wohl bestärkt, unter allen Umständen das Medizinstudium anzugehen. Die sogenannten Neu-Kantianer in Marburg mit ihrer Einengung der philosophischen Lehre auf reine Erkenntnistheorie, der Zurückdrängung aller Wirklichkeit und menschlicher Probleme stoßen Benn ab.

Ein erster Versuch, Lyrisches bei einer sogenannten Romanzeitung anonym zu veröffentlichen, scheitert. Der junge Autor erhält einen Brief: »G. B. – freundlich in der Gesinnung, schwach im Ausdruck. Senden Sie gelegentlich wieder ein.« Dieser erste Versuch kommt nicht von ungefähr. Benn hat bis dahin allerlei an zeitgenössischer deutscher Lyrik gelesen, er probt an ihr seine Fertigkeiten. Wir sind einigermaßen darüber informiert, was er an Gedichten las. Er berichtet über eine Anthologie, »aus der wir damals das Lyrische in uns aufnahmen, und sie war nicht schlecht, sie enthielt, wie ich heute sehe, erstaunlich viel schöne Gedichte«. Es handelt sich um die 1903 erschienene dickleibige »Moderne deutsche Lyrik«, herausgegeben von Hans Beckmann. In der stattlichen Zahl von über 150 Autoren finden wir schon Else Lasker-Schüler, den jungen Rilke und Hofmannsthal, auch Nietzsche. Gefallen haben Benn auch zwei weitere Anthologien von Avenarius und Vesper. Eines seiner ganz frühen Gedichte, nämlich »Herbst«, läßt deutlich die Vorliebe für Liliencron ablesen, dem er einmal eine Ansichtskarte von einer Wanderung schreibt. Eines seiner Lieblingsgedichte bleibt »An die Jünglinge« von Hebbel, mit dem er sich 1913 in »Der junge Hebbel« identifiziert. Die 2. Strophe bei Hebbel mag den jungen Lyriker wohl besonders gepackt haben:

Sprecht dann laut das Schöpfungswort,
Sprecht das Wort: es werde! aus.
Ja, es werde! spricht auch Gott,
Und sein Segen senkt sich still,
Denn, den macht er nicht zum Spott,
Der sich selbst vollenden will.

Der Vater beobachtet das desinteressierte Studium des Sohnes mit Argwohn, wirft ihm vor, nicht systematisch zu arbeiten. Darauf dieser: »Laß mich Medizin studieren, und ich werde arbeiten.« Im Sommer 1905 setzt Benn das Studium in Berlin fort, hört wohl auch eine tiefschürfende Vorlesung über Nietzsche. Doch das Zuhause wird unerträglich. Die Mutter leidet mit dem Sohn, will nicht gegen den Ehemann angehen. Endlich fahren Vater und Sohn nach Bad Boll, wo der geistige Mentor des Vaters, nämlich Ch. Blumhardt, ein realitätsnaher Pietist, beiden den Rat gibt, es mit dem Studium der Medizin im Rahmen des militärärztlichen Bildungswesen zu versuchen.

Es gelingt Benn tatsächlich, im Oktober 1905 in die Kaiser-Wilhelm-Akademie für das militärärztliche Bildungswesen aufgenommen zu werden. Der Sohn ist zufrieden, weil er das angestrebte

Medizinstudium erlangt hat. Der Vater ist zufrieden, weil der Junge nun richtig arbeitet und er selber finanziell so gut wie gar nicht belastet wird. Und die Mutter ist zufrieden, weil sie den Gottfried näher zu Hause hat. Lassen wir Benn über den Eindruck berichten, den das Studium an der Akademie in ihm hinterlassen hat.

Doch vorher noch einige Bemerkungen zur deutschen Armee vor 1914. Benns Studium durch die Armee bedeutete für ihn den Eintritt in die Armee, deren Existenz den damaligen deutschen Staat in einzigartiger Weise repräsentierte. Das Militär stand nicht nur an der Spitze einer sozialen Wertskala, sondern mit seinen Denk- und Verhaltungsweisen durchdrang es die gesamte Gesellschaft. Der Zivilist fühlte sich der militärischen Hierarchie unterlegen; der Turndrill der Schulen war militärisch. Die Reichskanzler trugen im Parlament Uniform, sie nahmen an der königlichen Tafel als Stabsoffiziere der Reserve hinter den Generälen Platz!

Nun also Benn: »Eine vorzügliche Hochschule, alles verdanke ich ihr! Virchow, Helmholtz, Leyden, Behring waren aus ihr hervorgegangen, ihr Geist herrschte dort mehr als der militärische... Dazu bekamen wir eine Reihe von Vorlesungen und Vorträgen über Philosophie und Kunst und allgemeine Fragen und die gesellschaftliche Bildung des alten Offizierskorps... Und eines lehrte (die induktive Methode) die Jugend, da sie noch unbestritten herrschte: Kälte des Denkens, Nüchternheit, letzte Schärfe des Begriffs, Bereitschaft von Belegen für jedes Urteil, unerbittliche Kritik, Selbstkritik, mit einem Wort die schöpferische Seite des Objektiven... Wer nicht durch die naturwissenschaftliche Epoche hindurchgegangen war, konnte gar nicht mitreifen mit dem Jahrhundert –: Hörte des Gedankens Verantwortung im Urteil, Sicherheit im Unterscheiden... vor allem die tiefe Skepsis, die Stil schafft.«

Merkwürdig, er ist 48 Jahre alt, als er dieses schreibt. Haben er und seine Generation wirklich die begriffliche Schärfe oder die kritische Selbstdistanz aufgewiesen? Wie konnte er zu Beginn des Faschismus kollaborieren? Merkwürdig auch die formelhafte Wendung über die »gesellschaftliche Bildung« des Offizierskorps! Gab es überhaupt eine solche Bildung? Die aggressiven satirischen Stücke Benns machen sich doch gerade lustig über die Unbildung deutscher Offiziere.

Ich bin nicht davon überzeugt, daß er die alte Armee vor 1914 lobt, um 1935 die alten Studienkameraden in den einflußreichen Posten der Hitler-Armee für sich zu gewinnen, damit sie ihn als Militärarzt unterbringen sollten. Ich sehe vielmehr in dieser Aussage einen Beweis für das Doppelleben Benns. Erlebt doch der Kleinbürger Benn die kaiserliche Armee als die große Welt der Aristokratie und des Großbürgertums mit den klingenden Namen: »Kam man nach den langen Ferien dann zurück in das ärztliche Institut, wo man erzogen wurde, dann kam man selbstbesinnlich aus dem Dorf. Aber die anderen, die auch zurückkamen, die kamen aus Baden oder Düsseldorf, freie, helle Städte. Sie hatten Sängerinnen gehört und waren auf die Promenade gegangen mit ihren Müttern, welche schöne Frauen waren... Wie seine Mutter ein Herr ins Auto hob, zeigte einer Bilder, und man sah Schleier und Chauffeure, kurz etwas, das nach Nizza ging.«

Da sind die Namen, denen er schon als Kind begegnete, die für ihn die große Tradition und Historie sinnbildlich tragen. Da übernimmt er auf der einen Seite des Lebens jene »Haltung, Fassung, Würde« aus dem Tugendkatalog des Adels, so daß sein Habitus entschieden geprägt wird, er wirkt wie ein in Zivil gesteckter Offizier. Er begrüßt mit dem typischen Kopfnicken des preußischen Offiziers. Und auf der anderen Seite gibt es den sensitiven, mitleidenden jungen Mann, der sich literarisch seiner selbst und der Epoche vergewissert. Ein Lebensstil beginnt, der aus konservativer und distanzierender Haltung besteht, aber zugleich radikale Einbrüche in die Normen der Gesellschaft vollzieht. Drinnen und Draußen stimmen nicht überein. Benn behauptet, er habe dieses Doppelleben kultiviert. Wirklich? Oder kann er nicht anders, hat er sich psychischen Zwängen unterworfen, hat er einen Selbsttäuschungsprozeß erfahren?

Die Herkunft aus lutherischem Pfarrhaus muß noch zur Deutung herangeführt werden. Die dualistische Moral des Luthertums macht den Gehorsam vor der Obrigkeit, vor der Herrschaft möglich, und zugleich die Innerlichkeit der Person, die Rückzug oder Beziehungslosigkeit zum Draußen gestattet. Benn 1947: »Passe dich der Situation an, tarne dich, nur keine Überzeugungen.«

Ein halbes Jahr muß Benn seinen Wehrdienst ableisten, und zwar beim 2. Garderegiment zu Fuß. »Antisportlich« wie er ist, macht die körperliche Ausbildung ihm schwer zu schaffen. 1908 besteht er das Physikum und arbeitet als Unterarzt ein Jahr lang an der Charité in Berlin, wahrscheinlich in der psychiatrischen Abteilung. Er publiziert Aufsätze, in denen er sich mit der Geschichte der Psychologie beschäftigt.

1. »Beitrag zur Geschichte der Psychiatrie« (1910). Die Arbeit ist ein historisierender Entwurf über die Epilepsie, nichts Besonderes, nur der poetische Schluß ist gelungen: »Wenn man die Geschichte der Epilepsie überblickt, so läßt sich eines daraus nicht anders als in einem Bild sagen: der Name stand wie ein Dach über einer Hütte, in der allerhand heimatloses Volk kampierte für eine Nacht oder ein paar Nächte. Vieles wurde vertrieben und vieles rückte nach an die

leergewordenen Plätze. Dann kam ein Morgen. Da wurde alles Gesindel ausgefegt; da gab man einen Herrn hinein und schloß die Tore. Nun ist es ein festes und sicheres Haus. Das ist etwa die Arbeit des neunzehnten Jahrhunderts gewesen.« Der Aufsatz bringt jedoch noch einen wichtigen zukunftsweisenden Aspekt Bennschen Denkens. Er meint, daß die Epilepsie in Ursache und Erscheinungsformen geklärt sei, aber doch nur, »wo der irrationale Faktor des Lebens mit in Rechnung steht«. Und gerade der ist für den Autor nicht faßbar!

2. »Die Ätiologie der Pubertätsepilepsie« (1911) bringt Material aus der städtischen Anstalt für Epileptische in Berlin. Benn erhält für diese Arbeit den 1. Preis der Universität, der in einer Goldmedaille besteht. Angeblich soll der arme Schlucker vom Lande die Möglichkeit gehabt haben, statt der Medaille 200 Mark und eine in Kupfer umzutauschen. Was er auch getan hat!

3. Der Aufsatz »Medizinische Psychologie« (1911) beschäftigt sich mit der Lokalisierung der Sinnesorgane im Gehirn. Da taucht es bereits auf das Thema »Was ist es denn mit den Gehirnen?«, wie das einer seiner Novellen.

4. »Zur Geschichte der Naturwissenschaften« (1911) zeigt deutlich an, wie der Verfasser mit anderen seiner Generation auf der Suche ist nach einer Antwort »auf die allgemeinen und letzten Fragen, oder vielmehr, um sie neu zu erfassen und zu erfüllen«.

Außer der ausgezeichneten Preisaufgabe erscheinen die anderen Arbeiten in der recht bürgerlichen Zeitschrift für Politik, Kunst und Literatur »Die Grenzboten«.

Am 26. 2. 1912 wird Benn zum Dr. med. promoviert. Nicht nur das Prädikat Genügend, sondern auch eine rückschauende Bemerkung machen klar, wie nebensächlich Benn den Doktortitel beurteilt hat: »Mit Zahlen über die Zuckerkrankheit im preußischen Heer, nach Armeekorps geordnet, erwarb man den akademischen Rang und Titel.« Anschließend geht er als Unterarzt in die Garnisonen Prenzlau und Spandau. Er muß bald seinen Abschied nehmen, weil eine Wanderniere ihn »sowohl felddienst- wie garnisondienstunfähig« macht.

1912–1914: Meine Generation war lyrisch, über ganz Europa hing dieser Kode expressiver Typen

1912: »In diesem Jahr meiner aktiven Offiziersdienstzeit erschien mein erster Gedichtband ›Morgue‹.« Mit diesem lyrischen Zyklus, wohl benannt nach einer Leichenhalle in Paris, ist Benn aber nicht zum ersten Male hervorgetreten. Er hat bereits im Frühjahr 1910 zwei Gedichte und ein Prosastück in den »Grenzboten« veröffentlicht, ohne weiteres Aufsehen zu erregen. Die Gedichte lehnen sich noch stark an Vorbilder an, vielleicht an Rilke. Aber vielleicht zeigen die letzten Verse in »Gefilde der Unseligen« erste Bilder rauschartiger Verzückung.

Aufschlußreich ist die Prosa »Gespräch«, ein Dialog zweier junger Schriftsteller über ästhetische Probleme der Moderne. Benn eröffnet hier zum ersten Male sein Selbstverständnis als Autor, das er an der Gestalt des dänischen Impressionisten J. P. Jacobsen exemplifiziert. »Ich sage ja nur, daß das Spezifische in Jacobsens Kunst mit seinen naturwissenschaftlichen Neigungen ganz sonderbar eng zusammenhängt... Weißt Du, sein ganzer Stil ist ja absolut naturwissenschaftlich. Ich meine die Art, wie er die Dinge sieht... Ich kann dir zeigen, daß er bewußt diese Art zu schauen und zu schildern als Methode aus den Naturwissenschaften in die Kunst übernommen hat.« So wie Jacobsen will auch der Autor Benn einen an den Naturwissenschaften geübten, sehr genauen Stil schreiben. Das ist die eine Seite.

Die andere besteht darin, daß sich der Autor in diesem Text auch mit dem »irrationalen Faktor« der medizinischen Arbeit über die Psychiatrie auseinandersetzt. Menschliches Leben ist Zyklus, ein Auf und ein Ab. Ein ewiges Fließen durchläuft die Empfindungen, und es sind nicht dieselben Flüsse, »auch wenn wir in dieselben Flüsse steigen«.

Bevor »Morgue« im März erscheint, wird im Januar 1912 das Gedicht »Eine Leiche singt« in der »Aktion« abgedruckt, einer »Zeitschrift für freiheitliche Politik und Literatur«. In den ersten Versen scheint sich die brutale Realistik der frühen Lyrik Benns anzudeuten; in den folgenden begegnen wir einem überschwenglichen Seelenerguß, der seine barocke Herkunft nicht zu verleugnen vermag.

Bald gehn durch mich die Felder und Gewürme.
Des Landes Lippe nagt: die Wand reißt ein.
Das Fleisch zerfließt...

Benn ist es nun geglückt, in einer der bedeutenden Zeitschriften der neuen expressionistischen Bewegung publiziert zu werden. »Es waren die Jahre des ›Sturms‹ und der ›Aktion‹, deren Erscheinen wir jeden Monat oder jede Woche mit Ungeduld erwarteten.« Er wird ab 1912 in anderen literarisch avantgardistischen Zeitschriften veröffentlichen können, z. B. im »Pan« und in den »Weißen Blättern«. Wie gelingt der Sprung des jungen Autors in die Öffentlichkeit?

Der Lektor und Redakteur A. P. Meyer, der »Morgue und andere Gedichte« herausbringt, schreibt Jahrzehnte später über den Vorgang: »Gottfried Benn? Noch bis zum März 1912 wußte niemand von ihm. Bis auf wenige Freunde. So auch Adolf Petrenz, der Redakteur, der mir ein wirres Manuskript zugehen ließ, dessen Lektüre mich mißmutig machte, und schon zu hastigerem Weiterblättern und Zuklappen veranlassen wollte, bis ich dann zu einem angehängten Zyklus, der mit den bisherigen Versen schier unvereinbar schien, gelangte, und – aufschrie. Der das geschrieben hatte, kam nicht von der Theorie, sondern aus den Erlebnissen des ärztlichen Berufes.« Die neun Gedichte des Zyklus erscheinen als 21. lyrisches Flugblatt des Verlages in einer Auflage von ganzen 500 Stück, die im Nu abgesetzt werden. Der Verfasser erhält für alles 40 Mark! Er schildert uns die Entstehung der Gedichte:

»Als ich die ›Morgue‹ schrieb, mit der ich begann und die später in so viele Sprachen übersetzt wurde, war es abends, ich wohnte im Nordwesten von Berlin und hatte im Moabiter Krankenhaus einen Sektionskurs gehabt. Es war ein Zyklus von sechs Gedichten, die alle in der gleichen Stunde aufstiegen, ich herauswarf, da waren, vorher war nichts von ihnen da; als der Dämmerzustand endete, war ich leer, hungernd, taumelnd und stieg schwierig hervor aus dem großen Verfall.«

Dieses 21. Heft wird zum literarischen Skandal in Deutschland. Benn berichtet: »Schon die erste Gedichtsammlung brachte mir von seiten der Öffentlichkeit den Ruf eines brüchigen Roués ein, eines infernalischen Snobs und des typischen... Kaffeehausliteraten.« Sein Verleger erinnert sich: »Wohl nie in Deutschland hat die Presse in so expressiver Weise explodierender auf Lyrik reagiert wie damals bei Benn.« Eine Zeitung in Augsburg erregte sich: »Pfui Teufel! Welch eine zügellose von jeglicher Herrschaft geistiger Sauberkeit bare Phantasie entblößt sich da; welche abstoßende Lust am abgründig Häßlichen... Eine Zuchtlosigkeit des Geschmacks, wie sie kaum von den bekannten Scheußlichkeiten der Schwarzen Messe und den Pariser Montmartre-Tollheiten überboten worden ist.« Auch die Rezension in der »Aktion« bleibt auf spürbarer Distanz. Sie nennt die Gedichte »klinische Lyrik« und meint damit die naturalistische Medizinersprache, zeigt aber »Vertrauen für die Zukunft dieses jungen Poeten« und hebt »die originelle Kraft dieser Bilder« hervor. Aus München erfahren wir: »Wenn früher jemand verrückt war, so sah er nur weiße Mäuse tanzen. Jungberlin hat hierin entschieden einen Fortschritt gemacht, es sieht Ratten. Über die Perversität dieser Gedichte zu schreiben, ist als Lyrikkritiker nicht meine Sache. Ich überlasse diesen interessanten Fall den Psychiatern.«

Einer der Großen in der Literatur jener Tage, nämlich Ernst Stadler, schreibt eine einfühlsame und von der Ästhetik her zutreffende Kritik: »Eine Blinddarmoperation als Gegenstand dichterischer Emotion hat immerhin den Anspruch der Neuheit für sich. Aber nur der Philister wird etwas Existierendes, etwas, das in unser Leben eingreift, von der Erschütterungen ausgehen, prinzipiell aus dem Bereich der Kunst ausschließen... Mit einer unheimlichen Schärfe und Sachlichkeit läßt Benn den Vorgang aufleben, erst mit ein paar Meisterstrichen die Situation andeutend, dann in Rede und Gegenrede überspringend, ohne alles Sentiment, fast brutal, als handele es sich um nichts als um einen nackten ärztlichen Operationsbericht, aber in jeder Zeile, in der Gedrängtheit der Folge, der Verteilung der Kräfte, der Macht der Vergegenständlichung den Künstler verratend... Überall herrscht jene wie unbeteiligte Sachlichkeit, die nur Tatsächlichkeiten aufzureihen scheint und doch... hinter dieser schroffen Zugeschlossenheit (steht) ein starkes mitleidendes Gefühl, eine fast weibliche Empfindsamkeit und eine verzweifelte Auflehnung gegen die Tragik des Lebens und die ungeheure Gefühllosigkeit der Natur.«

Eines der für den Leser aufregendsten Stücke in »Morgue« ist »Schöne Jugend« mit dem Rattenmotiv, auf das die Kritik in München hinweist. Die Überschrift ist 1912 geläufig, kennt man doch Text und Melodie des bänkelsängerhaften Liedes »Schön ist die Jugend bei frohen Zeiten«. Sicherlich ist aus der Schule auch Geibels »O Jugendzeit« bekannt, in dem »der Liebe Röslein blüht«. Benn bringt nun traditionelle erotische Motive wie Mund und Brust des Mädchens, auch das der Liebeslaube, in einen ganz neuen, fremdartigen, damit beunruhigenden Wirkungszusammenhang. Nicht für das Mädchen, sondern für die Ratten gab es eine schöne Jugend. »Schön und schnell« kam der Tod. Ein übliches Klischee, das Schmerz und Todesangst verdrängt, wird bewußt eingesetzt, das Adjektiv »schön« als abgegriffen und fragwürdig denunziert. Die wirkliche Teilnahme des Gedichtes gehört »dem kleinen Schwesterchen« und ihrem Tod im Wasser: »Ach, wie die kleinen Schnauzen quietschten.« Überkommenes, zu fragwürdigen Klischees geronnene Lebensvorgänge wie Liebe und Tod werden aggressiv angegangen, um die Unwahrhaftigkeit einer Gesellschaft, wie sie sich im Sprachgebrauch zeigt, bloßzustellen. Das geschieht aber nicht in wilden Wortkaskaden, sondern in distanzierter, berichtartiger Sprache. Benn gelingt es, bürgerliche Leser aus lyrischem Genuß hinauszuwerfen. Jedoch erregen diese sich ausschließlich über die Inhalte, weniger sind sie in der Lage, die neue Sprache, die eine neue Ästhetik des Häßlichen proklamiert, zu erfassen.

In »Morgue« scheint ein Pandämonium Exzesse zu feiern: Kot und Fäulnis, Leichendiebstahl, Sexualität ohne erotische Überhöhung, der Arzt als Techniker: »Doktor, wenn Sie im Lichte stehn, kann kein Deibel das Bauchfell sehn.« In »Nachtcafé« wird das bürgerliche Liebesthema aller traditionellen ästhetisierenden Bildhaftigkeit beraubt:

Fett im Haar
spricht zu offenem Munde mit Rachenmandel
Glaube Liebe Hoffnung um den Hals.
Junger Kropf ist Sattelnase gut.
Er bezahlt für sie drei Biere.
Bartflechte kauft Nelken,
Doppelkinn zu erweichen.

Die Geburt eines Kindes, auch dieses Thema stilisiert bisher, wird von Benn enttabuisiert:

Pressen Sie, Frau! Verstehen Sie, ja?
Sie sind nicht zum Vergnügen da.
Ziehn Sie die Sache nicht in die Länge.
Kommt auch Kot bei dem Gedränge!
Sie sind nicht da, um auszuruhn.
Es kommt nicht selbst. Sie müssen was tun.
Schließlich kommt es: bläulich und klein.
Urin und Stuhlgang salben es ein.

Niemals wird das deutsche Bürgertum ihm seine frühe Lyrik vergessen können, in der die heiligen Kulturgüter attackiert worden sind. Die Sprache der Gedichte mit der distanzierten, zynischen oder ironischen Kühle, allen Gefühlen feindlich, entlarvt die bürgerliche Sprache als Lüge. Benn konstruiert mit ästhetischem Raffinement eine eigene Sprache, die mit ihrer Schnoddrigkeit, ihrem Slang deutlich die Herkunft aus der Großstadtsprache aufweist. Er benutzt Wendungen der deutschen Metropole Berlin, der er zeit seines Lebens verfallen bleibt. »Aber – hélas – Berlin ist meine Stadt!« Oder: »Wie hat mich diese Stadt wieder erregt, ihre Abendstunde am Sonnabend zwischen 5 u. 6, ihr monströser Genußapparat, ihre Sicherheit, ihr Mördergesicht, ihr kaltes Zerschmettern alles Provinziellen... Stadt meines Lebens, meines Schicksals, meiner schönsten Jahre.« (1935) Für Benn waren die Jahre von 1910 bis 1914 in Berlin »Pariser Jahre«, woran ganz deutlich eine erotische Beziehung zu Berlin abzulesen ist.

Jetzt stellt sich die Frage, warum Benns Lyrik nicht nur Skandale erregte, sondern in solch außerordentlichem Maße auch Anklang und Beifall fand. Um diese Frage beantworten zu können, muß weiter ausgeholt werden. Man sollte hier eine Vorfrage stellen, um klärende Antwort zu erhalten, nämlich diese: Was treibt Benn in diese aggressive Lyrik? Jemand meint, der Schock im Seziersaal und im Leichenschauhaus habe den empfindsamen Charakter des jungen Mediziners tief getroffen. Seine Phantasie habe sich in schrecklichen Bildern die Schicksale der Toten ausgemalt. Diese Feststellung gibt nicht viel her, psychologisiert sie doch auf einfache Weise, ohne beantworten zu können. Und hat es nicht vor- und nachher immer den Schock eines jungen Mediziners im Leichensaal gegeben?

Kurt Pinthus hat im Vorwort seiner »Menschheitsdämmerung« (1919) einen Satz formuliert, der uns als Erklärungshilfe dienen kann: »Aus der strotzenden Blüte der Zivilisation stank ihnen (d. i. die Generation Benns) der Hauch des Verfalls entgegen, und ihre ahnenden Augen sahen bereits als Ruinen eine wesenlos aufgedunsene Kultur und eine ganz auf dem Mechanischen und Konventionellen aufgetürmte Menschheitsordnung.«

Benn erlebt eine Identitätskrise, ausgelöst durch die Erkenntnis, einen Beruf ausüben zu müssen, dessen Forderungen ihm widersprechen. Seine personale Krise ist einzuordnen in die allgemeine Kritik an der Epoche. Benns gänzliche Verstörtheit nach dem Sezierkurs und dem Besuch der sogenannten Krebsbaracke entspringt der erschütternden Erkenntnis, daß proklamierte Humanität im Rahmen ärztlicher Ethik nicht zu verwirklichen ist. Wie Humanität in eine Wirklichkeit hineintragen, die nur einen »kapitalistischen Begriff« darstellt, wie Benn später formuliert. Niemand kann helfen, aller Spuk und alles Grauen des Todes in der Krankheit sind nur registrierbar, mehr nicht. Wozu auch Mitgefühl zeigen, es nutzt niemandem, ist nicht in humanitäre Handlung umsetzbar. So brennt im jungen Autor Benn der Haß auf gegen die Zivilisation, die lauthals Fortschritt und Humanität naturwissenschaftlich deklariert, jedoch nicht fähig ist, eine Brücke zur Wirklichkeit zu bauen. Das ganze ist ein »großer Verfall«! Bürgerliche Jugendliche wie Benn bekämpfen die kapitalistische Gesellschaft in ihren Verdinglichungserscheinungen, ohne jedoch erkennen zu können, daß ihr moralisches Pathos nichts, aber auch nichts an den Verhältnissen ändert. Einer schreibt damals: »Niemand zweifelt, daß das Echte nicht sein kann, was uns als äußere Realität erscheint. Die Realität muß von uns geschaffen werden.«

Benns Verse werden von seinen Generationsgefährten verstanden und gebilligt, wenn auch manches an Brutalität und Zynismus

Unbehagen bereitet hat. So gut wie alle literarischen Zeitschriften der Expressionisten breiten seinen literarischen Erfolg aus.

Nun also ist der junge Arzt in aller literarischem Munde. Was mögen die Offiziere des Regimentes, mit denen er »auf den Kartoffelfeldern der Uckermark die Regimentsübungen mitmarschierte und in Döberitz beim Stab des Divisionskommandanten im englischen Trab über die Kiefernhügel setzte«, geklatscht und getratscht haben? Aber hatten sie überhaupt Kenntnisse von seinem heimlichen literarischen Treiben? In einem Gedicht aus dem Jahre 1912, das sinnigerweise »Kasino« heißt, schießt Benn ganze Breitseiten seines Spottes auf mittägliche und abendliche Unterhaltungen im Kasino ab:

> Sind Sie schon mal dritter Klasse gefahren?
> Nee, Sie? Muß mächtig intressant sein.
> So ganz kleene Bänke sollen da drin stehn. –
> ...
> Vorläufig bin ich ja noch rüstig.
> Aber wenn ich mich mal auf Abbruch verheirate:
> Brüste muß sie jedenfalls haben,
> daß man Wanzen drauf knacken kann!

Wirklich, ein richtiges Doppelleben, das Benn da führt! Offensichtlich vereinbaren sich reibungslos militärischer Dienst als Arzt in Krankenrevier und Kasino und beißender Spott über die Mentalität von Offizieren. Seine Schwäche oder Anfälligkeit für Gruppen, die sich als elitär ausgeben, machen ihn gefügig. Er ist gar nicht ihresgleichen, zählt nicht zur Kriegerkaste, ist ohne Adel, ist ohne echten militärischen Rang als Arzt, mehr Beamter als Offizier. Dieses Mißverhältnis von Sein und Wollen hat Benn schmerzhaft gespürt von Kindheit an. Und so beginnt er das Doppelleben bewußt zu kultivieren, macht keinen Hehl vor Vertrauten daraus. Es erscheint ihm »sehr angenehm«. 1935 teilt er mit, was er schon 1912 tat: »Gute Tarnung ist Handelsfreiheit nach innen... Vollendete Höflichkeit – das hält doch alle ab zu nahe zu kommen, nur daran liegt mir.« Er erwähnt auch, daß er sich durch »Masken« tarnt. Fragt doch einer seiner damaligen Chefärzte, ob er denn der Benn sei, der in den Zeitungen erwähnt wird: »Ich hätte es für vollkommen unmöglich gehalten, daß man sich mit Ihnen über was anderes unterhalten kann als über Krebsstatistik oder Bauchfellücken!«

Benn hat nun in neuer lyrischer Sprache Sentimentalität und Klischees in bürgerlicher Sprache gegenüber Not und Tod denunziert. Aber dort, wo er eigene erotische Erfahrung und Empfindung poetisieren will, verlieren sich Verse in den Kitsch des Jugendstils. Einiges erinnert an Stücke von Fidus! Männerphantasien (Theweleit) schlagen sich in brünstigen, komisch wirkenden Wortgebilden nieder. Er scheut sich auch nicht, das abgedroschene Dirnenmotiv der Jahrhundertwende aufzunehmen. Da heißt es großspurig: »Eine Frau ist etwas für eine Nacht. Und wenn es schön war, noch für die nächste!« Eine Prostituierte wird besungen als »Abgrund wilder, dunkler Blumen. Kein Engel ist so rein. Mit Mutteraugen.« Im Stück »Mann« (!) geht es besonders wild her:

Dann will ich vor dir tanzen. Jedes Glied
soll eine Halle sein aus lauem Rot,
die dich erwartet.
So hebe ich die Schenkel aus dem Sand
und so die Brust. Kleid, fort von meinen Hüften.
...
– In langen Lauten singt das Licht
an mir entlang. O Sonne,
du Rosenmutter – komm, du, wir wollen nieder
auf diesen warm vom Meer besamten Strand.

Auch die Prosa »Nocturno« von 1913 tut sich sehr schwer, Einsamkeit, wie sie der Autor erfährt, in erotische Sprache umzumünzen.

Das Jahr 1912 ist nicht nur das Jahr der provozierenden Erfolge, eines skandalumwitterten Ruhms, sondern auch ein Jahr schwerer seelischer Belastungen. Eine Kette von Sorgen scheint nicht abzureißen.

Benn muß sich nach seiner Entlassung aus der Armee nach einer beruflichen Existenz umsehen. Er hat kein Geld, wie eh und je, schon für den Antritt als Militärarzt konnte er den Koffer kaum bezahlen, nun müßte er eine Privatpraxis aufmachen. Er hat keine fachärztliche Ausbildung, hat also Kurse zu absolvieren. Um Geld zu verdienen, verdingt er sich in Assistentenstellen an Berliner Krankenhäusern. In die Psychiatrie will er nicht, nachdem er dort gescheitert ist. »Ich war ursprünglich Psychiater gewesen... Es war mir körperlich nicht mehr möglich, meine Aufmerksamkeit, mein Interesse auf einen neu eingelieferten Fall zu sammeln... Mein Mund trocknete aus, meine Lider entzündeten sich, ich wäre zu Gewaltakten geschritten, wenn mich nicht vorher schon mein Chef zu sich gerufen, über vollkommen unzureichende Führung der Krankengeschichten zur Rede gestellt und entlassen hätte.«

Der Ausbruch des Ersten Weltkrieges rettet vorerst Benns berufliche Existenz, indem er gleich als Militärarzt einberufen wird. Hatte er doch zwei Stellen angenommen, die nicht auf Dauer angelegt waren. Im Frühjahr 1914 fährt er bei der HAPAG nach Amerika, im Sommer vertritt er den Chef einer Lungenheilstätte im Fichtelgebirge.

Neben den beruflichen Sorgen belastet Benn der Tod der Mutter im April des Jahres. Sie stirbt an Brustkrebs, wollte sich nicht operieren lassen, »da es zu teuer war und sie das nicht für sich ausgeben wollte oder konnte, bei 7 Kindern«. Schlimmer noch, der Vater verhindert – »Schmerzen sind von Gott geschickt« –, daß der Sohn der Mutter Morphium verschreibt. Der lauernde Vater-Sohn-Konflikt bricht aus. Das Gedicht »Mutter«, im Oktober 1913 veröffentlicht, läßt uns den Schmerz des Sohnes ablesen. Es gehört in den Zyklus »Söhne«, in dem der junge Autor Haß und Zorn gegen die Vätergeneration schleudert.

> Ich trage dich wie eine Wunde
> auf meiner Stirn, die sich nicht schließt.
> Sie schmerzt nicht immer. Und es fließt
> das Herz sich nicht draus tot.
> Nur manchmal plötzlich bin ich blind und spüre
> Blut im Munde.

Der bürgerliche Familienvater als Verfechter bestehender Ordnung wird zum Sinnbild des verhaßten Zwanges, des Unmenschlichen (Kaufmann). Man denkt hier an den Brief Kafkas an den Vater! In dem Zyklus »Söhne« finden wir sowohl eine Sturm-und-Drang-Attitüde in dem Gedicht »Räuber-Schiller« wie auch eine Absage an die alte Generation der Impressionisten und Symbolisten in »Der junge Hebbel«.
Hier jugendliches Randalieren:

> Ich bringe Pest. Ich bin Gestank.
> Vom Rand der Erde komm ich her.
> Mir läuft manchmal im Maule was zusammen,
> wenn ich speie, zischten noch die Sterne
> und hier ersöffe das ganze feige
> Pietzengeschlabber und Abelblut.

Dort prometheische Selbstbezogenheit:

> Ich bin mir noch so fern.
> Aber ich will Ich werden!
> Ich trage einen tief im Blut,
> der schreit nach seinen selbsterschaffenen
> Götterhimmeln und Menschenerden.

In »Ein Trupp hergelaufener Söhne schrie« brüllt ein Sohn:

Aber ich will mein eigenes Blut.
Ich dulde keine Götter neben mir.
Heißt: Sohn sein: sich höhnen lassen von seinem Blut:
Feiger Herr, feiger Herr!

Noch Jahre später wird die verwundete Sohnesseele die Tat des Vaters am Sterbebett der Mutter nicht vergessen haben und in ätzenden Versen den Vater in »Pastorensohn« bloßstellen.

Die Gedichtsammlung »Söhne. Neue Gedichte« ist nicht nur eine blindwütige Attacke gegen die Väter, sondern zeigt in Ansätzen bereits jene visionär wirkenden, später durchgängigen Bilder eines Glückszustandes, der sich nur in archaischer Antike und Mittelmeerraum erleben läßt. »Englisches Café« und »Untergrundbahn« weisen eine Attitüde von Müdigkeit gegenüber der Kultur auf, die durchaus als nihilistisch eingeschätzt werden kann, ganz sicherlich unter dem Einfluß von Nietzsche-Lektüre verfaßt.

So losgelöst. So müde. Ich will wandern.
Blutlos die Wege. Lieder aus den Gärten.
Schatten und Sintflut. Fernes Glück: ein Sterben
hin in des Meeres erlösend tiefes Blau.

Die Liebesbeziehung zur Lyrikerin Lasker-Schüler im gleichen Jahr birgt von Anfang an mehr Spannungen und Reibungen, als sich der einzelgängerische und sensible Benn vorgestellt hat. Ihr widmet er den Zyklus »Sühne«: »Ich grüße Else Lasker-Schüler: Ziellose Hand aus Spiel und Blut.« Sie schreibt: »Der Zyklop Dr. Gottfried Benn hat mir seine neuen Verse: Söhne, gewidmet, die sind mondrot, erdhart, wilder Dämon, Gehämmer im Blut.« Ihre »Drei Gesänge auf Giselher« beziehen sich auf das Erlebnis mit Benn. Er hat fast ein Menschenalter später die Geliebte als »die größte Lyrikerin, die Deutschland je hatte« gefeiert.

Die Dichterin muß für Benn, trotz seiner bevorzugten Blondinen, das verkörpert haben, was er unter einem Großstadtmenschen verstand.

Wie mag der gehemmte und nicht auffallen wollende Liebhaber mit ihren Extravaganzen fertig geworden sein? Jemand erinnert sich an die Zeit: »Es war ein Anblick für Götter, wenn dieser korrekt gekleidete junge Mann das Café des Westens betrat und sich an den Tisch der Lasker-Schüler setzte. An den Armen dieser hemmungslosen Bohemienne, die von Zigeunern abzustammen schien, klingelten Metallreifen aus sämtlichen Ländern, von Island bis Indien, und Benn saß dieser Frau gegenüber wie ein Manager, der den Versuch macht, sie für einen Wanderzirkus zu gewinnen... Aber er traf sie nur im Café und hätte es abgelehnt, sie auf dem Kurfürstendamm zu begleiten.« Korrekt gekleidet, heißt es, er »trug einen sehr kurzen Sommermantel, der oberhalb der Knie in modischer Weise mit mehreren Nähten abgesteppt war, und dazu einen schwarzen, steifen Hut, eine ›Melone‹«. Länger als ein Jahr dauert die Begegnung nicht. Am Ende lautet der Titel eines Gedichtes: »Hier ist kein Trost«, seine ersten drei Verse voller Melancholie:

Zwei Hände sind eine zu kleine Schale.
Ein Herz ist ein zu kleiner Hügel,
um dran zu ruhn.

Auf welche Weise sich der skandalumwitterte Ruhm des Autors in der fernen preußischen Provinz niedergeschlagen hat, zeigt der Abdruck eines Gedichtes in der Sonntagsbeilage einer Königsberger Zeitung vom 1. Dezember 1912. Mit Sicherheit ist »Herbst« nicht nach dem März des Jahres, dem Publikationsmonat von »Morgue« entstanden. Es ist noch ganz traditionelle Lyrik, ganz Stimmung in der Natur. Ob der Feuilletonredakteur nicht wagte, seinen Lesern außerhalb der Kulturzentren eines der scheußlichen Gedichte dieses eben bekannten Lyrikers vorzustellen?

Die Unruhe des Jahres 1913 mit allen Belastungen einer Existenzkrise schlägt sich in Melancholie und Depression nieder. Alle Erfolge, wie die Publikationen seiner Lyrik in den führenden Blättern der expressionistischen Bewegung, seine Lesung von »Morgue« auf dem 1. Autorenabend der »Aktion« in einem Berliner Kunstsalon, der Gedichtband »Söhne« und die Bekanntschaft mit den führenden Köpfen des Expressionismus in Berlin, können nicht Selbstsicherheit und Selbstgewißheit erzeugen. Bei unvorgesehenen Situationen verliert Benn die aufgesetzte Sicherheit, reagiert aufgeregt, egoman. Bei Gesprächen hält er sich sehr zurück, erscheint auch nur selten im Kreise Gleichgesinnter, gilt als »störrisches Pferd«, besucht höchstens dann und wann die Redaktion der »Aktion«. Er gibt keine Chance, an ihn heranzukommen.

Vielleicht liegt ein wesentlicher Grund für depressive Phasen 1913 darin, daß der Autor spürt, daß ein erster Schaffensabschnitt abgeschlossen ist.

Der Zyklus »Morgue II« vom Anfang und »Finish« vom Ende des Jahres bringen Bekanntes, allenfalls provokativer noch, und zwar mit grotesken Mitteln. Der Leser fühlt sich nicht betroffen wie damals im März 1912. Wieder das Thema der Sektion:

Kinder, laßt euch das nicht gefallen!
Mit uns wird Schindluder getrieben!
Wer hat mir zum Beispiel
das Gehirn in die Brusthöhle geworfen?
Soll ich damit atmen?
Soll da vielleicht der kleine Kreislauf durchgehen?
Alles, was recht ist! Das geht zu weit!

Oder:

Merkwürdig – murmelt ein noch nicht wieder zugenähter Mann –
Wenn man so mit der Hand an sich runterfährt:
Wo hört die Brust auf?
Wo fängt der Bauch an.

Benn muß also Neues angehen, muß sich selber herausführen aus gekonnt Gemachtem, aus routinierter Lyrik. »Der junge Hebbel« vom April des Jahres zeigt ihn auf der Suche nach Identität mit seinem Schaffen.

Benns Unsicherheit, sogar Angst, ob er auf dem literarischen Markt weiter gefragt sein wird, lassen sich im Briefwechsel mit Redaktionen und Verlegern ablesen. Denn gar zu auffällig sind die nonchalanten und saloppen Masken der Sprache solcher Briefe.

Im Mai heißt es: »Ausschließlich aus persönlicher Verehrung für Sie versuche ich, Ihnen ein anderes Gedicht zur Verfügung zu stellen, ohne große Hoffnung jedoch, Ihnen zu gefallen. Am Gedrucktwerden an sich liegt mir augenblicklich weniger als je und ich verwerfe mich fast vollständig, da ich mich neu sammle.« Trotzdem schickt Benn schon im Juli Gedichte an Kurt Wolff in Leipzig, die er jedoch mit »3 kühlen Zeilen, daß jedes Interesse für meine Person ihm fernläge« zurückbekommt.

Es ist schwer, einen zahlungskräftigen Verlag zu finden. Im September ärgert sich Benn immer noch über die Ablehnung durch Wolff. »Von mir erscheint ja demnächst bei Meyer ein neues Heft. Gegen den Verlag läßt sich ja nichts sagen. Wo soll man auch hin? Und schließlich: Kunst ist eine Sache von 50 Leuten, davon noch nicht einmal 30 normal sind... Was große Verlage verlegen, ist keine Kunst, sondern Arbeit von Leuten, die ihrer Mittelmäßigkeit schriftstellerisch gerecht werden. Nietzsche hat zeit seines Lebens seine Rechnungen nicht bezahlen können, van Gogh lebte von 28 Tassen Kaffee den Tag u. Heinrich Mann ist arm, soviel ich weiß.«

Zwei Tage später nörgelt er über das Titelblatt des »Söhne«-

Zyklus in einem Brief ohne Anrede: »Hier ist der Schund. Taugt nichts. Meidners Bild ist mir unklar. Was macht die Hand oben in den Wolken? Ich habe überhaupt kein Interesse mehr an der Sache. Den ganzen Söhne-Zyklus sollte man fortlassen. Viel zu sentimental... Wie kann man überhaupt Gedichte schreiben u. herausgeben. Bis zur Kunst kommt man doch nicht und Ikarus ist heutzutage zwischen all den Rumplertauben eine lächerliche Figur.«

Das Bild auf dem Titel soll den Aufbruch der modernen Kunst versinnbildlichen. Benn hat durchaus recht mit seiner Kritik am Pathos dieser Darstellung, denn Gedichte wie »Untergrundbahn« und »Kurkonzert« zeigen nichts von Aufbruchsstimmung, sondern Müdigkeit und Melancholie. Später äußert sich ein Artikel im Börsenblatt für den deutschen Buchhandel über das Titelblatt als Reklametrick sehr böse.

So ist das lyrische Schaffen Benns 1913 vorerst ein tastendes Suchen nach neuen bildhaften Inhalten. Der eigentliche Neuanfang vollzieht sich in der Prosa. Die Skizze »Nocturno« bleibt noch gefangen in Gegenseitigkeit zweier Liebender, die die Einsamkeit aufzuheben versuchen, wie der Autor sie im Laufe des Jahres erlebt hat.

1914–1917: War er wirklich? Nein nur alles mögliche, das war er! Oder Sommer, Strand und Ithaka

Das Prosastück »Heinrich Mann. Ein Untergang« von 1913 führt uns auf den neuen Weg. Es schildert den Ausbruch der Existenz in eine sinnenhafte südliche Welt, die im totalen Gegensatz zu Zivilisation und Rationalismus steht. Nur dort kann Glückseligkeit erfahren werden. Was in der lyrischen Sammlung »Söhne« erstmals in melancholischen Bildern des Südens als Existenzerfüllung geformt ist, wird in Prosa und Szene zum großen Thema der nächsten Jahre, der Kriegsjahre.

In der Szene »Ithaka«, gedruckt in den »Weißen Blättern« vom März 1914 begegnen wir zum ersten Male jener autobiographischen Gestalt des Arztes Dr. Rönne, der zentralen Figur aus Benns Prosa der Kriegszeit. Es ist wichtig, auf »Ithaka« näher einzugehen, weil diese Szene einerseits Einblicke gibt in Ideen der expressionistischen Bewegung, so im Aufstand gegen gesellschaftliche Wirklichkeit, zum anderen ein Denken einleitet, das Benn über Jahrzehnte weiterführen wird: Rausch und dionysisches Lebensgefühl werden als Elemente der Existenz proklamiert.

In diesem Stück lehnt sich akademische Jugend gegen ein Verständnis von Wirklichkeit auf, das nicht das ihre ist. Sie wendet sich gegen eine wissenschaftliche Wirklichkeit, die in reiner Faktenhuberei besteht, ohne geringste menschliche Bezüge. Sie richtet ihren Angriff gegen einen Wirklichkeitsbegriff der Wissenschaft, der Welt und Mensch harmonisieren will, aber dazu unfähig ist. Und die Jugend attackiert die Wirklichkeit bürgerlicher Gesellschaft wegen ihres einseitigen Rationalismus, der wesentliche Bereiche der Existenz vernachlässigt, diesen sich entfremdet.

Der haßerfüllte Aufstand der jungen Akademiker in der Szene gipfelt im Versuch, wissenschaftliches Denken überhaupt zu zerschlagen, statt dessen die Herrschaft des Irrationalen zu errichten. Am Ende wird der Professor der Naturwissenschaften getötet: »Wir sind die Jugend. Unser Blut schreit nach Himmel und Erde und nicht nach Zellen und Gewürm. Ja, wir treten den Norden ein. Schon schwillt der Süden die Hügel hoch. Seele, klaftere die Flügel weit; ja, Seele! Seele! Wir wollen den Traum. Wir wollen den Rausch. Wir rufen Dionysos und Ithaka!«

»Wir treten den Norden ein« – Norden, das ist durch Ratio entstelltes, leidvolles Ich, das ist zum »arktischen Tier« gewordene Existenz. Süden ist der Raum der Daseinserfüllung, in »Traum und Rausch« befreites Ich, dort ist »keine Stirn« mehr! »Ithaka« bedeutet das Bild für jene einsame Existenz, die losgelöst aus historischen Bezügen, auf der Flucht vor Markt und Ware, bar aller Kommunikation, inselhaft in Traum und Rausch zu leben beabsichtigt. Heißt es doch erstmals in einem Gedicht vom Sommer 1913:

> Wir aber wehn. Ägäisch sind die Fluten.
> O was in Lauben unseres Fleisches geschah!
> Verwirrt im Haar, im Meer, die Brüste bluten
> vor Tanz, vor Sommer, Strand und Ithaka.

Die satirisch gehaltene Szene »Ithaka« enthält neben den charakteristischen Denkansätzen aber auch formale Merkmale, denen wir in der Prosa der nächsten Jahre wiederbegegnen. Anfänglich stehen Kontrahenten gegenüber, die rhetorische Attacken führen, ohne dabei Handlung vorwärtszutreiben. Vielmehr dienen sie nur dazu, die ideologische Position des Autors zu entfalten. Nirgends – außer dem Totschlag hier – gibt es Tat oder Handlung.

Die Struktur dieser Texte enthält autobiographische Züge. Benn hat z. B. wirklich eine Arbeit über »die Lücke im Bauchfell des Neugeborenen« angefertigt. Wie er lebt die Hauptfigur im Konflikt mit einer für sie unverständlichen Umwelt. Die eigentliche Erzählung wird unterbrochen, ziemlich plötzlich, an ihre Stelle treten Material aus Notizheften, lexikalische Informationen, Reflexionen über Gelesenes aus den Naturwissenschaften. Alles ist niedergeschrieben mit außerordentlicher Emotionalität, ohne epische Gestaltung. Gewöhnlich endet ein solcher Text visionär gipfelnd in Bildern einer archaisch-südlichen Wirklichkeit, die in Traum und Rausch dem einsamen Ich Glückseligkeit schenkt.

In den Sommertagen des Jahres 1914 bricht die Weltkatastrophe aus, von der die Expressionisten in schrecklichen Alpträumen erzählt hatten. Die deutsche Machtelite wagt den Krieg, ohne ihn unmittelbar zu wollen. Ihre Machtpositionen scheinen bedroht zu sein. »Krieg sei darum geboten, um die Verhältnisse wieder in Ordnung zu bringen«, sagt einer ihrer Vertreter aus dem Hochadel. Ein anderer verspricht sich nach dem Gespräch mit dem Reichskanzler »eine Gesundung der inneren Verhältnisse im konservativen Sinne«. Das Großbürgertum in Banken und Industrie, in der Hoffnung auf einen europäischen Wirtschaftsraum unter deutscher Führung, trifft sich mit den gefährlich versponnenen Vorstellungen des Bildungsbürgertums, das Reich sei dazu bestimmt, in Europa und in der Welt als Sieger über westliche Zivilisation und slawisches Untermenschentum Herrschaft auszuüben. Die Ziele des deutschen Krieges, wie sie schon unverhüllt anfangs verkündet werden, machen gar keinen Hehl daraus, beträchtliche territoriale Gewinne in Ost und West einstreichen zu wollen. Benn wird jahrelang beim sogenannten Generalgouvernement in Brüssel tätig sein. Gerade Belgien ist in den Plänen der militärischen und politischen Führung dazu bestimmt, entweder als Staat aufgeteilt oder als deutsches Protektorat organisiert zu werden.

Zwei Tage vor Ausbruch der Feindseligkeiten heiratet Benn, muß am Abend des Hochzeitstages bereits nach Berlin, um sich dort als Sanitätsoffizier zu stellen. Zwei Dienstleute fungieren als Trauzeugen. Seine Frau, acht Jahre älter, verkörpert für ihn die große Dame der high society, ist ihm »weit überlegen«, wie er später kokettierend meint. Sie kommt aus einer großbürgerlichen Familie, also ganz nach Wunsch des Abkömmlings der Provinz, mit Generälen und einem Ministerpräsidenten.

Diese frühe schnelle Eheschließung, ähnlich den Kriegstrauungen, entsprang wohl einfach der Verliebtheit, vielleicht auch einer Art erotischen Psychose, wie sie in Tagen des Krieges zu registrieren ist. In einem merkwürdigen Mißverhältnis zu dieser Heirat steht ein Brief, den Benn drei Tage vorher an einen Verleger schreibt. Er soll für eine Anthologie mit dem Titel »Der neue Frauenlob« ein Gedicht beisteuern.

»Mein Gott, ich habe nichts: nichts ist mir gleichgültiger als die Weiber, ich kann sie nicht besingen. Ich empfinde so:

Marie
Du Vollweib!
Deine Maße sind normal,
Jedes Kind kann durch dein Becken.
Breithingelagert
Empfähest du bis in deine Stirn
und gehst.

Sie werden zugeben, das sei primitiv. Und im Prinzip bin ich gegen alle Anthologien und Massenaufzüge. Die Morgue bitte lassen Sie ungeschoren. Wenn es sein muß, nehmen Sie die ›Drohung‹ aus ›Söhne‹ mit irgendeinem Namen... Ich muß in den Krieg u. bin nicht ausgerüstet, muß sofort nach München u. dann nach Berlin, wo ich mich stellen muß. 1000 Grüße Ihr Benn (Oberarzt bei den Luftschiffern in Spandau!) Gut Blut! Gut Hades!«

Außer der auffälligen Nichterwähnung der so nahen Heirat stimmt doch alles nicht. Er besingt sie doch, die Weiber! Man lese »D-Zug« oder »Nacht-Café« oder »Englisches Café« oder »Kurkonzert«! In diesem Mißverhältnis von Liebesheirat und entwürdigender Aussage des Briefes entdecken wir wieder jene Züge des Bennschen Doppellebens. Er besingt Frauen, aber es geht ihm immer nur um ein lebendes Objekt, das ihm unentbehrlich zu sein scheint, sich selbst zu erleben. Seiner isolierten Existenz, er kennt sich als Sonderling und Einzelgänger, fällt es schwer, eine Bindung einzugehen, die von ihm Aufgabe oder Verzicht auf Bereiche persönlicher Lebensführung fordert. Er müßte der Mann-Frau-Beziehung eigentlich ausweichen, kann das nicht, will das nicht, braucht diese als Bestätigung eines provinziellen Ichs, das in Urbanität und Erotik sehnsüchtig Erfüllung zu finden glaubt. Die Frau ist Funktion in einer Objektbeziehung, die sich nach gewisser Zeit als beendet herausstellt, mehr nicht, »und geht«!

Benn muß ins Feld. Er wird im Oktober mit dem Eisernen Kreuz 2. Klasse dekoriert und zur Militärverwaltung in Brüssel abkommandiert. Hier beginnt eine entscheidende schöpferische Periode des Dichters. Bis an sein Lebensende hat er von den Brüsseler Jahren geschwärmt. Das war die Stadt seines Geschmacks, Berlin vergleichbar. »Wir waren in einer glänzenden eleganten Stadt, einer Hauptstadt.« Er ist Arzt an einem Krankenhaus, in dem Prostituierte behandelt werden. Die deutsche Verwaltung sah sich genötigt, ein solches Krankenhaus einzurichten, da belgische Frauen, vor allem

Fabrikarbeiterinnen aus frontnaher Zone, ihren Unterhalt als solche verdienten. Ein Ansteckungsherd großen Umfangs entstand, so daß man zeitweise aus nordfranzösischen Industrieorten 1500 Frauen internierte. Daß aber die Syphilis nicht nur unter den Mannschaften grassierte, sondern auch recht zahlreich unter Offizieren, das erzählt uns Ernst Jünger drastisch.

Benn ist also Arzt für Geschlechtskrankheiten. Er lebt »in der Etappe einen guten Tag«, wohnt in einem konfiszierten Haus mit einem Dutzend Zimmer, bedient von einem Burschen, hat wenig zu tun. Die ersten Wochen in Brüssel erlebt er als »eigentümlichen Frühling«, als »das Leben«. Liebesbeziehungen folgen einander, einmal eine Sängerin aus Berlin, dann eine dunkle Schönheit aus belgischem Bürgertum. Auch seine Frau besucht ihn; 1915 wird Tochter Nele geboren.

Benn hat Umgang mit führenden Köpfen des deutschen Expressionismus, die beim Generalgouvernement in der politischen Abtei-

Gottfried Benn als Militärarzt in Brüssel, 1916

lung arbeiten. Er besucht den Landsitz von Carl Sternheim in der Nähe Brüssels. Wieder ist der Mann aus der Westpriegnitz fasziniert vom großbürgerlichen luxuriösen Interieur. Noch Jahrzehnte später wird er davon schwärmen.

Neben den vielen guten Tagen lernt er auch Haß und Ängste kennen. Als diensttuender Arzt erlebt er Prozeß und Erschießung einer Spionin, erlebt auch die »absolut unverdeckte Feindschaft« der Bevölkerung mit nächtlichen Überfällen. Sein junger Bruder besucht ihn, sitzt ihm gegenüber »schweigsam, hoffnungslos, vertiert, sämtliche Kameraden von 1914 tot«. Beide Brüder begegnen sich in »unsäglicher Traurigkeit« zum letzten Male. Der jüngere fällt im Osten.

Die Brüsseler Zeit sind Jahre des Glücks. »Sie waren das Leben... alles andere war Bruch.« Er ist fast gänzlich frei von beruflichen und gesellschaftlichen Pflichten, hat viel Zeit, keine finanziellen Sorgen, kann alleine sein. Und doch zeigen seine Werke aus dieser Periode mit ihren ausgeprägten biographischen Zügen einen Menschen, dessen Existenz bedroht wird. Nicht die ungefähr 20 Gedichte charakterisieren ihn, sondern die Prosa der sogenannten Rönne-Novellen. Benn hat den Dr. Rönne immer wieder als sein Ich betrachtet. In einem Brief über die Brüsseler Jahre: »Dort wirkte Rönne in Hochblüte«, oder 1950: »Rönne begegnet sich selbst.« Benn sorgte dafür, daß diese Novellen in den Werkausgaben abgedruckt wurden.

Neue Gedichte und die Vorkriegslyrik erscheinen im März 1917 als 3. Band der Sammlung »Die Aktionslyrik« mit dem Titel »Fleisch. Lyrik«. Die Gedichte der Kriegsjahre sind nicht viel mehr als eine gesteigerte Fortsetzung inhaltlicher und ästhetischer Tendenzen der frühen Lyrik. Teilweise übertreffen Obszönität und Menschenverachtung alles bisher von Benn Geschriebene. Meistens sind sie – das Stück für 20 Mark – in den »Weißen Blättern« und in der »Aktion« veröffentlicht worden. Oskar Loerke rezensiert 1918: »Die Stücke in dem Zyklus Morgue... wirken heute wie Stilleben mit Leichenteilen... Benn schleudert wahllos Unrat und Sternenmasse... Manchmal möchte man seine herausfordernde Besessenheit verspotten, doch aus den Stellen, die man mit kalter Hand berührt, fährt ein Schlag.« Liegen die Gründe für diese neuerliche Provokation bürgerlicher Mentalität in Benns Kriegserlebnis? Transporte Schwerverwundeter aus den Materialschlachten gehen nach Brüssel, Fronturlauber mit ausgemergelten Gesichtern bevölkern Straßen und Plätze, korrupte Beamte und Ärzte des Militärs leben ein großspuriges Etappenleben.

Benn gelingt es nicht, die Wirklichkeit des imperialistischen

Krieges als den unmenschlichen Kampf kapitalistischer Systeme zu erfassen. Er begreift ihn nicht als Eroberung von Wirtschaftsräumen und als Ausbeutung von Völkern, wie sie im deutsch-russischen Vertrag von Brest-Litowsk im Januar 1918 zu erkennen sind. So erschütternd die Expressionen seiner Lyrik wirken, bleibt doch alles im Aufschrei, packt die Wurzeln nicht.

Haßerfüllte Ausbrüche wüten gegen bürgerliche Ethik, gegen ihre Werte und Normen. Sie stürzen sich auf die Sinnlosigkeit ärztlichen Tuns im Zyklus »Der Arzt« wie auf das Scheitern der Gemeinschaft Liebender in »Synthese«:

Ich weiß, wie Huren und Madonnen riechen
nach einem Gang und morgens beim Erwachen
und zu Gezeiten ihres Blutes...
Die Krone der Schöpfung, das Schwein, der Mensch –:
geht doch mit andren Tieren um!

Oder:

Ich bin gehirnlich heimgekehrt
aus Höhlen, Himmel, Dreck und Vieh.
Auch was sich noch der Frau gewährt,
ist dunkle süße Onanie.

Der Haß überschlägt sich, droht auszuwuchern in Reihungen eines Wortgefüges, stammelnd und tobend:

Schlamme den grauenvollen Unterleib,
die fratzenhafte Spalte, die Behaarung,
den Rumpf, das Leibgesicht, das Afternahe,
das sich im Dunkeln vorfühlt, über meinem.

Andere Gedichte rufen nach Rausch und Trunkenheit, nach südlichen Gefilden, sind auf der Flucht, wollen ausbrechen ins Archaische, sind rückwärts gewendete Utopie. Der in diese Zeit Geworfene sehnt sich nach Muttergeborgenheit in Wärme, Feuchtigkeit und Flut.

O daß wir unsere Ururahnen wären.
Ein Klümpchen Schleim in einem warmen Moor.
Leben und Tod, Befruchten und Gebären
glitte aus unseren stummen Säften vor.

Benn überkommen Halluzinationen. »Ein Septembertag, ich war Oberarzt am Gouvernement und mit einem Auftrag zu einer anderen Behörde geschickt. Die Straße zu gehen war kurz, doch von den Horizonten brach das Dionysische, die Stunde war zerstückt und bronzen, Verbranntes überall, auf ihrer Kuppe hatte ein Feuer gewütet, Jahr und Leben hinüber, das Vorspiel war aus, das Ende nahte, das Opfer, aber man mußte sich fassen: nur noch einen Blick aus diesem Licht, einen Atem noch aus dieser Stunde.«

Neue lyrische Gestaltung soll zu Befreiung von erstarrter Form führen, rauscherfülltes lyrisches Dasein überwindet literarische Traditionen. Wir lesen in »Kretische Vase«: »Es vollzieht sich Freigebärung. Lose leuchtend Tiere, Felsen, Hell-Entzwecktes.« Oder in »Karyatide«: »Entrücke dich dem Stein! Zerbirst die Höhle, die dich knechtet! Rausche doch in die Flur! Verhöhne die Gesimse.«

Ein gesteigertes Daseinsgefühl, um sich von erstarrter Tradition zu befreien, bedarf der Stimulantia. Drogen erzeugen den Rausch, der das einsame Ich aus den Qualen seiner Hemmnisse und Angst zum schöpferischen Akt führt. In der Ekstase findet es seine Selbstverwirklichung! In »Kokain« heißt es:

> Den Ich-Zerfall, den süßen, tiefersehnten,
> den gibst du mir: schon ist die Kehle rauh,
> schon ist der fremde Klang an unerwähnten
> Gebilden meines Ichs am Unterbau.

Die Novellen über Rönne erscheinen im Oktober 1916 unter dem Titel »Gehirne. Novellen« in der Schriftenreihe »Der jüngste Tag« als Band 35. Zwei von ihnen sollen hier vorgestellt werden, weil der Autor gemeint hat, daß beide am deutlichsten seine damalige Existenz wiedergeben. Einmal handelt es sich um »Die Reise«, die Benn als einzige später selber interpretiert hat, zum anderen um den »Geburtstag«, geschrieben zu Ostern 1916, den er in einem Brief an den Verlag besonders erwähnt. »Wenn Sie nicht alles lesen mögen, lesen Sie bitte den Geburtstag; in ihr sind Probleme, an die ich weiter anknüpfen könnte, wenn Zeit u. etwas Gunst mir zur Verfügung stehen würden.«

»Die Neue Rundschau« schreibt 1917 über den Band: »Die Stücke der alten Welt fliegen unter seinen Händen auseinander, um – hier wendet sich Benns negative Produktivität – an den Bruchflächen die Pole des Neuen zu weisen. In diesem Gestalter, den Gott selbst aus vulkanischem Ton machte, steckt das Heimliche, Starke, den Mikrokosmos Erfassende des Unbeirrbaren, das heißt des Dichters, der die großen Zusammenhänge schon mit dem ersten Instinkt ahnte.«

In diesen Novellen geht es um den Ich-Zerfall einer bisher intakten Persönlichkeit, nämlich um den Dr. Rönne, den wir schon

1914 in »Ithaka« kennenlernten. Benn verwendet die Erzählform der Novelle anders als uns von der Tradition her geläufig. Den Ich-Zerfall der tragenden Figur verbindet der Autor mit einer verfallenden Struktur der Novelle. Wenn Wirklichkeit verlorengeht, dieser Vorgang sprachlich dargestellt werden soll, muß eine neue Gestalt der Aussage gefunden werden. Benn konstruiert nun aus Bericht, Assoziationen, Impressionen, Reflexionen eine Erzählform, die nur dem Namen nach mit der alten Form verwandt ist. Er reduziert Sprache auf expressionistische Weise in Reihungen von Substantiven, vermischt Lyrisches mit Wortgefüge der Prosa und erhält neuartige poetische Strukturen. Sie sind eher essayistisch als novellistisch zu nennen.

»War er wirklich?« Diese Frage wird in den Novellen immer wieder und wieder bewegt. In der »Reise« ist die männliche Figur nicht mehr fähig, Gewohntes zu erfassen. (Siehe Leseprobe) Eine einfache Fahrt mit der Eisenbahn ängstigt sie. Sie kann nicht mehr Zusammenhänge herstellen. In »Geburtstag« flieht Rönne aus der Wirklichkeit in Phantasie und Rausch, in eine sur-reale Welt! (Am besten ist es, man liest nach, was Benn selber 1934 über die »Reise« gesagt hat. Hier fehlt der Platz dazu, diesen Text abzudrucken. Wir finden ihn im »Lebensweg eines Intellektualisten« unter II a.)

»Was ist es denn mit den Gehirnen?« heißt es in der Titelnovelle. Rationalität und Intellektualität schaffen nicht, Wirklichkeit zu erkennen, geschweige erklärend zu deuten. Alles ist beziehungslos, nebeneinandergereiht in befremdlichen Einzelheiten, unüberschaubar, deshalb sinnlos. Es gibt gar keine Fülle des Daseins, kein erfülltes Leben. Die Wirklichkeit ist nur ein »kapitalistischer Begriff«! Fragen zu stellen ist zwecklos, auch andere wissen nichts, sie können nicht helfen. Deshalb ist es wieder sinnlos, mit ihnen in Verbindung zu treten. Da bleibt das Individuum vereinzelt, isoliert in nutzloser Existenz.

Aus solcher Anschauung der Welt lesen wir den spätbürgerlichen Kulturpessimismus heraus, wie ihn vor allem Spengler im »Untergang des Abendlandes« 1918 vertreten hat. Abendländische Zivilisation steht am Ende, ist müde geworden, ihr Rationalismus hat abgewirtschaftet, Humanität ist nie erreicht worden. Die Zukunft gehört dem Irrationalen!

Bevor Benn in das 30. Lebensjahr eintritt, »geschah« ihm die Novelle »Der Geburtstag«. Hier steigt das Ich halluzinatorisch in die Tiefen einer archaisch-südlichen Welt, die es rauschartig zu einer glückhaften Wirklichkeit führt. Die Beziehung zu C. G. Jungs tiefenpsychologischer Lehre ist ersichtlich. Männerphantasien strömen, figurieren eine Frauengestalt: »Er sah den Gang entlang, und da stand sie. Sie hatte ein Muttermal, erdbeerfarben, vom Hals über eine Schulter bis zur Hüfte, und in den Augen, blumenhaft, eine Reinheit ohne Ende... Wie eine Schale trug sie ihre Scham kühl durch die Beugung des erwärmten Schritts, auf der Hüfte die Hand schwer, erntegelb, unter Korn und Samen.«

Diese Novelle kann als Lehrstück gelten, vermittelt doch der Autor hier poetisch sein Wirklichkeitsverständnis (Wellershoff). Es lautet: Wenn Wirklichkeit verlorengeht, muß sich das Ich eine andere schaffen, möglicherweise auch unter Leiderfahrung. Ganz deutlich läßt sich dabei ablesen, wie Benn sein Doppelleben poetisch umsetzt. Seine äußerliche Existenz als gesellschaftliche Rolle trennt sich von der inneren, der vom Unterbewußten bestimmten Existenz und erlebt endlich wahre Wirklichkeit. Von dieser Novelle ausgehend, bleibt bis zum Lebensende Benns der Gedanke erhalten, »ein provoziertes Leben aus Traum und Reiz und Stoff in Ansätzen und Vollendung zu erleben« (1949).

Carl Sternheim hat 1918 über die Novellen geschrieben: »Einer der wenigen, die bei des Nachwuchses Musterung ich tauglich fand, morsche Vorstellungen aus Fesseln zu lösen, ihr Essentielles auf heutige Lebensfähigkeit zu prüfen und sogar neue Weltatmosphäre hinzuzugewinnen... Gottfried Benn... Zum ersten Male (wird) Menschliches in deutscher Sprache wieder vorwärtsgestoßen. Benn ist der wahrhaft Aufständige. Aus den Atomen heraus, nicht an der Oberfläche revoltiert er; erschüttert Begriffe von innen her, daß die Sprache wankt. Deutsche Welt, die in Worten lebt, von denen jedes, falsch gebildet, an allem Heutigen in phantastischer Weise vorbeigreift, gilt es vom Keller neu aufzubauen.«

Die Brüsseler Zeit vollbringt noch ein paar kleine dramatische Szenen, die nicht an die Prosa dieser Jahre heranreichen. Teilweise sind sie Experimente, zeigen inhaltlich nicht viel anderes als die Novellen auch. 1916/17 entstehen »Der Vermessungsdirigent« und »Karandasch«. »Etappe« karikiert grotesk das korrupte Leben von Beamten und Ärzten im Hinterland der Front. Der Oberarzt Dr. Olf wird in eine Irrenanstalt eingeliefert. Er tobt gegen das Milieu an, hilflos und verloren, das, in Lüge und Unwahrhaftigkeit verstrickt, ihn als unnormal isoliert.

1917–1922: Ich bin demnach jetzt 35 Jahre und total erledigt. Ich schreibe nichts mehr. Ich lese nichts mehr. Ich denke keinen Gedanken mehr zu Ende. Die Jahre der Jugend sind vorbei

Im Juli 1917 schreibt Benn ein melancholisches Gedicht mit dem Titel »Dunkler Sommer«. Einige Verse lauten:

Du, es ist Mittag! Ganz jung ist vorbei!
Und ganz voll Geigen hängt kein Himmel mehr
und auch kein anderer gewölbter Raum –

Was ist vorgegangen? Ist Brüssel nicht mehr »das Leben«? Monate später wird Benn aus der Armee entlassen, geht nach Berlin, wo er zuerst als Dermatologe an der Charité arbeitet, um dann eine Privatpraxis für Haut- und Geschlechtskrankheiten zu eröffnen. »In dieser Stadt, wo er nichts war, wo er kämpfte, ein Nichts mit anderen Nichtsen um Brot, um Kleidung, um einen Trambahnplatz.« Die Novelle »Diesterweg« (1918) deutet an, was vorgegangen sein mag.

»Diesterweg [d. i. Benn] galt als erkrankt und wurde nach Berlin zurückgeschickt.« War nicht auch der Dr. Olf schwer erkrankt, war er nicht sogar in eine Heilanstalt überwiesen worden? Benns sezierendem Blick ist in Brüssel nichts entgangen. Sein »Dasein spielt sich innerhalb eines Koordinatensystems ab, aus dem es kein Entweichen gibt«. Er hält das Treiben beim Generalgouvernement nicht mehr aus, »spürt ein Schwindelgefühl im Hinterkopf, ist gerötet, das Blut steigt ihm zu Kopfe, etwas Geblähtes liegt über ihm«. Er kommt nicht mit Offizieren und Beamten zurecht: »Ich darf wohl einer Ansicht Ausdruck verleihen im Sinne der Überzeugung – und Sie wüsten mich an?!« Ob Benn in Brüssel einen psychischen Kollaps erlitten hat? Karl Liebknecht übrigens imponiert der »Diesterweg« als ein »Stück tiefsten Expressionismus«.

Die kommenden Jahre werden für ihn zur Last und zur Bedrükkung. Ruhelos streicht er durch die Straßen Berlins, starrt durch die Fenster der Wohnung. An den Sonntagen hockt er, Kaffee vertilgend, zu Hause und zaubert aus den »coffeinerweiterten Gefäßen des Hirns« Literatur hervor.

Die militärische Niederlage und den Novemberumsturz kann Benn nur sehr schwer verwinden: »Aber daß Deutschlands Zusammenbruch aus irgendeiner sogenannten inneren Notwendigkeit heraus erfolgt sei, ist eine Behauptung, die gänzlich unerwiesen ist.« Trotzdem hilft er in den Tagen des Kapp-Putsches den Verteidigern der Republik. Ein Augenzeuge berichtet: »Ein völliger Außenseiter hatte sich gefunden, Verwundete aufzunehmen und zu behandeln: der deutsche Dichter Gottfried Benn... Ich habe ihn angerufen, und er fand sich bereit, ohne weitere Rückfrage und ohne Abschirmung und alles das, womit Berufsrevolutionäre in solchen Fällen bei der Hand sind.«

An den Titeln von Prosa und Lyrik läßt sich alle Existenznot ablesen, mit der Benn zu kämpfen hat. 1920 gibt es eine »Konfession«, einen Essay »Das moderne Ich«. 1921 folgen »Das letzte Ich« und der lyrische Zyklus »Der späte Mensch«. 1921 versinnbildlicht der Titel »Epilog« das vorläufige Ende einer Schaffensperiode.

Benns Bewußtsein erlebt die Nachkriegszeit als Spätzeit, als Untergang der Menschheit:

> O du, sieh an: Levkoienwelle,
> der schon das Auge übergeht,
> Abgänger, Eigen-Immortelle,
> es ist schon spät.
> Bei Rosenletztem, da die Fabel
> des Sommers längst die Flur verließ –

Er greift die »hedonistischen« Demokratien an, beschimpft bürgerliche Ratio und träumt von mythischer Zeit: »Hellstes Griechenland... wie kräftig die Rasse, der Hals und wie hoch die Brust. Arme, sparsame, junge Rassen, Hirten von drei Oliven lebend, einer Knoblauchzehe und einem Sardellenkopf; schlafend auf Straßen, die Frauen auf den Dächern, helle Winde, Glücke um ein Nichts –.«

Benns Lebenskrise treibt deutlich erkennbar auf eine Weltanschauung zu, die sich als faschistisch markieren läßt. Verachtet diese doch Humanität und menschlichen Fortschritt, fabuliert von Härte, Jungsein und von einem Leben aus dem Mythos. Schon immer anfällig für elitäres Gehabe und zur Schau gestellte Herrschaft, gibt sich dieser Sensitive und Leidende in großartiger Pose: »Weder an Entwicklung noch an Fortschritt weder des einzelnen noch der Gesamtheit« glaubt er.

Zur Belastung seines Lebens wird die Ehe. Er will vor ihr fliehen, will auswandern, beginnt eine Beziehung zu einer jüngeren Frau. In den Briefen an die Freundin klagt Benn über die Armseligkeit und Trostlosigkeit seiner norddeutschen Heimat. Nach einem Jahr ist schon alles aus: »Für eine lange Zeit muß ich allein leben u. werde Dich nicht sehen. Gehn wir also auseinander.« Benns Frau stirbt im November 1922 nach einer Operation.

Eine Ausgabe seiner Werke als »Gesammelte Schriften« mißglückt, weil verlagsrechtliche Bestimmungen nicht beachtet worden sind. Alles an Exemplaren wird eingezogen, eine neue Ausgabe erfolgt 1923.

»Wie soll man da leben? Aber man soll ja auch nicht«, heißt es 1921 im »Epilog«. Einsamkeit und Traurigkeit umgeben den Dichter. Er mag den »anderen kein Verstehen zeigen«. Seine erste große Schaffensperiode ist abgeschlossen. Ihr Ende ist auch das gleichzeitige Ende des deutschen Expressionismus.

Schutt, alle Trümmer
liegen morgens so bloß,
wahr ist immer nur eines:
du und das Grenzenlos –
trinke und alle Schatten
hängen die Lippe ins Glas,
fütterst du dein Ermatten –
laß –!
(1922)

Schöne Jugend

Der Mund eines Mädchens, das lange im Schilf gelegen hatte,
sah so angeknabbert aus.
Als man die Brust aufbrach, war die Speiseröhre so löcherig.
Schließlich in einer Laube unter dem Zwerchfell
fand man ein Nest von jungen Ratten.
Ein kleines Schwesterchen lag tot.
Die andern lebten von Leber und Niere,
tranken das kalte Blut und hatten
hier eine schöne Jugend verlebt.
Und schön und schnell kam auch ihr Tod:
Man warf sie allesamt ins Wasser.
Ach, wie die kleinen Schnauzen quietschten! (1912)

Mann und Frau gehn durch die Krebsbaracke

Der Mann:
Hier diese Reihe sind zerfallene Schöße
und diese Reihe ist zerfallene Brust.
Bett stinkt bei Bett. Die Schwestern wechseln stündlich.

Komm, hebe ruhig diese Decke auf.
Sieh, dieser Klumpen Fett und faule Säfte,
das war einst irgendeinem Mann groß
und hieß auch Rausch und Heimat.

Komm, sieh auf diese Narbe an der Brust.
Fühlst du den Rosenkranz von weichen Knoten?
Fühl ruhig hin. Das Fleisch ist weich und schmerzt nicht.

Hier diese blutet wie aus dreißig Leibern.
Kein Mensch hat so viel Blut.
Hier dieser schnitt man
erst noch ein Kind aus dem verkrebsten Schoß.

Man läßt sie schlafen. Tag und Nacht. – Den Neuen
sagt man: hier schläft man sich gesund. – Nur sonntags
für den Besuch läßt man sie etwas wacher.

Nahrung wird wenig noch verzehrt. Die Rücken
sind wund. Du siehst die Fliegen. Manchmal
wäscht sie die Schwester. Wie man Bänke wäscht.

Hier schwillt der Acker schon um jedes Bett.
Fleisch ebnet sich zu Land. Glut gibt sich fort.
Saft schickt sich an zu rinnen. Erde ruft. (1912)

Nachtcafé

824: Der Frauen Liebe und Leben.
Das Cello trinkt rasch mal. Die Flöte
rülpst tief drei Takte lang; das schöne Abendbrot.
Die Trommel liest den Kriminalroman zu Ende.

Grüne Zähne, Pickel im Gesicht
winkt einer Lidrandentzündung.

Fett im Haar
spricht zu offenem Mund mit Rachenmandel
Glaube Liebe Hoffnung um den Hals.

Junger Kropf ist Sattelnase gut.
Er bezahlt für sie drei Biere.

Bartflecht kauft Nelken,
Doppelkinn zu erweichen.

B-moll: die 35. Sonate.
Zwei Augen brüllen auf:
Spritzt nicht das Blut von Chopin in den Saal,
damit das Pack drauf rumlatscht!
Schluß! He, Gigi! –

Die Tür fließt hin: Ein Weib.
Wüste ausgedörrt. Kanaanitisch braun.
Keusch. Höhlenreich. Ein Duft kommt mit. Kaum Duft.

Es ist nur eine süße Vorwölbung in der Luft
gegen mein Gehirn.

Eine Fettleibigkeit trippelt hinterher. (1912)

Drohung

Aber wisse:
Ich lebe Tiertage. Ich bin eine Wasserstunde.
Das Abends schläfert mein Lid wie Wald und Himmel.
Meine Liebe weiß nur wenig Worte:
Es ist so schön an deinem Blut. (1913)

Untergrundbahn

Die weichen Schauer. Blütenfrühe. Wie
aus warmen Fellen kommt es aus den Wäldern.
Ein Rot schwärmt auf. Das große Blut steigt an.

Durch all den Frühling kommt die fremde Frau.
Der Strumpf am Spann ist da. Doch, wo er endet,
ist weit von mir. Ich schluchze auf der Schwelle:
laues Geblühe, fremde Feuchtigkeiten.

Oh, wie ihr Mund die laue Luft verpraßt!
Du Rosenhirn, Meer-Blut, du Götter-Zwielicht,
du Erdenbeet, wie strömen deine Hüften
so kühl den Gang hervor, in dem du gehst!

Dunkel: nun lebt es unter ihren Kleidern:
nur weißes Tier, gelöst und stummer Duft.

Ein armer Hirnhund, schwer mit Gott behangen.
Ich bin der Stirn so satt. Oh, ein Gerüste
von Blütenkolben löste sanft sie ab
und schwölle mit und schauerte und triefte.

So losgelöst. So müde. Ich will wandern.
Blutlos die Wege. Lieder aus den Gärten.
Schatten und Sintflut. Fernes Glück: ein Sterben
hin in des Meeres erlösend tiefes Blau. (1913)

Die Reise

Sinnlos und das Ende um allen Saum

Rönne wollte nach Antwerpen fahren, aber wie ohne Zerrüttung? Er konnte nicht zu Mittag kommen. Er mußte angeben, er könne heute nicht zu Mittag kommen, er fahre nach Antwerpen. Nach Antwerpen hätte der Zuhörer gedacht? Betrachtung? Aufnahme? Sich ergeben? Das erschien ihm ausgeschlossen. Es zielte auf Bereicherung und den Aufbau des Seelischen.

Und nun stellte er sich vor, er säße im Zug und müßte sich plötzlich erinnern, wie jetzt bei Tisch davon gesprochen wurde, daß er fort sei; wenn auch nur nebenbei, als Antwort auf eine kurz hingeworfene Frage, jedenfalls aber doch so viel, er seinerseits suche Beziehungen zu der Stadt, dem Mittelalter und den Scheldequais.

Erschlagen fühlte er sich, Schweißausbrüche. Eine Krümmung befiel ihn, als er seine unbestimmten und noch gar nicht absehbaren, jedenfalls aber doch so geringen und armseligen Vorgänge zusammengefaßt erblickte in Begriffen aus dem Lebensweg eines Herrn.

Ein Wolkenbruch von Hemmungen und Schwäche brach auf ihn nieder. Denn wo waren Garantien, daß er überhaupt etwas von der Reise erzählen könnte, mitbringen, verlebendigen, daß etwas in ihn träte im Sinne des Erlebnisses?

Große Rauheiten, wie die Eisenbahn, sich einem Herrn gegenübergesetzt fühlen, das Heraustreten vor den Ankunftsbahnhof mit der zielstrebigen Bewegung zu dem Orte der Verrichtung, das alles waren Dinge, die konnten nur im geheimen vor sich gehen, in sich selber erlitten, trostlos und tief.

Wie war er denn überhaupt auf den Gedanken gekommen, zu verlassen, darin er seinen Tag erfüllte? War er tollkühn, herauszutreten aus der Form, die ihn trug? Glaubte er an Erweiterung, trotzte er dem Zusammenbruch?

Nein, sagte er sich, nein. Ich kann es beschwören: nein. Nur als ich vorhin aus dem Geschäft ging, nach Veilchen roch man wieder, gepudert war man auch, ein Mädchen kam heran mit weißer Brust, es erschien nicht ausgeschlossen, daß man sie eröffnet. Es erschien nicht ausgeschlossen, daß man prangen würde und strömen. Ein Strand rückte in den Bereich der Möglichkeiten, an den die blaue Brust des Meeres schlug. Aber nun zur Versöhnung will ich essen gehn.

Durch Verbeugung in der Türe anerkannte er die Individualitäten. Wer wäre er gewesen? Still nahm er Platz. Groß wuchteten die Herren.

Nun erzählte Herr Friedhoff von den Eigentümlichkeiten einer tropischen Frucht, die einen Kern enthalte von Eigröße. Das Weiche äße man mit einem Löffel, es habe gallertartige Konsistenz. Einige meinten, es schmecke nach Nuß. Er demgegenüber habe immer gefunden, es schmecke nach Ei. Man äße es mit Pfeffer und Salz. Es handelte sich um eine schmackhafte Frucht. Er habe davon des Tages drei bis vier gegessen und einen ernstlichen Schaden nie bemerkt.

Hierin trat Herrn Körner das Außerordentliche entgegen. Mit Pfeffer und Salz eine Frucht? Das erschien ihm ungewöhnlich, und er nahm dazu Stellung.

Wenn es ihm doch aber nach Ei schmeckt, wies Herr Mau auf das Subjektive des Urteils hin, gleichzeitig etwas wegwerfend, als ob er seinerseits nichts Unüberbrückbares sähe. Außerdem so ungewöhnlich sei es doch nun nicht, führte Herr Offenberg zur Norm zurück, denn zum Beispiel die Tomate? Wie nun vollends, wenn Herr Kritzler einen Oheim aufzuweisen hatte, der noch mit siebzig Jahren Melone mit Senf gegessen hatte, und zwar in den Abendstunden, wo derartiges bekanntlich am wenigsten bekömmlich sei?

Alles in allem: Lag denn in der Tat eine Erscheinung von so ungewöhnlicher Art vor, ein Vorkommnis sozusagen, das die Aufmerksamkeit weiterer Kreise auf sich zu lenken geeignet war, sei es, weil es in seinen Verallgemeinerungen bedenkliche Folgeerscheinungen hätte zeitigen können, sei es, weil es als Erlebnis aus der besonderen Atmosphäre des Tropischen zum Nachdenken anzuregen geeignet war?

So weit war es gediehen, als Rönne zitterte, Erstickung auf seinem Teller fand und nur mit Mühe das Fleisch aß. Ob er aber nicht doch vielleicht eine Banane gemeint habe, bestand Herr Körner, diese weiche, etwas mürbe und längliche Frucht?

Eine Banane, wuchs Herr Friedhoff auf? Er, der Kongokenner?? Der langjährige Befahrer des Moabangi? Nein, das nötigte ihm geradezu ein Lächeln ab! Weit entschwand er über diesen Kreis. Was hatten sie denn für Vergleiche? Eine Erdbeere oder eine Nuß, vielleicht hie und da eine Marone, etwas südlicher. Er aber, der beamtete Vertreter in Hulemakong, der aus den Dschungeln des Jambo kam?

Jetzt oder nie, Aufstieg oder Vernichtung, fühlte Rönne, und: wirklich nie einen ernstlichen Schaden bemerkt? tastete er sich beherrschten Lautes in das Gewoge, Erstaunen malend und den Zweifel des Fachmanns: Vor dem Nichts stand er; ob Antwort käme?

Aber saß denn nicht schließlich auf dem Stuhl aus Holz er,

schlicht umrauscht von dem Wissen um das Gefahrvolle der Tropenfrucht, wie in Sinnen und Vergleichen mit Angaben und Erzählungen ähnlicher Erlebnisse, der schweigsame Forscher, der durch Beruf und Anlage wortkarge Arzt? Dünn sah er durch die Lider, vom Fleisch auf, die Reihe entlang, langsam erglänzend. Hoffnung war es noch nicht, aber ein Wehen ohne Not. Und nun eine Festigung: mehreren Herren schien in der Tat die nochmalige Bestätigung dieser Tatsache zur Behebung von etwa aufgestiegenen Bedenken von Wert zu sein. Und nun war kein Zweifel mehr: einige nickten kauend.

Jubel in ihm, Triumphgesänge. Nun hallte Antwort mit Aufrechterhaltung gegenüber Zweiflern, und das galt ihm. Einreihung geschah, Bewertung trat ein; Fleisch aß er, ein wohlbekanntes Gericht; Äußerungen knüpften an ihn an, zu Ansammlungen trat er, unter ein Gewölbe von großem Glück; selbst Verabredung für den Nachmittag zuckte einen Augenblick lang ohne Erbeben durch sein Herz.

Aus Erz saßen die Männer. Voll kostete Rönne seinen Triumph. Er erlebte tief, wie aus jedem der Mitesser ihm der Titel eines Herrn zustieg, der nach der Mahlzeit einen kleinen Schnaps nicht verschmähte und ihn mit einem bescheidenen Witzwort zu sich nimmt, in dem Ermunterung für die andern, aber auch die entschiedene Abwehr jeglichen übermäßigen Alkoholgenusses eine gewisse Atmosphäre der Behaglichkeit verbreitete. Der Eindruck der Redlichkeit war er und des schlichten Eintretens für die eigene Überzeugung; aber auch einer anderweitigen Auffassung gegenüber würde er gern zugeben: da ist was Wahres dran. Geordnet fühlte er seine Züge; kühler Gelassenheit, ja Unerschütterlichkeit auf seinem Gesicht zum Siege verholfen, und das trug er bis an die Tür, die er hinter sich schloß.

Schattenhaft ging er durch den Gang, nun wieder im Gefühl des Schlafes, in den man sank ohne einen Wirbel über sich zu lassen, negativ verendet, nur als Schnittpunkt bejaht. Zwei Huren wuschen den Gang auf, von weitem schon ihn wahrnehmend, aber sich in die Arbeit versunken stellend, bis er da war. Nun erst trat in die Augen das jähe Erkennen, Keuschheit und Verheißung aus der Reife des Bluts.

Rönne aber dachte, ich kenne euch Tiere, über dreihundert Nackte jeden Morgen! aber wie stark ihr die Liebe spielt! Eine kannte ich, die war an einem Tag von Männern einem Viertelhundert der Rausch gewesen, die Schauer und der Sommer, um den sie blühten. Sie stellte die Form, und es geschah das Wirkliche. Ich will Formen suchen und mich hinterlassen; Wirklichkeiten eine Hügelkette, o von den Dingen ein Gelände.

Er trat aus dem Haus. Helle Avenuen waren da, Licht voll Entrückung, Daphneen im Erblühn. Es war eine Vorstadt; Armes aus Kellern, Krüppel und Gräber, so viel Ungelacht. Rönne aber dachte, jeder Mensch, dem ich begegne, ist noch ein Sturm zu seinem Glück. Nirgends meine schwere, drängende Zerrüttung.

Er ging langsam, er schürfte sich vor. Es war eine ungewohnte Straßenstunde, ihm seit Monaten nicht mehr bekannt. Er blätterte das Entgegenkommende behutsam auseinander mit seinen tastenden, an der Spitze leicht ermüdbaren Augen.

Aufzunehmen gilt es, rief er sich zu, einzuordnen oder prüfend zu übergehn. Aus dem Einstrom der Dinge, dem Rauschen der Klänge, dem Fluten des Lichts die stille Ebene herzustellen, die er bedeutete.

Es war eine fremde Gegend, durch die er ging, aber es mochte immerhin ein Bekannter kommen und fragen, woher und wohin. Und obschon er einen Patienten jederzeit hierfür zur Hand gehabt hätte, so war es doch nicht der Fall, und ihm graute vor dem Erlebnis, vor dem er stehen würde: daß er aus dem Nichts in das Fragwürdige schritt, im Antrieb eines Schattens, keiner Verknotung mächtig, und dennoch auf Erhaltung rechnend.

Scheu sah er sich um; höhnisch standen Haus und Baum; unterwürfig eilte er vorbei. Haus, sagte er zum nächsten Gebäude; Haus zum übernächsten; Baum zu allen Linden seines Wegs. Nur um Vermittelung handelte es sich, in Unberührtheit blieben die Einzeldinge; wer wäre er gewesen, an sich zu nehmen oder zu übersehen oder, sich auflehnend, zu erschaffen? Ein bißchen durch die Sonne gehen, mehr wollte er ja nicht; es warm haben, und der Himmel hatte ein Blau: nie endend, mütterlich und sanft vergehend.

Weit war er noch nicht von seinem Krankenhaus entfernt, da übermannte ihn schon die Not. Wohin trug er sich denn, etwa in das All? War er der Träumer denn, weich streifend den Hang, oder der Hirt auf den Hügeln? Trat an die Maikastanie vielleicht er, den Ast beklopfend mit dem Hornmesser, bis in Saft vom Zweige die Rinde glitt und wurde die gehöhlte Flöte? Gesänge, hatte er sie? War er vielleicht der Freie, der in Segeln schritt, und überall die Erde, löschend mit seinem Blick? Oh, er war wohl schon zu weit gegangen! Schon schwankte vor der Straße Feld unter gelben Stürmen gefleckter Himmel, und ein Wagen hielt am Saum der Stadt. Zurück! hieß es; denn heran wogte das Ungeformte, und das Uferlose lag lauernd.

Nun nahm ihn wieder die Straße auf, schnurgerade und unter einem flachen Licht. Von Tür zu Tür lief sie, und sachlich um den Fuß der Botenfrau; aus den Kellern über sie wehte die Küche Nahrung und Notdurft; vor dem Spiegel der Herr kämmte achtbar seinen Bart; klang der Fuß auf Metall, sorgte für Entwässerung das Gemeinwohl; lag ein Gitterchen an der Mauer, kam im Winter nicht der Frost, und in ihr Recht traten Förder und Schacht?

Da trat ein Herr auf ihn zu, und ha ha, und schön Wetter ging es hin und her, Vergangenheit und Zukunft eine Weile im kategorialen Raum. Als er fort war, taumelte Rönne.

Sie alle lebten mit Schwerpunkten auf Meridianen zwischen Refraktor und Barometer, er nur sandte Blicke über die Dinge, gelähmt von Sehnsüchten nach einem Azimut, nach einer klaren logischen Säuberung schrie er, nach einem Wort, das ihn erfaßte. Wann würde er der erzene Mann, um den tags die Dinge brandten und des Nachts der Schlaf, der gelassen vor einem Bahnhof stände, wieviel Erde es auch gäbe, der Verwurzelte, der Unerschütterliche?

Reisen hatte er gewollt, aber nun schienen Gleise über die Straße, und schon sank sein Blick. Oh, daß es eine Erde gab, wirklich grün, stark irden, silbern verfernt, über die die Augen strichen wie ein Flügel, und Städte, flache weiße, an Küsten und Kutter, braune, die man hinnahm, liebte und vergaß.

Oder ein Leben um das Radwerk einer Uhr. Um Hyazinthenknollen die Hand. Die Schulter, die das Fischnetz zog, silbern und ihr Abwurf auf den Strand.

Da, durch die helle dünne Luft, in die die Knospen ragten, und unter dem ersten Stern, kam eine Frau vorbei und roch blau und langte Rönne nach dem Schädel und legte ihn tief in den Nacken, bettend, und über der Stirn stand die frühe Nacht.

Rönne schluchzte auf: wer knirschte so tief wie ich unter dem Stoff, wer ist so geknechtet von den Dingen nach Zusammenhang als ich, aber eben dies schweifende Gewässer, tief, dunkel und veilchenfarben, aus dem Aufklaff einer Achsel – mich stäubt Zermalmung an.

Zwischen die Straßen rinnt Nacht, über die weißen Steine blaut es, es verdichtet sich die Entrückung; die Sträucher schmelzen, welches Vergehn! –

Nun fiel ein Regen und löste die Form. Wohnungen traten unter laues Wasser, in Frühlingsgewölke stand alle Stadt. Über ihr aber schwebte er, entrückt, einsam, mit einer Krone irgendwoher. Jäh wurde er der Herr mit Koffer, der auf die Reise ging durch Aue und Land. Schon wogten Hügel heran, weich bewäldert; nun brüderlich die Äcker, die Versöhnung kam.

Er sah die Straße entlang und fand wohin.

Einrauschte er in die Dämmerung eines Kinos, in das Unbewußte des Parterres. In weiten Kelchen flacher Blumen bis an die verhüllten Ampeln stand rötliches Licht. Aus Geigen ging es, nah und warm gespielt, auf der Ründung seines Hirns, entlockend einen wirklich süßen Ton. Schulter neigte sich an Schulter, eine Hingebung; Geflüster, ein Zusammenschluß, Betastungen, das Glück. Ein Herr kam auf ihn zu, mit Frau und Kind, Bekanntschaft zuwerfend, breiten Mund und frohes Lachen. Rönne aber erkannte ihn nicht mehr.

Er war eingetreten in den Film, in die scheidende Geste, in die mythische Wucht.

Groß vor dem Meer wölkte er um sich den Mantel, in hellen Brisen stand in Falten der Rock; durch die Luft schlug er wie auf ein Tier, und wie kühlte der Trunk den Letzten des Stamms.

Wie er stampfte, wie rüstig blähte er das Knie. Die Asche streifte er ab, lässig, benommen von den großen Dingen, die seiner harrten aus dem Brief, den der alte Diener brachte, auf dessen Knien der Ahn geschaukelt.

Zu der Frau am Bronnen trat edel der Greis. Wie stutzte die Amme, am Busen das Tuch. Wie holde Gespielin! Wie Reh zwischen Farren! Wie ritterlich Weidwerk! Wie Silberbart!

Rönne atmete kaum, behutsam, es nicht zu zerbrechen.

Denn es war vollbracht, es hatte sich vollzogen.

Über den Trümmern einer kranken Zeit hatte sich zusammengefunden die Bewegung und der Geist, ohne Zwischentritt. Klar aus den Reizen segelte der Arm; vom Licht zur Hüfte, ein heller Schwung, von Ast zu Ast.

In sich rauschte der Strom. Oder wenn es kein Strom war, ein Wurf von Formen, ein Spiel in Fiebern, sinnlos und das Ende um allen Saum.

Rönne, ein Gebilde, ein heller Zusammentritt, zerfallend, von blauen Buchten benagt, über den Lidern kichernd das Licht.

Er trat auf die Avenue. Er endete in einem Park.

Dunkel drohte es auf, bewölkt und schauernd, wieder aus dem Gefühl des Schlafs, in den man sank, ohne einen Wirbel über sich zu lassen, negativ verendet, nur als Schnittpunkt bejaht; aber noch ging er durch den Frühling, und erschuf sich an den hellen Anemonen des Rasens entlang und lehnte an eine Herme, verstorben weiß, ewig marmorn, hierher zerfallen aus den Brüchen, vor denen nie verging das südliche Meer.

1886	2. 5.: Benn geboren in Mansfeld, Kreis Westpriegnitz.
1896–1903	Gymnasium in Frankfurt/Oder. Abitur.
1903–1904	Studium von Theologie und Philologie in Marburg.
1905–1910	Medizinstudium in der Kaiser-Wilhelm-Akademie für das militärische Bildungswesen in Berlin. 1. Preis der Medizinischen Fakultät für eine Schrift über Pubertätsepilepsie.
1910–1912	Unterarzt. Arbeitet an der Berliner Charité, vermutlich in der psychiatrischen Abteilung. Veröffentlicht mehrere medizinische Fachaufsätze.
1912	Februar: Promotion zum Dr. med. Aktiver Militärarzt in Prenzlau und Spandau. Abschied von der Armee aus gesundheitlichen Gründen. Pathologe und Serologe an einem Krankenhaus in Charlottenburg. Veröffentlichung von »Morgue« bei A. R. Meyer; kommt in Kontakt mit den jungen Expressionisten Berlins, begegnet der Lasker-Schüler.
1913	2. Gedichtband: »Söhne. Neue Gedichte«; mit Titelzeichnung von Meidner. Lernt Edith Osterloh, seine künftige Frau, kennen. Arbeitet am Städtischen Krankenhaus in Charlottenburg.
1914	Reise als Schiffsarzt nach New York. Heirat im Juli. Als Militärarzt beim Einmarsch in Belgien.
1914–1917	Oberarzt beim Militärgouvernement in Brüssel.
1915	Tochter Nele wird geboren. Die Szene »Etappe« wird geschrieben.
1916	Die Rönne-Prosa: »Gehirne. Novellen« erscheint bei Kurt Wolff. Die Titel: »Gehirne – Die Eroberung – Die Reise – Die Insel – Der Geburtstag«.
1917	Die bisherigen Gedichte vereinigt in: »Fleisch. Gesammelte Lyrik« im Verlag der »Aktion«. Benn wird aus der Armee aus Gesundheitsgründen entlassen, eröffnet in Berlin eine Praxis für Haut- und Geschlechtskrankheiten.
1918	»Diesterweg« wird publiziert, ebenfalls »Phimose«.
1919	Im Verlag der »Aktion« erscheinen: »Der Vermessungsdirigent – Karandasch – Die Etappe«. Außerdem »Das moderne Ich« und »Schöpferische Konfession« in der Schriftenreihe »Tribüne der Kunst und Zeit«.
1920	»Der Garten von Arles« und »Prolog 1920«.
1921	Eine Reihe von Gedichten unter dem Titel »Der späte Mensch« und die Prosa »Epilog«. Beginn der Freundschaft mit Gertrud Zenses.
1922	Tod seiner Frau. »Gesammelte Schriften« dürfen aus verlagsrechtlichen Gründen nicht ausgeliefert werden.
1924	Gedichtzyklus »Schutt«.
1925	»Spaltung. Neue Gedichte«. In den nächsten Jahren erscheint eine Reihe von kulturkritischen Essays, darunter »Summa summarum«, eine Darstellung seines Lebens als Arzt und Künstler, und von Rundfunkvorträgen wie »Können Dichter die Welt verändern?«.

1927 »Gesammelte Gedichte«.
1928 »Gesammelte Prosa«.
1929 Polemische Auseinandersetzung mit Johannes R. Becher und Egon Erwin Kisch.
1930 Hindemith fordert B. auf, einen Text zu schreiben, für den er Musik komponieren will.
1932 B. wird Mitglied der Preußischen Akademie der Künste und hält die »Akademie-Rede«. Die lebenslange freundschaftliche Beziehung mit dem Bremer Kaufmann Fr. W. Oelze beginnt.
1933/34 B. kollaboriert monatelang mit dem faschistischen Regime. Rundfunkrede »Der neue Staat und die Intellektuellen« und »Antwort an die literatischen Emigranten«. Er wird Vizepräsident der »Union nationaler Schriftsteller« und veröffentlicht einen Aufruf, in dem er sich von Kommunisten und Emigranten distanziert.
1935 B. erlebt in den nächsten Jahren viele psychosomatische Erkrankungen. Er tritt im Range eines Majors als Arzt in die Wehrmacht ein mit Dienststelle in Hannover. Eine Reihe von kurzfristigen Liebesbeziehungen folgt in den nächsten Jahren, bis er 1938 Herta von Wedemeyer heiratet.
1936 Schwere Angriffe der SS-Wochenzeitung »Das schwarze Korps« nach Erscheinen des Gedichtbandes »Ausgewählte Gedichte«.
1937 Neuerliche Attacken: B. wird als »Kulturbolschewist« bezeichnet. Versetzung nach Berlin.
1938 B. wird aus der Reichsschrifttumkammer ausgeschlossen und erhält Schreibverbot. Trotzdem arbeitet der Autor an Gedichten, die nach dem Kriege unter dem Titel »Statische Gedichte« erscheinen werden, und an der Prosa »Weinhaus Wolf«.
1945 Selbstmord seiner Frau beim Einmarsch der Sowjettruppen.
1946 B. heiratet Dr. Ilse Kaul. Er praktiziert in Berlin.
1948 Die Veröffentlichung der Sammlung »Statische Gedichte« bedeutet den Beginn des ruhmvollen Alterswerkes.
1949 Prosa »Der Ptolemäer« und Lyrik »Trunkene Flut«.
1951 B. erhält den Büchner-Preis in Darmstadt. »Fragmente. Neue Gedichte« erscheinen, ebenfalls »Probleme der Lyrik«.
1956 Tod des Dichters. Bis dahin weitere Alterslyrik und Essays.

WEITERFÜHRENDE LITERATUR

Else Buddenberg: Gottfried Benn, J. B. Metzlersche Verlagsbuchhandlung, Stuttgart 1961. – Das Buch enthält gelungene Einzelanalysen der Rönne-Novellen.
Dieter Wellershoff: Gottfried Benn. Phänotyp dieser Stunde. Ullstein Taschenbuch, Bd. 499, Berlin 1964. – Der Verfasser ordnet Benn vorzüglich in den Zeitzusammenhang ein.
Vom gleichen Autor ist bei dtv in 8 Taschenbuchbänden eine Sammlung von Benns Werken herausgegeben worden.

Johannes R. Becher

ULRICH KONITZER

Johannes R. Becher: Utopie und Wirklichkeit

Vorbemerkung statt eines Mottos

Mancher Schriftsteller geht im Gedächtnis der Generationen verloren. Entweder entspricht er nicht mehr dem Zeitgeschmack, oder er wird bewußt abgeschoben. In beiden Fällen haben kulturelle Eliten Entscheidungen getroffen, der Kulturkonsument vollzieht den Spruch. Schlimm, wenn politische Positionen der Kulturelite diesen Spruch bestimmen!

Hier geht es um einen der führenden Literaten des Expressionismus, um dessen Prototyp, so später Benn, der verlorengegangen ist. Zwar schreiben hier und da Literaturwissenschaftler über ihn manch kluge Sätze, fertigen ein paar Doktoranden Arbeiten über ihn an, jedoch ist die Zahl gedruckter Gedichte gering. Das Gymnasium kennt von ihnen nur ungefähr ein halbes Dutzend. Um 1960 herum war dieser Autor in Textsammlungen deutscher Poesie schwer aufzuspüren, wurde in literaturgeschichtlichen Darstellungen ganz am Rande erwähnt. Merkwürdig ist auch, wie schwer biographische Daten aufzutreiben sind.

In einer literarischen Reihe, »Schriftsteller der Gegenwart«, von 1971 steht folgendes: »Johannes R. Becher wird am 22. Mai 1891 in München als Sohn des Amtsrichters Dr. Heinrich Becher und seiner Frau Johanna geboren. Der Vater, Sohn eines in ärmlichen Verhältnissen lebenden fränkischen Amtmanns, ist ein kluger, strebsamer, streng und auch eng seinen Pflichten dienender Beamter, der es nach entbehrungsreicher Jugend bis zum Oberlandesgerichtspräsidenten bringt. Die Mutter entstammt einer wohlhabenden Apothekerfamilie aus Durlach in Baden. Die Betreuung des Haushaltes und vor allem des Knaben, dem später noch ein Bruder folgt, liegt in den Händen einer gütig gediegenen, umsichtigen Hausangestellten namens Christine, die es nicht leicht hat.« Da haben wir ihn, den beispielhaft tugendsamen Vater, der sich hochgearbeitet hat, die Mutter aus gutbürgerlichen Verhältnissen, nicht zu vergessen die

»Hausangestellte«, die es nicht einfach hat bei ihrer Gediegenheit. Solch ein Text verklärt nur zu offensichtlich Herkunft zu einem bestimmten Zweck. Und dieser hängt damit zusammen, daß unser verlorengegangener Dichter im anderen deutschen Staat es zum Minister für Kultur gebracht hat, also eine offizielle Figur darstellt, somit Anspruch hat auf Heiligsprechung!

In der DDR gibt es infolgedessen umfangreiche Gesamtausgaben, eine Werkausgabe in drei Bänden, einen großen biographischen Bildband, Einzelausgaben mehr als genug, literaturwissenschaftliche Aufsätze, Essays über das Werk, eine neuerliche Biographie 1981. Die Schüler lernen seine Lyrik auswendig. Er ist der Verfasser der Nationalhymne. Auffällig nur, daß sich über die expressionistische Periode des Ministers die dortigen Literaturwissenschaftler recht distanziert äußern, Lebensstil und Umgang jener Zeit ziehen sie nicht gerne ans Licht.

Überall Väter

Der Knabe zeigt in früher Kindheit auffällige Züge des Verhaltens. Angst überfällt ihn: »Auch den Tag über hockte das Dunkel im Zimmer herum, unter den Tischen kauerte es und hielt sich in den Schränken verborgen und wartete nur, bis es Abend wurde und seine Zeit kam. Da kroch es, das Dunkel, und lachte über das klein wenig Licht, das es verscheuchen sollte, denn ungeheuer lag ringsum die Dunkelheit. Es erloschen alle Lichte, und das Dunkel wuchs und wuchs.« Er lauert vor der Tür des elterlichen Schlafzimmers mit einem Beil in den Händen. Er fängt die Briefe des Vaters an die Mutter ab und zerreißt sie. Er halluziniert: »Dunkel stand der Vater vor mir, ein dunkler Berg, in der nächtlichen Stille.« Während eines Ausflugs in die Berge möchte der Sohn den Vater einen Steilhang herabstürzen. Ein Marterl würde dann lauten: »Auf Bergen wird man oft nicht alt / Hier stürzte ab ein Staatsanwalt.«

Der Junge entwendet der verehrten, weil verständnisvollen Großmutter Goldstücke. Wer von Lehrern sich ihm einfühlend nähern will, wird sofort abgedrängt, mit List und Tücke bedacht, möglicherweise als unsittlich denunziert. Johannes gehört als Schüler zu den Tonangebenden, in der Horde geborgen, quält und peinigt er Schwächere. In Tagträumen möchte der Junge sich von einer Lawine begraben lassen, vom Hochwasser weggerissen werden.

Im Tagtraum aber auch erwacht das Bild der Mutter im Salon der Wohnung zu geheimnisvollem Leben. Dort sieht der Sohn sie »in einem weitausgeschnittenen Kleid und mit hochgestecktem Haar, überkrönt von einem Kamm aus Bernstein«. Die Mutter hatte vor der Ehe vom eigenen Beruf geträumt, nun muß sie ihr Leben im Haushalt verbringen, allenfalls Ausstellungen und Konzerte bleiben ihr, auch ihre Reformkleider, um einen Rest von Selbständigkeit zu erhalten. Später einmal, fast schon am Ende seines Lebens, heißt es in Bechers Tagebuch: »Aber Du, meine liebe, liebe Mutter, du ferner, ferner, ganz winziger, unnahbarer Mensch, ein mir heiliges, aber unbegreifliches, in Weltenferne entrücktes Wesen ... aus Klang und Poesie gewoben. Was begreiflich wirklich erdhaft war an dir, ist in Lilly (d. i. seine Frau) eingegangen, die mir zwar keine Mutter ist, aber heimatlich ist und mütterlich.« In Kindheit und Jugend wird Becher auf der Suche sein nach Geborgenheit, »heimatlich und mütterlich«, schutzsuchend vor der bedrohenden Vatergestalt.

Es ist der bürgerliche Vater, der nicht nur die Mutter an der Selbstverwirklichung hindert, sondern auch die Kindheit des Sohnes vernichtet, ihn in die Angst hineintreibt, in das Mißtrauen vor der Mächtigkeit Erwachsener, ihn zugleich begierig werden läßt, an ihrer Macht teilzunehmen. Wo der Vater geht, wo er sich aufstellt,

Johannes R. Becher mit seinen Eltern und seinem jüngeren Bruder Ernst, etwa um 1900

ist er immer »Staat in Person, Anerkennung, Autorität erheischend«. Einer der Lehrer übt auf Becher eine »unwiderstehliche Anziehungskraft« aus, er ist fasziniert durch dessen eigentümliche Autorität, die sich in Verständnisbereitschaft ausdrückt.

Es ist der bürgerliche Vater, der im wahrsten Sinne des Wortes zerschlägt, was der Sohn noch an geringer Zuneigung aufbringen kann: der Junge muß sich den Rohrstock selber kaufen, mit dem er gezüchtigt wird. Der Vater behandelt ihn wie einen Angeklagten, so daß der Sohn dauernd Schuldsprüche erlebt. »Angst muß der Mensch haben, wenn aus ihm etwas werden soll«, so lautet eine der väterlichen Erziehungsnormen. Der Sohn fühlt sich nicht mehr wie in einer Familie, sondern wie in einer sogenannten Besserungsanstalt. Da flieht das protestantische Kind aus Schmerz und Leid in das beglückende und beruhigende Ritual der katholischen Messe: »Jesus und Maria als Person vorstellbar.« Vater und Mutter in leibhaftiger Güte symbolisiert unter Weihrauch und flimmernden Kerzen. Zu Hause tobt und brüllt der Vater, zerschmeißt Vasen. Der Sohn beobachtet aufmerksam das Treiben, ist sehr nachdenklich, erkennt die Gründe dafür. Es scheint ihm, als ob der Vater »sich nach einer Trümmerstätte« sehne, als »sollte das Leben dann noch einmal, aber ganz anders beginnen«. Der Vater hat sich rigoros den Zwängen des Leistungskanons unterworfen, ohne Beziehung zu Förderern, muß in der Beamtenhierarchie mühsam nach oben klettern. Frustration überkommt den Geschundenen. Die Mutter, hilflos unterworfen, reagiert aggressiv mit Schuldvorwürfen. Das Kind überlegt, beobachtet: »Die Eltern schlugen sich, würgten sich und mordeten sich mit Worten.«

Der Übermacht des Patriarchen kann man sich nirgends entziehen. »Ein mächtiger Vater stand im Gang vor dem Spiegel, zwei Väter, einer vor dem Spiegel, einer im Spiegel. Ein Vater mit zwei Köpfen, und im Seitenflügel des Spiegels erschien ein dritter, überall Väter.« Suchende Gespräche des Sohnes sind nicht zugelassen, schon gar nicht am Mittagstisch. Gott und Sexualität sind Themen, über die man sich nicht äußern darf. Er bekommt vom Vater keine Antwort, als er von ihm wissen will, wie dieser seine Richterrolle mit seinem Atheismus in Einklang bringen kann. Ist Religion wirklich nur ein »Bindemittel, um Zucht und Ordnung aufrechtzuerhalten«? Ob der Onkel in der Irrenanstalt gar nicht verrückt ist, sondern dem Neffen richtige Einsichten in das unwahrhaftige Treiben der Welt geben kann? Denn weder Eltern noch Lehrer sind in der Lage, dem Jungen in der Pubertät Auskunft zu geben.

Kein Wunder, die Leistungen in der Schule werden immer schlechter. Toben des Vaters ist die Reaktion darauf. Die pubertäre

Lesewut des Sohnes, der aus der häuslichen Misere flüchten und sich Informationen verschaffen will, versucht der Vater abzudrosseln. Die Lektüre von Haeckels »Welträtsel« gerät zur Familienkatastrophe. Einer der Freunde Bechers berichtet über den seltsamen Mangel an Aufgeschlossenheit der Familie anderen gegenüber. Niemals z. B. hatte man ihn, den Freund, an den Familientisch eingeladen. Der Vater unnahbar, die Mutter farblos. Der jüngere, musikalisch begabte Bruder kann auf Dauer diese Atmosphäre nicht ertragen. Er wird mit 15 Jahren seinem Leben ein Ende machen. Die Eltern brechen kurz über dem Tod des Lieblingssohnes zusammen, fassen sich aber schnell, indem sie sich in Schwarz umkleiden, das Begräbnis besprechen, und alles »wurde aufs beste erledigt, und das Leben ging weiter«.

Dolche gespitzt für tausend Väter

Nun, der Ausbruch Johannes Bechers aus der Familie läßt nicht lange auf sich warten. Aufrührerische Verse des 14jährigen gehen voraus. Er schreibt sich, gefangen in der Wirklichkeit bürgerlicher Existenz, Verzweiflung und Nöte von der Seele. Anders als ein proletarischer Jugendlicher vermag er, sich selbst darzustellen, unter Schmerz und Leid sich im Schreiben zu verwirklichen. »Verse machten mich furchtlos und meiner Ansicht unüberwindlich. Heilkräftig wirkten sie«, berichtet Becher am Ende seines Lebens. Der Vater entdeckt das Heft des jungen Poeten: »Der legt es ja geradezu darauf an, sich ins Zuchthaus zu bringen... Ein starkes Stück, fängt auch noch an zu dichten!« Der bürgerliche Generationskonflikt ist da! Nicht weil die allgemeinen Verhältnisse schlecht sind, sondern weil der Vater keine Wertvorstellungen vorlebt, die dem Sohn lebenswert erscheinen. Bechers Angriff auf die Gesellschaft der Väter wird nun eingeleitet.

Diese verstörte jugendliche Existenz stürzt sich aus der Familienszene in die jugendliche Subkultur Münchens. Dort will Becher anders sein als die Alten, will sich nicht unterwerfen dem Diktat bürgerlicher Kultur und Mode. Er besorgt sich einen kleinen, fast randlosen Hut und läßt sich in ihm fotografieren, hat keine Scheu, sich als Clown zu demonstrieren. Abendelang treibt er sich mit der Freundesschar auf den Straßen der Stadt herum, lungert in Cafés und Kneipen.

Zeitweise ist Becher Mitglied eines Schwimmvereins, will deutscher Meister auf kurzer Strecke werden, heimst Urkunden und Trophäen ein, die er stolz umherzeigt. Der Vater ist skeptisch, er bewertet den sportlichen Eifer nicht hoch und mutmaßt zutreffend: »Da steckt etwas anderes dahinter, etwas ganz anderes.« Wenn schon keine Anerkennung durch den Vater, dann wenigstens draußen in der Vater-Welt. Oder handelt es sich bei dieser Schwimmwut ähnlich wie bei der jugendlichen Lesewut darum, alles zu vergessen an Zwang und Leid um sich herum, sich in der Literatur zu entdecken? Vielleicht findet man sich dort auf ähnliche Weise wieder wie im Probieren »bald in der, bald in jener Schrift«? Wenn der wilde Schwimmer Hölderlin, Nietzsche, Rimbaud, Verlaine verschlingt, liest er nicht über seinesgleichen?

Schließlich bricht der Sohn aus dem Elternhaus aus, brennt durch. Er lebt in einem Zimmer ohne Mobiliar, hämmert auf der Schreibmaschine seine Gedichte gegen die Väter. Wie besessen feilt er an den Texten, bis er zufrieden ist. Mit Freunden wird bis in die Morgenstunden diskutiert, »was Kunst und was Bockmist« ist. Dem Lesehungrigen ist zu Hause ein Buch in die Finger gefallen, dessen grellgelber Deckel einen flötespielenden Knaben im Maule eines delphinartigen Ungeheuers zeigt. Er liest aufgeregt:

Und wenn dir einst von Sohnespflicht,
Mein Sohn, dein alter Vater spricht:
Gehorch ihm nicht! Gehorch ihm nicht!

Der Verfasser heißt Richard Dehmel und ist einer der bekanntesten Schriftsteller der Vorkriegszeit. Becher meint, das »Lied an meinen Sohn« scheint für ihn selber verfaßt worden zu sein. Aufgerührt und begeistert schreibt er im November 1909 an Dehmel: »Und so habe ich neu gekämpft und gelebt. Und habe neue Lieder gesungen und gestammelt leise, zitternde Worte, Worte hinaus in so manche Nacht.« Er fühlt sich Dehmel als junger Dichter verbunden. Ein Foto zeigt ihn in einer Pose, wie er sich wohl als ein solcher vorgestellt hat.

Am 13. Mai 1909 schreibt der 18jährige jenen folgenschweren Brief an den Meister – den Vater? –, über den er zum Schriftsteller wurde. Er plant für den Sommer 1909 die Herausgabe seiner Gedichte mit dem Titel »Venus Regina«, will sich wohl vergewissern, was der Meister über die Qualität seiner Poesie zu sagen weiß. Er meint, »seine Kunst habe am meisten (ihm) zu verdanken«. Dehmel antwortet postwendend, ein Treffen wird vereinbart, er hat aber den Vater zugleich über die schriftstellerischen Fähigkeiten des Sohnes informiert. Der junge Mann lernt noch schnell einen »Gruß der Jugend an Richard Dehmel« zur Begrüßung auswendig. Das Gespräch und der folgende Briefwechsel zeigen aber gar keine

Übereinstimmung. Der Ältere schreibt ironisch, nachdem ihn der Jüngere emphatisch als »größten lebenden Lyriker« feiert, ihm zu Ehren einen kleinen Essayband herausgeben will, eine solche Ehrung durch Becher sei »eine verdammt belämmerte Ehre«. Im übrigen verfüge dieser über gar keine Erfahrungen aus dem Leben und aus der Kunst, könne also über die Zukunft Dehmels keine Aussage wagen. Der junge Mann solle sich erst einmal darin üben, Essays zu schreiben. Sein »Jugendfeuer« sei vorläufig mehr »Rauch als Flamme«. Trotz der herben Kritik des Meisters beharrt der Jüngere darauf, Gedichte herauszuschleudern. Ganz bewußt ahmt er Dehmel nach, vielleicht vom Wunsch besessen, von ihm, dem geistigen Vater, anerkannt zu werden. In Lyrik und Prosa der nächsten Jahre wird die Verschmelzung von Erotik und Religion im sinnenhaften Erlebnis wie bei Dehmel zum Inhalt seiner Arbeiten. Erst in der »Rede über Richard Dehmel« von 1912 lesen wir den Abschied vom Meister, zugleich den Übergang zum neuen Weltbild des jungen Autors. »Das Bildnis dieses ringenden Mannes erheischt unsere Wehmut, unsere bitterste Freude. Unsere Ehrfurcht. Denn ein starker Sohn der überraschten Zeit, der mit dem großen, heldenmütigen Anspruch, dem wahrhaft erhobenen Gefühl begann, zersank machtlos, die reinen Höhen seiner gewaltigen trunkenen Jugend verließ er... und in diesem Sinne scheiterte er zugleich mit vielen der Besten seiner Generation.« Die Bedeutung Dehmels wird sich in »jenem Großen manifestieren«, der das Neue der gegenwärtigen Zeit erfassen und in sich aufnehmen wird, der sich aus »Verfall seinen Triumph« erbaut. Ob Becher im übersteigerten Gefühl des Schaffens an sich denkt?

Während der Meister verlassen wird, sucht der ehemalige Jünger seit 1910 neue Anlehnung im Kreise um den Schriftsteller Bonsels in München. Dort huldigt man einem Kult der Jugend, ein »Evangelium der Jugend« wird verkündet. Erde und Frühling gelten als religiöse Symbole menschlicher Existenz. Dieser Jugendkult spricht dem Vaterlosen aus dem Herzen, erhält Becher doch Weihe und Zuspruch durch Gleichgesinnte. Er wird 1912 ein Werk »Erde« nennen, das andere »Gnade eines Frühlings«. Im Bonsels-Kreis kommt es zur zweiten Begegnung, die Bechers literarische Entwicklung vorwärtstreibt. Er trifft 1911 auf Bachmair, der zu den vertrauten Freunden gehören wird, aber vor allem verlegerische Initiative entwickelt, um den Freund zu publizieren.

Das Jahr 1910 wird für Becher bis an sein Lebensende, ablesbar aus Dichtung und Tagebuch, ein Jahr der Schuld und Trostlosigkeit bleiben. Im April versucht der Gymnasiast, sich und seine acht Jahre ältere Geliebte, wahrscheinlich eine Prostituierte, zu töten. Sie stirbt, er. überlebt. Beide wollten dem entsetzlichen Dasein entfliehen, beide aus einer Welt, die der Herrschaft von Männern und Vätern ausgeliefert ist. Ein halbes Jahr später schreibt Becher an Dehmel: »Ich habe ein geistig und körperlich krankes Mädchen auf ihr oftes und ernstliches Verlangen hin im Augenblick ihrer höchsten Seligkeit getötet. Ich habe nicht mehr die Kraft gehabt, diesen Anblick u.s.w. kurz mein Leben zu tragen und habe die Waffe gegen mich selbst gerichtet.« Die Tat wird nicht als Mord geahndet. Der Vater besorgt dem Sohn die Zubilligung des § 51, der verminderten Zurechnungsfähigkeit. Damit wird der Vater-Sohn-Konflikt weiter fortgetrieben, denn wie kann der unerbittliche Richter-Vater solche Tat vertuschen? Der Tod des Mädchens wird zur nicht tilgbaren Schuld im Frühwerk.

Ob im Roman »Erde« von 1912 oder in »De Profundis Domine« von 1913, in beiden Werken lesen wir über diese Schuld. Die »Toten-Messe« im Teil I von »Verfall und Triumph« (1914) ist »dem Gedächtnis der Fanny Fuß« gewidmet.

> Sie war die beste Nummer im Programm des Tanzpalastes:
> Little Lunch.
> Sie hatte rotes Haar
> Und ein Gesicht so kreideweiß,
> Little Lunch.
> Ich ging nicht mehr nach Haus.
> Meine Freunde sagten: Sie geht auf den Strich,
> Little Lunch.
> Ich schaute fremd: vielleicht, wer weiß...
> Wir suchten den Ostersonntag uns aus.
> Ich erschoß sie und schoß dreimal auf mich.
> Sie ist wie ein Fisch aus dem Bett hochgeschnellt,
> Little Lunch.
> Durchbiß sich die Zunge.
> Ich habe ihre Augen verglasen sehn.
> Ich ließ sie bluten. Sie ließ mich schrein.
> Wir ließen einander im Sterben allein.

Im Juli 1911 besteht Becher endlich in Ingolstadt mit Müh und Not das Abitur, nachdem er mehrmals die Schule gewechselt hatte. Nur die Bemerkung über die Leistung im Fach Deutsch weist auf die besondere Begabung des Schülers hin: »Unter den schriftlichen Prüfungsarbeiten kann nur der deutsche Aufsatz als gut bezeichnet werden, der sich durch ungewöhnlich hohe Vorzüge der sprachlichen Form auszeichnet. Mißlungen ist ihm die Bearbeitung der physikalischen und mathematischen Aufgaben.« Freund Bachmair und Becher beschließen, zum Wintersemester 1911 gemeinsam in Berlin zu studieren. Dieser Entschluß ist für beide die Zukunftsentscheidung: Bachmair wird Verleger, Becher Schriftsteller. Am 20. Oktober 1911 werden die Freunde einen Verlag gründen, nämlich »H. F. Bachmair. München und Berlin«.

Wo ist mein Weg?! Da? Dort? Oder da?

Berlin überwältigt Becher »mit seinen Bahnen, dem Gewirr der Straßen, dem bengalischen Spiel der Lichtreklamen, den unzähligen Gaststätten... den Menschen, die in diesem Großstadtdschungel selber fremdartig und unergründlich erschienen, Larven, grell geschminkt und in geheimnisvolle Absteige lockend, mit Zuhältern und Mördern, die tadellos gekleidet sich präsentierten, mit Bankiers, die über sagenhafte Reichtümer verfügten und schwer keuchend in ihrer Fülle an Bettlern vorüberschritten, die wie Gekreuzigte vor den Eingängen zur Untergrundbahn, den Warenhäusern und den Luxusrestaurants sich aufgestellt hatten«.

Und wie sieht er sich damals? »Ein Provinzschnösel aus München nach Berlin verschlagen... Ein Herumlungerer, der auf Kosten seiner Eltern lebt«, wohl ausgestattet mit einem ansehnlichen Wechsel des Vaters, nie damit auskommend. Becher haust in einem armseligen Viertel der Stadt in einem mehrstöckigen Mietshaus. Der Freund wohnt ganz in der Nähe. Dann und wann holen sie sich Mädchen auf die Bude. Zwei Bürgersöhne im Milieu der Asozialen: Das ist schick! Tag und Nacht, meistens nachts, ist Becher »kreuz und quer durch Berlin auf Entdeckungsreisen«. Das Studium der Philosophie, für die Anfangssemester der Medizin damals Pflicht (!), betreibt er höchst nachlässig. Zu Weihnachten erfährt er vom Selbstmord des Bruders, versucht auch, »seinem Leben ein Ende zu machen«. Im Tod des Bruders erlebt er die Vernichtung des jugendlichen Bürgers durch den bürgerlichen Vater.

Mit voller Energie schreibt der Autor am Roman »Erde«. Den Anschluß an die Berliner literarische Szene zu finden fällt ihm anfangs recht schwer. Schließlich lernt er Pfemfert kennen, den Herausgeber der radikalen »Aktion«, vor dem er einen gewaltigen Respekt empfindet, vielleicht sogar Angst. Ist diese literarische Autorität gleich einem Vater? Mit Herzbeklemmung steht er vor dessen Schreibtisch und erwartet das Urteil über sein Manuskript, ein »Urteil über Leben und Tod erwartend«. Nie wieder will er jenes Glücksgefühl gespürt haben, das er beim »Anblick eines in der

›Aktion‹ gedruckten Gedichtes« empfand. Sein erstes Gedicht für die Zeitschrift ist den Ereignissen von 1848 gewidmet: »Auf die Märzgefallenen« (1912).

Aber die erste Buchpublikation kommt im Verlag des Freundes heraus. Zum Gedenken Kleists, dessen 100. Todestag sich 1911 jährt, erscheint »Der Ringende/Kleist – Hymne« für 75 Pf das Exemplar mit 12 Seiten Umfang. 560 Stück werden gedruckt, davon 10 aufwendig ausgestattet auf handgeschöpftem Bütten mit eigenhändiger Unterschrift des Verfassers. Der 20jährige in der Pose des Dichters, so auf dem Foto dieser Zeit. Der Verlegerfreund geht mit den Drucken in den Buchläden hausieren, um sie in Kommission loszuwerden.

Diese Hymne ist, man beachte den Titel, nichts anderes als die Selbstinterpretation des jungen Becher. Er sieht sich als »Sohn allen Frühlings«, als ein »Gott der jungen Erde... Wo ist mein Weg?! Da? Dort? Oder da? Oder dort?«.

Die Kritiken äußern sich recht unterschiedlich. Die einen sind des Lobes voll: »Ein typisches Sturm-und-Drang-Werk, dessen sprachliche Wendungen aus der Siedehitze jugendlichen Schaffens geschleudert... Ein junges Talent von außerordentlichen Maßen und einer gewaltigen Explosivkraft sprengt hier zum ersten Male seine Fesseln, unter der Maske des ringenden Kleist.« Den anderen geht das Pathos auf die Nerven.

Der Vater in München bleibt seinem ungebärdigen Sohn gegenüber skeptisch. Er wünscht, daß dieser sein Studium ordentlich, d.h. beaufsichtigt betreibt. So muß Becher zum Wintersemester 1912 nach Hause. Mit ihm zieht der Freund samt Verlag. Doch vorher erleben beide die ersten großen Erfolge mit dem autobiographischen Roman »Erde« und dem Lyrikbändchen »Die Gnade eines Frühlings«.

Beide Werke werden begeistert aufgenommen, sie müssen wohl dem Geschmack der Zeit entsprochen haben. Zwei Pressestimmen aus der Provinz, aus Köln und Breslau, machen die Zustimmung deutlich. Beide äußern sich über den Roman. »In diesem Werk flackern zahlreiche Flammen, zucken gewaltige Blutsbrände, und schwüle Empfindungen suchen sich gierig und aufreizend unserer Nerven zu bemächtigen. Und nicht die letzte Schönheit des Werkes ist seine dichterische Sprache, die man ohne zu übertreiben, blühend und glühend nennen darf.« Die andere: »Darum müssen wir es mit aufrichtiger Freude begrüßen, wenn einer der Allerjüngsten von einem hohen sittlichen Ernst des Anspruches die dornenvollen Pfade einer hellen Zukunft entgegengeht.«

Der Einfluß Dehmels auf den Verfasser des Romans ist deutlich ablesbar, geht es doch um die Erlösung des Menschen durch die

Harmonie von Natur und Eros. »Er stand auf jener nackten und steilen Klippe, die weiß und hell, ohne Grün in das dunkle Meer fiel. Er war, wie er war seit Uranfang, hob die Hände in das unklare Licht... Er hob voll Weihe die hagren Hände und senkte sie. Ihm gegenüber... stand ein Weib, hob ihre Hände und senkte sie.« Die Vereinigung mit Natur und Eros führt zur »Sonne der ewigen Jugend«. Doch Erlösung erfolgt nicht ohne Leid und Schmerz, sie gehen der Vereinigung voraus, haben »eine versöhnende Macht«. Wie bei Hölderlin und Nietzsche, Bechers poetischen Leitbildern, führt der Schmerz von »einer Wonne zur anderen«. Und erst im Sterben gibt es die erlösende Harmonie.

Das Mutterbild des Verfassers aus Kindheit und Pubertät ist in diesem autobiographischen Roman zum erotischen Motiv geworden. Die Träume und Phantasien richten sich hier im Sterben der Mutter ganz unmittelbar auf sie: »Sie hatte die Haare herabgelassen, und das Hemd war obenhin geöffnet, wehmütig schimmerten die hohen Brüste durch, die Augen glänzten feucht, doch herrlich und in Klarheit aufgetan, als empfände sie von den Händen ihres Sohnes das letzte Glück, die weheste Lust... Er hatte seine rechte Hand in die seiner Mutter gelegt... Qualvoll und süß wob es durch seinen Körper, sammelte sich spannend auf einen Punkt, als wolle es da hervorbrechen und sich erlösen.« Wie der Autor vorher selbst, so beschließt der Liebende mit der Geliebten, aus dem Leben zu gehen. Auf den heutigen Leser wirkt da manche Passage erheiternd oder komisch, auch die sexuelle Kraftmeierei ist eher zum Lachen als zum beabsichtigten Mitleiden geeignet. Die »steilste Brunst« tobt in wilden Worteruptionen: »Du, Ev, bist mir Dirne, Dirne zum Tode. Dirne? Ach nein, ich nenne dich auch Mutter... Maria... Tier... Mensch, Madonna... dem Knaben Glied, Mutter, Schwester, Geliebte, Weib, Ekel, Gott, Himmel... Tod.«

Die programmatische »Rede über Richard Dehmel« in der Schriftenreihe des Bachmair-Verlages »Die neue Zeit« wird kein Geschäft. Fast alle Exemplare müssen verramscht werden! Die Gedanken eines jungen Autors über Dehmel interessieren niemanden, macht sich doch aufgeblähtes Selbstgefühl breit.

Im Winter 1912 beginnt Becher an Versen zu arbeiten (endend im November 1913), die 1914 publiziert werden. Die Sammlung ist Emmy Hennings zugeeignet, seiner »blonden Muse«. Sie wird nachher berühmt im Züricher »Cabaret Voltaire« der Dadaisten. »Sie mein erstes poetisches Wagnis, mein leidenschaftliches Abenteuer, das mich mitten in die Literatur wirbelte und mich mit Leonhard Frank, van Hoddis, Hardekopf zusammenbrachte... ich verdanke ihr viel, viel bei meinen ersten Versuchen.«

»In München war's«, heißt es in einem Gedicht Bechers aus den dreißiger Jahren. München, was treibt er dort in jener Vorkriegszeit? Später wird er die Heimatstadt hymnisch feiern: »Du Wiege und Spielplatz einer legendären Kindheit, du Stadt des ersten Sturm und Drangs meiner Jugend.« In welch alltäglicher Sprache erinnert sich der mächtige Minister, und welche Verbiegung seines frühen Lebens!

Wie schon in Berlin, so studiert er auch in München nebenbei, arbeitet die meiste Zeit an seinen Gedichten und im Verlag des Freundes, gibt schließlich die Studiererei auf. So wie er das Abitur nur mühsam bestanden hat, so wird er nie einen akademischen Abschluß zustande bringen. Abende und Nächte sitzt Becher in Cafés und Lokalen. »Bleich und hager, gestützt auf einen Ebenholzstock mit Elfenbeinknopf, versunken in (sich) hinein dichtend, abgekapselt gegen freche Aufdringlichkeit.« Er ist nicht aggressiv, macht einen distinguierten Eindruck, in keiner Weise »revolutionär auffallend wie sonst die Schwabinger Größen«, eher ein Dandy. Er gehört zur Gruppe aus »jungen Leuten, die noch unbekannt sind, die aber einst bekannt und berühmt sein werden« (Balzac). Wie sie, will auch er die Bürger verschrecken, »die guten Leute verblüffen«, will sehen, was sie sich alles gefallen lassen. Er und seine Gesinnungsfreunde wissen zu genau, daß man sie zwar beschimpft, aber ihre Schriften diskutiert und ihre literarischen Abende besucht. In der Münchener Szene gibt es unzählige Zirkel Intellektueller »des denkbar extremsten Gegensatzes... in denen alle deutschen Stämme vertreten (sind), aber auch Holländer, Schweizer, Balten... Araber, andere Orientalen, Kreise, die sich wieder gegenseitig über- und durchkreuzen« (Fuchs). Hier wird schon früh die Psychoanalyse bekannt gemacht, dem Narkotismus gefrönt. Die Schickeria hängt sich dem Treiben an, auf Partys, im Okkultismus, im Drogengebrauch, in der Libertinage. Becher gefällt der intellektuellen Weiblichkeit wie den leichten Mädchen in den Künstlerkneipen gleichermaßen. Eine kommt auf ihn zu und schenkt ihm ihr Zigarettenetui. »Da bebte die Erde, und sie sagte: ›Sie sind ein Dichter‹.« Es ist Emmy Hennings. Doch auch manche andere hat es ihm angetan. Marietta mit dem »schlagkräftigen Mutterwitz«, oder Dorka, um derentwillen der junge Mann wohl beinahe einen Mord begangen hätte.

Kokain und Morphium sollen die Schaffenskraft stimulieren, sind zugleich zeichenhaft antibürgerlich. Becher wird zum Morphinisten, bleibt morphiumabhängig bis an sein Lebensende. »Nachts, ankernd am Rande der großen Flut, wurde das Gedicht geboren«, heißt es im »Tagebuch« von 1950. Im Mai 1914 muß er wegen fortschreitenden

Morphinismus in eine Klinik. Im Juni fleht er seine Gönner an, ihm finanziell zu helfen, damit er schreiben kann, denkt an Selbstmord, worauf Freunde eine Sammelaktion veranstalten. Offensichtlich kosten Drongenkonsum und Leben in der Subkultur so viel Geld, daß väterliche Wechsel und Honorare nicht ausreichen.

Mittlerweile bemühen sich renommierte Verlage um seine Mitarbeit. Da ist der Hyperion-Verlag in Berlin, der expressionistische Verlag von Kurt Wolff in Leipzig und der Insel-Verlag ebenfalls in Leipzig. Dort wird Becher einmal Lektor werden. Der Grund für das Interesse der Verleger liegt in der wachsenden Bekanntheit Bechers in der literarischen Welt. Der Erfolg mit der aufwendig gedruckten Ausgabe von »De Profundis Domine« mit 500 Exemplaren zeigt dieses 1913 ganz deutlich.

Sicherlich haben zum Bekanntwerden auch die Erzählungen und Gedichte beigetragen, die in der »Aktion« abgedruckt wurden. Sicher auch die literarischen Abende in der Kulturmetropole München, die Bachmair veranstaltet. Dort erlebt Becher enthusiastische Reaktionen: »Drinnen wälzt sich, vom Vortragspodium her, ein dicker, blutwarmer Strom ekstatischer Verse über die Hörer, begräbt sie unter sich, droht sie zu ersticken. Die Glut der Jugend ist in diesen Versen, der Riesenbrand, der Vergangenheit und Gegenwart verzehrt, um der Zukunft willen... Wie Johannes R. Becher, so heißt dieser lyrische Flagellant und dionysische Genießer – die Form beherrscht, das will beachtet sein.« Becher trägt seine Gedichte bei manchen dieser Auftritte im Smoking vor!

Doch Freund Bachmair plant mehr, weil die Zeitschrift »Neue Kunst« seines Verlages nicht so recht geht, sie muß aus den roten Zahlen heraus. Er plant ein literarisches Kabinett, Emmy Hennings erfindet den Namen »Die Mördergrube«. Bechers Vater sitzt dort unter den Zuhörern, er hat schon vorher dem Verlag, in dem der mißratene Sohn tätig ist, juristischen Rat gegeben. Nimmt er die Attacken auf die Bürgerwelt, auf die Vätergeneration hin? Bringt es der Sohn doch noch zu etwas, wenn auch außerhalb gewohnter bürgerlicher Laufbahn?

Eine der Kritiken feiert den jungen Lyriker: »Die Kunst dieser Verse ist so ursprünglich, so originell und unvergleichlich, so frei, sie schafft Neues so unbeirrt, daß dieses halbe Hundert Verse allein genügte, Becher den ganz echten Dichtern unserer Zeit anzureihen.« Sogar eine Stimme in Belgien preist den jungen Schriftsteller: »Wenn man diesen Vertreter des literarischen jungen Deutschlands liest, so hat man den Eindruck, daß er seinen Platz an der Sonne erobern wird, und das nicht nur im Lande deutscher Zunge, sondern in der europäischen Literatur.« Kein Wunder denn, daß dieser sich frohgemut und im hohen Selbstgefühl bei der Verlegerin des Insel-Verlages Katharina Kippenberg auf folgende Weise einführt: »Sie sollen in der ganzen Weltgeschichte (kein Buch) finden, das ein 23jähriger Mann ähnlich je schrieb.«

Was Breughel in der Malerei, wollte ich in der Dichtung erreichen

1914 naht der künstlerische Durchbruch. An zwei Werken ist er ablesbar, das eine ist das schon erwähnte »De Profundis Domine« von 1913, das andere die Sammlung »Verfall und Triumph«, bestehend aus Lyrik und Prosa, herausgegeben im Hyperion-Verlag Berlin. Der Titel »De Profundis Domine« ist angelehnt an den Text des Psalms 129: »Aus der Tiefe, Herr, rufe ich. Aus der Tiefe, die mein Schicksal geworden ist«. Der Mensch schreit bei Becher in grauenhafter Angst um Hilfe, er ist schuldig, abgründig und deshalb verloren: »Oh du mein Schrei: auch Schrei der Zeit.« Er erlebt die Welt als eine Disharmonie, als einen unaufhebbaren Dualismus. »So erlebe ich die Welt in einer mystisch-chaotischen Gebärde, darin sich Hohes mit Niederem eint. Gottes Tempel und des Teufels Stall.« »Diese Welt stöhnt nach Reinigung«, nach Erlösung. Becher schildert in apokalyptischen Visionen Zustand und Zukunft der Menschheit. Die modernen Städte sind Zeichen des Dualismus. Sie sind einerseits »rauschend«, sind der Loblieder wert, zugleich aber in tiefer Verdorbenheit und verderben die Bewohner. Doch Bechers Visionen weisen auf eine Zukunft hin, die unter Schmerzen und Qualen geboren werden kann. »Ich will Gott erleiden«, ruft er. Einmal wird der Kosmos erlöst sein, aber das Leid vorher ist nicht aufhebbar: »Es rauschen die Flammen. Ich leide. Ich leide.« Das Universum wird auf Zukunft hin in Bewegung geraten, der neue Mensch naht:

Schaukeln schwingen durch die Luft. Rasen.
Silberne Kugeln klingen. Anprall,
Abprall und Zusammenstoß. Dumpfe, dunkle
Berührung fliegender Menschenkörper. Fiebernde
Würfe. Flüge durch den Weltenraum.

Der Mensch muß das Seine dazu tun, um sich zu erlösen, die Qualen der jetzigen Welt zu beseitigen:

Daß ihr erlöst werdet vom Fleisch,
peitscht euch das Blut auf!
Rhythmisiert euch! Steht auf!

Von hier aus betritt der Autor neuen Boden; er scheint den Mythos der kosmologischen Erlösungsvisionen zu verlassen, scheint sich radikaler politischer Utopie zuzuwenden. Er ruft die sozial Ausgestoßenen auf, und er ruft die proletarischen Massen, die bürgerliche Gesellschaft zu zertrümmern.

Wir Schar. Zerschlagen und zermalmt.
Gehirn zersetzt schon Wahn. Wir haben
Zum letzten wohl geludert: Pest und Qualm
Und Dirnenpack und Louis und Straßengraben.
Unwirklich rinnt auch diese Nacht zum Tag.
So schwarz in Grau. Von unerhörter Qual.
Brecht ihr empor: rote Glorie und Glockenschlag.
Verstörte, Tote wir im Morgenstrahl.

Aber Bechers Sprache schreibt in anderen Partien Formen des Jugendstils nach. Der Kampf der Geschlechter als Symbol des kosmischen Dualismus findet sich in ornamentalen Wendungen. Da jagen sich Liebende »trunken dahin, unbewußt, dumpf benommen und wie von dem schwülen Duft aufblühender Rosenhecken und dem betäubenden Geruch süßer Mädchenleiber umhüllt«. Wortkaskaden expressiver Sprache toben:

O wehes Tanz- und Fangspiel!
Verruchtes Ringspiel zwischen Mann und Weib!
Und ewiger Krieg! Ein Sichbetrügen und Belügen,
Ein Sichbekriegen und Gegenseitig –
Sichbesiegen bis in den Tod...
Du Scheusal, Luder, Bestie, Vieh! Du Abschaum
Aller Scheußlichkeit der Erde! Du Niedertracht!
Triumphgeburt schamlosester Gemeinheit!
Schlange! Hohngelächter du über Leichen hin:
Ich hasse, hasse, hasse!

Ob dieser Kampf der Geschlechter im Weltbild Bechers zurückzuführen ist, ebenso wie die aggressiven Schuldbekenntnisse, auf die Tötung der Little Lunch?

Der erste Versband von »Verfall und Triumph« ist der eigentliche Träger seines Ruhms als Prototyp des Expressionismus. Mit diesem Werk dringt sein Ruf endgültig über den Kreis von Kennern modernster Lyrik hinaus.

»Eingang« ist das erste Gedicht des Werkes. Der Verfasser stellt sich dort als ein Suchender vor, der im Deutschland vor 1914 dem

Sinn des Daseins nachspürt. »Der düstere Dichter im gewohnten Straßenkleide stelzt durch den Tag ... Ihn narrt Vergangenheit mit Schuld und schiefer Fratze, die Zukunft tastet nach ihm, irrer Geist und trüb.« Programmatisch für andere Teile der Sammlung ist die wirklichkeitsbezogene Thematik. Reflektorisch bezieht sich das Ich des Autors in den Verfall der Zivilisation ein: »Bin ich zerbröckelnde Mauer, Säule am Wegrand die schweigt?« Die gegenwärtige Zeit ist die Zeit des Weltendes, des Unterganges aller menschlichen Werte. Der Kosmos setzt die Untergangszeichen. »Es rascheln gewittern Horizonte fahlgelb.« Oder: »Über Glutgebirgen blutet die Sonne schwer.« Da fallen »draußen heulend schwarze Regen«. Verwesung und ekelerregende Vorgänge in der Natur jagen Angst ein: »Gelblich träger Würmer eng gewundener Gang.« An den Bäumen hängt giftiger »Hauch von grünen Winden«. Und kein Gott hilft? »Er hat uns geraubt die Kräfte. Verwarf uns zu Fetzen und Scherben.« Das Individuum sucht nach Erfüllung seiner Existenz, die in der Natur nicht mehr zu finden ist. Diese entzieht sich dem Menschen, denn er besitzt nicht mehr jene Unschuld, die das »heilige Tier im Dämmertraum« noch hat. Ob es keine Möglichkeit gibt, das Unschuldige zu provozieren? Ist nicht das Unbewußte jener Zustand von Unschuld, ungetrübt durch die Ratio, im Grunde unzerstörbar? Doch wie das Unbewußte aktivieren? Der Rausch, erzeugt durch Drogen, öffnet das Tor zur Unschuld des Naturhaften.

Es gibt Menschen, die ein gleiches Leid an dieser endenden Welt erfahren. Es macht sie zu Leidgefährten des Dichters. Sie erkennen hellsichtig das Neue einer menschlichen Zukunft, auch wenn sie untergehen. So ist Baudelaire einer von ihnen, ist Bechers Bruder:

> Schwarzer Engel meine Schritte leitet.
> Groß Gespenst im Fluche des Jahrhunderts.
> Bruder, den ich aufgelöst umarm.
> Atem feucht, den ich erschauernd spür.
> Schwarzer Engel meine Schritte leitet.

Aber auch »der Idiot« gehört zu den Leidgefährten, ist er doch jenseits aller Fesseln des Verstandes, aller Logik fähig, gesellschaftliche Wirklichkeit zu erfahren. Gerade er ist fähig, das Alte zu vernichten, wozu die Ratio des sogenannten Normalen nicht rät. Becher erinnert sich aus der Kindheit seines Onkels in der Irrenanstalt, seiner merkwürdigen Attacken auf den deutschen Kaiser, der die USA einverleiben will. »Nur ein Verrückter darf eben die Wahrheit sagen.« Nur der Verrückte lebt sein Leben, richtiger und wahrer als die anderen, deshalb ist er geeignet, den zertrümmernden

Stoß auf die Zivilisation zu führen. »Er hockt nachts heulend auf Kuppeln brennender Paläste«, die Häuser brennen, der »großen Städte Flucht« ist deren Untergang.

Trotz aller surrealistisch scheinender Bilderwelt ist das Geschehen zu lokalisieren, ist doch alles Realität: Deutschland im Angesicht der nahenden Katastrophe des Weltkrieges. Man lese »Deutschland« oder »Berlin«! In dem einen Gedicht wird das historische Frankreich mit dem kaiserlichen Deutschen Reich kontrastiert.

> Schwer wird's, sich als Deutschen zu bekennen,
> Nicht nach den Landschaften Frankreichs zu brennen,
> Nach Paris nicht, unserem rosenen Kindheitstraum.
> Wir leben in einem kalten rechteckigen Raum.

In dem anderen schildern die Bilder soziales und industrielles Elend, aber auch wie Bomben für das politische Attentat bereitgehalten werden. Der Dichter, vereint mit den Ausgestoßenen, sieht die neue Zeit aufsteigen:

> Einst kommen wird der Tag!... Es rufet ihn der Dichter,
> Daß er aus Ursprungs Schächten schneller her euch reiße!
> Des Feuers Geist ward der Geschlechter Totenrichter.
> Es zerren ihn herauf der Bettler Orgeln heiser.

Das Goldene Zeitalter wird kommen, in dem man »bei goldnen Wolken ankern« wird.

Becher montiert aus der Disharmonie sozialer und politischer Wirklichkeit ein geschlossenes Bild der wilhelminischen Gesellschaft, aus Klassenherrschaft und Klassenkampf, aus Ausbeutung und Streik, aus Industrie und Natur, aus Angst und Hoffnung. Hoffnung auf das nahende Ende dieser inhumanen Welt, mit der man nicht zurechtkommt. Er und seine Gesinnungsfreunde summen, pfeifen, murmeln das Gedicht »Weltende« von Hoddis: »Diese acht Zeilen entführten uns... Alles, wovor wir sonst Angst oder Schrecken empfanden, hatte jede Wirkung auf uns verloren. Wir fühlten uns wie neue Menschen, wie Menschen am ersten geschichtlichen Schöpfungstag, eine neue Welt sollte mit uns beginnen.« Den Bürgern sollte Hören und Sehen vergehen, sie sollten zur Hölle fahren. Die Weltkatastrophe wird ersehnt als gewaltige Reinigung:

> Wir horchen auf wilder Trompetendonner Stöße
> Und wünschen herbei einen großen Weltkrieg.

Dieser große Weltkrieg ist da! Becher braucht nicht zur Armee, denn entweder hat ihn der § 51 von 1910 davor bewahrt oder der wachsende Morphinismus. Er gehört einer Gruppe von Künstlern an, die sich mittels Drogengebrauchs so weit bringen, daß sie als wehruntauglich eingestuft werden. 20 Jahre später berichtet Becher nämlich, er habe »die Mobilisierungsorgane auf den Fersen« gehabt und deshalb den Morphiumgebrauch gesteigert. Er findet »Zuflucht als Kriegsdienstverweigerer« in einem Sanatorium, heißt es im »Tagebuch« von 1950, das der Minister geschrieben hat!

Den Sommer vor Ausbruch des Krieges verbringt der junge Autor rastlos bei den Verlagen in Berlin und Leipzig, auch in München oder Jena, wo er angeblich studiert. Er sitzt in Weinstuben, Kneipen, Cafés mit Gleichgesinnten, schreibt besessen. Auf den nächtlichen Straßen diskutiert er enthusiastisch. Beim Rezitieren von Poesie hat er sich angewöhnt, die Blicke nach oben zu richten, gibt sich in der Pose eines Künders und Sehers, die er zeit seines Lebens nicht ablegen kann, vielleicht auch nicht einmal will.

Seit dem Winter 1913 schreibt Becher an Gedichten, die 1916 unter dem Titel »An Europa« bei Kurt Wolff veröffentlicht werden. Er ist auf der Suche nach einer neuen Darstellungsform, nach einer neuen Ästhetik seiner Lyrik. Schreibt er doch 1915 in der Einleitung für das kommende Werk: »Ein schlecht gemachtes Propagandastück des Vereins zur Bekämpfung der Geschlechtskrankheiten zum Beispiel erscheint uns heute immerhin bei weitem gewichtiger als das ziseliertes te gleitendste Rilke-Gebild. Gewisse Liebesdichter vollends – nicht der flammendste Zug des zwanzigsten Jahrhunderts entrüttelt sie – treiben für uns dumm Süßliches flötend auf schwanke Sofa-Barke gelötet im Abgrund.« Das Deutschland-Gedicht dieses Jahres markiert haßerfüllt nun genauer als vorher den Feind, nennt Namen, nicht mehr Mythisches als Erlösungsformel: »Prassele auseinander Stab der Generale! Woge schling der Lieferanten Korps.« Auch das Foto von 1916 ungefähr zeigt Becher verändert: nicht der deutsche Jüngling mit dem ahnenden Blick, sondern mit Sportmütze, englishlike, männlich, vielleicht ein politischer Journalist.

Materiell abgesichert als Lektor, über Mäzene verfügend, stürzt sich der Lyriker in die Suche nach dem neuen Stil, der ihm zu realitätsbezogener Dichtung verhelfen soll. Er bekommt nicht nur ein ganz hübsches Salär, sondern die Gönner kümmern sich auch um einen Kuraufenthalt für den Morphinisten. Seine Verlegerin preist ihn in einem Brief an Rilke, kennt aber auch seine dunklen Seiten, von denen ihm Gefahr droht: »Es spritzt und blitzt ja in der Sprache und von Sprache... ganz unter uns, ich leite jetzt einen Schritt für ihn ein, der hoffentlich eine entscheidende Wendung in sein Leben bringt.« Rilke ist gar nicht so angetan. Bechers rasende Verse scheinen ihm dem Bewußtsein eines Süchtigen zu entspringen, sind nicht die tiefen Leiden Trakls, eher »eine Täuschung und, nach außen hin, ein Betrug«.

Becher arbeitet und arbeitet: »Mein ganzer Kopf ist angefüllt mit ungeheueren Gesichten, ich träume ihre Titel, sie rollen äußerst rasend im Gehirn ab: oft fünf nebeneinander, ja oft sehe ich sie plastisch im Druck.« Einer seiner Mäzene beobachtet sorgsam und registriert, daß »Becher noch ringt, das halte ich bei einem 23jährigen Menschen für direkt erfreulich. Er wächst noch und wird hoffentlich noch lange wachsen«. Er bezeichnet ihn innerhalb der deutschen Literatur als »eine Kraft ersten Ranges«. Jahre später berichtet Becher über diese Phase der Entwicklung: »Mitten im Krieg. Tief in mir verwildert. In schwärmerischer Blut-Sommer-Nacht. Plötzlich: in Zungen redete ich. Fühlte schrieb schrie mich und schmiß: Silben, Silben, nie gekannte Worte... Verbrauchte Perioden platzten. Es befreite maßlos sich. Alle Elemente jubelten. Eine fanatische Vernichtung.«

Nicht mehr Baudelaire und Verlaine sind Vorbilder, sondern Walt Whitman, Rimbaud, der Sturm und Drang, Hölderlin, Schiller: »Aus dem Kelch der Grammophontrichter heraus muß Schiller heute das Lied der Freundschaft verkünden.« Über Rimbaud: »Auf Dächergletschern wir verzweifelt wallen, du zerre uns empor am Führerseil.« Marx gehört endlich zu seiner Lektüre. Er will eine Anthologie herausgeben, in der auch Übersetzungen Whitmans enthalten sein sollen: »völlig subjektiv, sozialistisch, menschlich«. Whitman wird zum »Bruder Whitman« wie damals Baudelaire, dem er nicht nur folgen, sondern dessen Stelle er selbstbewußt im 20. Jahrhundert einnehmen will. Er will dessen humanistisches Pathos fortführen, aber radikaler, brutaler, um Gerechtigkeit in diese unmenschliche Welt zu bringen: »Laßt uns die Schlagwetter-Atmosphäre verbreiten!«

Der junge Dichter feuert an euch... Der junge Dichter wird den Marsch euch schreiben

Wie soll der junge Dichter nun schreiben? Im Vorgedicht zum Band »An Europa« lauten drei Verse:

> Der Dichter meidet strahlende Akkorde.
> Er stößt durch Tuben, peitscht die Trommel schrill.
> Er reißt das Volk auf mit gehackten Sätzen.

Da haben wir die neue Form, die »Neue Syntax« Bechers.

Ein junger Dichter sich Subjekte kittet.
Bohrt des Objekts Tunnel... Imperativ
Schnellt steil empor. Phantastische Sätzelandschaft
überzüngelnd.

Diese neue Syntax, mit ihren Strophen »metallisch tönend«, soll zerschlagen, was bürgerliche Sprache bisher an Weltbild formte; sie soll das Chaos schildern, in das die Vätergeneration die Welt gestürzt hat. Ein rasender Untergang soll provoziert werden. Die Sprache soll aber auch das neue Weltbild entwerfen helfen.

Die neue Welt... eine besonnte,
eine äußerst gegliederte, eine geschliffene Landschaft
schwebt mir vor, eine Insel glückseliger Menschheit.

Noch ist alles nicht soweit, noch muß die Sprache des Dichters kämpfen. Ganze Wortkaskaden überschütten den Leser, bestehend aus Substantiven, häufig gebildet aus Adjektiven und Verben. »Des Substantivs erhabener Quaderbau« beherrscht die Satzstruktur. Artikel, Partikel, Pronomina läßt der Autor weg: Temposteigerung ist die Folge. Superlative sollen bewußt extreme Positionen ausdrükken. Bilder werden gegeneinander gestellt, exzessive Bildhaftigkeit veranschaulicht die Aussagen. In der Dreiheit »Erlebnis, Formulierung, Tat« vollzieht sich das Schaffen des Dichters, um die Veränderung der Gesellschaft zu bewerkstelligen.

Die folgenden Verse aus »Päan gegen die Zeit« (1918) mögen als besonders charakteristisches Beispiel für Bechers neue Ästhetik dienen. Zugleich läßt sich ablesen, wie gefährlich leicht die Grenze zur Neutönerei übersprungen werden kann, das ganze also deklamiert wirkt. Die Struktur erstarrt, unbeabsichtigte Komik entsteht.

Wie schwankt Mensch Mensch: hah uferlos!
Weib dreht durchs Licht zerrauften Schoß.
Gell schreit Mensch! Mensch! Daß Trommel-Donner flicht,
Mann explodiert, Faust Bombe sticht.
Hah Väter-Vieh! Gesäß zerpflügt! Boxt! Packt!
Hah Messer los! Spritz Tomahak!
Jüngling-Athlethen schmetternd hochgezückt.
Mensch schrumpft! Verkohl! Bauch quetsch Krawall Fabrik.
In Trümmer Zeit! Verschleimtes Hurennest.
Skalp – Trikolor enorm am Schlächterfest.
Fleisch schwält Morast. Oh Glieder! Haut – Haar – Brei!
Entwurzelt Mensch. Zerstampft im Raum – Geschrei.

Der Autor trägt solche Verse gelegentlich in öffentlichen Veranstaltungen vor. Tumulte und Krawalle sind die Folgen.

Ein erstaunliches Beispiel für politische Klarsicht Bechers in den Kriegsjahren ist der »Aufruf an die Soldaten der Sozialistischen Armee« vom Dezember 1916 im »Almanach der deutschen Jugend auf das Jahr 1917«. Er hat nur ganz geringe Kenntnisse von den revolutionären Entwicklungen in Rußland; eine sogenannte sozialistische Armee existiert nicht. Aber der Dichter prophezeit ihren Sieg:

> Der Sieg ist schon im voraus euer. Beweist die lebendige
> Macht euer Idee, die tatsächliche Wucht des Glaubens.
> Auf Wiedersehn! Schnell jauchzend los! Vorwärts!

Im Winter 1916/17 verlobt sich Becher mit der Schwester von Theodor Däubler, einem bekannten Schriftsteller und Bohemien der

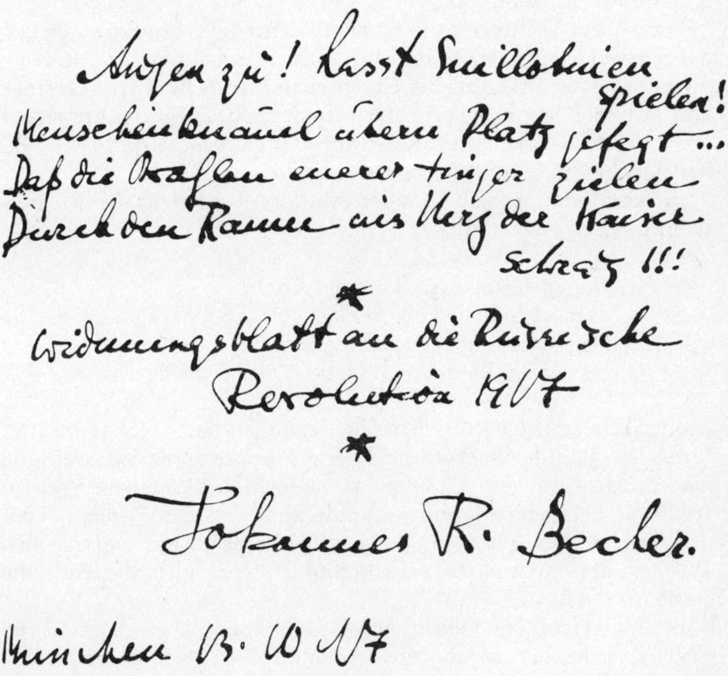

Augen zu! Lasst Guillotinen spielen!
Menschenknäuel überm Platz gefegt...
Daß die Waffen eurer Finger zielen
Durch den Raum ins Herz der Kaiser schräg !!!

*

Widmungsblatt an die Russische Revolution 1917

*

Johannes R. Becher.

München 13. 10. 17

Dieses ›Widmungsblatt an die Russische Revolution‹ schrieb Johannes R. Becher am 13. 10. 1917

Münchener Szene. Zu Beginn des Jahres 1917 muß er wieder zu einer Entziehungskur. Die Hektik seines privaten Lebens wie auch sein vehementes politisches Engagement, das Hin und Her zwischen Utopie und Realität in seinem Denken ließen ihn zum Morphium greifen. Im übrigen gilt seinerzeit der Rausch als Stimulanz bei Intellektuellen durchaus als gesellschaftsfähig. Die Exzentrik seiner Sprache macht es vielen politisch Gleichgesinnten schwer, Verständnis aufzubringen. So bleibt der Leserkreis nicht groß. Auch die Zensur des Staates beeinträchtigt die Wirkung, z. B. das Verbot der Lyriksammlung »Das Neue Gedicht« 1917. Nicht zu vergessen auch sind die Anwürfe und Erniedrigungen durch Mitglieder der expressionistischen Bewegung. Was Werfel 1919 darlegt, wird Becher schon während des Krieges vorgehalten: »Becher ist ein aufgeplusterter Dilettant, mit unangenehm verlogenen Manieren! Das moderne Verlagswesen ist leider überrumpelt durch eine Meute mit Jugend, Menschlichkeit und verhurten Phrasen auftrumpfenden Halb- und Nichtskönnern.«

Der »junge Dichter« hatte schon 1914 im Gedicht »Eingang« von der notwendigen »Tat« gesprochen. Und so schritt er zur Tat, denn die radikale Veränderung der Gesellschaft war nicht durch »Gesänge von Tribünen herab« zu erreichen, sondern durch Mitmachen an der Front des Klassenkampfes. Konsequent tritt Becher 1917 der USPD bei, nachher noch dem Spartakus-Bund.

In der Widmung zur Oktoberrevolution fordert er deren Übernahme auf Deutschland:

Augen zu: laßt Guillotinen spielen!
Menschenknäuel übern Platz gefegt –
Daß die Strahlen eurer Finger zielen
Durch den Raum ins Herz des Kaisers schräg!!

Becher beherzigt die kritischen Überlegungen Karl Liebknechts, der feststellte, daß der bürgerliche Literat »in tatenloser Verzweiflung zusammenstürzt, statt kämpfend zu handeln, um eine neue Welt zu schaffen. Sekundäre Probleme verdeckten ihm das Primäre, über den Folgen erkennt er nicht die Ursachen, erkennt nicht die sozialen Wurzeln des Furchtbaren, das ihn umklammert, nicht die Kraft, die sie ausrotten kann.«

Becher erfaßt die Leiden der Gesellschaft als gesellschaftliche Widersprüche, die aufgehoben werden müssen. Dazu ist die revolutionäre Aktion notwendig. Der Angriff auf die »Stahlkuppeln des Kapitalismus« muß geführt werden.

Mit Knall erfolgt jetzt eine Explosion.
Die Arbeiter erklären stracks den Streik.
Die Residenz ersäuft in Flammen schon.
Der Kaiser heimlich in ein Auto steigt.

Ich bin voll Widersprüche, die aber in mir selbst keine Widersprüche sind (1920)

Aber: Bechers Mühen um die Tat, um die revolutionäre Aktion wirkt auffallend widersprüchlich, ist widersprüchlich wie die Gesellschaft, in der er lebt. Dort das Unvermögen, Proklamationen bürgerlicher Humanitätsideologie zu verwirklichen, der Krieg demonstriert die schreckliche Realität der Unmenschlichkeit, hier das Schwanken eines bürgerlichen Schriftstellers zwischen radikaler sozialistischer Position und Erlösungsmystifikationen. Manchmal tobt Becher »als unbarmherziger Wüterich«, dann wiederum gibt er sich der Schau mystischer Bilder hin. Die Lektüre von Marx führt nicht zum veränderten Bewußtsein, damit auch nicht zum Entwurf neuer Bilder, um Sozialismus engagiert zu proklamieren. Da nutzt auch nicht sein Beitritt zu einer radikal-sozialistischen Gruppe wie die KPD.

Am Ende seines dritten Jahrzehnts, die Jugend ist hin, erlebt Becher eine tiefe Identitätskrise, die er offensichtlich nicht wahrhaben will, die er verdrängt. Sein Hin und Her ist das Ergebnis nie erfahrener Autorität. Wer nicht erfährt, was diese ist, wer immer von Kindesbeinen an auf der heimlichen Suche nach ihr gewesen ist, der erlebt Zusammenbrüche und Ängste, Mißgriffe und Mißhelligkeiten. Einerseits die Suche nach der Vater-Autorität, um soziale Autorität mit Werten der Humanität zu erfüllen; andrerseits die Suche nach Mutter-Autorität, um in Geborgenheit Ängste aufzuheben.

Der deutsche Schriftsteller Becher grüßt die Russische Föderative Sowjet-Republik: »Im Osten wächst das Licht.« Er fordert rigoros eine jakobinische Moral vom Proletariat:

Ihr werdet hart sein. Und sehr unerbittlich. –
Und nicht vergessen. Wahret euer Recht.
Wälzt um! Befreit! Und dann erst: wahrhaft friedlich
Erhöbe sich ein göttliches Geschlecht.

Die Sprache des Gedichtes – vor allem die letzte Zeile – weist eher auf eine allgemeine Erlösung der Menschheit hin als auf revolutionären Klassenkampf. Sie ist durchsetzt mit religiösem Vokabular, vom »göttlichen Geschlecht« angefangen über die mehrfache Erwähnung eines »heiligen Reiches« bis zum Engel, der auf Barrikaden steht. Die Brüche der Metaphorik zeigen die Brüchigkeit des Becherschen Weltbildes.

Ähnliches findet der Leser in den »Gedichten für ein Volk« aus den Wintermonaten 1917/18. Wir entdecken eine versponnene Idylle; da sollen sich die »Brüder« mit sanftäugigen Inderinnen vermischen, sollen in die »Zelte der summenden Siamesin« hinein und ins »Felsenlager der kuhäugigen kastilischen Hirtin«. Im November 1917, zur Zeit der revolutionären Vorgänge in Rußland, schreibt Becher an Gedichten, die unter dem Titel »Die heilige Schar« ein Jahr später veröffentlicht werden. Der Titel bezieht sich verblüffenderweise auf die revolutionäre Masse, also das Proletariat. Der Autor nimmt eine merkwürdig unsozialistische Position ein, eher die eines religiösen Verkünders: »Heilig kühn«.

Einige Wochen vor dem schicksalhaften deutschen November 1918 legt er seiner Verlegerin ein Drama vor, das er gleich zurückzieht, das nie eine Bühne sehen wird. »Verlegen und errötend« äußert sich der Verfasser ein Jahr später über das Stück. Ging es in diesem »Hans im Glück« vielleicht um ihn selber, seine Last der Drogenabhängigkeit? Die Verlegerin schreibt nämlich in einem Brief, der Dichter »habe den Dämon« hinter sich gebracht, das Thema der Dichtung sei offenbar »die Erlösung vom Triebe«.

Im Herbst 1918, Streiks und Massenbewegungen lassen die gesellschaftliche revolutionäre Aktion, von der Becher sich so viel erhofft, in greifbare Nähe rücken, beginnt er den merkwürdigen lyrischen Zyklus »Zion«. Erst 1920 wird das Werk gedruckt. Soll die Vision eines Judenstaates ein Bild sein für den neuen deutschen Staat? Auch hier ganz deutlich die Beziehung zum erfolgreichen (?) Abschluß einer Entziehungskur:

Aus Schrift-Gelenken, magisch und verzückt,
Voll Wiesen-Weichheit, ewige Nacht enthaltend –
Hat dich zum ersten Mal im Herbst erblickt
Der Dichter, frei der höllischen Gewalten.

Verständlich der berechtigte Wunsch Bechers, sich in diesen Versen darzustellen, jedoch schwer verständlich, warum er in dieser Phase politischer und sozialer Auseinandersetzungen zurückgreift auf Bilder und Inhalte der Vorkriegszeit:

Wir sind geboren in der Nacht der Wälder.
Morast und Moor ward uns zu Aug und Haar.
Die Wangen Mohn. Und Stirn: zerfurchte Felder.
An Hügel-Lippen glüht Gott wunderbar.

Im Winter 1918/19 übernimmt Becher aber Lenins Ruf »An alle« als Titel einer Gedichtsammlung, hat er doch voller Trauer und Verzweiflung die Niederlage im revolutionären ersten Ansturm miterlebt. Die großen Gestalten der Revolution, Liebknecht und Luxemburg, die großen Figuren der Identifikation, sind getötet worden. Alleingelassen, ohne lebende Autorität zur Seite, schreibt Becher in Trauer vor die Gedichte: »Rosa Luxemburg, Karl Liebknecht. Dem revolutionären Proletariat gewidmet. Ihr seid –: Das Salz der Erde!!« Verlassen treibt sich der Dichter »wahllos durch die Nacht. Mensch ohne Nest und wärmendes Gefieder«.

Im Sommer 1919 fühlt sich der Spartakusanhänger Becher bedroht. Er verbirgt sich wochenlang in der Wohnung eines Freundes in Berlin. Sicherlich, »schon um die Mitte des Jahres lag die reale Macht... bei den Freikorps und nicht bei der Nationalversammlung. Hand in Hand ging damit eine systematische Bewaffnung des besitzenden Bürgertums, der Gutsbesitzer... die sich in Zeitfreiwilligenregimentern und Einwohnerwehren zusammenschlossen« (A. Rosenberg). An die 3000 Menschen waren bei den Märzmassakern in Berlin und im Frühjahr in München niedergemacht worden. Aber ist Becher als intellektueller Mitläufer wirklich bedroht? Oder stilisiert er sich zum Dichter-Märtyrer? Steigert er sich in die Möchtegern-Rolle eines getöteten Propheten?

Doch was treibt der Spartakist 1919 im Hause des Germanisten Hans Naumann zu Jena, einem völkischen Volkskundler, der sich als freisinniger Mäzen gibt? (1933 wird er in Bonn lauthals die faschistische Bücherverbrennung preisen!!) Was macht Becher so empfänglich für den Kreis um den Professor? Was bringt ihn dazu, dort Verse, angefüllt mit barocker Metaphorik, gestenreich, pathetisch zu skandieren? Vielleicht erinnert ihn alles an den Kult um Jugend und Dichtertum damals in München bei Bonsels? Ist doch auch für den Mäzen in Jena der Dichter ein Künder, der als Bote des Göttlichen dem zuhörenden Volke Wahrheit offenbart!

Ein merkwürdiges Hin und Her im Leben des Johannes R. Becher in der Nachkriegszeit also. Er wendet sich dem Religiösen mit einer Intensität zu, die für einen Spartakisten ungewöhnlich anmutet. Er verfaßt ein Festspiel »Aufbruch eines Volkes zu Gott«. Den letzten Teil davon vollendet er in Urach auf einem Bauernhof, dessen Idylle so gar nicht in diese revolutionäre Zeit passen will. Becher lebt dort zeitweise mit einem bäuerlichen Unikum zusammen, dem er für Kost und Logis beibringen soll, einen Roman zu schreiben. Urach wird für den Autor zeit seines Lebens das Bild für Ruhe, Frieden, Heimat bleiben: »Oft sucht mein Auge jetzt, festzuhalten sich dort, wo inmitten der Hügel Urach liegt.« Braucht er die Landschaft, um sich zu finden nach den turbulenten politischen Ereignissen von 1919 und 1920? Oder flieht er auch vor der privaten Belastung? Seine Verlobung hat nicht länger als ein Jahr gehalten. 1918 heiratet er eine andere, die Ärztin Käthe Ollendorf, seine »Süd-Olive«. Dazwischen schreibt er die »Gedichte um Lotte«, der er die »Heilige Schar« vom November 1917 gewidmet hat. Als er im Spätsommer 1919 die Verborgenheit des Freundes verläßt, schenkt er diesem ein Exemplar der Lotte-Gedichte mit der Widmung: »Mein innigstes und trauerigstes Buch herzlich für K. P. Sommer 1919.« Warum so traurig? Verzweiflung über verlorene Liebe oder verlorene Revolution. Wer weiß es. Wo ist Bechers Tat für die Revolution geblieben?

Er vollzieht immer stärker den Übergang zu religiöser Mystik, damit die Abkehr vom bisherigen Schaffen. Er bricht mit der »Aktion«, die ihn doch bereitwillig publiziert hatte. Im Januar 1920 kündet sich der Umschwung an, in dem er einen seiner literarischen Weggefährten attackiert: »Ihr Roman ist ein Skandal... wegen dessen wir uns gründlich zu schämen haben. Man kann, ohne Sie tätlich anzugreifen, selbst in Insulten nicht weiter mit Ihnen unterhandeln. Schluß.« Das ganze Jahr läßt sich Becher darüber aus, wie sinnlos die bisherigen Schaffensperioden gewesen sind. Nun erst will er zum Dichter werden: »Es gab vordem noch nie Dichter.« Im Mai sieht er sich »unergriffen« angesichts »der blamablen Pleite alles dessen«, was sich »das Wörtchen ›Expressionismus‹ umhängte«. Er will »alle intellektuellen Gebundenheiten« ablegen, will zu »einer wunderbaren magischen Lyrik« gelangen, will eine Legende seines Lebens schreiben. Seine Absicht ist es, den »Versuch einer mythologischen Gestaltung dieser Zeit« zu wagen. Im Juni des Jahres behauptet der ehemalige Expressionist, daß diese Bewegung abgewirtschaftet habe, alles war nur Phrase, ohne Leben, nur theoretisch« »ich habe ganz was anderes vor«. Er will nicht mehr »Menschlichkeitsgedusel« von sich geben. Im Juli teilt er mit, ihm seien viele reine Verse, abseits vom Expressionismus, »einfach, wie hingesagt« gelungen. Er wird in Zukunft Kunst »mit dem Ursprünglichen und Göttlichen« verbinden, in ihr wohne ein priesterliches Element. Unter dem Einfluß seines Freundes Ludwig Meidner – »ich habe niemand so wie dich« – wird die Lektüre einseitiger, fast ausschließlich religiös. Das alttestamentarische Buch der Könige beeindruckt ihn tief, denn dort steht »Wort für Wort unser heutiges Elend und unsere Not geschrieben«. Becher sehnt sich nach Sicherheit aus dem Glauben. Das »wunderbare Buch der Anna Katharina Emmerich« fasziniert ihn außerordentlich.

Die meisten dieser Aussagen sind in Haar bei München niedergeschrieben. Häufig in emphatischen Sätzen berichtet Becher, wie er vor Schaffenskraft förmlich überströme, oft »ohne Maß und Halt«. Auch könne er nicht so schnell schreiben, wie Inspriationen auf ihn einstürmten. Er brauche überhaupt nicht mehr zu denken, »es nimmt ihn hin«. Nun muß man wissen, daß sich in Haar eine »Heil-Anstalt« befindet, an der Bechers Frau Käthe al's Ärztin arbeitet, die sich von ihm scheiden lassen will. Ist er wiederum zu einer Entziehungskur dort? Die letzte Strophe aus »Um Gott« deutet auf schweres persönliches Leid hin, soll eine »Beichte vielleicht sein«. Der Autor fühlt sich als »Wunde dieser Welt«, will wieder einmal aus dem Leben gehen.

Kein Fluß erbarmt sich.
Morast nicht noch Schilf.
Kein Messer fand mich.
Das Meer spie mich aus.
Aber ach vielleicht
Begrüben mich doch bald
Wolke und Wald.
Gottes Angesicht schaute ich – nicht!

Aber es sind nicht nur Morphinismus, Ehekonflikte, Unbehagen am bisherigen Schaffen und die mühselige Suche nach neuen literarischen Formen, auch nicht die Trauer darüber, daß die deutsche Arbeiterbewegung nicht Spartakus folgte, gewiß Lasten in Hülle und Fülle, aber zu allem trifft den Künder des Sozialismus massiv Kritik aus dem eigenen Lager. Es nützt Becher nichts, daß er die Expressionisten beschimpft als »ein apolitisches, rasseloses verschlammtes Gewimmel, eine durchaus verstockte, verphraste, hochverquollene Menschheits-Unart, die nur auszurotten ist«.

Das Zentralorgan der KPD »Die Rote Fahne« nimmt 1921 im Feuilleton den Genossen auf die Hörner, der vorher gewagt hatte, Kritiker als »Kläffer« zu bezeichnen. Vor allem »Vergewaltigung der Sprache« wird ihm vorgeworfen, hatte er doch mit anderen bereits 1919 im Aufruf »An alle Künstler« es fehlen lassen an verständlicher Ausdrucksweise, dafür ästhetisierende Forderungen aufgestellt. Im November 1919 hatte die Rote Fahne die Intellektuellen darauf aufmerksam gemacht, daß Fragen zur proletarischen Kunst erst nach siegreicher Revolution zulässig wären. Gelegentlich ließen sich auch Vorwürfe aus Arbeiterkreisen vernehmen, daß die Intellektuellen der KPD nie eine Maschine zu Gesicht bekommen, dafür um so »fleißiger im Kaffeehaus gesessen hätten«. Becher liest, die linke Intelligenz sollte gefälligst revolutionäre Lieder im Stile von Edwin Hoernles »Tausend Liebknechte hat Deutschland« produzieren. Im übrigen bringe er als Kleinbürger auch nur Kleinbürgerliches an Kunst zustande.

Der Dichter scheint tief verwundet, fühlt sich ausgestoßen. Gehörte er noch der KPD an, zahlt er doch keinen Beitrag mehr? Aber wohin soll er gehen, in den Selbstmord wie damals vor Jahren? Oder zurück ins Bürgertum, mit dessen humanitären Illusionen womöglich? Das wäre die Selbstaufgabe des Dichters. Die Liebesbeziehung zu einer vermögenden jungen Amerikanerin wird abgebrochen, also keine »Frau mit schmalen Fingern«, die ihm »am Abend Bach vorgespielt« hätte. Becher erkennt, daß er als Intellektueller seine Rolle in der Weiterführung des Klassenkampfes in der Republik zu erlernen hat. Ab »1923 wurde ich eigentlich erst so recht zum Sozialisten erzogen«. Wenn der Titel des Festspieles noch 1921 heißt: »Arbeiter Bauern Soldaten. Der Aufbruch eines Volks zu Gott«, so lesen wir 1924: »Arbeiter Bauern Soldaten. Entwurf zu einem revolutionären Kampfdrama. Zweite völlig veränderte Ausgabe.«

Die Partei wird dem Dichter künftig Inhalte und Formen anordnen. Sie wird die Sehnsucht nach nie erfahrener Autorität erfüllen:

Was wäre ich, ohne daß mich die Partei
In ihre Zucht genommen, ihre strenge!?
Ein wilder Spießer, der mit Wutgeschrei
Sich selber zerfetzt.

(1936)

An den Vater

Schlangenader längs der Stirne rollt.
Gabel stößt er pfeifend in Salat.
Weißer Suppe krummes Maul träuft voll.
Makkaroni würgt aus Nase grad.

In den Weinberg kroch er, dichtes Laub,
Den Kniefällen seiner Kinder taub:
Dorther wächst und wächst ein Donnerschnarchen.
Die ihn sucht, sich bückt –: sie schreckt die Blöße.
Auf den Lippen gischtet Spülichtschlamm.
Zepter in der Faust des Patriarchen.

Füße Schweiß mit ihren Haaren klamm
Wäscht sie. Arme Braut des Bösen.

Später, da er vor den weiten Plätzen
Ängstigend sich preßt in ihren Arm –
Seufzer schickt sie den Erbarmungsblicken,
So ihr zu oft glänzende Herren nicken...

(Mancher stößt sich in sie rauschend warm.)
Die ihm dient als Boot zum Übersetzen.
Ausgeleiert. Nur ein Ausstück. Fetzen.

Finger birgt sie, die erfroren rot
Von Stricknadeln (Messerwald) durchlöchert.
Aus geschwollener Augen Köcher
Spritzeln Tränen auf zerdrehtes Brot.

Niederstürzt sie, die er täppisch rupft,
An die sich heraufwälzt stumpfer Bauch.
Zitternd in ihr kleines Bett sie schlupft:
Ausgesogen, starr. Ein windiger Schlauch.

Bei dem Löffel in die Teller Klirren –:
Hund am Tisch du! Klaffender Tyrann
Wo dein Sohn, Indianer, dir auflauert –
Zwischen Zähnen Beil er fiebernd kauert
Vor dem Schlafgemach – bis schwirrend
Saust das Beil! Das Beil –: es fällt dich an!

Verfall

Unsere Leiber zerfallen,
Graben uns singend ein:
Berauschte Abende wir,
Nachtsturm- und meerverscharrt
Heißes Blut vertrocknet,
Eitergeschwür verrinnt.

Mund Ohr Auge verhüllet
Schlaf Traum Erde der Wind.
Gelblich träger Würmer
Enggewundener Gang.
Pochen rollender Stürme.
Wimpern blutrot lang.
... *»Bin ich zerbröckelnde Mauer,*
Säule am Wegrand die schweigt?
Oder Baum der Trauer,
Über den Abgrund geneigt?« ...
Süßer Geruch der Verwesung,
Raum Haus Haupt erfüllend.
Blumen, flatternde Gräser.
Vögel, Lieder quillend.

»Ja –, verfaulter Stamm ...«
Schimmel Geächz Gestöhn.
Unter wimmelnder Himmel Flucht
Furchtbarer Laut ertönt:
Pauke. Tube Gedröhn.
Donner. Wildflammiges Licht.
Zimbel. Schlagender Ton.
Trommelgeschrill. Das zerbricht. –

Der ich mich dir, weite Welt,
Hingab, leicht vertrauend,
Sieh, der arme Leib verfällt,
Doch mein Geist die Heimat schaut.
Nacht, dein Schlummer tröstet mich,
Mund ruht tief und Arm.
Heller Tag, du lösest mich
Auf in Unruh ganz und Harm.

Daß ich keinen Ausweg finde,
Ach, so weh zerteilt!
Blende bald, bald blind und Binde.

Daß kein Kuß mich heilt!
Daß ich keinen Ausweg finde,
Trag wohl ich nur Schuld:
Wildstrom, Blut und Feuerwind
Schande, Ungeduld.

Tag, du herbe Bitternis!
Nacht, gib Traum und Rat!
Kot Verzerrung Schnitt und Riß –
Kühle Lagerstatt...
Alles muß noch ferne sein,
Fern, o fern von mir –
Blüh empor im Sternenschein,
Heimat, über mir!

Einmal werde ich am Wege stehn,
Versonnen, im Anschaun einer großen Stadt.
Umronnen von goldener Winde Wehn.
Licht fällt durch der Wolken Flucht matt.
Verzückte Gestalten, in Weiß gehüllt...
Meine Hände rühren
An Himmel, golderfüllt,
Sich öffnend gleich Wundertüren.

Wiesen, Wälder ziehen herauf.
Gewässer sich wälzen. Brücken.
Gewölbe. Endloser Ströme Lauf.
Grauer Gebirge Rücken.
Rotes Gedonner entsetzlich schwillt.
Drachen, Erde speiend.
Aufgerissener Rachen, die Sonne brüllt.
Empörung Lachen Geschrei.

Verfinsterung. Erde- und Blutgeschmack.
Knäuel. Gemetzel weit...
... »*Wann erscheinest du, ewiger Tag?*
Oder hat es noch Zeit?
Wann ertönest du, schallendes Horn,
Schrei du der Meerflut schwer?
Aus Dickicht, Moorgrund, Grab und Dorn
Rufend die Schläfer her?« ...

Klänge aus Utopia

Sie dringen langsam schon heran, bald gleiten
Sie milde Stöße auf und ab im Blut.
Die Adern tönen, Netz gespannter Saiten.
Moorsee der Cellos zwischen Bergen ruht.

Darob die Inseln der Gestirne hängen.
Verweste Tiere blühn in Wäldern auf.
Es steigen Prozessionen nieder in Gesängen.
Der Fluß beleuchtet seinen schwarzen Lauf.

O Mutterstadt im freien Morgenraum!
Es flügeln Fenster an den Häuserfronten.
Aus jedem Platz erwächst ein Brunnenbaum.
Veranden segeln mondbeflaggte Gondeln.

Sie künden Männer an, elastisch schwingen
Die durch der Straßen ewig blaue Schlucht.
Ja –: Frauen schreitende! Mit Palmenfingern.
Geöffnet weit wie Kelche süßester Frucht.

Und Freunde strahlen an dem Tor zusammen.
Wie hymnisch schallt purpurner Lippen Braus.
Nicht Söhne mehr, die ihre Väter rammen.
Umarmte ziehen, Sonnen, sie nach Haus.

Zu weichestem Park verschmölzen die Gefilde.
Die Ärmsten schweben buntere Falter dort.
Goldhimmel sickert durch der Wolken Filter
Den Völkern zu. – Lang dröhnender Akkord.

Eingang

Wenn ich Dich nur denke
: Himmlischster Akkord :
Arme Fahnen schwenken,
Nord zieht tönend fort.

Wenn ich Dich nur fühl
: Palmen und Oasen :
Wind streicht Balsam kühl,
Engel-Chöre blasen.

Wenn ich Du bin, Dein
: Riese und Gewitter :
Keusch und demut-rein,
Frei im Käfig-Gitter.

Und des Siegs gewiß
: Mensch in Gottes Kraft :
Schoß nach Sturm und Riß.
Körper jäh gestrafft

Auf zum Firmament!
Rings im Sternen-Plan.
Ja Eroberer, wenn
Dein ich bin... Gesang.

Der Entfernte. Georg Trakl

Er geht durch Wälder. Lautlos unbewegt.
Wo gar kein Raum ist in der Luft zum Schrein.
... und würgt und würgt. Da gern es schlafend trägt
Ihn, hängt er sich ins Horn des Hirsches ein.

Betaute Wiege. Doch erwacht er grell
Matt gießen Mond und Sterne sich herein.
Ein wenig plätschert er im schwarzen Quell.
Er schlürft berauscht vom bitteren Abendschein.

Seltsam durchmischt verblieben die Geräusche
Aus jener Stadt, die knospet auf im Blut.
Von zweien Kindern ausgebrochenes Kreischen.
Wie Blasen steigend Böller Festsalut.

Auf einmal dann –: gestreckte Schlote zischen.
Andante-Baß der Straße bunter Ton.
Wo Brüllen... Haufen schleifen an. Lang Wischen –
Am Ende schlüpft heraus ein Grammophon. –

Er geht durch Wälder. Lautlos unbewegt.
Wo gar kein Raum ist in der Luft zum Schrein.
... nur manchmal wie umarmend schlägt
Den Kopf er brüderlich ins Moosgestein.

1891 22.5.: Johannes R. Becher wird als Sohn eines beamteten Juristen in München geboren.

1905 Erste lyrische Versuche, um sich schwere Konflikte mit Eltern und Schule von der Seele zu schreiben.

1909 Begegnung mit R. Dehmel, den er als seinen literarischen Meister verehrt. Er plant eine Publikation eigener erster Gedichte.

1910 Eintritt in den Kreis um den Schriftsteller Bonsels in München, der ihn thematisch und formal stark beeinflußt. Becher versucht, mit seiner Geliebten aus dem Leben zu scheiden (Little Lunch).

1911 Beginn der Freundschaft mit Bachmair, seinem ersten Verleger. Bestandenes Abitur in Ingolstadt nach mehrfachem Wechsel der Schulen. Zum Winter Beginn des Medizinstudiums in Berlin.
Der Bruder begeht Selbstmord.
Becher veröffentlicht seine »Kleist-Hymne«.

1912 Fortsetzung des Studiums in München. Druck des Romans »Erde« und der Gedichte »Die Gnade eines Frühlings«, zugleich Abschied von seinem ersten literarischen Vorbild Dehmel. In der »Aktion« erscheint das Gedicht »Auf die Märzgefallenen«. Becher lebt in der Münchener Boheme, begegnet dort seiner »blonden Muse« Emmy Hennings.

1913 »De Profundis Domine« erscheint. Renommierte Verlage bemühen sich um Bechers Mitarbeit.

1914 Erster Kuraufenthalt wegen Morphinismus. Selbstmordabsichten. Bei Kriegsausbruch untauglich als Soldat. Künstlerischer Durchbruch mit »Verfall und Triumph«.

1915/16 Arbeit an Gedichten, die unter folgenden Titeln erscheinen: »An Europa – Verbrüderung«. Wieder ein Kuraufenthalt wegen Drogensucht. Er sucht nach einer neuen Form, nach der »neuen Syntax«. Es erscheint der »Aufruf an die Soldaten der Sozialistischen Armee«.

1917 Becher ist nun verlobt mit der Schwester des Schriftstellers Däubler, muß wieder zu einer Entziehungskur. Er tritt der USPD bei.

1918 Die Lyriksammlungen »Päan gegen die Zeit« und »Die heilige Schar« werden veröffentlicht, beide gewidmet »An Lotte Pritzel«, außerdem eine Auswahl: »Das neue Gedicht«. Die meisten Gedichte sind in den Jahren 1912 bis 1917 geschrieben worden. Wahrscheinlich neuerliche Entziehungskur. Becher heiratet die Ärztin Käthe Ollendorf.

1919 Anhänger des Spartakus-Bundes, verbirgt sich vor vermeintlicher Verfolgung. Erster Urach-Aufenthalt. In Jena fühlt sich Becher durch einen Kreis von Bildungsbürgern als Künstler und Dichter bestätigt. Es erscheinen die Titel: »Gedichte um Lotte – Gedichte für ein Volk – An alle«, 1917 bis 1918 geschrieben.

1920 Beginnender Bruch mit dem Expressionismus. Abdruck von »Zion« und »Ewig in Aufruhr«. Wohl wieder Entziehungskur; Scheidung von K. Ollendorf. Selbstmordabsichten.

1921 Schwere Spannungen mit dem Zentralorgan der KPD »Die Rote Fahne«, weil Becher ästhetischen Vorstellungen des Bürgertums huldigt.

1922–1927 Eine erste Phase proletarischer, revolutionärer Agitationsdichtung, z. B. in der Lyrik »Maschinenrhythmen« oder »Am Grabe Lenins«, in der Prosa »Der Bankier reitet über das Schlachtfeld« und »Levisite«.

1925 Beginn eines Hochverratsprozesses gegen Becher, der in aller Welt eine Welle des Protestes wachruft, schließlich abgesetzt wird.

1928–1932 die zweite Phase der Agitationsdichtung. B. hält das Hauptreferat auf der Gründungsversammlung des »Bundes proletarisch-revolutionärer Schriftsteller«; er gibt dessen Zeitschrift »Linkskurve« heraus. In Bechers Lyrik vor allem zu nennen »Die hungrige Stadt« und »Der große Plan«. Reichstagsabgeordneter der KPD.

1930 Teilnahme an der II. Internationalen Konferenz proletarischer und revolutionärer Schriftsteller in Charkow, wird in das Präsidium gewählt.

1935 B. bleibt als Emigrant in Moskau. Ihm fällt es schwer, sich im fremden Land zurechtzufinden. Selbstmordgedanken. Das Mißtrauen der Stalinzeit lastet auf ihm.

1938 Vollendung von Bechers bedeutsamstem Prosawerk »Abschied. Einer deutschen Tragödie erster Teil« unter dem Zuspruch seiner Frau Lilly.

1942 Dramatische Dichtung: »Schlacht um Moskau« (später »Winterschlacht«), wird in der »Internationalen Literatur«, Untertitel »Deutsche Blätter«, gedruckt, die B. herausgibt. Während des Kriegs ist er agitatorisch tätig.

1945 Nach 12 Jahren Exil kehrt B. zurück. Der Gedichtband »Heimkehr« wird von Stephan Hermlin schärfster Kritik unterzogen.

1948 Ähnlich aggressiv äußert sich Brecht über den Nationalismus in »Volk im Dunkel wandelnd«.

1949 B. schreibt den Text zur Nationalhymne der DDR.

1950 Er vollendet »Auf andere Art so große Hoffnung. Tagebuch 1950«. Es entsteht ein Zyklus »Neue Deutsche Volkslieder«, dort unerträgliche Huldigung an Stalin. (1952 erhält B. den Stalin-Preis für die Festigung des Friedens.) »Das Lied von der blauen Fahne« wird bei den Jugendlichen der Partei ungemein populär.

1954 Becher wird zum Minister für Kultur ernannt.

1957 »Das poetische Prinzip« erscheint, eine Ästhetik des Sozialistischen Realismus, in der er seit Jahrzehnten wieder auf künstlerische Werte seiner Frühzeit hinweist.

1958 Das letzte lyrische Werk »Schritt der Jahrhundertmitte« bringt beeindruckende elegische Partien in Liebes- und Naturlyrik. Am 11. 10. stirbt Becher in Berlin.

WEITERFÜHRENDE LITERATUR

Michael Rohrwasser: Der Weg nach oben, Johannes R. Becher – Politiken des Schreibens, Verlag Strömfeld/Roter Stern, Frankfurt 1980. – Der Verfasser interpretiert Becher auf eine sehr eigenwillige, spannende Weise in dessen früher Schaffensperiode.

Hans Kaufmann: Krisen und Wandlungen der deutschen Literatur von Wedekind bis Feuchtwanger, Aufbau Verlag, Berlin 1966. – Im Rahmen der Vorlesungen über deutsche Autoren stellt der Autor Becher kritisch aus der Sicht der »anderen deutschen« Literaturwissenschaft dar.

Georg Kaiser als eleganter Dandy

BRIGITTE DÖRRLAMM

Georg Kaiser oder die Geburt des Neuen Menschen

In der zweiten Juniwoche des Jahres 1945, vierzehn Tage nach Auflösung der Regierung Dönitz, einen Monat nach der bedingungslosen Kapitulation Deutschlands hört eine Frau Radio. – In der Tat: es arbeiten zu dieser Zeit bereits fünf Sender auf dem Gebiet des vollständig besetzten Landes, natürlich unter der Regie der amerikanischen, englischen und sowjetischen Militärregierungen: Hamburg seit dem 4., München seit dem 12. und Berlin seit dem 13. Mai, Frankfurt seit Freitag, dem 1., und Stuttgart seit Sonntag, dem 3. Juni.

Die Nachricht, um die es hier geht, lautet etwa: Am 4. Juni ist Georg Kaiser im Alter von 66 Jahren in Ascona gestorben. Hätte der Tote die Meldung selbst formuliert, hätte er sich – zu dieser Zeit jedenfalls – als »der Dichter Georg Kaiser« bezeichnet.

Die Menschen im Chaos der Zerstörung interessieren aber damals weder Kaiser noch Dichter. – Wo man buchstäblich nichts zu essen hat, denkt man kaum an lesen, und schreiben muß man öffentlich nur, um seine Anschrift oder eine Suchmeldung an eine Ruinenwand zu bringen – für Verwandte und Freunde.

Die radiohörende Frau lebt im vergleichsweise friedlichen Oberbayern, in Herrsching am Ammersee, Am Weinberg 2. Sie ist von dieser Nachricht betroffen wie andere von den täglichen Suchdienstmeldungen. Margarethe Kaiser, geborene Habenicht, ist seit mehr als 36 Jahren mit Georg Kaiser verheiratet, hat ihm drei Kinder geboren, zwei Söhne und eine Tochter, und mit ihm eine Ehe geführt, die Kaiser selbst vier Jahre vor seinem Tod mit einem weiten Weg verglich, »oft sanft, oft steinig. Und oft hoch felsig«. Die Partnerin, die »Margaretlein« so gut sein mußte wie »Freund Margarethe«, ist seit sieben Jahren allein. Ebenso plötzlich wie er jetzt in einem Hotelzimmer auf dem Monte Verità gestorben ist, verließ ihr Mann am 25. Juli 1938 Deutschland; seit dem 21. August 1938 lebte er in der Schweiz im Exil.

Schon im Zusammenhang mit der spektakulären Bücherverbrennung am 10. Mai 1933 wurde er als Autor in Deutschland »ausgemerzt«, als »Kulturbolschewist«, wie Adolf Bartels, einer der sich damals zur herrschenden Mehrheit zählte, ihn nannte, nachdem die SA bei der Leipziger Uraufführung seines Stücks »Der Silbersee – Ein Wintermärchen« einen Theaterskandal inszeniert hatte und er am 5. Mai 1933 aus der Preußischen Akademie der Künste ausgeschlossen worden war. Er, der sich schwer getan hätte, für sich und seine Familie die sogenannte arische Abstammung nachzuweisen, in dessen, wie es hieß, geistig vollkommen verjudetem Werk man »Undeutsches« erkannte, wird auf dem Höhepunkt seines Erfolges als Theaterautor boykottiert.

Man erinnert sich: Kaiser ist befreundet mit dem Kommunisten Ernst Toller, der während der kurzen Zeit der Münchner Räterepublik Erster Vorsitzender des Zentralrats und dann militärischer Kommandeur im Abschnitt Dachau war und dafür fünf Jahre Festung bekommen hatte, ebenso wie er bekannt war mit Gustav Landauer, der als Volksbeauftragter für Volksaufklärung am 2. Mai 1919 im Gefängnis Stadelheim erschlagen wurde. In den unübersichtlichen Wochen am Ende des Ersten Weltkriegs, die die Münchner Beteiligten für einen revolutionären Frühling halten konnten, ist Georg Kaiser tatsächlich Mitglied des Aktionsausschusses »revolutionärer Künstler München«, an den u. a. ein »Aufruf der russischen fortschrittlichen bildenden Künstler« gelangt. Darin projektieren »alle jungen schöpferischen Kräfte zur Gründung eines neuen Lebens... eine gemeinschaftliche schöpferische Arbeit, die das enge nationale Bewußtsein überschreiten und einem internationalen Verkehr dienen wird«. Ein »Kongreß der Vertreter der deutschen und russischen Künstlerschaft« wird vorgeschlagen, »der den Anfang einer späteren Weltkonferenz der Kunst bilden würde und der sofort einen Verkehr der beiden Völker auf künstlerischem Gebiet im Sinne umfassender Aufgaben, auch des Ausstellungswesens, des Verlagswesens, des Theaters und der Musik anbahnen soll«.

Georg Kaiser und mit ihm siebzehn Intellektuelle und Künstler begrüßen in den »Mitteilungen der Betriebs- und Soldatenräte« diese Initiative und hoffen ausdrücklich, sich »mit der Ausrufung der bayrischen Räterepublik... die Möglichkeit zu schaffen, solche Pläne zu verwirklichen«. Sie halten in der Aula der Münchner Universität »aufklärende Vorträge über Neue Kunst und Literatur für das Proletariat«, dessen Diktatur sie »als den wahren und einzigen Weg zur Verwirklichung der proletarischen Räterepublik und des Kommunismus« anerkennen.

Bürgerliche Autoren, solche die »dem Streit der Parteien und dem wirtschaftlichen Interessenkampf der Klassen« fernstehen, verfassen einen Gegen-Aufruf. Rilke ist unter ihnen und Thomas und (zu diesem Zeitpunkt sogar auch noch) Heinrich Mann. Sie »halten es gerade jetzt für nötig, daß das Bürgertum ernst und ehrlich seinen Sinn darauf richtet, seiner Schicksalsgemeinschaft mit dem arbeitenden Volke innezuwerden. Daß es mit ihm die grundlegende Umwandlung der Gesellschaftsordnung beginnt und daß es seine Erfahrungen und seine Kenntnisse rückhaltlos in den Dienst dieses Neuaufbaus stellt.«... »Wir werden... es genügt uns nicht... denken wir daran... verhindern wir...«

Bei den »Revolutionären« fehlt das Wir-sitzen-alle-in-einem-Boot-Pathos. Dafür werden fordernde Zusagen an das Volk gemacht: »Jetzt muß euch all das so lange Vorenthaltene nachgegeben werden. Eine große Schuld muß getragen werden. Euer Schuldner – der alte Staat... Vor allem auch das Theater muß euch gehören.« Mozart, der »Faust«, die »Weber« und Georg Kaisers »Von morgens bis mitternachts« werden den Massen versprochen. Und dann wird es auch hier feierlich: »Der hohen Aufgabe ist sich die junge Kunst bewußt. Sie steht notwendig vermöge ihrer eigenen Art im Dienste der revolutionären Gesellschaftsideale... Sie muß dem werktätigen Volke zeigen, daß sie für es arbeitet und mit ihm eines Sinnes ist. Bald wird die Zeit da sein, wo jeder Volksgenosse fühlt: das ist meine Kunst, das ist die Kunst des Volkes. Habt ein wenig Geduld«, bitten Kaiser und seine Genossen, »habt ein wenig Geduld, und ihr werdet diese Formen, die euch befremden, lieben; ihr werdet euch unter ihnen heimisch fühlen, wenn sie die Formen eures Lebens geworden sind. – Die neue Kunst jubelt der Weltrevolution zu.«

Der Zeit-Genosse Georg Kaiser hat kaum gejubelt. Er ist damals vierzig Jahre alt und neben Gerhart Hauptmann der meistgespielte deutsche Gegenwartsautor. Er verdient. Die Jahre 1919 und 1920 erbringen laut Bernhard Diebold, einem Literaturkritiker der »Frankfurter Zeitung«, Schauspieler und Bewunderer des »Denkspielers«, 200000 Mark; Amerika bietet Filmverträge in Höhe von 350000 Mark an, was nicht bedeutet, daß Kaiser, der mit Vermögen schlecht umgehen kann, vermögend ist. – Dennoch: Wie geht das alles zusammen mit »Proletariat« und »Kommunismus«?

Die Zeiten sind schlecht für die meisten, und es scheint, als erkenne der Denker Georg Kaiser jeweils schärfer und schneller als andere in einer Situation eine Alternative, eine neue lichtverheißende Auch-Möglichkeit, wie Diebold es nennt, die, wenn er sie ergreift, gelegentlich zum Rest eines Traums oder zu einer grotesken Banalität verkümmert... So stiftet der mittellose Großverdiener zum Beispiel 20000 Mark für ein Landauer-Denkmal, als seine bürgerlichen Zeitgenossen den eben begonnenen Bau der Münchner Räterepublik brutal wieder eingeebnet haben.

Von Anfang an muß der am 25. November 1878 Geborene nach solchen Auch-Möglichkeiten suchen. Das dürfte schon in der Kindheit nicht leicht gewesen sein, denn Georg ist der fünfte von sechs Söhnen des Versicherungskaufmanns Friedrich Kaiser und dessen Frau Antonie, geborene Anton, die – beide bäuerlicher Abkunft – vom Land nach Magdeburg gekommen waren. Für die Eltern scheint die einzige Alternative zu ihrer Existenz der Aufstieg über den bürgerlichen, den Weg der Bildung gewesen zu sein. Drei Brüder Georgs, zwei davon promoviert, sind später Pfarrer, Oberlehrer und Arzt.

Wie sie soll der Zweitjüngste nach dem Besuch der Grundschule in seiner Vaterstadt die höhere Schule besuchen, und so tritt er 1888 in die evangelische Klosterschule »Unserer lieben Frauen« ein. Die Anstalt ist ein humanistisches Gymnasium, das heißt ein Ort, an dem der Geist der Zöglinge »nach dem Schema, das seit Generationen festgelegt war«, in den beiden klassischen Sprachen, Griechisch und Latein, ausgerichtet wird. Der Rektor Scharfenort aus Kaisers erstveröffentlichten »Szenen einer kleinen deutschen Komödie: Der Fall des Schülers Vehgesack« sagt: »Dies ist eine Stätte, wo die deutsche Jugend für das Leben herangebildet wird.« Und die Bühnenanweisungen aus demselben Stück beschreiben die Stätte folgendermaßen: »Ein Klassenzimmer. Der verliesartige Raum hat links zwei hochgelegene kleine Fenster – unerreichbar vom Fußboden. Vor der rechten Wand das Katheder, steil wie ein Zwingturm, der fast unter die Decke stößt. Dahinter das schwarze Grau der Wandtafel; an einem Nagel ein Schlüssel mit einigen Kilo Eisenschiene. Rechts die niedrige Tür. In vier enge Bänke gepfercht die Klassenschüler. Über die Kathederplatte verbreitet sich wie ein Fabeluntier der zweite Professor: die wirre Mähne bedeckt Gesicht, Brille, Buch – alles.«

Und dieser Lehrer, zu alledem noch mit einem typischen Sprachtick behaftet, stellt im Verlauf einer Tacitus-Übersetzung befriedigt fest: »Ich sehe, taß mein Unterricht an keinem auf tie Tauer apprallt.«

Also keine Auch- oder Ausweichmöglichkeit? — Der Schüler Vehgesack macht Gedichte, was aber verboten ist. Von Georg Kaiser, dem nachmaligen Vielschreiber, ist aus dieser Zeit so gut wie nichts an die Öffentlichkeit gedrungen – von ihm ebensowenig wie über ihn. Man weiß, daß ihn ein frühes Interesse in viele Konzerte, Opern- und Theatergastspiele führt, die in der 200000 Einwohner zählenden Bezirkshauptstadt Magdeburg gegeben werden.

»Diese kahle Stadt« übrigens klassifiziert der erwachsene Kaiser in seinem »Lebensbericht am Mikrophon« (1930) als »nicht phantastisch«. »Sie hat einen Dom, der Jugendlichen keinerlei Eindruck macht – er steht da aus früheren Zeiten und ist von der Gegenwart nicht gewollt.«

Der sechzehnjährige Bürgersohn will mehr als nur durch ein »freundliches Elternhaus« »für die übrige Einöde« entschädigt werden. Er will nicht weiter in sich hineinlernen, was er nicht wissen will. Er verläßt schließlich das Gymnasium mit dem sogenannten Einjährigen, das heißt mit dem Privileg, die allgemein dreijährige Wehrpflicht auf ein Jahr verkürzt zu bekommen. Zunächst will er Buchhändler werden, wechselt jedoch nach wenigen Wochen zu einer Ex- und Importfirma über, wo er als »Rettung vor dem Wissen... die Beschäftigung« findet..., »um nichts mehr lernen zu brauchen«, wie er kokett und frustriert zugleich sagt. In dreister Verkehrung bürgerlicher Lebensweisheit sieht er gerade darin eine mögliche Alternative: »Wer nichts lernt, dem steht die Welt offen.« – Zunächst freilich nur auf einem Globus, den er sich kauft.

Drei Jahre, von 1895 bis 1898, dauert die kaufmännische Ausbildung, neben der es – sozusagen als alltägliche Auch-Möglichkeit – Fußball- und Cellospielen gibt. Und die Literatur. Als Gegenstück zu dem in der Stadt bestehenden Verein »Shakespeare« gründet Kaiser mit Freunden den Leseverein »Sappho«. Da werden Theaterstücke nicht nur vorgetragen, sondern auch aufgeführt, und es liegt nahe, daß sie auch geschrieben werden. Vor allem, da der junge Kaiser, der »den ganzen Tag mit den einfachsten Dingen beschäftigt« ist, sich nach wie vor fragt: »Wo ist das alles anders als hier?« –

Erste Antwort: in der Phantasie.

So entsteht für den Verein 1895/96 »Schellenkönig – eine blutige Groteske«. Nicht die Bürgersöhne, sondern ein König, wenn auch nur einer, der auf einem »Thrönchen« sitzt, wird hier von einem Zeremonienmeister »dressiert grad wie ein Aff«, damit er das Tanzen lernt. Und wenn er's denn könnte, sollte das Reich das Schwert umschmelzen zu so friedlichen Geräten wie Pflugschar und Sensen, das jedenfalls meint ein von des Königs Bemühungen belustigter Bedienter. Er lacht, und die Marschälle beschuldigen den Lachenden der Rebellion und Empörung: das Natürliche gegen das Gekünstelte, das »warme Herz« gegen die Etikette. – Dem König fällt es wie Schuppen von den Augen ob dieser nie gekannten Alternative, und er beschließt, sie für sich in die Realität umzusetzen. »Das Menschtum und die Wahrheit« heißt die neue Parole. Damit hat der Autor – achtzehnjährig – sein Thema, das, je naiver und ungeschützter er es vorträgt, um so gefährdeter ist.

Der König, der, einmal aufgeklärt, auf die Krone verzichten will, der, selbst »ein Mensch, den Menschen« suchen will, muß es sich gefallen lassen, daß seine Umgebung ihn für »äußerst krank« hält.

Das Ganze ist ein Märchen; Krone und Szepter sind Spielzeug, »arm« und »reich« Metaphern in einer Welt rot-gold-weiß-rosa-himmelblau-grau-gelber Spielfiguren, »König« und »Bedienter« sind Rollen, deshalb funktioniert die Kommunikation zwischen Mensch und Mensch wie sonst nirgends in der Realität Wilhelms II., der seit gut sieben Jahren König von Preußen ist. Und weil der Mensch, der sich die Geschichte ausgedacht hat, ein Bürger ist, will der kleine große König »im Rocke, den der Bürger trägt«, die Probe auf seine neue Hoheit machen. Aber was ist menschlicher als die Hinfälligkeit? – Dem gar nicht märchenhaften Leibarzt gelingt es leicht, die erkannte Gleichheit auf die Ebene der Sterbenskrankheit zu schieben: sterblich sind alle Menschen, und: »Hoheit sind Patient« – also ohne Hermelin und Szepter. Das beruhigt den königlichen Menschen, beunruhigt aber das Volk, das seinen König sehen will, und zwar so dringend, daß es bedrohlich auf das Schloß zustürmt. Der Bediente bietet an, den menschlichen König mit seinem Messer zu verteidigen, aber der Unmenschen sind viele... So bleibt nichts anderes, als die rasende Menge mit Hilfe der »Würdeinsignien«, mit Hilfe des »Staat(es)«, wie der Zeremonienmeister sagt, zu beschwichtigen. Und der vorhin noch aufgeklärte König bricht in den abgeklärten Seufzer aus: »Tagwerk ist alles und zu niederm Frohn / sind wir verdammt wer wir auch seien.«

An dieser Stelle verselbständigt sich die Logik – nicht nur des jugendlichen Autors: das »Tagwerk« bedeutet Handeln, Entweder–Oder: Der König ersticht den Bedienten und befiehlt, den »Cadaver« zur Seite zu schaffen.

Für diesmal ist der Mensch als (quälende) Alternative gewissermaßen spielend erledigt worden, und damit ist für Georg Kaiser »die Freiheit des Kopfes« so weit hergestellt, daß er an die Verwirklichung der eigenen Auch-Möglichkeit gehen kann. Der Magdeburger will zu den »Antipoden«, im eigentlichen, geographischen Sinn des Wortes. Das mag für einen braven Bürger etwas verunsicherrnd Entlegenes sein, wirklich unbürgerlich oder gar antibürgerlich ist es nicht, wenn der gelernte Exportkaufmann in Bremen 1896 als Kohlentrimmer auf einem Frachtdampfer anheuert und nach Südamerika geht. Von der Schule her verfügt er über Latein und Französisch, während seiner Lehrzeit hat er Italienisch gelernt; nun ist es nicht schwer für ihn, sich während der wochenlangen Überfahrt Spanisch anzueignen. In Buenos Aires findet er sehr schnell

Arbeit als Kontorist in einem Büro der argentinischen Filiale der AEG. Er schreibt »in Bücher, was an Materialien für elektrische Anlagen verkauft« wird. Nur in der Freizeit und in einem längeren Urlaub reitet er durch die Pampas bis an die brasilianische Grenze...

Aber das unbürgerliche Moment, das Wagnis des Unternehmens, sieht Kaiser selbst – rückblickend – nicht in den äußeren Umständen. Es liegt im Aufbruch: »Denn ich brach nur auf und suchte nichts.«

Die literarisch-geistige Bewegung dieser Zeit propagiert den Aufbruch. Wenn der junge Kaiser ihn unternimmt, führt er – auch in Südamerika – in bedrückende Enge. Georg Kaiser erkrankt an Malaria. Er muß nach Europa zurück. Und wie um den Gang der Dinge aufzuhalten, unterbricht er den ereignisreichen Rückweg in Afrika, in Spanien und in Italien.

Mitte Dezember 1901 ist er wieder in Magdeburg: »Von Magdeburg nach Magdeburg« ist der Untertitel des »Lebensbericht(s) am Mikrophon« (1930). Dennoch ist eine Synthese erreicht: Magdeburg ist »nun ein Begriff«. – In der Stadt wohnen nach wie vor die Eltern und sein Bruder Felix. Bei ihnen und bei den andern beiden Brüdern in Trebitz bei Wittenberg und in Schulpforta bei Naumburg wohnt der immer noch leidende Georg abwechselnd bis 1908, mit Ausnahme eines halben Jahres, 1902/3, wo er, nervenkrank, sich in dem Sanatorium Haus Schönow, Berlin-Zehlendorf, in die Behandlung eines Professors Laehr begeben muß.

Berlin ist anregend für ihn, der nun mehr noch als in Buenos Aires sich mit Literatur beschäftigt. Er versucht sich zu orientieren und gerät dabei an den Stefan-George-Kreis. Aber die reine Ästhetik des »totgesagten Parks« ist nichts für den 28jährigen. Wie er es auch versucht, selbst über die Manieriertheit der Form wird ihm klar, daß er zu solch elitärem Kreise nicht gehören kann. Sein Gedicht »Im Park Sans-Souci« vom 17. August 1906 kennzeichnet die Unmöglichkeit dieses Weges:

»Im Parke derer, die von Sorgen ließen,
verlieren wir, was uns nur fremd behaftet,
und trauen fürder denen, so verhießen
das Innengut, das ihr allein errafftet:

gebötet ihr, daß sie die Gärten schließen,
im Kreise derer, die von Sorgen ließen,
bereitet sich das tiefer Genesen:
was gestern schien, ist heute nie gewesen.«

Nur so viel ist gewiß: die Dichtung, »eine Welt, die nicht bestand«, ist die »wahrhaftigere Welt«.

Am 4. Oktober 1908 heiratet Georg Kaiser, 30, in Schulpforta die zwanzigjährige Margarethe Habenicht, Tochter eines Magdeburger Großkaufmanns. Er fühlt sich zur Repräsentation verpflichtet; später erinnert er sich: »Der Kutscher von Schulpforta«, der die beiden zur Bahn gefahren hat, »hatte alle Orden angelegt«. Die erhebliche Mitgift seiner Frau bietet dem Schriftsteller den wirtschaftlichen Hintergrund für seine nun verstärkt einsetzende Produktion. Das Paar bezieht ein Haus in Seeheim an der Bergstraße, und von 1911 an gibt es noch eine zweite Adresse, meist während des Winters: Weimar, Am Horn 15.

Seine Niederlassung in Weimar ist, wie er in der »Notiz über mein Leben« sagt, im Zusammenhang mit dem, wie er es nennt, »Willen zum Deutschtum«, »mehr als ein spielerischer Ausdruck«, sie ist »letzte vollzogene Rückkehr«. –

Das klingt endgültig, ist es aber nicht. Vor allem wenn man es nicht nur äußerlich versteht. Der Erotiker Kaiser sucht immer weiter nach Auch-Möglichkeiten. Und in seinen Stücken probt er den Aufbruch. Zum Beispiel »Von morgens bis mitternachts«:

Da ist »die kleine Stadt W«(weimar) und »die große Stadt B«(erlin). Aber es geht weder um die eine noch um die andere. Es geht nicht einmal um die Menschen, die hier oder dort leben. Es geht um den Menschen, wo immer er lebt, also auch in W. und B. – Geld kommt vor. Aber auch das ist weder das Geld, das die etwa 30000 deutschen Millionäre des Jahres 1912 besitzen, noch das Geld, das die Figuren des damaligen Literatur-Nobel-Preisträgers Gerhart Hauptmann nicht besitzen. Es ist – oder wird zumindest gehalten für – ein Mittel zur Befreiung. Schließlich sind da Frauen. Aber auch hinter ihnen sind nicht etwa die zu dieser wie wohl zu allen Zeiten zahlreichen Geliebten des Autors zu sehen, sondern auch sie sind, wenn sie in Kaisers Werk vorkommen, nur mögliche Ermöglichung des Aufbruchs.

Der Mensch, der ihn hier unternimmt, ist Bankkassierer. Um einer unbekannten Kundin, die ihn plötzlich fasziniert, zu helfen, nimmt er die soeben eingezahlte Summe von 60000 Mark und geht der Dame in das von ihr angegebene Hotel nach. Dort stellt sich seine entschlossene Tat als unnötig heraus: Die Touristin hat inzwischen die zum Abheben ihres eigenen Geldes notwendige Legitimation erhalten und empfindet sein Angebot als Zudringlichkeit. In seine vorige Situation kann der Kassierer nun aber nicht mehr zurück, nicht einmal privat, wo er es probiert. In seinem Haus ruft die Nachricht von seiner Unterschlagung eine Bestürzung hervor, in deren Zusammenhang seine Mutter stirbt. Daraufhin sucht der Ausbrecher, gehetzt vom Tod, auf einem noch unbetretenen Schneefeld seinen Weg, findet in die große Stadt und hier in eine riesige Sporthalle, in der ein Sechstagerennen im Gange ist. Schon hofft er, durch eine »exorbitante Reaktion«, nämlich durch das Aussetzen einer über Erwarten hohen Prämie, die Massen mobilisieren zu können, da glaubt die Rennleitung angesichts einer so großen Spende den Fürsten als Zuschauer bemühen zu müssen, und die rasende Spontaneität, über die der Kassierer sich als Mensch hätte erfahren wollen, ist – wie schon im »Schellenkönig« – protokollarisch-konventionell gezähmt.

Der anschließende Versuch einer Befreiung durch Leidenschaft und Liebe scheitert an der Kommerzialisierung dieses Bereichs: Die Prostituierten funktionieren nicht einmal als Handelspartner.

Auf sich zurückgeworfen, gerät der Enttäuschte, aber noch nicht Entmutigte durch ein Mädchen in eine abendliche Heilsarmeeversammlung. Besinnung heißt hier das Mittel. Auf der Bußbank bekennen die »Kameraden« ihre Sünden und finden so, wie sie sagen, ihre Seele. Mitgerissen resümiert der ehemalige Kassierer: »Ich bin seit diesem Vormittag auf der Suche. Ich habe Anstoß bekommen, auf die Suche zu gehen. Es war ein allgemeiner Aufbruch ohne mögliche Rückkehr – Abbruch aller Brücken.« Nach dem Bekenntnis der Vergeblichkeit seiner Befreiungsversuche wirft er das Geld in den Saal. Aber die »Kameraden« »zerstampfen« es nicht. Sie balgen und schlagen sich darum.

Es bleibt das Mädchen: »Mädchen und Mann. Uralte Gärten aufgeschlossen... Mädchen und Mann – Ewige Beständigkeit. Mädchen und Mann – Fülle im Leeren. Mädchen und Mann – vollendeter Anfang. Mädchen und Mann – Keim und Krone. Mädchen und Mann – Sinn und Ziel und Zweck.« – In diesem Augenblick trifft die Polizei ein. Das Mädchen hat sich die ausgesetzte Belohnung verdient.

Der auswegslos Gestellte erschießt sich und sinkt nach des Autors Anweisung »mit ausgebreiteten Armen gegen das aufgenähte Kreuz des Vorhangs... Sein Ächzen hüstelt wie ein Ecce – sein Hauchen surrt wie ein Homo.«

– Eine Predigt? – Kaum! Jedenfalls weist Kaiser selbst – wenn auch formuliert erst dreißig Jahre später – einen solchen Vorwurf zurück: »Ich versuche mir in meinen Werken klar darüber zu werden, wer ich bin. Das ist der Grund, weshalb ich schreibe. (Ich suche anderen nichts klar zu machen – ich suche mich. Nichts sonst. Ich bin in keiner Weise mitteilsam. Ich predige nicht – ich rufe nicht auf – ich will keine Jünger – keine Gemeinde. Nur mich.)«

– Aber »die religiöse Symbolik«? – »... heute vollends Papier«, meint Wilhelm Steffens 1974, »das schon damals als Ziel nicht Geglaubte«. Nach allem, was der Autor sonst sagt bzw. nicht sagt, sieht er in einer solchen Darstellung nicht die naheliegende religiöse Symbolik, geschweige denn »das Ziel« für seine zahllosen Aufbrüche. In Jesus erkennt er wie Nietzsche, den er bereits in Argentinien und dann in den sieben berufslosen Jahren zwischen 1901 und 1908 studiert hat, ausschließlich den Menschen. Und »durch den Menschen dringt die Idee zur Darstellung – der Mensch ist ihr Schöpfer, der sie zur Figur bildet – da erst letzte Deutlichkeit durch Gestalt erreicht werden kann«, heißt es in einem Aufsatz von 1922, »(ich erinnere an Platon, der sein Ideenwerk in von Menschen gesprochenen Dialogen Gestalt werden läßt! – an Nietzsche, der die scharf plastische Figur Zarathustra gesprächig macht! – an Jesus als Mensch!)«. Mit dem theatralischen Hinweis auf Kreuz und Ecce Homo nutzt der Dramatiker also lediglich den Bekanntheitsgrad, eben die »Plastische Figur« Jesu, die übrigens in seinen Aphorismen für eine zynische Selbstlegitimation herhalten muß:

»In einem Kuhstall geboren und an einem Kreuz gehängt – da habt ihr das Her und Hin des Genies.«

Dennoch: um den Menschen geht es immerhin und immer wieder; Georg Kaiser sucht »in jedem Menschen das Gleichnis des Menschen«. Das gilt für seine Figuren ebenso wie für die leibhaftigen Menschen, mit denen er umgeht.

Am 14. Mai 1914 wird der Sohn Dante Anselm geboren. Am 1. August tritt das Deutsche Reich mit der Kriegserklärung an Rußland in einen, wie Thomas Mann formuliert, »großen, grundanständigen, ja feierlichen Volkskrieg« ein. Kaiser geht gleich in mehrere »Wohltätigkeitskomitees«, um mit seinen immerhin schon erprobten Mitteln gegen die feindliche Propaganda zu agitieren: ... »Wille zum Deutschtum«! – Seinem Bruder Bruno schickt er in Feldpostpäckchen aufmunternde Worte. Er ist wegen der immer noch nachwirkenden Malaria vom Dienst an der Front befreit.

Was die Geburt seines Sohnes angeht, so nennt er sie in seinem »Lebensbericht...« ein »unfaßliches Ereignis«, das ihm so sehr zu dem gesuchten Gleichnis geworden sein muß, daß er seine beiden späteren Kinder hier überhaupt nicht erwähnt. In seinen Kindern wie in seinen Werken sucht er sich als das Ziel, auf das alles zuläuft.

Als er und seine Frau 1920 wegen Veruntreuung gemieteten Eigentums, Hehlerei und Diebstahls ins Gefängnis müssen, schreibt er an die vor ihm Entlassene: »Ich leide im Gedanken an Anselm; schreibe mir nichts von der Zeit seiner Losreißung von Dir. Ich könnte das nicht ertragen; in Anselm bin ich ins innerste Herz getroffen; davon erhole ich mich nur schwer. Schreibe mir nur, daß es Dir gelingt, aus Anselm wieder leiblich und seelisch meinen über alle Maßen herrlichen Sohn zu machen. Keine Sekunde habe ich mich früher in diesem jungen Menschenkinde getäuscht – heute sehe ich ihn klarer wie je in seiner kindlichen Majestät, vor der ich tief gebeugt bin.«

Majestät Mensch! – Wird sich ein solcher Gedanke über den Weltkrieg retten lassen?

Seit 1912 schreibt der Dramatiker an seinem »Bühnenspiel« »Die Bürger von Calais«, das er – auch hier in pathetischer Entsprechung von Kind und Werk – »Dante Anselms Mutter hingegeben« hat. Seinen Stoff findet der Zeitungsleser und Rotkreuzhelfer aber nicht in der schnell immer grausamer werdenden Aktualität, sondern in einer Chronik Froissarts über das 14. Jahrhundert, genauer: das Jahr 1346, wo der französische Hafen Calais in die Hand des englischen Königs Eduard III. gefallen ist: Sechshundert alte und kranke Bürger sollen damals, um die Zerstörung ihres dem Meer abgerungenen Hafens zu verhindern, sich dem Sieger als Geiseln angeboten haben.

Aber nicht der Bürgersinn so vieler, der überdies historisch auf den realpolitischen Common sense des Insulaners traf (die sechshundert wurden nicht getötet; der Hafen wurde nicht zerstört!), interessiert den Expressionisten, sondern die freie Entscheidungsmöglichkeit des einzelnen, sofern er Mensch ist.

Kaiser kennt die Plastik des französischen Expressionisten Auguste Rodin... Sechs Geiseln sind verlangt. – Der Denkspieler läßt sieben Betroffene, das heißt sieben Möglichkeiten, um ihre Menschwerdung konkurrieren. Das »Lebensopfer«, das in der Sekundärliteratur, nicht aber bei Kaiser selbst als Begriff vorkommt, ist dabei nur das Mittel, das vom Zweck, eben dem »neuen Menschen«, geheiligt wird. Und die Handlung oder vielmehr die Deklamationen der Figuren auf der expressionistisch stilisierten Bühne dienen dazu, eine Art Rangfolge der Motivationen für die »neue Tat« vorzuführen.

Da ist zunächst der Hauptmann des Königs von Frankreich. Er steht für Frankreichs stolzes Heer, für »die Ehre Frankreichs«. Er will kämpfen, läßt sich dann aber von der Sinn- und Aussichtslosigkeit des Unternehmens überzeugen und übergibt sein Schwert. Da er den vom Sieger geforderten Weg nicht gehen kann – »barhäuptig und unbeschuht – mit dem Kittel des armen Sünders bekleidet und den Strick im Nacken« –, flieht er aus der Stadt. Dennoch finden sich nicht nur sechs, wie verlangt, sondern sieben »Gewählte«:

Einer meldet sich, weil es der Augenblick fordert und der (oder jeder) Augenblick für ihn den Höhepunkt markiert.

Einer meldet sich, weil seine Mutter sich zu ihm bekennt, in jeder (auch in dieser) Situation.

Einer will nicht auf Kosten der anderen leben.

Einer, erfahren und abgeklärt, will nicht schuld sein am Tod der anderen, alt, wie er ist.

Einer geht als Bruder mit dem Bruder.

Der Erste Bürger der Stadt verheißt den Dank aller an die, die gehen.

Aber keins der Motive ist so endgültig, daß es nicht erschüttert werden könnte durch die Möglichkeit der Freiheit, die dadurch gegeben ist, daß sie eben sieben sind – einer (jeder?) zuviel!

Und wie schon die Sieben herausgehoben sind aus dem rufenden und schreienden »Bürgervolk«, so gibt es unter diesen wiederum einen, Eustache de Saint-Pierre, der besonders herausragt (der »Reichste« übrigens), der weiß: »In euch tost der Wirbel dieses Tages – ihr seht das Nächste nicht!... So muß einer von uns führen – ich bringe euch aus dem Wirbel und ans Ende!« Er lädt alle für die letzte Nacht zu einem Festmahl ein, und im Anschluß daran soll der Siebente herausgelost werden, mit blauen Kugeln, die »kalt auf der Hand« sind – und das Leben erkälten. Aber in der verdeckten Schüssel, die um den Tisch gereicht wird, sind alle sieben Kugeln blau. Der Gastgeber versucht zu erklären, aber er zweifelt selbst: »Seid ihr schon würdig – zu diesem Ziel zu wallen? Die Tat zu tun – die ein Frevel ist – ohne verwandelte Täter? Seid ihr reif? – für eure neue Tat? – die an allem Bestand lockert, die alten Ruhm verhaucht – was klang, dämpft – was glänzt, schwärzt, – was galt, verwirft! – Seid ihr die neuen Täter? – Ist eure Hand kühl – euer Blut ohne Fieber – eure Begierde ohne Wut? Steht ihr bei eurer Tat – hoch wie diese? – – –«

Er läßt noch einmal Zeit und verfügt: »mit der ersten Glocke soll ein jeder von seinem Hause aufbrechen – und wer zuletzt in der Mitte des Marktes ankommt – ist los!«

Am Morgen dann kommt einer nach dem andern, nur Eustache de Saint-Pierre nicht. Als die Frist zu verstreichen droht, drängt das ängstlich schreiende Bürgervolk die sechs, nun den Schlüssel in der vorgeschriebenen Weise vor die Stadt zu tragen. Aber einige wollen zuerst den Verräter richten. Da tragen die »beiden erdgebundenen Krüppel«, die auch schon beim Mahl im Haus de Saint-Pierre bedient haben, eine Totenbahre heran. Der Vater Eustache de Saint-Pierres, ein »überalter Greis«, erklärt: »... Ich liege hingestreckt – der hier liegt, steht auf meinen Schultern und über euren Schultern übereinander... Ihr steht nahe bei ihm – er ist entrückt – und dicht wie keiner unter euch. Ihr seid, wo er rastet – euch winkt er mit lockendem Finger: Ist es nicht leicht zu gehen, wohin einer anruft? Blühen nicht die Ufer von einer Verheißung? Er jauchzt sie aus – er zieht den letzten von euch in den Kahn. Sechs Ruder schaufeln – gerade furcht die Bahn: – das Ziel lenkt genauer als das Steuer. Nun wartet er auf euch – ihr kommt später an!«

Das Ziel aber ist: der neue Mensch. Ihn hat der blinde Greis gesehen: »... in dieser Nacht ist er geboren.«

Wirklich, das heißt im Spiel wirklich, geboren ist in dieser Nacht ein englischer Prinz. Und nun will der König von England »an diesem Morgen um des neuen Lebens willen kein Leben vernichten«. Als er außerdem offiziell »in einer Kirche danken« will, soll er »– wenn er vor dem Altar betet – vor seinem Überwinder knien!« Die Leiche Eustache de Saint-Pierres steht auf der höchsten Stufe aufgebahrt. »Das Bürgervolk steht stumm.«

Das deutsche Bürgervolk blutet währenddessen wie das französische in den mörderischen Kämpfen um Verdun und in der Somme-Schlacht. Ein Student schreibt aus Verdun: »Auf die Sekunde pünktlich brüllten mehr als 1200 Geschütze auf. Noch nie gab es das... Stundenlang geht das so... Wir schießen, schießen, schießen ohne Unterbrechung. Mittags beginnen die Minenwerfer, das Getöse wird noch größer... Nachmittags zwischen vier und fünf Uhr steigert sich unser Artilleriefeuer zum Trommelfeuer. Unsere Batterie schießt in der Stunde etwa 200 Schuß. Der Befehl kommt: ›Von 4 Uhr 40 bis 5 Uhr Schnellfeuer.‹ Die Hölle bricht los, der Lärm ist unbeschreiblich.«

Bilanz der sogenannten »Materialschlacht« vor Verdun: schätzungsweise 515000 Tote und Verwundete, französische und deutsche Männer, Väter und Söhne des »Bürgervolks«..., das in Deutschland nicht gleich Gelegenheit hat, Kaisers Bühnenspiel kennenzulernen.

Zunächst ist es eine Sache unter Literaten. Allerdings gehört Gustav Landauer, der seit 1893 den »Sozialist«, das Organ des »Sozialistischen Bundes« (seit 1909) redigiert, zu diesen. Im Frühjahr 1916 lernen sich Kaiser und Landauer kennen. Am 6. Februar schreibt Landauer nach ersten Bemerkungen in seinem eigenen Blatt einen Aufsatz über »Die Bürger von Calais« in der »Frankfurter Zeitung«, der entscheidend dazu beiträgt, daß das Stück am 29. Januar 1917 im Neuen Theater Frankfurt am Main uraufgeführt wird. Es wird der erste große Bühnenerfolg Georg Kaisers.

In einem Brief vom 1. März 1916 beklagt sich der Autor dem späteren Volksbeauftragten für Volksaufklärung gegenüber, daß der

Dichter nur einen »beschränkten Aktionsradius« habe. Die angestrebte »Vereinigung von Form und Wirkung in die Menschlichkeit« sei beim Publikum kaum zu erreichen. Landauer allein habe beispielsweise den Sinn »und damit das wertvollere« der »Bürger von Calais« gesucht. Dabei könne doch von allen Künsten allein die Dichtung propagieren: »– die Dichtung ruft auf... Es gibt zweifellos eine Dichtform, die propagiert und Kunst ist. Ich suche sie. Aber ganz verlockend ist nur die Propaganda – und die Form Überlieferung – Konzession – fast Makel – böses Erbteil.«

Mit dieser nach allem Früheren inhaltlich überraschenden Quasi-Entschuldigung macht sich Kaiser gegenüber dem gütigen Weltverbesserer, dem Propheten Landauer, der nach freiwilliger Hingabe ruft und Gemeinschaft des Geistes fordert, noch angenehmer. Und das erklärt, ein wenig zumindest, die ansonsten kaum begreifliche Beteiligung des elitären Kaiser an den Bemühungen um die bayerische Räterepublik. Zwar haben sich daran die unterschiedlichsten Kräfte und Figuren beteiligt, und auch Gustav Landauer ist kein marxistischer Revolutionär, aber der politische Journalist und aktive Veränderer weiß immerhin: »Die sozialen Gründe, ohne die es nirgends eine Revolution gibt, sind überall da«, und er will Zustände schaffen, »die jedem Menschen gestatten, an den Gütern der Erde und der Kultur teilzunehmen«. Deshalb können Kaisers Gestalten durchaus für ihn richtungweisend sein; deshalb verteidigt der Publizist den Dramatiker: »Geistige Probleme sind es, die bei Kaiser in Gegensätzen zwischen den Menschen lebendig werden. Von mancher Seite will man das nicht zugeben; man meint, es sei vorwiegend intellektuell, kühl, kalkulatorisch. Es ist ein alter Fehler deutscher Kunstkritiker, nicht zugeben zu wollen, daß etwas schon oben ist, ehe sie es klettern und purzeln gesehen haben; ein alter Fehler, daß sie die Vollendung nicht erkennen und anerkennen können, weil sie die Vollendung mit Ewigkeitsgeltung verwechseln und von vornherein überzeugt sind, daß so etwas Zeitgenossen von ihnen nicht zuzutrauen ist.«

Viele, nicht nur Kunstkritiker, suchen in der unsicheren und bedrohten Kriegszeit nach Gültigem.

Kaiser erlebt den Krieg eher privat, jedenfalls soweit sich das in seiner veröffentlichten Korrespondenz niederschlägt: Nach ein paar früh begeisterten und befeuernden Briefen an den Bruder Bruno an der Front geht es nur noch um das Erscheinen und Verändern von Texten, um Inszenierungen und Aufführungsrechte, um Schwierigkeiten mit der Zensur – auch »Von morgens bis mitternachts« zum Beispiel ist von ihr betroffen –, um Projekte, Pläne und berufliche Reisen. Wenn es für Brecht Zeiten gab, »wo ein Gespräch über

Georg Kaiser

Bäume fast ein Verbrechen ist, / Weil es ein Schweigen über so viel Untaten einschließt«, so hat Georg Kaiser keine Hemmungen, am 8. 8. 1918 mitzuteilen, wenn auch nur in Parenthese: »(Nürnberg ist mir die wichtigste Entdeckung der Kriegszeit)«.

Dann aber wird am 18. August 1918 der zweite Sohn Michael Laurent geboren. Er ist schwächlich und muß deshalb bald in ein Säuglingspflegeheim. Darin sieht sein Vater eine Kriegsfolge, die ihn »mit äußerster Auflehnung erfüllt«, schreibt er an Gustav Landauer aus Berlin nach München. Und er schreibt dem vom akuten Aufstand Gedrängten auch, daß sein Werk »Aufschrei« sei, »Aufruf« und weiter eher rhetorisch:

»Was wird jetzt werden? Wird Morgenröte? – oder Explosion? Sind Millionen Einzelne da? – – oder nur Millionen?? Wartend in Furcht – wartend in Glut

der Ihre ...«

Oft unterwegs zwischen Weimar und Berlin, erlebt der Dramatiker und Mitregisseur seiner Stücke, zumal nach Abschluß des Waffenstillstands und in den Wirren der Revolution: »die Züge – überfüllt – brauchen unendliche Zeiten, um ans Ziel zu führen.«

In diesen Monaten komplizieren sich die wirtschaftlichen Verhältnisse im Hause Kaiser so, daß der Besitz in Seeheim und Weimar aufgegeben werden muß. Der Schriftsteller geht nach München, welches nun, wie er meint, »als Theaterstadt in den vordersten Rang geschoben« wird; »(Berlin geht zurück) – wir bereiten hier Dinge von Bedeutung vor.« Unter anderem will Kaiser selbst ein eigenes Theater aufbauen...

Zunächst wohnt er in einer Pension. Dann mietet er vom 1. Mai 1919 bis August 1920 die Wohnung des amerikanischen Malers Frank S. Hermann in der Ainmillerstr. 5. Am 21. November 1919 wird die Tochter Eva Sibylle geboren – ein Ereignis unter vielen. In dem Maße, in dem seine Stücke aufgeführt und bekannt werden, kommen Anfragen und Aufträge, steigert sich seine Produktion – und seine Prominenz. In Konflikten tritt er selbstbewußt auf. Er wechselt vom S. Fischer Verlag, Berlin, zu Gustav Kiepenheuer, Potsdam, vormals Weimar. Die »Filmwelt«, wie er sie nennt, interessiert sich für ihn, und er erwidert das Interesse an den Möglichkeiten des neuen Mediums. Bei alledem ist in München Revolution; sie führt alle an der Erneuerung Interessierten zusammen. Ernst Toller und Georg Kaiser begegnen sich. Aber die Hektik dieser Tage und der Wirrwarr der Ereignisse lassen der Beziehung keine Zeit. – Nach dem Sieg der sogenannten Weißen, das heißt der Bamberger Exilregierung, über die Räterepublik, muß der steckbrieflich gesuchte Toller in den Untergrund. Kaiser hat zunehmend mit sich selbst und seinen (auch den materiellen!) Verhältnissen zu tun, so daß die Tatsache der Begegnung der beiden sehr verschiedenen Männer zu einem bloßen Argument gegen den späteren Angeklagten Kaiser wird: Freund eines inzwischen verurteilten Kommunisten! –

Als solcher wohnt er – das Vorurteil braucht sich nicht zu orientieren! – nach einem erneuten Umzug am 1. Juni 1920 in einer Villa am Starnberger See! Das Haus Nr. 39 in Tutzing wird möbliert mit allem Inventar von der Familie Ferber für drei Jahre gemietet, damit der Autor in angemessener Umgebung ruhig arbeiten und mit der nun fünfköpfigen Familie leben kann. Das verfügbare Geld ist allerdings inzwischen so knapp, daß man sich im Essen und Trinken auf das Notwendigste beschränken muß, und die Hausfrau und Mutter wird von den Geldsorgen so umgetrieben, daß sie ohne Wissen ihres Mannes eine wertvolle Brosche stiehlt. Von ihrem »Geständnis... erschüttert«, wie er bei der späteren Vernehmung aussagt, verkauft er den Schmuck so schnell wie möglich – wie er auch andere Wertgegenstände aus der Münchner Wohnung und dem Tutzinger Haus verkauft oder versetzt hat. Er glaubt wohl, auf solche Art laufend Vorschuß auf seinen steigenden Verdienst nehmen zu können...

Am 12. Oktober 1920, während er sich wegen einer Aufführung im Großen Schauspielhaus in Berlin aufhält, wird Margarethe Kaiser verhaftet. Der sechseinhalbjährige Anselm und der zweijährige Laurent werden in einem Armenasyl untergebracht, die noch nicht einjährige Sibylle wird in ein Säuglingsheim in Nymphenburg eingeliefert.

Georg Kaiser trifft der Haftbefehl am 13. Oktober im Berliner Hotel Esplanade. Man nimmt Fluchtgefahr an und hält ihn im Polizeipräsidium am Alexanderplatz fest. In dieser Situation gibt es für ihn nichts Näherliegendes, als an seinen Verleger in Potsdam zu schreiben, dieser möge »Bitte, bitte... alles Notwendige« unternehmen, »um die rascheste Aufhebung dieser Haft zu erreichen«. Und er fügt hinzu: »Warten Sie nicht, ich bin dem Irrsinn nahe.« Gustav Kiepenheuer soll auch den Rechtsanwalt in Berlin verständigen und sich um Kaisers Frau kümmern, für die, wie der Verzweifelte so beiläufig wie möglich mitteilt, »noch eine kleine Rechnung über 451 Mark« im Berliner Hotel Excelsior zu begleichen sei.

Der Brief, datiert am 15. Oktober, kommt in jedem Fall zu spät. Der Verhaftete wird nach München überstellt. Der Transport dauert dreieinhalb Wochen. »Zusammen mit gewöhnlichen Verbrechern...«, formuliert – ein fragwürdiges Elitebewußtsein Kaisers nachempfindend – sein Herausgeber, »zusammen mit gewöhnlichen Verbrechern« wird er zeitweise in Viehwagen und gefesselt mit Zwischenaufenthalten in den Strafanstalten Hannover, Kassel, Hanau, Aschaffenburg, Würzburg, Gunzenhausen und Ingolstadt in das Münchner Gerichtsgefängnis am Neudeck gebracht, wo sich seine Frau ebenfalls befindet. Er schreibt ihr. Und es hätte seiner Definition des Dichters nicht bedurft, die besagt: »Dichter: ein Mensch sein und von sich aussagen«, um zu erkennen, wie eng Leben und Schreiben bei Georg Kaiser zusammenhängen: Das frei handelnde Menschen-Ich, das in seinen Dramen je und je nach alternativen Möglichkeiten sucht, ist auch und immer er selbst. – Umgekehrt: wenn ihm in einer konkreten Situation »exorbitante Reaktionen« abverlangt werden, so muß er sich mit der Notwendigkeit der inneren Logik zur Figur, zum »Dichter«, stilisieren, dessen »großes Unglück« ein »nationales Unglück« ist.

Unter solcher Voraussetzung ist er durchaus bereit, auch die Gefährtin als Schicksalsgenossin im Gefängnis »mit der Gloriole des

Wunders« zu umgeben... »vor dem ich sehr gering wurde«. Die Notwendigkeit ihrer Gemeinsamkeit sei – so konstatiert er rhetorisch fragend – »von einem höheren Gesetze diktiert... als dem das Ehe heißt«. – Da haben kleinliche Zweifel und Sorgen um die Existenz keinen Raum. Selbst die Kinder, die – so eine Aussage vor Gericht – ein Dichter schlachten dürfe, wenn dies von seinem Werk gefordert werde, »die Kinder?« schreibt er seiner Frau, »– die sehe ich durch Dich. An sich existieren sie nicht für mich – sie sind Teil von Dir, das ein Ganzes ist und dessen Teile nicht gültig bleiben. Wer ist Anselm für mich? Unsrer Gemeinschaft deutlichstes und schönstes Zeichen.«

Für seine Person, beteuert er, sein Geworfensein wie auch sein Verworfensein durchstehen zu wollen, obwohl »die Delikte... in zu entfernter Provinz« liegen, »um von mir noch gesehen zu werden. Dazu wurden sie von den Konsequenzen, die die Ereignisse dieser Zeit schufen, erdrückt und verschüttet. Nur, *wie* sie wurden weiß ich mit vollkommener Deutlichkeit. *Sie mußten nämlich geschehn.*«

So in der Einleitung eines Briefes an die Öffentlichkeit, das heißt an Max Schach, der einige Zeit vorher einen Artikel in einer Berliner Zeitung über Kaiser publiziert hat. Fünf Tage vor der Gerichtsverhandlung präsentiert der Dichter nun seine Sicht, in der er sich dialektisch gegen sein Werk, die achtzehn Dramen, die er bisher zählt, absetzt:

»Ich lehne es ab: nicht *mehr* zu sein als mein Werk. Ich dulde nicht die Verstümmelung meines Erlebnisses, indem ich auf die vorliegenden Werke festgenagelt werde. Diese zufälligen Werke sind – eben sehr zufällig: Anekdoten des ungeheuren Erlebnisses, das *ich* bin; Produkte aus Epochen der Ermüdung, in denen man nach einem Halt greift, sind Werke. Die Intermezzi zwischen Erregungen; feiges Verzweifeln.« Sein eigentliches Werk ist es danach, Dichter zu sein.

Aber auch das hält er noch nicht für das Letztmögliche: »Es mußte andere gewaltigere Erschütterungen geben als Werk und Ruhm und Dichter – die das Erlebnis *Ich* ganz anders groß freimachten, mich in mir breiter und tiefer bloßlegten.« Diese Erschütterungen sieht er jetzt, im Frühjahr 1921, in den Ereignissen seiner Verhaftung, in dem entwürdigenden Gefangenentransport, in dem Aufenthalt im Gerichtsgefängnis, der durch die Nachricht von der Verhaftung seiner Frau und deren brieflicher Ankündigung, sie werde sich vielleicht von ihm trennen, verschlimmert worden ist. Solche Erschütterung erfährt er auch in den Wochen in der Münchner Psychiatrischen Universitätsklinik, die, wie er schreibt, »eigentlich für andere Schichten der Menschheit bestimmt« ist. Und an und nach den Erschütterungen erlebt das Ich (Kaiser-Dichter-Mensch), »was selten – fast nie einem Menschen in der Mitte seines Lebens verliehen wird: Wiedergeburt – zweites Werden – und nicht aus dunklem Mutterschoße unbewußt: sondern gleich in erster Sekunde mit aller Klarheit begabt. Es stellte sich *einem* Menschen ein *zweites* Leben!!«

»Ecce Homo!« ist man geneigt, Georg Kaiser zu zitieren, aber gerade ein Werk-Zitat könnte ihn »festnageln«. – »Kein Mensch, der einem Drama lebend entkommt, bleibt eindeutig«, schreibt er 1922 an Max Brod im Anschluß an die Lektüre von dessen Drama »Die Fälscher«.

Nicht einmal der Angeklagte vom 15. Februar 1921 ist eindeutig geworden oder geblieben: In dem Prozeß, der nach Kaisers Einschätzung »eine Blamage für Deutschland« ist, wird der Angeklagte, der in allen ihm zur Last gelegten Fällen ohne weiteres geständig ist, aber sich dennoch nicht für strafbar hält, zu einem Jahr Gefängnis verurteilt. Im Gespräch mit Eugen Kahn sagt Kaiser: »Ich nehme jede Strafe als eine Vergewaltigung ganz grober Art. Irrsinnig bin ich nicht, also muß ich irgendwie recht haben. In diese selbstverständliche Alltäglichkeit kann ich mich nicht hineinfinden. Ich kapier das nicht. Man stellt nicht einen Heinrich von Kleist oder einen Büchner vor Gericht.«

Trotz der hochgegriffenen Vergleiche wirkt der Dichter hier menschlich-allzu menschlich, wenn er ein solches Vorgehen als »unfair« bezeichnet. Ob es allerdings mit irgendeinem »Verhältnis von Recht und Unrecht« zu tun hat, wenn er statt dessen verlangt: »Man macht ihn (gemeint ist der Inhaftierte) vorher heimlich kalt«; das ist nicht nur eingedenk der Büchnerschen Schreckensvisionen, sondern auch angesichts der nationalsozialistischen und der präfaschistischen Vollstreckungspraxis keine Frage. So wird während der Verhandlung an den von Kaiser verehrten Landauer erinnert; eine Zeugin hat bereits am 12. Oktober 1920 zu Protokoll gegeben: »Ich weiß, daß Georg Kaiser ein hervorragender Kommunist ist. Sein bester Freund ist der Kommunistenführer Ludwig. Zu seinem Freundeskreis gehörten Toller und Landauer...« Das vor allem und die Tatsache, daß in den Tagen der Freikorps und der nationalen Verbände ein Preuße vor einem bayerischen Gericht steht, ist bei dem Strafmaß ins Gewicht gefallen. Daß Gustav Kiepenheuer ein finanzielles Wiedergutmachungsangebot gemacht hat, ist nicht berücksichtigt worden.

Bertolt Brecht, der später Döblin und Kaiser als seine beiden unehelichen Väter bezeichnen wird, notiert am 17. Februar zum

»Georg-Kaiser-Prozeß« in sein Tagebuch: »Er hat kindliche Sachen gefingert, weil seine Frau und seine Kinder Hunger hatten. Jetzt hält er papierene Reden und spreizt sich wie ein Pfau im Glanz seiner Dichteritis. Stellt seine ganze Produktion als Nervenkrankheit hin. Wundervoll die Frau, verhärmt aber ruhig, behandelt ihn wie ein Kind. Der Gerichtshof verblüffend großzügig und höflich.«

Margarethe Kaiser wird zu vier Monaten Gefängnis mit dreijähriger Bewährungsfrist verurteilt. Sie ist übrigens nach einem Monat Untersuchungshaft schon seit längerem in Freiheit und auf Anraten ihres Mannes mit Anselm nach Potsdam gegangen. Damit die »zweiunddreißigjährige Frau mit den ergrauten Haaren« nicht über das Maß belastet wird, ist der kleine Laurent zu entfernt Bekannten gekommen, während Sibylle immer noch in dem Nymphenburger Säuglingsheim lebt.

Bereits am 16. April 1921 wird Georg Kaiser aus der Haft entlassen. Die Geldsorgen bestehen weiter, denn seine »Einnahmen sind noch beschlagnahmt«. Aber es finden Aufführungen seiner Stücke in Moskau, New York, Prag, Madrid, Tokio, Rom, Warschau, Amsterdam, London, Paris, Budapest, Kopenhagen und Sidney statt.

Am 7. Mai 21 hat die Familie wieder ein Heim in der Villa Alexander, Waldeck Nr. 4 in Grünheide bei Berlin. Später kommt noch eine Zweitwohnung in Charlottenburg, Am Luisenplatz 3 dazu. Das wird die Adresse für zahlreiche Freunde und Bekannte und Zentrum eines offenen Literatenclubs, zu dem Iwan und Claire Goll, Brecht, Weill und Lotte Lenya ebenso zählen wie Bertold Viertel und der Schauspieler Alexander Moissi. In diesem Kreis entsteht der Plan – übrigens mitten in der Inflationszeit –, gemeinsam mit dem auch in der Filmbranche erfolgreichen Eugen Klöpfer, mit Hans Poelzig als Bühnenarchitekt und Max Pechstein als Bühnenbildner das Berliner Theater am Schiffbauerdamm als Schauspielhaus zu erwerben. Nach München ist dies der zweite Versuch Kaisers, ein eigenes Theater zu gründen. Inzwischen aber ist der Dramatiker auf einem ersten Höhepunkt seiner Laufbahn und Starautor des Berliner Verlags »Die Schmiede«. Als solcher beteiligt er sich im Jahre des Erscheinens von Hitlers »Mein Kampf« an der eben gegründeten »Gruppe 1925«, einem von Rudolf Leonhard angeregten zwanglosen Zusammenschluß von linksliberalen und kommunistischen Autoren. Bei den Diskussionen dieser Gruppe in einem Café in der Motzstraße treffen sich u. a. Johannes R. Becher, Ernst Blaß, Ernst Bloch, Alfred Döblin, Hermann Kasack, Oskar Loerke, Walter Mehring und Bert Brecht, der gerade ein Jahr in Berlin ist und mittlerweile bei der »Vossischen Zeitung« mitarbeitet.

Bezogen auf Kaiser leisten die Diskussionen in der Gruppe vor allem die Auseinandersetzung mit dem Marxismus, glaubt er doch nicht, »daß der Mensch Bankkassierer von morgens bis mitternachts, daß er roboten, Sklave, Diener, Tier sein muß und Höhere Ordnung über sich zu wähnen hat, während er im Rinnsal verreckt«. Er für sein Teil hofft »auf Menschen, die nicht dies oder das können, also im Bergwerk arbeiten, ein Flugzeug führen, Stiegen reinigen oder dichten – sondern auf *gekonnte* Menschen«. Praktisch, d. h. unmittelbar politisch, mischt er sich nicht ein. Nicht, daß er nicht von dieser Welt wäre – obwohl vieles in seinem Leben dafür spricht, daß das eigenwillige Weltkind, der naive Weltmann, mit ihr, der Welt, nur schwer zurechtkommt – nachdem er sie kennengelernt hat, in ihren plumpen Alternativen: nah und fern; oben und unten...

Als Dichter will er anderes. Für die »Blätter des Deutschen Theaters« formuliert er es 1922: »Das Dichtwerk sagt aus im Gleichnis. Die Entnahme des Stoffes aus der Zeit, die gegenwärtig ist, enthebt diesen Stoff über die Zeit. Die Zeit-Dichtung (insofern Dichtung!) spricht mit festen Akzenten gegen die Zeit. Es wird das Mittel rascher Mitteilung durch Gegenwartsgeschehnis einzig gewählt, um sich über das Unwesentliche beschleunigt zu verständigen: das Zuständliche.

Die große Zeit-Dichtung ist unzeitgemäß. Das Mittel (ungegenwärtiger) Historie läßt das Thema nicht zur prägnantesten Deutlichkeit hin. Es bleibt ein zäher Rest von Kostüm und Kulisse, den ins Wesentliche aufzulösen nicht gelingt. Die Gegenwart ist unser Erleben; unser Kleid – kein Kostüm. Nur so wird die äußerste Möglichkeit (nicht die vollkommene, die unfaßbar bleibt!) von Unmittelbarkeit zur Darstellung erreicht.«...

In dem »Kleid«, das sich dem auswählenden Dichter nahelegt, sucht er zugleich den Ausdruck für das Wesentliche. In diesem Sinn kommen bei Kaiser Bürger und Kassierer, Krieg und Sechstagerennen vor. In diesem Sinn fragt er: »Was ist Gas? Was sind hier Arbeiter? Mittel der Gegenwart, um ins Menschunendliche vorzudringen; aus diesen Figuren abzuleiten das Gleichnis, das beständig gültig ist; den Aufruf zu uns, der so am schärfsten laut werden kann. Stellung unsrer Epoche in Unvergänglichkeit. Es wird Zufall, daß solches von solchen Zungen geredet wird – ein Mittel, daß solche Figuren solche Gesten tragen. Es geht niemals um das Personenverzeichnis.

Man unterscheidet leicht den Rang (wenigstens den Willen zum Rang) von Dichtwerken mit dem hier gegebenen Maßstab. Tyrannisiert das Kostüm, so wird Verständigung mit dem Wesentlichen gehemmt. Es bleibt Befangenheit im Stoff – ... Es bleibt Theater.«

Georg Kaisers Theater zielt auf Wirklichkeit, muß sich aber dennoch aus der Zeitung (und deren Wirklichkeit) den Vorwurf der »Vogel-Strauß-Poesie« machen lassen. Der Dichter trägt ihn, wissend: »... die tiefste Wahrheit, die findet immer nur ein einzelner. Dann ist sie so ungeheuer, daß sie ohnmächtig zu jeder Wirkung wird.« Schließlich sind es einzig die Person und Tat des Dichters, die die Dialektik dieses Satzes aus der Aussichtslosigkeit herausführen – in den Stücken und Gestalten.

Das Schauspiel »Die Koralle« ist der erste Teil der 1919 zu Ende geschriebenen »Gas«-Trilogie, deren sämtliche drei Teile bis 1920 in Frankfurt am Main uraufgeführt worden sind.

Der einzelne, der Wahrheitsfinder ist hier zunächst – und das sechs Jahre vor der Inflation (wo dann das Wochenabonnement einer Provinztageszeitung beispielsweise 35 Millionen Mark kosten wird!) – ein »Milliardär«, der als der immer gesuchte »neue Mensch« logisch und zeitlich die Voraussetzung sein soll für eine Lösung des Streits »der dauernd tobt: zwischen arm und reich!«

Zu Beginn des Stücks versucht es der Milliardär auf seine Weise, eben mit seinem »Milliardenreichtum« und einem sogenannten offenen Donnerstag, wo jedem, der bittet, gegeben wird. Da dringt »der Herr in Grau« in das Büro ein und versucht aufzuklären, nicht ohne einen anderen Holzweg vorzuführen: den papierenen Klassenkampf. Was der Herr in Grau dagegen verlangt, ist die gewichtige Unterschrift des Reichsten der Reichen unter die Erklärung, daß dieser »die Bereicherung des einzelnen für die unerhörteste Schmach« ansieht.

Daraufhin muß der Milliardär erklären: Er war arm, Sohn von Eltern, die sich totgearbeitet haben, und sein Aufstieg, wiederum durch rastlose Arbeit, seine Tätigkeit jetzt einschließlich des offenen Donnerstags, den übrigens sein Sekretär und Doppelgänger für ihn erledigt, sind verzweifelte Fluchtversuche aus der Vergangenheit, aber Holzwege auch in dieser Hinsicht, wie er nun weiß, falsche Alternativen. Die einzige wirkliche Möglichkeit ist sein Sohn. Der aber, obwohl oder weil er die Freiheit hat, über seine Situation zu entscheiden, sagt sich von Macht und Reichtum, das heißt von seinem Vater, los und fährt, anstatt auf der väterlichen Luxus-Yacht Weltreisen zu machen, auf einem Kohlendampfer als Heizer. Er hält es zwar nicht lange, aber immerhin so lange durch, daß er »die da unten« begreifen lernt.

Sein Vater dagegen will nichts und niemanden begreifen: »Wer flieht, will nicht sehen, über wen er tritt!« – Wo es jedoch für seine

Praxis als Konzernherr und Chef notwendig ist, daß er versteht, entscheidet, handelt, da hat er seinen Sekretär.

Keiner – selbst der Sohn nicht – kann die beiden unterscheiden, lediglich den zwei Leibwächtern des Milliardärs gegenüber gibt es ein Zeichen: Der Sekretär trägt sichtbar an der Uhrkette eine Koralle. Der Doppelgänger, der sich als solcher nicht exponieren, seine Existenz nicht hinterfragen muß, funktioniert selbstverständlich und fraglos. Der Sohn, als »innerer Doppelgänger«, ist bereits mit der Alternative zur väterlichen Daseinsweise beschäftigt: »Die Arbeit ist mein Teil«, sagt er zu seinem Vater, denn er erkennt den »Frevel« in dem ungeheuren Reichtum, der eben nicht durch »Arbeitskraft«, wie der Milliardär meint, zustande kommt, sondern durch »rücksichtslose Ausbeutung«. Der Sohn legt dem Vater eine Pistole auf den Tisch. – Der Revolutionär weiß, wie sehr er sich damit auch gegen sich selbst richtet: »Dein Blut ist meins!«

Der Vater aber fühlt sich nur auf seine Vergangenheit zurückgeworfen – um so mehr als auch seine Tochter, die gewissermaßen seine Möglichkeit zweiter Wahl ist, sich weigert, seinen Entwurf zu realisieren.

Der Sekretär, das Ebenbild des entwurzelten Reichen mit der dunklen Vergangenheit, versteht dessen Verlassenheits-Jammer nicht. Sich rückerinnernd an eine »glückliche Jugend«, erkennt er in der Trennung von den Eltern ein Naturgesetz.

Damit hat der (a-soziale) Milliardär plötzlich eine Richtung für seine Revolte: gegen die (menschliche) Natur!

Er erschießt seinen Doppelgänger und fordert: »– – Mein Leben – – für ein anderes Leben – – das hell ist – – vom ersten Tage an – –.«

Er wird für den Sekretär gehalten, ohne daß er seine beiden Richter in dieser Annahme bestärkt; er schweigt, nachdem er einmal gesagt hat, daß er der Milliardär ist. Die Richter sehen darin halb einen Trick und halb eine Zwangsvorstellung, in die er sich »eingelebt« hat und aus der er »wieder heraus« muß. »Er muß ganz neu geboren werden!« schwärmt der Erste Richter. »Der Milliardär ist noch nicht in seine Existenz getreten – das ist ein späteres Kapitel, das ich mit keiner Silbe erwähne. Ich baue ihm sein Leben bis zu diesem Punkt lückenlos auf...«

Dem Herrn in Grau allerdings, der vom Utopisten zum Realisten heruntergekommen ist, kann der Milliardär/Sekretär nichts vormachen, schließlich wissen beide, daß die gewählte Alternative das Leben kostet.

Das weiß auch der Sohn, der kommt, um dem vermeintlichen Mörder seines Vaters zu verzeihen. Der Vater verweigert jede Unterstützung für die nun vorgebrachten »kühnen Pläne« des Sohnes.

Georg Kaiser als der geistige Vater seiner (gedachten) Figuren kann den Abgewiesenen natürlich nicht allein lassen, und so erscheint im Personenverzeichnis des Schauspiels »Gas«, des zweiten Teils der Trilogie, der »Milliardärsohn« und als weitere, leicht abgewandelte Reminiszenz aus dem vorigen »Der weiße Herr«, zu dem sich bedeutungsvoll fünf »schwarze Herren« gesellen.

Der Milliardärsohn hat inzwischen eine heiratsfähige Tochter, die von ihrer nicht näher bekannt gewordenen Mutter ein Riesenvermögen als Mitgift für ihre Ehe mit einem Offizier bekommt. Der wiederum, »ein sehr einfacher Mann«, ist Arbeiter im väterlichen, inzwischen sozialisierten Betrieb, wo der Grundsatz gilt: »Wir arbeiten – und wir teilen... Wir arbeiten für uns – nicht mehr in andere Tasche. Keine Trägheit – kein Streik.« Das Produkt der »besonderen Betriebsamkeit« ist Gas, Symbol für einen bis zum Exzeß gesteigerten Fortschritt.

Noch während der Hochzeitsfeier kündigt sich die Katastrophe an. Das junge Paar kann sich eben noch in Sicherheit bringen. –

Zweiter Akt: Die Explosion hat Tausenden von Menschen das Leben gekostet. Aber das Arbeitszimmer des Milliardärsohns steht noch. – Nun gibt der Mittelständler Kaiser seine proletarischen Phantasien mehr und mehr auf. Er plädiert für einen aufgeklärten Führer unter Gleichen, wie ihn der Zuschauer schon in den »Bürgern von Calais« kennengelernt hat: Der Milliardärsohn begreift, daß der Ingenieur an der Katastrophe nicht schuld sein kann: »Die Formel ist richtig... Sagt ihnen doch – allen, allen! – sie haben doch Ohren zu hören und einen Verstand zu denken: über Menschenmaß ging es hinaus. Das Hirn des Ingenieurs hat das Äußerste berechnet. Dahinter wogen Gewalten ohne Kontrolle. Der Fehler wird von jenseits diktiert.«

Gegen die Forderung der Arbeiter will der Milliardärsohn-Arbeiter den Ingenieur halten. Aber er will ihn umfunktionieren in einen Landschaftsarchitekten und Siedlungsplaner, dem er seine eigenen Entwürfe für das noch verwüstete Fabrikgelände vorlegt: »Grüne Linien – Straßen mit Bäumen gesäumt. Rote, gelbe, blaue Ringe – Plätze, bewuchert mit Pflanzen, die blühen aus Grasfläche. Vierecke – hineingestellt Häuser mit kleinem Gebiet von Eigentum, das beherbergt! Mächtige Straßen hinaus – erobernd eindringend in andere Striche – betreten von Pilgern von uns – die Einfachstes predigen: – uns!!«

Eine bürgerlich idyllische Utopie.

Der Ingenieur im Stück lehnt es ab mitzuarbeiten. Jeder hat seine Rolle und sein Berufsethos: der Schreiber schreibt; der Offizier-Schwiegersohn, der das ganze Heiratsgut inzwischen verspielt hat, erschießt sich; die schwarzen Herren der Arbeit vertreten die Arbeitgeberpartei und fordern Fortsetzung der Produktion; die Arbeiter wollen arbeiten...

Der Milliardärsohn »predigt sich« ins Leere, wenn er messianisch beschwörend verkündet: »Menschen seid ihr – ... Keiner ist Teil – in Gemeinschaft vollkommen einzelne. Wie *ein* Leib ist das Ganze – und das ist *ein* Leib! – – Sammelt euch aus Zerstreuung – und aus der Verletzung heilt euch: – – Seid Menschen!!«

Aber die Entfremdung, die aus einem Menschen je nach seiner Funktion im Produktionsprozeß eine Hand, einen Fuß, ein Auge macht, wird von den Betroffenen hingenommen; der Ingenieur ist als Gegenführer akzeptiert. Das aber bedeutet Machtkampf und »Untergang von Menschen«. Ein eintreffender Regierungsvertreter bestätigt es: »Die gesamte Rüstungsindustrie ist auf Gas eingerichtet. Das Fehlen dieses Betriebsstoffes würde die Fabrikation des Waffenmaterials auf das empfindlichste schädigen. Wir stehen vor einem Kriege. Ohne die Rohenergie von Gas wird das Rüstungsprogramm undurchführbar. Aus diesem schwerwiegenden Grunde kann die Regierung eine längere Unterbrechung der Lieferung von Gas an die Waffenwerke nicht dulden!«

Der Milliardärsohn beruft sich auf sein Recht als Herr seines Bodens. Vergebens! Eigentum ist nicht beständig. Georg Kaiser selbst hat das immer wieder erfahren. Und wie der Autor vor seinem Prozeß aus dem Gefängnis an seine Frau schreibt, daß seine Kinder das einzige seien, das er »nicht stahl« und das ihm doch gehört, so liegt auch im Stück – ebenso wie schon am Ende des ersten Teils der Trilogie – die Hoffnung auf den Nachkommen. Auf die Frage des Vaters: »... wo ist der Mensch? Wann tritt er auf – und ruft sich mit Namen: – Mensch? Wann begreift er sich – und schüttelt aus dem Geäst sein Erkennen? Wann besteht er den Fluch – und leistet die neue Schöpfung, die er verdarb: – – Menschen?!« antwortet die Tochter: »Ich will ihn gebären!«

Zu Beginn von »Gas. Zweiter Teil« ist die Synthese – dem Begriff nach – geschafft: der »Milliardärarbeiter« (als »der Mensch« angekündigter Vertreter der dritten Generation) tritt auf, und als sein Gegenspieler fungiert der »Großingenieur«.

Daneben gibt es auf dieser Stufe poetisch-dramatischer Entwicklung nur noch »Blau-« und »Gelbfiguren«, »Arbeitermänner, Arbeiterfrauen, Arbeitergreise, Arbeitergreisinnen, Arbeiterhalbwüchsige«. – Schon die Aufzählung zeigt, daß es sich hier nicht um die Beschreibung einer Klasse handelt. Man erinnert sich: »Es bleibt ein zäher Rest von Kostüm und Kulisse, den ins Wesentliche aufzulösen nicht gelingt. Die Gegenwart ist unser Erleben; unser Kleid – kein

Kostüm ...« Das heißt doch wohl Möglichkeit und Form des Ausdrucks, wie Expressionismus ihn will, in Licht und Farben, die auf der Bühne erscheinen, und ebenso in der Sprache der Figuren, die hektisch und ausschließlich nur mehr mit der Produktion *der* Energie, Gas, beschäftigt sind: »Es gilt: zum Untergang fanatisieren.« Alle »bücken sich willig unter den Herrn, der Gas hieß – der heute Untergang heißt«.

Logischerweise gibt es keine organisierbare Lösung oder Erlösung, in einer Situation, in der – willig – »schon Kinder ... die volle Schicht« halten und in der dennoch die Meldung kommt: »Ein steil steigendes Minus an Gas« –

»Der Automat läuft sich aus – und läuft aus ...« Daß die Arbeiter in den verschiedenen Werken schließlich die Hallen verlassen, ist weder Streik noch Aufruhr. Vielmehr, so erklärt es der Großingenieur, drängt der Zug »ins Zentrum zurück, woher unser Sporn antrieb!« In der großen Kuppelhalle brandet – fordernd und bestätigend zugleich – folgender Dialog:

Greisinnen und Greise: ... Abend für uns!
Stimmen der Andern: Mehr für uns!
Eine Stimme (hoch): Was mit uns?
Stimmen (verteilt): Mehr für uns!!
Stimmen (entgegen): Was mit uns?
Stimmen (Woge): Mehr für uns!!!
Stimmen (Gegenwoge): Was mit uns?!!
Stimmen und Stimmen (durcheinanderflutend): Mehr für uns!!!
Was mit uns?!!

Das ist der Moment für den Milliardärarbeiter, dessen Name jetzt verstanden werden muß als »einer der Milliarden« – einer und alle. Er bestätigt: »ihr ... benennt das Sagbare mit Worten, die immer gelten ... Wieder ist Tag um euch – ganzer Tag mit Morgen und Mittag und Abend: – das entstellte Gesetz strahlt von erneuerter Tafel! – Ihr seid wieder bei euch – ausgegangen aus fronender Nötigung – eingekehrt in letzte Verpflichtung!«

Eine Super-Vision der Freiheit. Schillers »Lied an die Freude« – überdimensional: »Land wuchs in Land – Grenze stob ins All – Nachbar wird noch der Fernste – in Sammlung zu uns sind wir verteilt an euch und ein Ganzes: – kein Gas!!!«

Da aber schlägt alles um in einen Science-fiction-Film: Der Feind – die Gelben kommen. Alles wird zurückgenommen, Arbeit wird befohlen, und Lohn zugesagt »nach Maß der Notwendigkeit für Erhaltung der Kräfte ...« Die Anspruchsquoten sind hoch, aber nicht allein deshalb beginnen alle mit passivem Widerstand, der von dem verantwortlichen Großingenieur geduldet, schließlich unterstützt wird. Er stachelt zur Vergeltung an und bietet das Instrument zur Rache: Giftgas.

Die Arbeiter, das sind die tätigen Menschen, stehen damit zwischen zwei Möglichkeiten: Rächer oder Dulder zu sein. Die Vorkämpfer jeweils einer Möglichkeit sind die Agitatoren in dieser Situation. Der Milliardärarbeiter empfiehlt pathetisch den Rückzug nach innen: »Baut das Reich!!... baut das Reich, das ihr seid in euch mit letzter Befestigung!... –– nicht von dieser Welt ist das Reich!!!!« Und praktisch heißt das: »Front den Fremden – zinst dem Zähler – laßt ihm den Lohn – schüttet ihm den Gewinn – duldet den Anspruch – verleugnet den Stachel, der an euch blutet: – ihr seid Reich!!«

Demgegenüber verlockt der Großingenieur: »Zielt den Wurf, der entscheidet für euch mit *einer* Vergiftung!!... Errichtet die Herrschaft.«

Und als die Menge nicht ihn, sondern den Milliardärarbeiter für den ›Bestimmten‹ hält, die Entscheidung zwischen Handeln und Leiden, zwischen ›aktiv‹ und ›passiv‹, zwischen Durchsetzung und Selbstverleugnung zu fällen, gibt der Großingenieur diesem die Giftgas-Kugel. – In der Hoffnung auf »Verwandlung« wirft er sie »über sich«.

Die Reaktion auf die Zerstörung ist der Selbstmord des Feindes: »In der dunstgrauen Ferne sausen die Garben von Feuerbällen gegeneinander – deutlich in Selbstvernichtung.«

Der Schluß der Trilogie, die beispielhaft die künstlerische Entwicklung Georg Kaisers vorführt und widerspiegelt, zeigt die Zweideutigkeit des Expressionismus, so wie er schließlich von den völkischen und den marxistischen Ideologen bekämpft und von den Blut-und-Boden-Künstlern pervertiert wurde.

Die Wertungen und Kategorien, die Kaiser in seiner Bemerkung zur »Krise des Theaters« 1923 anbietet, sind allzu leicht zu mißbrauchen; und die Nachgeborenen wissen, auf welche Art und Weise eine Aussage wie die folgende tatsächlich mißbraucht worden ist: »Das Drama ist in dieser Gegenwart wieder Kunstwerk und Kunstwert geworden. Im Expressionismus (in diesem Wort wird reinliche Scheidung gefordert und anerkannt – darum ist es tauglich) triumphiert Helle über Dumpfheit, Sprache über Gestammel, Ewigkeit über Epoche.

Noch niemals vorher ist mit so kräftigem Hieb Zeitgemäßes abgetan worden...«

Den Hieb, der ihn und sein Werk – im ganzen schließlich mehr als 75 Stücke – für das Tausendjährige Reich abtut, pariert er zunächst

1936 mit ein paar vergleichsweise unangemessenen Flugblatt-Verschen, den Gedichten der »Gasgesellschaft«, über Hitler, Himmler, Göring, Goebbels usw., in denen sich »Not« auf »Kot« und »beißen« auf »scheißen« reimt.

Im übrigen möchte er – später aus der Distanz des Exils – nicht nur den deutschen Staat, sondern das Staatswesen überhaupt geändert sehen. 1941 kündigt er ein Buch an, das offenbar eine Synthese verschiedenster Erfahrungen und möglicher Denkbarkeiten darstellen soll: »Platons Staatsideen müssen modernisiert angewendet werden. Auch Büchners Erfahrungen mit den Staatsorganen werden auszuwerten sein. Das moderne Staatswesen muß humanistisch-materialistisch fundiert sein. Der Sozialismus ist dann nichts als eine selbstverständliche Konsequenz...«

Bis zum 4. Juni 1945 ist dieses Buch nicht zustande gekommen. Für das, was Kaiser hinterläßt, formt der Dichter ein Jahr vor seinem Tod unter dialektisch gemeinter Überschrift eine Abwehr gegen alle interpretatorische Zudringlichkeit:

Ecce Poeta

Das Buch der Bilder und der Klänge,
das diesem Dichter überfloß,
bis sich der Mund am Kreuzgehänge
den ungesprochnen Strophen schloß –

stößt nicht den urgetriebnen Riegel
vor endlich anderm Werden los –
und wo ein Siegel bleibt das Siegel
getastet haftend fester bloß.

Vorbei dem bessern und dem bösen
geschah der Wahn in diesem Haupt –
so rätselschön, daß es zu lösen
wird keinem Frevelmut erlaubt.

Theaterstücke zwischen zwei Buchdeckeln sind so etwas wie Konserven, ihre bloße Lektüre ist Behelf; man muß sie sehen.

Die Stücke des Denkspielers Georg Kaiser – »Gas« oder auch »Die Bürger von Calais« – kommen allerdings kaum mehr auf die Bühne... eher vielleicht einmal ins Fernsehen, ein Medium, dem der Drehbuchautor Kaiser gewiß nicht mit Abneigung gegenübergestanden hätte. Es finden sich Textstellen von intimer Pathetik. In dem Stück »Von morgens bis mitternachts« hat der von der Polizei, seinen Skrupeln und dem Tod gehetzte Kassierer, dieser weniger neue als vielmehr moderne Mensch, eine expressionistisch gespensterhafte Monolog-Szene:

Verschneites Feld mit Baum mit tiefreichender Astwirrnis. Blauschattende Sonne.

Kassierer *kommt, rückwärts gehend. Er schaufelt mit den Händen seine Spur zu. Sich aufrichtend.* Solch ein Mensch ist doch ein Wunderwerk. Der Mechanismus klappt in Scharnieren – lautlos. Plötzlich sind Fähigkeiten ermittelt und mit Schwung tätig. Wie gebärden sich meine Hände? Wo haben sie Schnee geschippt? Jetzt wuchten sie die Massen, daß die Flocken stäuben. Überdies ist meine Spur über das Schneefeld wirkungsvoll verwischt. Erzielt ist ein undurchsichtiges Inkognito! *Er streift die erweichten Manschetten ab.* Nässe und Frost begünstigen scharfe Erkältungen. Unversehens bricht Fieber aus und beeinflußt die Entschlüsse. Man verliert die Kontrolle über seine Handlungen, und aufs Krankenbett geworfen, ist man geliefert! *Er knöpft die Knöpfe heraus und schleudert die Manschetten weg.* Ausgedient. Da liegt. Ihr werdet in der Wäsche fehlen. Das Lamento plärrt durch die Küche: ein Paar Manschetten fehlt. Katastrophe im Waschkessel. Weltuntergang! *Er sammelt die Manschetten wieder auf und stopft sie in die Manteltaschen.* Toll: da arbeitet mein Witz schon wieder. Mit unfehlbarer Sicherheit. Ich quäle mich mit dem zerstampften Schnee ab und verrate mich mit zwei leichtsinnig verschleuderten Wäschestücken. Meist ist es eine Kleinigkeit – ein Versehen – eine Flüchtigkeit, die den Täter feststellt. Hoppla! *Er sucht sich einen bequemen Sitz in einer Astgabel.* Ich bin doch neugierig. Meine Spannung ist gewaltig geschwollen. Ich habe Grund, mich auf die wichtigsten Entdeckungen gefaßt zu machen.

Im Fluge gewonnene Erfahrungen stehen mir zur Seite. Am Morgen noch erprobter Beamter. Man vertraut mir runde Vermögen an, der Bauverein deponiert Riesensummen. Mittags ein durchtriebener Halunke. Mit allen Wassern gewaschen. Die Technik der Flucht bis in die Details durchgebildet. Das Ding gedreht und hin. Fabelhafte Leistung. Und der Tag erst zur Hälfte bezwungen! *Er stützt das Kinn auf die Faustrücken.* Ich bin bereit, jedem Vorfall eine offene Brust zu bieten. Ich besitze untrügliche Zeichen, keinem Anspruch die Antwort schuldig zu bleiben. Ich bin auf dem Marsche – Umkehr findet nicht statt. Ich marschiere – also ohne viel Federlesen heraus mit den Trümpfen. Ich habe sechzigtausend auf die Karte gesetzt – und erwarte den Trumpf. Ich spiele zu hoch, um zu verlieren. Keine Flausen – aufgedeckt und heda! Verstanden? *Er lacht ein krächzendes Gelächter.* Jetzt müssen Sie, schöne Dame. Ihr Stichwort, seidene Dame. Bringen Sie es doch, schillernde Dame, Sie lassen ja die Szene unter den Tisch fallen. Dummes Luder. Und sowas spielt Komödie. Kommt euren natürlichen Verpflichtungen nach, zeugt Kinder – und belästigt nicht die Souffleuse! – Verzeihung, Sie haben ja einen Sohn. Sie sind vollständig legitimiert. Ich liquidiere meine Verdächtigungen. Leben Sie wohl und grüßen Sie den Direktor. Seine Kalbsaugen werden Sie mit einem eklen Schleim bestreichen, aber machen Sie sich nichts draus. Der Mann ist um sechzigtausend geprellt, der Bauverein wird ihm das Dach neu beschindeln. Das klappert erbärmlich. Ich entbinde Sie aller Verpflichtungen gegen mich, Sie sind entlassen, Sie können gehen. – Halt! Nehmen Sie meinen Dank auf den Weg – in die Eisenbahn! – Was? Keine Ursache? – Ich denke, bedeutende! Nicht der Rede wert? – Sie scherzen, Ihr Schuldner! Wieso? – Ich verdanke Ihnen das Leben! – Um Himmels willen! – Ich übertreibe? Mich haben Sie, knisternd, aufgelockert. Ein Sprung hinter Sie drein stellt mich in den Brennpunkt unerhörter Geschehnisse. Und mit der Fracht in der Brusttasche zahle ich alle Begünstigungen bar! *Mit einer nachlässigen Geste.* Verduften Sie jetzt, Sie sind bereits überboten und können bei beschränkten Mitteln – ziehen Sie sich Ihren Sohn zu Gemüte – auf keinen Zuschlag hoffen! *Er holt das Banknotenbündel aus der Tasche und klatscht es auf die Hand.* Ich zahle bar! Der Betrag ist flüssig gemacht – die Regulierung läuft dem Angebot voraus. Vorwärts, was bietet sich? *Er sieht in das Feld.* Schnee. Schnee. Sonne. Stille. *Er schüttelt den Kopf und steckt das Geld ein.* Es wäre eine schamlose Übervorteilung – mit dieser Summe blauen Schnee zu bezahlen. Ich mache das Geschäft nicht. Ich trete vor dem Abschluß zurück. Keine reelle Sache! *Die*

Arme aufwerfend. Ich muß bezahlen!! – – Ich habe das Geld bar!! – – Wo ist Ware, die man mit dem vollen Einsatz kauft?! Mit sechzigtausend – und dem ganzen Käufer mit Haut und Knochen?! – – *Schreiend.* Ihr müßt mir doch liefern – – ihr müßt doch Wert und Gegenwert in Einklang bringen!!!! *Sonne von Wolken verfinstert. Er steigt aus der Gabel.* Die Erde kreißt – Frühlingsstürme. Es macht sich, es macht sich. Ich wußte, daß ich nicht umsonst gerufen habe. Die Aufforderung war dringend. Das Chaos ist beleidigt, es will sich nicht vor meiner eingreifenden Tat am Vormittag blamieren. Ich wußte ja, man darf in solchen Fällen nicht lockerlassen. Hart auf den Leib rücken – und das Mäntelchen vom Leib, dann zeigt sich was! – Vor wem lüfte ich denn so höflich meinen Hut? *Sein Hut ist ihm entrissen. Der Orkan hat den Schnee von den Zweigen gepeitscht: Reste in der Krone haften und bauen ein menschliches Gerippe mit grinsenden Kiefern auf. Eine Knochenhand hält den Hut.* Hast du die ganze Zeit hinter mir gesessen und mich belauscht? Bist du ein Abgesandter der Polizei? Nicht in diesem lächerlich beschränkten Sinne. Umfassend: Polizei des Daseins? – Bist du die erschöpfende Antwort auf meine nachdrückliche Befragung? Willst du mit deiner einigermaßen reichlich durchlöcherten Existenz andeuten: das abschließende Ergebnis – deine Abgebranntheit? – Das ist etwas dürftig. Sehr dürftig. Nämlich nichts! – Ich lehne die Auskunft als nicht lückenlos ab. Ich danke für die Bedienung. Schließen Sie Ihren Laden mit alten Knochen. Ich bin nicht der erste beste, der sich beschwatzen läßt! – Der Vorgang wäre ja ungeheuer einfach, Sie entheben der weiteren Verwickelungen. Aber ich schätze Komplikationen höher. Leben Sie wohl – wenn Sie das in Ihrer Verfassung könnten! – Ich habe noch einiges zu erledigen. Wenn man unterwegs ist, kann man nicht in jede Haustür eintreten. Auch auf die freundlichste Einladung nicht. Ich sehe bis zum Abend noch eine ganze Menge Verpflichtungen vor mir. Sie können unmöglich die erste sein. Vielleicht die letzte. Aber auch dann nur notgedrungen. Vergnügen macht es mir nicht. Aber, wie gesagt, notgedrungen – darüber läßt sich reden. Rufen Sie mich gegen Mitternacht nochmals an. Wechselnde Telephonnummern beim Amt zu erfragen! – Verzeihung, ich rede dich mit Sie an. Wir stehen doch wohl auf du und du. Die Verwandtschaft bezeugt sich innigst. Ich glaube sogar, du steckst in mir drin. Also winde dich aus dem Astwerk los, das dich von allen Seiten durchsticht, und rutsche in mich hinein. Ich hinterlasse in meiner zweideutigen Lage nicht gern Spuren. Vorher gib mir meinen Hut wieder! *Er nimmt den Hut vom Ast, den der Sturm ihm jetzt entgegenbiegt – verbeugt sich.* Ich sehe, wir haben bis zu einem annehmbaren Grade eine Verständigung erzielt. Das ist ein Anfang, der Vertrauen einflößt und im Wirbel kommender großartiger Ereignisse den nötigen Rückhalt schafft. Ich weiß das unbedingt zu würdigen. Mit vorzüglicher Hochachtung – – *Donner rollt. Ein letzter Windstoß fegt auch das Gebilde aus dem Baum. Sonne bricht durch. Es ist hell wie zu Anfang.* Ich sagte doch gleich, daß die Erscheinung nur vorübergehend war! *Er drückt den Hut in die Stirn, schlägt den Mantelkragen hoch und trabt durch den stäubenden Schnee weg.*

Die große authentische Inszenierung der Kaiserschen Biographie kann ein Leser in verschiedenen Bildern über Kaisers Briefe miterleben: vom ersten erhaltenen, datiert am 15. 10. 1899 in Buenos Aires, bis zum letzten, nur angefangenen, vom 2. Juni 1945.

Kaisers Herausgeber, Walther Huder, nennt sie »naturbedingt fragmentarisch aber insgesamt ebenso originell wie informierend und aufklärend, auch amüsant und nicht selten lehrreich«.

Die Briefe aus dem Gefängnis oder der Psychiatrischen Klinik an seine Frau sind die längsten, besonders pathetisch auch. Sie illustrieren theatralisch und menschlich zugleich das Motto, das der Autor unter seinen Aphorismen hat: »Ich lebe für Georg Kaiser.«

(240)
An Margarethe Kaiser
[München]
[Psychiatrische Universitätsklinik] Donnerstag
30. 12. 1920

Margarethe –
Jahr dämmert ab – der Rückblick tobt durch die Hölle der Geschehnisse – und findet nur Licht um Dich und die Kinder.

Noch wird mir nur in Momenten erst deutlich die Umwandlung, die mit mir geschehen ist. Ich bin umgegossen in eine Form, deren Kontur ich nicht abtaste. Noch nicht. Wann? Das Bewusstsein meiner besonderen Kräfte im Geiste ist vorläufig um keinen Grad verringert; nur ist es ganz unklar in welcher Weise ich von nun an davon Gebrauch machen werde. Den Menschen bin ich so tief entfremdet, dass ich ihre Gesichter und Stimmen nicht ertrage. Was soll daraus werden? –

Ich weis, daß wir uns vorläufig lange nicht sehen werden (Dein Besuch hier in der Klinik ist ganz unmöglich; in dieser Umgebung dürfen wir uns nicht begegnen). Ende nächster Woche verlasse ich die Klinik und komme wieder ins Gefängnis. Neue Wochen der

Untersuchungshaft kommen dann – und dann so weiter durch allen Kot und Dreck. Ich werde durch alle Stadien der Verbrecherlaufbahn geschickt. Hätte ich noch einen Zusammenhang mit Menschen, so würde ich mit Revolte aufbäumen. Aber ich bringe das Interesse nicht auf.

(Ich begreife ganz und gar den Sinn auch des früheren Lebens nicht mehr. Was sollte das alles? Literatur? Ja – was sollte das alles? Vielleicht bleibt die Gas-Trilogie in alle Ewigkeit – – ja, was liegt mir daran? Ich habe kein Vergnügen mehr an den Menschen – den gegenwärtigen Vätermütterprodukten nicht und den kommenden Generationen noch weniger (wenn das möglich ist: ein nichts mit einem weniger).

Das erste Vierteljahr meiner Verbrecherlaufbahn nähert sich dem Ende. Ist es langsam vergangen – oder flink? Ich weiß es nicht. Jedenfalls werde ich nach dem, was ich bis jetzt erlebt habe – und hier in der Klinik am allermeisten – mich auf lange Fristen von Einkerkerung einrichten müssen. Es wird immer soviel Geld dasein, daß Du leben kannst. Ich will wenigstens daran glauben. Ich tröste mich damit, dass ich, wenn ich draussen wäre, Geld verbrauchen würde und so von Euren Mitteln zehren; hier bezahlt der Staat; lass' ihn bezahlen, solange er Lust hat.

Also: vergiss nie, was es heisst – in Freiheit sein. Darum lohnt es sich wirklich zu leben und froh zu sein. Ich verlange von Dir, dass Du froh bist – aus Dankbarkeit gegen die zusammen verlebten Jahre (ein Jahrzehnt!) – und angesichts Deiner Freiheit, die Dir auf keinen Fall genommen wird. Irgendwie wirst Du ja für Dich und die Kinder eine Art von Häuslichkeit wieder aufrichten können: vielleicht im Sommer auf dem Lande ein halbes Häuschen. Du musst das alles mit Kaltblütigkeit ordnen. Die Kinder sind es wert, dass Du Dich für sie anstrengst. Ich bitte Dich: Dich nicht von Stimmungen und Aufwallungen hinreissen zu lassen. Denke an mich – und nichts Kleinliches wird Dich anstossen. Vorläufig leide ich ja noch daran, dass mir die Menschen ekelhaft geworden sind. Dies Leiden muss Deins verdunkeln – sodass Du im Lichte lebst für Dich und Anselm und Laurent und Sybille. Geldlich wird es gehn – das ist ja fast die Hauptsache; denn ich bin am Geld gescheitert – nicht im Geist. Meine Begabung hat ausgereicht – aber nicht das Geld. Ein glattes Exempel.

Ich habe noch an Kiepenheuer geschrieben, dass er Dir monatlich tausend Mark zahlt; das muss er tun – obwohl er natürlich ein ganz minderwertiger Bursche ist. Später muss er Dir mindestens dreitausend Mark im Monat geben. Diese verfluchte Geldrechnerei. Plage Dich nicht zuviel damit – Du bist ja frei und findest so Deine Entschädigung. Unterschätze nie die Freiheit.

Seit acht Tagen warte ich wieder auf Dr. Sauter, damit er Briefe expediert; er kommt nicht – hat immer zu tun. So kommt alles geschriebene spät in Deine Hände.

Vor acht Tagen hatte ich zuletzt Briefe – kümmerliche Dokumente gequälten Denkens an mich. Die Menschen sollen auch das unterlassen.

Ich rede mir selbst keine Sekunde mehr ein, ein reinlicher Mensch zu sein, nachdem mir der Verbrecher aus Neigung so oft demonstriert ist –

ich akzeptiere im voraus das Urteil – jedes Urteil – und möchte nur möglichst bald in Ruhe gelassen werden. Ich habe genug.

In Deine Hände lege ich das Kostbarste, das ich nicht stahl und dennoch besitze – die Kinder. Wir werden uns schon irgendeinmal wiedersehen – tot mache ich mich nicht, aber ich leiste den Bedrohungen keinen Widerstand mehr.

Ich bin bei Dir im Denken: Georg

(243)
An Margarethe Kaiser
[München]
[Psychiatrische Universitätsklinik] Montag
3.1.1921

Bester Freund –
heutevormittag kommt Dein Brief vom Montag – wie langsam funktioniert dieser stumpfsinnige Zensurbetrieb! Ich schrieb Dir in letzter Zeit so viele und umfangreiche Briefe wie in meinem Leben noch nicht; denn mein Bedürfnis nach Mitteilung an Dich war grenzenlos. Allerdings liess ich diese Briefe aus der Klinik schmuggeln und ich weiß dann niemals, ob die auch expediert werden. Jedenfalls bitte ich Dich in Deinen Briefen nie meine Briefe zu erwähnen, sondern nur von Nachrichten von mir zu sprechen. Sei vorsichtig.

Arme »zweiunddreissigjährige Frau mit den ergrauten Haaren« – wie zerschneidet das mein Blut. Aber: Du bist unter Menschen, indessen ich hier unter verbrauchten Menschenresten vegetiere. Du sprichst doch von Frau Scherchen? Also kommt Laurent zu ihr. Anselm wird Dich genug beschäftigen.

Bitte frage im Verlag Kiepenheuer energisch nach Briefen von mir an Dich; es müssen ausser dem Eilbrief, der spätestens am Montag (27ten 12.) in Potsdam sein musste, noch andere angekommen sein.

Dein Urteil über Kiepenheuer teile ich: auch in meinen Augen ist er ein minderwertiger Gelegenheitsmacher; gottseidank dass er mir noch nicht ein einziges Mal geschrieben hat. Was ist das mit dem Vertrag mit dem Deutschen Theater? Zieht es sich von mir zurück? – einen Fusstritt von mir hinterdrein!

Was ist das für ein Glasapparat, aus dem Anselm einen Glasmotor schon gemacht hat? Gott – ist der Junge entzückend mit seinen spassigen Grossprechereien.

Wie soll ich überhaupt die Trennung von Euch noch ertragen?!

– – –

Ich bekam von Fischels ein Paket und von Kiepenheuer eins – sonst nichts. Schade; ich hätte schon ganz gern hin und wieder Süssigkeiten gegessen.

Von eins bis sechs bin ich jetzt ausser Bett – wie soll das bloss in der neuen Haft werden mit Aufstehn um sieben? Verrecken möchte ich doch woanders als in der lausigen Zelle.

Übrigens kam von Herrn Fischel noch das Wäschepaket damals mit Deinen Strindbergbüchern; ich schrieb Dir den Dank – aber Briefe kommen ja nicht an, wie es scheint – und Pakete werden gestohlen. Eine Gesindelwirtschaft!

Heutnacht heulte hier wieder ein Irrsinniger los – die Hölle tobt sich hier aus. Erlebnisse sind das – so widerlich, dass man nicht mehr begreifen kann.

Wie milde klingt Dein Brief – wie aus einer mir unerreichbaren Zone. Du sprichst über Musik – Du spielst mit den Kindern: schön ist das.

Ich glaube von mir – wenn ich aus dieser Epoche, aus dieser fauligen Zisterne hervorgehe – dass ich ein Sturm über die Menschen werde – – und Deine Mildigkeit unendlich brauchen werde.

Dieser Dr. Sauter lässt mich vollkommen instich; er kommt nicht trotz telephonieren und schreiben. Jetzt müsste ich ihn unbedingt sprechen – aber er erscheint nicht. Auf diese Weise bin ich natürlich vollständig dem Gericht ausgeliefert.

Lebe, Margarethe – Du bist ein herrlicher Mensch; »frühergraute Haare« – man vergisst es nicht.

Wer bin ich? –: der stärkste und der schwächste Mensch – geschüttelt von mir selbst – in ein vulkanisches Aufundab gestellt. In allem, musst Du mich verstehen – wie ausführlich beschrieb ich mich Dir in den langen Briefen der letzten vierzehn Tage; doch die kamen nicht an – und ich nehme nun fast diese neuen Zeichen des Missgeschicks mit Gleichmut; ich verstehe heute was es heisst: halte auch die linke Backe hin, wenn man Dich rechts ohrfeigte – so gleichgültig wird man sich selbst.

Ich küsse Deine schönen reinen Hände: Georg

1878	25.11.: Georg Kaiser als fünfter Sohn (von sechs) der Eheleute Friedrich Kaiser und Antonie, geb. Anton, in Magdeburg geboren.
1885–1888	Besuch der Grundschule in Magdeburg.
1888–1894	Besuch der evangelischen Klosterschule Unserer Lieben Frau, eines humanistischen Gymnasiums, das Kaiser mit dem Einjährigen verläßt.
1895	Anschließend Beginn einer Buchhändlerlehre, aus der er in eine kaufmännische Ausbildung überwechselt. Während dieser Zeit arbeitet und schreibt Kaiser für einen von ihm gegründeten Verein.
1898	Abschluß der Lehre als Exportkaufmann; als Kohlentrimmer auf einem Frachtdampfer reist Kaiser nach Buenos Aires.
1898–1901	verdient Kaiser sich als Kontorist in der dortigen AEG-Filiale das Geld für längere Urlaubsreisen an die brasilianische Grenze. Wegen einer Malaria-Erkrankung kehrt er nach Magdeburg zurück, wo er wechselnd bei Mutter und Bruder, anschließend bei den andern Brüdern in Trebitz bei Wittenberg und Schulpforta wohnt.
1902–1903	hält sich Kaiser wegen einer Nervenkrankheit im Sanatorium Haus Schönow in Berlin-Zehlendorf auf.
1908	4.10.: heiratet Georg Kaiser die zehn Jahre jüngere Margarethe Habenicht, die Tochter eines Magdeburger Großkaufmanns. Das Paar bewohnt ein Haus in Seeheim an der Bergstraße (ab 1911 wechselnd auch noch eine Wohnung in Weimar).
1912	Kaiser arbeitet an dem »Bühnenspiel«: »Die Bürger von Calais«; von da ab schreibt er sehr viele (in der Sekundärliteratur ist die Rede von über 74) Theaterstücke. – Seine erste, nicht mehr im Selbstverlag erschienene Buchveröffentlichung »Die jüdische Witwe« erfolgt bei Fischer in Berlin.
1914	14.5.: Wird der Sohn Dante Anselm geboren.
	1.8.: Beginnt der Erste Weltkrieg, in dem Kaiser aus Krankheitsgründen zurückgestellt, aber kurzfristig beim Roten Kreuz tätig wird.
1917–1918	beginnt Kaiser mit der Arbeit an der »Gas«-Trilogie (»Die Koralle«, »Gas«, »Gas Zweiter Teil«).
1918	18.8.: wird der zweite Sohn Michael Laurent geboren. Kaiser muß den Besitz in Seeheim und Weimar verkaufen. Die Familie geht nach München.
1919	1.5.: Die Familie bezieht die von dem amerikanischen Maler Frank S. Hermann gemietete Wohnung in der Ainmillerstr. 5.
	21.11.: Die Tochter Eva Sibylle wird geboren.
1920	1.6.: Die Familie zieht in eine Villa in Tutzing am Starnberger See um.
	12.10.: Georg Kaiser wird verhaftet und wegen Unterschlagung und Hehlerei angeklagt. Bis zur Verurteilung sitzt Kaiser (kurzzeitig auch seine Frau) in Untersuchungshaft.
1921	15.2.: Verurteilung.
	16.4.: Obwohl zu einem Jahr Gefängnis verurteilt, wird er aus der Strafanstalt Stadelheim entlassen.

In den Folgejahren erleben die Stücke des Autors mehr als 40 Uraufführungen; es gibt Inszenierungen seiner Stücke in nahezu allen Hauptstädten der Welt.

1938 Flucht vor dem Nationalsozialismus; Exil in der Schweiz.

1945 4. 6.: Georg Kaiser stirbt in Ascona.

WEITERFÜHRENDE LITERATUR

Wolfgang Paulsen: Georg Kaiser – Die Perspektiven seines Werkes, mit einem Anhang: Das dichterische und essayistische Werk Georg Kaisers, Niemeyer Verlag, Tübingen 1960. – Eine historisch-kritische Bibliographie.

Ernst Schürer (Hrsg.): Georg Kaiser, Von morgens bis mitternachts, Erläuterungen und Dokumente, Reclam Verlag, Stuttgart 1975 (= Universal-Bibliothek 8131).

Gesa M. Valk (Hrsg.): Georg Kaiser: Briefe. Mit einer Einleitung von Walther Huder, Propyläen Verlag, Verlag Ullstein, Frankfurt am Main, Berlin, Wien 1980.

Alfred Döblin als Student in Freiburg, 1904/1905

BRIGITTE DÖRRLAMM

Alfred Döblin oder der Gang zu den Menschen

»Die Luft kann hageln und regnen, dagegen kann man sich nicht wehren, aber gegen vieles andere kann man sich wehren. Da werde ich nicht mehr schrein wie früher: das Schicksal, das Schicksal. Das muß man nicht als Schicksal verehren, man muß es ansehen, anfassen und zerstören.« *Berlin Alexanderplatz*

1980 gab es in der Bundesrepublik Deutschland 978000 Studenten. Es gab in diesem Land den NC, die ZVS, Bafög, Regelstudienzeiten, Studienberatung, Studienplatzmangel sowie einige Studentendemonstrationen – und es gibt Ratlosigkeit wie eh und je.

»Zweifel und innere Schwankungen sind es, die mich bestimmen, mich mit der Bitte an Sie zu wenden, mir durch einige kluge Worte eine Einsicht in die Notwendigkeiten unserer Zeit und die Aufgaben unserer – ich glaube nicht isoliert dazustehen – geistigen Existenz zu geben. Weil gerade für uns... wenden wir uns aus innerer Nötigung an Sie, weil wir fürchten, in dem Wirrwarr der sich bietenden Widersprüche zu ersticken oder uns für eine Position zu entscheiden, die uns auf totes Geleise führt.«

Dieser offene Brief eines zweiundzwanzigjährigen Bonner Studenten stammt nicht aus dem Jahr 1980, sondern richtet sich im Juni 1930 über die Zeitschrift »Tage-Buch« an den Schriftsteller und Kritiker Alfred Döblin, damals 52 und wie heute vor allem bekannt als Autor des 1929 veröffentlichten Romans »Berlin Alexanderplatz«.

Der engagierte Student, offensichtlich auch Leser des neu erscheinenden Organs des Bundes Proletarisch-Revolutionärer Schriftsteller »Die Linkskurve«, kennt außerdem Döblins »Tage-Buch«-Beitrag »Katastrophe in einer Linkskurve« und dessen kürzlich gehaltene Akademie-Rede über Arno Holz, in der es heißt: »Zwei Dinge sind nötig: Verbreiterung der Bildungsbasis durch Beseitigung des Bildungsmonopols (ein ungeheures Kapitel) und seitens der Autoren: Hinwenden zur breiten Volksmasse... Senkung des Gesamtniveaus der Literatur.« – Das liest sich politisch und modern, unerwartet auch aus dem Lager des Establishments, aber so ernst, daß der Student hofft, nicht an einen schöngeistigen Briefkasten-Onkel zu geraten, wenn er sich auf dessen (Selbst-)»Verpflichtung, geistige Hilfe zu leisten«, beruft.

Alfred Döblin antwortet dem Unbekannten, zuerst kokettierend, dann aber mit der »Ehrlichkeit«, auf der dieser Mann lebenslang – bis zur Verbitterung – besteht:

»Ein ›Offener Brief‹ ist eine mir zu feierliche Sache, ich kann mich schwer in diese Würde hineinfinden. Sie müssen mich kennen, wie ich bin, ein vollkommen privater Mensch. Wenn Sie mich irgendwo treffen würden, würden Sie mich bestimmt übersehen. Nun verlangen Sie Repräsentanz von mir. Wenn Sie mir gegenübersäßen, würde es leichter gehen. Sie würden sehen, daß ich gern lache, öfter schweige, daß ich überhaupt viel vom Schweigen halte und daß ich auch oft sage: ›Ich weiß nicht‹, ohne beunruhigt zu sein. Vielleicht würde ich Sie, wenn Sie mir gegenübersäßen, nur aushorchen. Halten Sie mich nicht für einen Propheten oder Posaunenbläser, eine Fahne trage ich bestimmt nicht...«

Aus der Antwort wird eine 160 Seiten lange Schrift, »Wissen und Verändern«, in der der Autor sich kritisch und nachdrücklich zum humanen Sozialismus bekennt – zur »sozialen Demokratie«, wie die sozialdemokratische Wochenzeitung »Vorwärts« im November 1980 selbstzufrieden feststellt, indem sie den »Romancier« als »Wegweiser zur Volkspartei« feiert. – Immerhin, sieben Jahre, von 1921 bis 1928, ist er wohl Mitglied der SPD gewesen, daß es zuerst die USPD war, verschweigt der »Vorwärts« ebenso wie den Austrittsgrund (die Zustimmung der Partei zu einem Schmutz- und Schundgesetz).

An »Zahlabenden« hat man den »kleinen Doktor« aus Berlin O., Kassenpraxis in der Frankfurter Allee 340, nicht übersehen, obwohl sich schon damals zeigt, daß er für jeden Arbeiter »ein Bourgeois« bleiben wird. »Die deutschen Arbeiterparteien, jedenfalls in ihrem jetzigen Zustand, sind kein Ort für einen geistigen Menschen«, schreibt er und handelt sich damit den immer zuhandenen Schimpfnamen »Revisionist« ein. Vor solchen wird ganz allgemein gewarnt, denn: »Das Buch [gemeint ist »Berlin Alexanderplatz«] erhärtet für uns den Beweis der Tatsache, daß die sogenannten linksbürgerlichen Schriftsteller eine politische Gefahr für das Proletariat bedeuten, der wir die schärfste Aufmerksamkeit zuwenden müssen«, so Klaus Neukrantz in der »Linkskurve«. Walter Benjamin differenziert: »Hier ist es nun mit Händen zu greifen, wohin die Konzeption des ›Geistigen‹ als eines nach seinen Meinungen, Gesinnungen oder Anlagen, nicht aber nach seiner Stellung im Produktionsprozeß definierten Typus führt. Er soll, wie es bei Döblin heißt, seinen Ort neben dem Proletariat finden. Was ist das aber für ein Ort? Der eines Gönners, eines ideologischen Mäzens. Ein unmöglicher... der Ort des Intellektuellen im Klassenkampf ist nur aufgrund seiner Stellung im Produktionsprozeß festzustellen oder besser zu wählen.«

Diese Stellung als »Dr. med. ... Spezialarzt für Innere und

Nervenkrankheiten«, wie es auf dem Rezeptblock heißt, beschreibt Döblin für sich selbst folgendermaßen: »Ökonomisch steht der Kassenarzt zwischen dem freien Beruf, dem Beamten, dem Arbeitnehmer, – aber er schwebt zwischen den dreien, und ebenso schwebend ist seine ideelle Situation.« – Zwischen! – Mit Ehrlichkeit fügt der Autor, dessen bekanntester Romantitel eine Ortsangabe ist und der wohl »die Schriftstellerei«, niemals aber »den inhaltsvollen, anständigen, wenn auch sehr ärmlichen Beruf eines Arztes« hätte aufgeben mögen, mit Ehrlichkeit fügt er für sich und seinesgleichen hinzu: Sie »haben von der Klasse, aus der sie stammen, dem Bürgertum, die Vorstellungen, die ethischen Begriffe, und halten in der Regel zeit ihres Lebens daran fest. Sie finden ideell, wenigstens bis jetzt, niemals ihren Ort.«

Bruno Alfred Döblin, als viertes von fünf Kindern polnisch-jüdischer Eltern am 10. August 1878 in Stettin geboren, hat bis zu seinem Tod am 26. Juni 1957 nicht aufgehört zu suchen. »Von jeher ein Outsider-Pionier der Literatur« (A. Kesser), hat er weitläufig suchen müssen, denn er ist viel herumgekommen, schreibend und lebend, beziehungsweise emigrierend, in vielen Städten, Ländern und Bereichen.

»Stettin, eine trübe, verkommene Provinzstadt... mit einem grellen Jahrmarkt auf dem Paradeplatz, Spielplätzen auf den Treppenabsätzen eines tief herabsteigenden Rathauses«, ist für den Zehnjährigen, der nach Berlin verschlagen wird, ein kleines Paradies. –

Lexikalisch gesehen ist Stettin damals die Hauptstadt der preußischen Provinz Pommern und »Sitz bedeutender Industrien (Schiff- und Maschinenbau, Fabrikation von Chemikalien, Zement, Zucker, Papier, Mühlenwerke und Brauereien) und Zentrum eines lebhaften Land- und Seehandels«. Die Einwohnerzahl überschreitet, in dieser Zeit besonders rasch anwachsend, die Hunderttausend.

Alfreds Vater, Max Döblin, 32 Jahre bei der Geburt des dritten Sohnes – die Tochter zählte üblicherweise weniger – stammt aus Posen; »ein Luftikus«, den sie »zu Hause natürlich nichts hatten lernen« lassen, ist, als er fünfundzwanzig und immerhin Schneider war, von seinen strengen Eltern an die zwei Jahre ältere, schöne und reiche Sophie Freudenheim aus dem nahen Samter verheiratet worden: eine gute Partie! meint man. Das Urteil des Sohnes, der sich später nicht ungern mit seiner biografischen Hypothek befaßt: »Sie stimmten nicht zusammen. Überhaupt nicht.«

Sie haben ein Geschäft miteinander, am Bollwerk 37, das kaputtgeht. Sie ziehen um, zuerst in die Wilhelm-, dann in die Friedrichstraße; Max Döblin eröffnet eine Konfektionsstube, 1880 wird der jüngste Sohn Kurt geboren. Der Vater hätte schon schuften müssen, um die siebenköpfige Familie zu ernähren, »aber das Wort Pflicht kam in seinem Lexikon nicht vor«, er musiziert, komponiert, dichtet, zeichnet lieber, entwirft – völlig zweckfrei, aber durchaus begabt – Kostüme, singt in der Synagoge und geht in der Sonne spazieren, »Arm in Arm« mit den Eroberungen, die er auf »seinem Kriegspfad« gemacht hat. Als sich seine Neigung schließlich einmal stabilisiert, ist ihr Gegenstand »zufälligerweise nicht seine Frau«. Sein Sohn, der Doktor, selber »Autor mehrerer Kinder« – auch eines unehelichen Sohnes –, wird später, bei aller begreiflichen Härte seines Urteils über den »Lump« und »Windhund« dafür Verständnis aufbringen müssen, »denn es gibt notorisch Millionen Frauen auf der Welt; warum soll ein Mann gerade seine eigene Frau lieben?« – Was hier so frivol klingt, ist dunkler Humor, Sarkasmus, den der Schreiber mit seiner Existenz als Mann, Gatte und Vater bezahlen wird: »Bis ins zweite Glied.«

Aber schon das Kind wird belastet, genau wie seine Geschwister. Die jahrelangen Reibereien zwischen den Eltern nehmen zu. Die Mutter, »eine einfache Frau«, aber wie ihre Herkunftsfamilie geprägt vom »Kaufmanns- und Geldstolz«, hat »keinen Respekt« vor dem »gebildeten Hausknecht«, wie sie den Mann voller »Hohn, Borniertheit und bitterer, anmaßender Härte« nennt: »Zu Haus wächst die Kälte, die Unfreiheit, der Streit.« Draußen reden die Leute, als der Schneider – später bezeichnet ihn sein Sohn einmal als Kaufmann – mit dem zwanzig Jahre jüngeren »Nähfräulein Henriette« die Stadt und dann gar Europa verläßt, Familie und Schulden den reichen Holzhändler-Verwandten aufbürdend. Ludwig, Hugo und Alfred sind damals – letzterer aus der Vorschule eben in die Sexta gekommen – Schüler des Friedrich-Wilhelm-Städtischen Realgymnasiums. In dem allgemeinen Tohuwabohu werden sie aus der Schule genommen und in die private »Schönschreibeschule« einer Frau Sauter geschickt – ein drückendes Provisorium.

Endgültige Lösung: Sophie Döblin geht mit ihren fünf Kindern nach Berlin, wo sie ihren reichen Brüdern ausgeliefert ist. Der älteste Sohn fängt fünfzehnjährig eine Kaufmannslehre an und tritt nach der Lehrzeit 1891 in das Holzgeschäft seines Onkels Rudolf Freudenheim ein. Er hat den Vater zu ersetzen, nachdem der fünfmonatige Versuch, mit Max Döblin nach dessen Rückkehr aus Amerika in Hamburg wieder zusammenzuleben, gescheitert ist.

Abgesehen von diesem, für ein Schulkind leidvollen, Intermezzo, ziehen die Döblins in Berlin sechsmal um: von der ärmlichen Blumen- in die Landsberger Straße, von dort in die Marsiliusstraße, dann in den Grünen Weg, die Wallnertheaterstraße, die Markus-

und schließlich die Memeler Straße. Sobald es räumlich irgendwie geht, wird vermietet. Alfred, den die Mutter »Fritz« ruft, kommt dreizehnjährig wieder in die Sexta – jetzt des Köllnischen Gymnasiums. Bis zum Abitur, das er mit zweiundzwanzig erreicht, macht ihm die Überalterung zu schaffen; der anfängliche Freischüler bleibt sitzen; schulische Begründung: ungenügende Leistungen im Fach Mathematik. Im Abiturzeugnis heißt es dazu: »Die Lücken aus früherer Zeit hat er mit großem Fleiß ausgefüllt. Er kennt nun das vorgeschriebene Pensum so weit, daß er die nicht zu schwierigen Aufgaben dieses Gebiets selbständig lösen kann. Da seine Klassenleistungen wenigstens in letzter Zeit und ebenso seine Prüfungsarbeit den Anforderungen genügten, so lautet das Gesamturteil: Genügend.«

Solche Behandlung, solch ein Ton – hier immerhin schon für das Reifezeugnis salon- beziehungsweise aktenfähig gemacht – vermitteln eine Vorstellung von dem Leid und dem entwürdigenden Druck der zehn schlimmen Jahre, in denen die Schüler »vollauf beschäftigt waren mit dem Versetztwerden und dem heroischen Rebellen- und Makkabäerkampf gegen die Machthaber auf dem Katheder (...) Mein Haß gegen sie wird unauslöschlich sein!« versichert der fast Fünfzigjährige, und ein Jahr später hält er den zu einem gespenstischen Tribunal zusammengerufenen Pädagogen vor:

»Ich träume von der Schule wie ein anderer nach einem Unfall... Sie meinen, ich soll das Pensum nachholen? Nein, ich muß die Schule im ganzen, diesen Unfall, diese Granatexplosion, bewältigen... Jetzt kommt die Frage nach den Urhebern, den Schuldigen, den Verantwortlichen dieser Explosion!

... Sie wollten mich, dieses Ich, mit Haut und Haaren zu Ihrer Sache machen. Zu einer Sache. Das ist es... Aber das war Barbarei, das ist keine Erziehung. Ich war Ihnen zur Bildung übergeben, ich war Ihnen nicht verkauft.

... Sie wollen mich zum Rebellen stempeln. Aber ich bin nie einer gewesen. Ich bin nicht von Haus aus aufsässig. Ich habe mich immer nur in einer andern Welt aufgehalten als Sie. Ich habe und hatte mein Pflichtgefühl, meine Strenge, meine Sachlichkeit. Sie nimmt es mit Ihrer auf. Ich habe gewußt, warum Sie meine scheinbare, nur gegen Sie gerichtete Schlaffheit und Apathie reizte. Sie rochen hinter Hölderlin, Schopenhauer, Nietzsche etwas Schlimmes, Gefährliches. Sie sagten ›Empörung‹ und ›Sittliche Unreife‹, aber das war Ihr ›Nein‹ zu meiner Welt.«

In Alfred Döblins Welt wird während dieser Zeit bereits geschrieben. Wie üblich, zeigt man sich unter Klassenkameraden die literarischen Versuche und findet, wie üblich, jeweils die des anderen schwach. Solche Kritik ist zu ertragen, obwohl Döblin – auch später als bekannter Schriftsteller – nicht leicht etwas Derartiges hinnimmt. Viel schwerer ist es dennoch, von der eigenen Mutter zu hören, daß ihr das Schreiben eine Spielerei ist und »Zeitvergeudung, unwürdig eines ernsten Menschen«. – »Ich hätte nicht gewagt, nicht wagen dürfen, meine Schreibereien zu Hause zu zeigen. Es wußte lange Jahre niemand zu Hause, daß ich schrieb.«

So ist es nicht verwunderlich, daß die ersten fünfzehn Manuskriptseiten, die unveröffentlicht bis in den Nachlaß hinein erhalten geblieben sind, mit dem 6. 10. 1896 nur unsicher datiert und in ihrer ursprünglichen Form schwer auszumachen sind. Vorliegend, bilden die auf Marx' und Bebels Spuren suchenden Gedanken über »die Frau in der Klassengesellschaft« den Mittelteil einer in der direkten Rede dialektgefärbten Milieu-Erzählung – »Modern. Ein Bild aus der Gegenwart« – über die Verwirrungen einer vom Dorf in die Stadt gekommenen stellungslosen »Nähterin«.

Zugleich mit der Abiturprüfung am 13. September 1900 schließt Alfred Döblin auch seinen »zwischen Schularbeiten und Nachhilfestunden« geschriebenen ersten Roman ab, den er in sauberer Sütterlinschrift »den Manen Hölderlins in Liebe und Verehrung« widmet. Nach seinen eigenen Angaben enthält das »Jagende Rosse« betitelte Werk »gar keine Handlung; nur seelischen Entwicklungsgang in lyrischer bildhafter Beschreibung. Es treten keine Personen neben dem Ich auf.« Es geht um die von der späten Pubertätsnot eines zweiundzwanzigjährigen Schülers diktierte Frage an seine, die bürgerliche, humanistisch gebildete, wilhelminisch unterdrückte Gesellschaft, beziehungsweise – da diese sich entzieht – um die Frage des Schreibers an sich selbst: »was bleibt nach den Begierden?« – Wenn das Buch die Antwort darauf enthielt, so haben wir sie heute nur noch in der Rekonstruktion.

Das Manuskript schickt der junge Autor nämlich an den »angesehensten Berliner Kritiker« Fritz Mauthner, der ihn aber seiner schwachen Augen wegen brieflich bittet, ihm aus dem Werk selbst vorzulesen... Das ist zu viel für Döblin, der ja bereits das Schreiben nur mit schlechtem Gewissen geschafft hat. Die Rücksendung, die er »postlagernd« erbittet, um zu Hause nicht mit Fragen gequält zu werden, bekommt er nicht, denn er will auch am Postschalter das Inkognito des falschen Namens nicht lüften. – Das nach den Konzepten Rekonstruierte endet mit den Sätzen: »Dies weiß ich: Ich will jetzt zu den Menschen gehen, meinen Brüdern, meinen Schwestern und Geliebten; mich verlangt nach meinen Menschen.«

Die Familie, zumal die geldgebenden Verwandten, möchten, daß Alfred das kurze Studium eines Zahnarztes aufnimmt; er dagegen will »wissen, was die Welt im Innersten zusammenhält«: wenn schon Brotstudium, dann wenigstens etwas, wo er sich um den ganzen Menschen kümmern kann. So immatrikuliert er sich am 17. Oktober 1900 an der medizinischen Fakultät der Königlichen Friedrich Wilhelms Universität, wo er – zu Hause wohnend – sieben Semester bleibt. Bruder Ludwig und Onkel Rudolf (Freudenheim) zahlen.

Nebenbei hört der Student, dem eine Handschriftenanalyse einmal einen »beispiellosen Aktivitätsumfang« bescheinigt, zahlreiche philosophische und literaturhistorische Vorlesungen, belegt aber außerfachlich nur die »griechische Literatur der Kaiserzeit« bei dem humanistisch berühmten Ulrich von Wilamowitz-Moellendorf.

Zu dieser Zeit lernt er wohl den Musik studierenden Arztsohn Georg Levin, dem Else Lasker-Schüler das bekannt gewordene Pseudonym Herwarth Walden gab, kennen und um das Paar und seinen eben entstehenden »Verein für Kunst« Literaten wie: Richard Dehmel, Peter Hille, Arno Holz, Detlev von Liliencron, Erich Mühsam und Frank Wedekind. Selbstverständlich schreibt er – ohne noch etwas zu veröffentlichen.

Am 30. Juli 1902 macht stud. med. et phil. Alfred Döblin sein Vorexamen mit »Gut«; der Abiturient hat diese Note nur in Englisch und Singen gehabt.

Knapp ein Jahr später wird der zweite Roman fertig, und er geht als »Worte und Zufälle« wiederum zunächst an den bewunderten Fritz Mauthner, Feuilletonredakteur beim »Berliner Tageblatt«, außerdem, wenn auch mit Verzögerung, an den Verleger Axel Juncker, dem Alfred Döblin seine »Absicht« folgendermaßen erläutert: »eine Geschichte des Liebestriebes eines Menschen. Wie dieser Trieb aus der natürlichen Isolierung den ›Helden‹ herausdrängt, ihn zu Pflanze, Tier, Freund, schließlich zur ›Heldin‹ und zum Mord an ihr führt, soll psychologisch entwickelt werden. Gegenüberstellung des geläufigen sentimentalen leeren Liebesbegriffs – ›Worte‹ –, und des inhaltsvollen, des Eigentums-, Haß- und Neidtriebes. – Nach ersterem denkt, nach letzterem lebt der ›Held‹. – Sexuell Pathologisches wird hier also auf ein normalpsychisches Verhalten zurückgeführt, als dessen Verschärfung, und eben durch diese Zurückführung begreiflich und künstlerisch darstellungsfähig. – Der lyrische Kern ist: die Unmöglichkeit der völligen Vereinigung zweier Menschen selbst in der Liebe; das *Wort* ›Liebe‹ täuscht solche Vereinigung, solchen innern Zusammenhang der Wesen vor, wirklich ist nur das Einzelne, Zusammenhanglose, der ›*Zufall*‹, das Einsame, das vernichtend auf andere Einsame übergreift. –« Eine tiefgründig menschenfeindliche Wirklichkeit!

In ihrer Realität versuchen die jungen Akademiker wie eh und je auf ihre Weise gegen die Vereinzelung anzugehen. Alfred Döblin leitet eine Zeitlang die »freie Studentengruppe Finken«, die sich analog zu den zahlreich bestehenden Verbindungen kurz »Finkenschaft« nennt, und organisiert Lesungen und literarische Abende.

Dann aber geht der Norddeutsche für die letzten zwei Semester nach Freiburg im Breisgau, der Stadt, die, wie er Herwarth Walden berichtet, en gros mit Ruhe handelt. Hier schreibt er zwischen November 1904 und April 1905 seine Doktorarbeit über »Gedächtnisstörungen bei der Korsakoffschen Psychose«, die er bürgerlich dankbar »seiner lieben Mutter« widmet. Die notwendigen Beobachtungen und Forschungen führen ihn, weitgehend unabhängig von Sigmund Freud und dessen ihm nicht bekannter 1900 erschienener »Traumdeutung«, in den Bereich der Psychoanalyse.

Der Sechsundzwanzigjährige fühlt sich nicht wohl – in der Deutschordensstraße 7, wo er »arbeite(t) wie ein Steinklopfer«, nicht und nicht in der Stadt. Wieder ist es das Zusammenhangslose und das Abgeschnittensein, das er beklagt. Noch vierzehn Jahre später weiß er: »Mir wurden solche entsetzlichen Abende und Halbnächte in Freiburg gut in die Erinnerung geätzt, wo ich tagelang, tagelang keine Silbe sprach, öfter vor mich hin summte und sang, bloß um wieder meine Stimme zu hören, die mir tröstlich wie die eines Freundes klang; ich sprach auf der Straße oft Kinder an, meine Stimme war mein einziger Freund. Ich suchte nicht diese Einsamkeit, ich habe sie so nie gesucht; ich lief frei herum, blieb in Einzelhaft! Was nützen mir die Berge, das blitzend schöne Wetter, die Berge und Wälder und Seen? Ich habe jahrelang und noch jetzt einen Haß auf sie gehabt, einen Widerwillen; sie bereiteten mir Pein; es ist, als ob ich allein in ein großes Vergnügungslokal trete und niemand spielt, alle Tische leer: wer soll sich da freuen.« –

Am 7. Juli 1905 besteht der Kandidat das mündliche Doktorexamen und am 10. Juli die ärztliche Abschlußprüfung, wieder mit der Note »Gut«. Die Approbation vom Großherzoglich Badischen Ministerium des Innern erlaubt ihm die Ausübung des Arztberufes innerhalb des Gebiets des deutschen Reiches, aber schon bei seiner ersten Bewerbung an einem Krankenhaus seiner Heimatstadt Stettin wird der Jude abgewiesen werden...

Vorerst verbringt er die Sommermonate in Berlin. Er schreibt sein erstes Theaterstück, den grotesken Einakter »Lydia und Mäxchen«.

Das Genre, in dem er sich nur noch dreimal und jeweils ohne großen Erfolg versuchen wird, bringt ihm seine erste Veröffentlichung: 1906 für zweihundertvierzig Mark Selbstkosten bei der

Hofverlagsbuchhandlung Singer in Straßburg. In einem Nonsens-Prolog dementiert er ausdrücklich, daß es sich hier um eine »Theaterbelustigung« handelt, dabei lautet das Motto: »Bei verdorbenem Magen wirkt Salat oft in jeder Form erfreulich. (Eigene Beobachtung.)«

Was auch immer der Herr Doktor dabei gedacht hat, für Lydia kommt dieses Rezept zu spät, ebenso wie Mäxchen selbst, Graf Maximilian, der noch angesichts der Leiche der Prinzessin den grauen Herzog erledigt, mit dem sie hätte verkuppelt werden sollen. Ins Leben zurückkommend, redet Lydia mit Mäxchen über ihre beiderseitige Liebe (man erinnert sich: »Worte«!), und in dieses Gespräch mischt sich nahezu alles ein, was auf der Bühne ist – nicht nur der Regisseur und der Dichter, sondern auch dessen »verleiblichte« Worte und der Kandelaber und der Stuhl, der selbstbewußt feststellt: »Wir sind lebendig, von großem Einfluß, und ich glaube er hilft uns zu unserm Recht, der Dichter.«

Als Herwarth Walden das Stück am 1. Dezember 1905 im Rahmen einer Veranstaltung seines »Vereins für Kunst« im Saal der Gesellschaft der Freunde in der Potsdamer Straße aufführen läßt, ist der Autor nicht mehr in Berlin, sondern in der Kreis-Irrenanstalt Karthaus-Prüll in Regensburg – als vierter Assistenzarzt.

Eine Zeitlang geht es dem Doktor gut »unter lauter absolut Verrückten. Wahnsinnig interessante Fälle zum Teil«. – »150 Weiber« von insgesamt 650 Patienten befinden sich in seiner Hut, wie er sich ausdrückt. Kunst findet hier nicht statt. Zwar gibt es einen Bechstein-Flügel, aber die »Collegen musizieren lieblich trivial Zither und Geige«. Auch Literatur ist nicht. Alfred Döblin liest – mit einem Tag Verspätung jeweils – das »Berliner Tageblatt« und bittet Walden in vielen Briefen, doch auf dem laufenden gehalten zu werden. Was dabei »Lydia und Mäxchen« angeht, so betont der Autor mit dem Trotz des Erstlingsproduzenten, daß er auf die Kritiker pfeife und nicht einmal fürs Publikum schreibe, sondern lediglich zu seinem Privatvergnügen. Um eine literarische Einordnung scheint er sich hier aber trotzdem zu kümmern; jedenfalls weiß er noch viel später: es war »fern von Naturalismus und Realismus, es war früher, frühester Expressionismus, oder wie später Guillaume Apollinaire es nannte: Döblinismus«. Es muß sich noch herausstellen, ob dies eine mögliche Ortsbezeichnung ist.

Im Sommer 1906 sucht Döblin – diesmal in seiner Eigenschaft als Mediziner – »eben wieder eine neue Stelle«. Er ist mit den »Herren, die selbst nischt gelernt haben« und ihn daher wissenschaftlich nicht fördern können – er ist »mit allen überworfen«, und er ist – das muß er nun wieder bedenken – »kein Arier«.

Dennoch: am 8. Oktober bekommt er eine Anstellung als Assistenzarzt an der Irrenanstalt der Stadt Berlin, in Buch. Im Gegensatz zu Regensburg wird er hier beruflich stark gefordert und wendet sich auch wieder der medizinisch-wissenschaftlichen Arbeit zu. Nach einem Jahr hat er sich so weit mit allen Verhältnissen seines neuen Wirkungskreises vertraut gemacht, daß er zur Einweihung der neuen Gemeinschaftsräume der Anstalt mit Patienten und Personal eine Theateraufführung vorbereiten kann.

Der kleine Mann – nach eigenen exakten Angaben 160 Zentimeter groß, von schwach entwickelter Muskulatur, kaum Fettansatz, mit einem schmalen, meist blassen Gesicht, graublauen, stark kurzsichtigen Augen, dunkelbraunem, vollem Haar und Bart, dieser Mann, der sich in Regensburg, ähnlich wie in Freiburg, so »totalement solo« gefühlt hat, lernt hier in Buch die sechzehnjährige Krankenschwester Frieda Kunke näher kennen. Die Beziehung besteht über drei Jahre – aussichtslos; denn weder der Herr Dr. Alfred Döblin selbst noch seine bürgerliche Familie können sich eine derart mittellose Verbindung vorstellen. So ist der inzwischen ans Berliner Städtische Krankenhaus Am Urban übergewechselte Assistenzarzt bereits ein halbes Jahr mit Erna Reiss verlobt, als sein erster Sohn geboren wird, der als Bodo Kunke bei der Großmutter in Schleswig-Holstein aufwächst.

Erna Charlotte Reiss ist zehn Jahre jünger als ihr Verlobter. Sie stammt aus einem wohlhabenden jüdischen Fabrikantenhaus in Berlin und ist Studentin. Damit gehört die wirtschaftlich Privilegierte zu den Pionierinnen im akademischen Feld. Immerhin ist es noch keine zehn Jahre her, daß 1901 in Baden als erstem deutschem Land das Frauenstudium zugelassen worden ist. In Bayern können Frauen seit 1903/04, in Württemberg seit 1904/5 studieren. Die sächsischen und thüringischen Universitäten akzeptieren Studentinnen seit 1906/7 und Preußen erst seit 1908/9. Erna Reiss, die ihren durchaus schwierigen Mann fünfundvierzig Jahre lang als Gattin begleiten und die ihm durch Selbstmord in den Tod folgen wird, ist eine Frau der allerersten Stunde. Sie begegnet Alfred Döblin in ihrem dritten Medizin-Semester als Famula am Urban-Krankenhaus.

Nach der Verlobung an ihrem dreiundzwanzigsten Geburtstag, am 13. Februar 1911, lassen sich die beiden – heute würde man sagen: im Partnerlook – in gleichen, Uniformen nicht unähnlichen weißen Ärztekitteln fotografieren: nebeneinanderstehend, selbstbewußt der Herr Doktor, den linken Arm in die Seite gestemmt – die Dame: wohl etwas größer, aber optisch geschickt auf die gleiche Höhe gebracht, nachdenklich skeptisch blickend, die Hände auf dem Rücken: Startposition für einen langen Weg, auf dem das jüdische

Alfred Döblin und seine Verlobte, die Medizinstudentin Erna Charlotte Reiss, 1911

Paar nicht nur durch die politischen Verhältnisse gefährdet ist. Aus der Ehe werden vier Söhne hervorgehen: Peter, Wolfgang, Klaus und Stefan – Namen, die sich im Zuge der Emigration im französischen und englischen Sprachraum je verändern werden. Erna, die dann nur noch als Erne in Erscheinung tritt, nennt ihren Mann Fre, auch als sie seine späten Texte dem Freund Ludwig Marcuse gegenüber brieflich zu verteidigen versucht – nach dem leidvollen und von Mißverständnissen und Verbitterung gedrängten Hin und Her zwischen Frankreich und dem Nachkriegsdeutschland.

Im Oktober 1911 eröffnet Dr. Döblin in der Blücherstraße 18 am Halleschen Tor in Berlin eine Kassenpraxis, zunächst als praktischer Arzt und Geburtshelfer. Damit beginnt ein Doppel-Existenzkampf, in dem sich beide Hälften ebenso gegenseitig ergänzen wie behindern. In einem späteren Zeitungsaufsatz – »Der Dichter Döblin über den Nervenarzt Döblin« – sagt der erstere über sein bürgerliches Ich: »Er ist mein gerades Gegenstück... ich immer ein Einzeltänzer, Primadonna, wie einmal mein Verleger sagte, er ein grauer Soldat in einer stillen Armee.« Und praktisch sieht das, was der diagnostizierende Autor in »Arzt und Dichter« in dieser Hinsicht als Krise bezeichnet, so aus: »Ich wirkte jetzt als praktischer Arzt am Halleschen Tor in Berlin, tat viel Dienst auf Rettungswachen, Tag und Nacht, fuhr monatelang morgens in ein Privatkrankenhaus, vertrat hier und da. Auf den Treppen, in den leeren Wartestunden schrieb ich, konnte schreiben, wo ich ging und stand.«

Herwarth Walden hat eben seine Zeitschrift »Der Sturm« etabliert; für Alfred Döblin wird sie das erste literarische Forum. Es liegen bereits Novellen vor. Zwölf werden Ende November unter dem Sammlungstitel »Die Ermordung einer Butterblume« im Verlag Rütten und Loening in Frankfurt am Main veröffentlicht. Bei dem in der Titelgeschichte angesprochenen Vorfall handelt es sich um das »besondere Ereignis«, wenn auch keineswegs um den »Wendepunkt« im Leben des Bürgers Michael Fischer, Kaufmann, Firmenchef seines Zeichens, der im Alltag seines Kontors »stets zu Diensten« – dennoch gewohnt ist, seine Lehrlinge zu ohrfeigen, »wenn sie nicht gewandt genug die Fliegen... fingen und nach der Größe sortiert ihm vorzeigten«.

Zwischen sieben und neun, auf einem abendlichen Spaziergang vom Immental nach St. Ottilien, also in der waldigen Umgebung Freiburgs, erholt sich verdientermaßen der untersetzte Herr, dem bei jedem Schritt die goldene Uhrkette über dem Bauch unter der schwarzen Weste erzittert – ein Bürger, wie er im Bilderbuch (etwa eines George Grosz) steht! Je weiter sich dieser Mensch von den übersichtlichen Bürgersteigen in die freie Natur hinein entfernt – marschierend in wilhelminischer Tradition –, desto mehr Widerstand verspürt sein wippendes Spazierstöckchen. Natürlich muß er es als sein gutes Recht ansehen, auf das ihn hemmende Unkraut am Wegrand einzuhauen. Als er dabei aber einer Butterblume glatt den Kopf abschlägt, merkt er, wie erregend es sein kann, dieses Recht auszuüben: »Herr Michael erschauerte wüst über seine eigne Tollkühnheit, er hätte sich nie für so verworfen gehalten. Da unten lag... sichtbar für die ganze Stadt ein Beweis seiner raschen Energie.« Nur – und das ist ein natürliches Gesetz der Klugheit und eine Frage des bürgerlichen Gewissens – dürfen weder seine Geschäftsfreunde noch eine Dame diesen Beweis zu Gesicht bekommen. An sich wäre das kein Problem: Blumen, zumal derart gemeine, sind ersetzbar. Man könnte gegen den aufkommenden Leichengeruch einen ganzen Nelkengarten an die Stelle pflanzen, aber das hätte etwas von einem Gang nach Canossa, den man – nach 1077 und Heinrich IV. – sogar eines deutschen Kaisers für unwürdig hält. Herr Fischer, unversehens in den Untergrund der Realität geraten, verordnet sich Selbstbeherrschung und findet eine Lösung, bei der er sich so unschuldig vorkommt, daß er ein Kinderlied singt. Als Arzt kehrt er an den Tatort zurück, um »Ellen«, wie sein Opfer – dessen ist er inzwischen sicher – heißt, zu helfen: »Der Arzt hat ein Recht auf den Kranken. Gesetze müssen eingebracht werden.« Leider ist Ellen endgültig tot; »von seiner Hand«. Michael Fischer kennt seine Mit-Bürger zu gut – als Geschäftsmann muß er sie kennen –, um nicht zu wissen, was ihm nun blüht.

»Er wußte, es würde ihnen allen einen Spaß machen, doch er würde keinen Laut von sich geben, um die gemeinen Henkersknechte zu ergötzen. Sie hatten kein Recht ihn zu strafen, waren selbst verworfen. Ja, er hatte die Blume getötet, und das ging sie gar nichts an, und das war sein gutes Recht, woran er festhielte gegen sie alle. Es war sein Recht, Blumen zu töten, und er fühlte sich nicht verpflichtet, das näher zu begründen. So viele Blumen, wie er wollte, könnte er umbringen, im Umkreis von tausend Meilen nach Norden, Süden, Westen, Osten, wenn sie auch darüber grinsten. Und wenn sie weiter so lachten, würde er ihnen an die Kehle springen.« –

Es »sprangen« in dieser Zeit viele, die sich stark fühlten: 1911 war das Jahr, in dem, während der zweiten Marokko-Krise, findige Journalisten das Bonmot vom »Panthersprung« in die imperialistische Welt setzten...

Michael Fischer ist kein Politiker, kein Diplomat, sein Verantwortungsbereich als Kaufmann ist kleiner, aber er muß sich absichern. Weil er auf seinem qualvollen Heimweg an einer Dorfkirche vorbeigekommen ist, will er nun »büßen«: Jeder Mensch hat »seine eigene Religion«. Herr Fischer hat Geld; er zahlt, richtet Ellen, der ermordeten Butterblume, ein Konto ein, und als er auf einem weiteren Spaziergang ihre mutmaßlichen Nachkommen findet, gibt er ein solches Pflänzchen seiner Haushälterin in Pflege, welcher der Topf mit dem »gemeine(n) Mistzeug« eines Tages herunterfällt, worauf Scherben und Pflanze im Müll landen. Der abends heimkehrende Hausherr ist glücklich: »Es konnte ihm niemand etwas nachsagen; er hatte nicht mit dem geheimsten Gedanken den Tod der Pflanze gewünscht... Nun war er die ganze Butterblumensippschaft los. Das Recht und das Glück standen auf seiner Seite. Es war keine Frage. Er hatte den Wald übertölpelt...«

Eine entlarvende Geschichte von einem »ganz normalen« und eben darum schlimmen Menschen in einer unmenschlich unmoralischen Gesellschaftsklasse – nicht eingebunden, aber immer in Konkurrenz mit allen. Eine Monadenexistenz, »totalement solo«, irritiert von einer bedrohlichen, unheilen Natur in und um sich. Wohin geht er schließlich, dieser Recht-mäßige und Schaden-frohe Bürger und pervertierte Natur-Freund, wenn er am Ende »im Dunkel des Bergwaldes« verschwindet? – Vor kurzem noch haben ihn dort

Visionen und Halluzinationen umgetrieben: »Die Bäume schritten rasch an ihm vorbei... In ihm starrte alles auf die wilde Erregung, sann entsetzt über die Blume, den gesunkenen Kopf, den blutenden Stiel. Er sprang noch immer über den schleimigen Fluß... im Rasen fault der Kopf. Er wird zerquetscht, aufgelöst vom Regen, verwest. Ein gelber stinkender Matsch wird aus ihm, grünlich, gelblich schillernd, schleimartig wie Erbrochenes. Das hebt sich lebendig, rinnt auf ihn zu, gerade auf Herrn Michael zu, will ihn ersäufen...«

In dieser Novelle ist wie in fast allen zwölf Erzählungen vom »Glück« die Rede. Alle Figuren, die der Autor vorführt, suchen es: der Privatgelehrte Adolf Götting in »Astralia«, »Das Stiftsfräulein...«, zu dem dann der Tod kommt, »Die Tänzerin...« Ella, die Brüder Kyrias in »Die falsche Tür«, Bessie, »Die Helferin«, der Brasilianer Copetta und das »alte Mädchen«, wenn sie »Die Segelfahrt« unternehmen... Meistens ist es nur als Schein-Glück vorhanden, ironisch gebrochen, bürgerlich genormt und verordnet. Nur wenn die Figuren zu sich selber finden – wenigstens für einen Moment –, dann scheint wirklich Glück auf; das Glück, das die andern sein könnten, »meine Menschen«, der Zusammenhang, das Soziale.

Bei der Hochzeit Döblin-Reiss am 23. Januar 1912 fungieren Döblins Bruder Hugo und Herwarth Walden, dessen eigene Ehe mit Else Lasker-Schüler kürzlich zerbrochen ist, als Trauzeugen. Die Freundschaft zwischen dem Dichter und dem »Sturm«-Herausgeber wird enger; man duzt sich jetzt, dennoch besteht Döblin mehr und mehr auf seinem Döblinismus. Rudolf Kayser, der ihn einmal lesen gehört hat, »mit großer Leidenschaft, halb belehrend, halb verkündend, Denker und Dichter zugleich«, erinnert sich später: »Wir Zwanzigjährigen ahnten damals den Beginn einer neuen Lebensvision: in der das Ich seine Mauern sprengt, die Monade die Fenster in die Welt aufreißt und Gemeinschaft hat mit der Magie der Kräfte und Stimmen der ganzen Welt.«

»Die Kraft des Lebens zur Verwandlung sei unermeßlich«, heißt es in der Erzählung »Astralia«, und der Schreibende nähert sich der lebendigen Vielfalt der Realität als »Protokollführer« oder mit der »Sonde« seiner Gestalten.

Den scharfsichtig Wachen faszinieren auch die Gestalten der andern, der Maler zum Beispiel, denen Waldens »Sturm« ebensoviel Platz einräumt wie den Literaten: Kokoschka, Schmidt-Rottluff, Franz Marc, immer wieder Kirchner, der Döblin oft gezeichnet hat, und anläßlich zweier Ausstellungen in Berlin: die jüngsten Italiener.

»Der Futurismus ist ein großer Schritt«, schreibt Döblin nach dem Erscheinen von Marinettis erstem und einem weitern Manifest, »er stellt einen Befreiungsakt dar. Er ist keine Richtung, sondern eine Bewegung. Besser: er ist die Bewegung des Künstlers nach vorwärts. Es kommt auf die einzelnen Werke nicht an...« Und dann doch: »Sehen Sie das Bild Boccionis: Das Lachen. Der Maler tanzt wie ein Trunkener um den Hut einer Frau; immer wieder kehrt der Hut, gesehen von oben, von rechts, von links, schräg, aufgestellt. Der Maler sieht sich nicht satt an dem spiegelnden Marmortisch, der wie ein Leitmotiv durch alle Elane des Bildes wandert; und immer wieder zünden zwei Hände über einer roten Flamme eine Zigarette an. Severini sieht das Gesicht einer ruhelosen Tänzerin veilchenfarben zweimal über die Fläche gehen; sie dreht sich in Ganzfigur; den Zylinder im Nacken sieht ihr ein Kavalier zu, und aus dem Boden des Bildes stechen zwei schwefelgelbe Katzenaugen. Kein Vordergrund, kein Hintergrund, nicht Zeit, nicht Raum; auf dem Urgrund liegt alles gemächlich – und so malt man ein Porträt!« Das meint: so ist Realität, »Realität zweiten Grades« nennt es Klaus Müller-Salget, ein Döblin-Interpret.

Döblins künstlerische Bildrezension ermutigt andere Künstler zu neuen Absichtserklärungen. Ohnehin ist es eine Zeit, in der nicht nur im künstlerischen Bereich Programme und Proklamationen einander übertönen. Der Internationale Sozialistenkongreß zum Beispiel bringt ein Manifest »Gegen den Krieg« heraus. – Da formuliert Filippo Tommaso Marinetti sein »Technisches Manifest zur futuristischen Literatur«, und Alfred Döblin wird skeptisch: »Sie meinen doch nicht etwa«, schreibt er an den Italiener gewendet, »es gäbe nur eine einzige Wirklichkeit, und identifizieren die Welt Ihrer Automobile, Aeroplane und Maschinengewehre mit der Welt?... Man erzielt Plastik, Konzentration und Intensität auf viele Weisen; Ihre Weise ist sicher nicht die beste... Es gibt keine literarischen Massen- und Universalartikel. Was man sich nicht selbst erobert, bleibt verloren. Gehen Sie nicht weiter auf Herdenzüchtung aus; es gibt viel Lärm dabei und wenig Wolle. Bringen Sie Ihr Schaf ins Trockene. Pflegen Sie Ihren Futurismus. Ich pflege meinen Döblinismus.«

Das darf nicht als Egozentrik des Autors mißverstanden werden, der sich »zur breiten Volksmasse« hinwenden will; das ist Abgrenzung gegenüber einer als maschinell empfundenen Kunst. In seinem, nach alledem notwendig gewordenen »Berliner Programm – An Romanautoren und ihre Kritiker« schreibt Döblin: »Die Hegemonie des Autors ist zu brechen; nicht weit genug kann der Fanatismus der Selbstverleugnung getrieben werden. Oder der Fanatismus der Entäußerung: ich bin nicht ich, sondern die Straße, die Laternen, dies und dies Ereignis, weiter nichts. Das ist es, was ich den steinernen Stil nenne... Der Naturalismus ist kein historischer Ismus, sondern das Sturzbad, das immer wieder über die Kunst hereinbricht und hereinbrechen muß. Der Psychologismus, der Erotismus muß fortgeschwemmt werden; Entselbstung, Entäußerung des Autors, Depersonation. Die Erde muß wieder dampfen. Los vom Menschen! [das heißt: los von der »psychologischen Manier«, ihn darzustellen] Mut zur kinetischen Phantasie und zum Erkennen der unglaublichen realen Konturen! Tatsachenphantasie! Der Roman muß seine Wiedergeburt erleben als Kunstwerk und modernes Epos.«

Seit einiger Zeit schon arbeitet Döblin an einem solchen Prosa-Epos: »Die drei Sprünge des Wang-lun. Chinesischer Roman« wird das Werk heißen, wenn es nach längeren Verhandlungen mit mehreren Verlegern – 1916 erst – erscheint.

Der Autor besucht Berliner Bibliotheken, Archive und Museen; mehrfach bittet er Martin Buber um Material über chinesische Religion und Philosophie, besonders über das Sektenwesen und den Taoismus, aber auch Sittenschilderungen und Dinge des täglichen Lebens interessieren ihn.

Dem Roman liegen historische Ereignisse, ein Aufstand im China des Jahres 1774 zugrunde, in dem ein Wang-lun eine Rolle gespielt hat. Ebenso hat es eine Sekte auf der Grundlage der Wu-Wei-Lehre, das heißt der Ergebung in das auferlegte Schicksal, gegeben, und historisch ist schließlich, daß die Anhänger dieser Bewegung von der offiziellen Macht bekämpft und ausgerottet worden sind.

Alfred Döblin macht so etwas wie einen monumental-offenen Entwicklungsroman daraus, der allerdings mehr gibt als den Werdegang eines einzelnen in drei Sprüngen, der das Ja und das Nein zur Welt verfolgt und das Schuldigwerden, wenn Menschen sich einmischen oder heraushalten, wenn sie kämpfen oder »stille sind und nicht widerstreben«. – »Ich sah«, erläutert Döblin später selbst, »wie die Welt – die Natur und die Gesellschaft – gleich einem tonnenschweren eisernen Tank über die Menschen, über den Menschen rollt. Wang-lun... erfuhr dies. Er zieht sich, am Leben geblieben, mit einer Anzahl ebenso Blessierter von dieser gewaltigen, menschenfeindlichen Welt zurück, und ohne sie anzugreifen, fordert er sie heraus. Sie rollt dennoch über ihn und seine Freunde. Es ist bewiesen, in diesem Fall, sie ist stärker. Sonst ist nichts bewiesen.« Was vielleicht darüber hinaus möglich ist, wird ein späterer Fall, der Fall des Franz Biberkopf beweisen.

Oskar Loerke, 1916 Lektor bei Fischer, rezensiert dies »ohnmächtige(n) Buch«, wie es in der Zueignung vom Autor genannt wird, in der »Neuen Rundschau«: »... Der große Hauptfluß der Ereignisse nimmt eine Unzahl von Einzelleben auf, die alle nicht gewöhnlich verlaufen und außerdem durch wachsame dichterische Bemeisterung immer an den Stellen Prägung aufweisen, wo auch das Allgemeinsame besonders wird.« Titel der Rezension: »Vier Bücher vom Schicksal« – Am Schluß von »Berlin Alexanderplatz« wird es heißen: »... das Schicksal. Das muß man nicht als Schicksal verehren, man muß es ansehen, anfassen und zerstören.«

Als am 27. Oktober 1912 der Sohn Peter geboren wird, ist das erste Buch des »Wang-lun« bereits geschrieben. – Im Laufe des folgenden Jahres zieht die Familie in den Berliner Osten, in die Frankfurter Allee 194. »Fritz« muß sich um seine Mutter kümmern – als Sohn und als Arzt, denn sie leidet wie er als Greis an der Parkinsonschen Krankheit. Er bringt sie nach Wiesbaden und ein gutes halbes Jahr später – übrigens mit zunächst unsicherer Diagnose – nach Bad Oeynhausen zur Kur; acht Jahre hat sie noch zu leben.

Währenddessen geht Deutschland in den Krieg. – Der mit »Wilhelm« (und »Bethmann-Holweg«) schnörkelreich unterschriebene Mobilmachungsbefehl vom 1. August 1914 lautet: »Ich bestimme hiermit: das deutsche Heer und die Kaiserliche Marine sind nach Maßgabe des Mobilmachungsplans für das deutsche Heer und die Kaiserliche Marine kriegsbereit aufzustellen.

Der 2te August 1914 wird als erster Mobilmachungstag festgesetzt.«

Alfred Döblin kann – wie seinerzeit als Kind mit dem Kaiserbesuch in Stettin – mit dieserart Zeitereignissen »wenig anfangen«. – Selbstverständlich äußert er sich, vor allem wenn er seinen Bereich, die Kunst, betroffen sieht, oder wenn sie in einer Weise ins Spiel gebracht wird, die er nicht billigt.

Ein Vierteljahr stehen »wir« – was für ein problematisches Pronomen, wenn es von diesem Autor in solch einem Zusammenhang gebraucht wird! – »inmitten eines Krieges... der die Ausdehnung und Furchtbarkeit früherer gewaltig übertrifft.« Da beschießt die deutsche Artillerie unter dem Vorwand, sie werde von den Franzosen als Beobachtungsposten benutzt, die Kathedrale von Reims. Internationaler Protest, besonders lautstark vorgetragen von England, den Vettern (monarchisch gesehen), bricht los: im Namen der Kultur! – Heuchelei? Sicher! Aber die geißelt der Journalist Döblin in der »Neuen Rundschau« nicht; dem Kunstproduzenten geht es um seinen Gegenstand, den er zugleich höher und tiefer einschätzt – geistiger wohl und dynamischer, denn: »Die Kultur leidet nie und nimmer unter der Abwesenheit einiger schöner Bauwerke, ihre Faulheit und Krankheit machen jene wahrhaft ruchlosen Proteste offenbar. Die Kunst und die Kultur ist nicht gebunden an die Steinmassen in Reims oder die Farbenmischungen anderswo, sondern sie lebt. Sie zeigt sich stündlich und täglich. Sie erneuert sich, sie existiert nicht, ohne jeden Tag wiedergeboren zu werden. Kultur ist kein Gegenstand, sondern eine Handlung, eine Bewegung, ein Geschehen.«

Ähnliches hat der Autor in friedlichen Zeiten den Futuristen gegenüber geäußert, nun als politische Aussage, in der auch nationale Töne mitschwingen, klingt es ebenso beunruhigend wie das andere: »ich bin nicht ich, sondern die Straße, die Laterne, dies und dies Ereignis...« Etwa der Krieg? So sehr identifiziert sich der Berliner mit diesem Ereignis, daß er den Effet für seine künstlerische Kanonade, obwohl er selbst Jude ist, aus Rassismus bezieht: Da wird der Kolonien besitzende Engländer als »Schmarotzer an fremdem Blut« bezeichnet, der sich wie die Franzosen, »die Zuaven, die breitmäuligen Turko, Neger und Gesindel verschrieben« hat; und teilnahmsvoll schämt sich der Schreiber mit der »völlig allegorischen Figur« Kultur, die nicht sicher war, »da ihr ein Spiegel fehlte, ob ihr nun auch solche wulstigen Lippen wüchsen und der Gestank von ihr ginge«. »Zeiten sind das, Zeiten sind das!«

Sechsunddreißigjährig gehört Alfred Döblin nicht zu denen, die – Blumen in den Gewehrläufen – freiwillig hinausgezogen sind, aber der Arzt hat sich registrieren lassen für den Einsatz in Belgien und Frankreich. Am 26. Dezember 1914 kommt der telegrafische Gestellungsbefehl für das Lazarett der Infanteriekaserne im lothringischen Saargemünd.

Zunächst bezieht er Quartier im Hotel Royal, dann in zwei Privatzimmern in der Marktstraße 7, und als Erna Döblin Mitte des folgenden Jahres mit Peter und dem inzwischen geborenen, drei Monate alten Wolfgang nachzieht, wohnt die Familie in einer möblierten Dreizimmer-Wohnung in der Neunkircher Straße 19. Den Status eines »Civilarztes«, bei dem er sich einkommensmäßig besser stand, hat er inzwischen mit dem des Militärarztes und der entsprechenden Uniform vertauschen müssen. Er kokettiert damit, aber schließlich macht ihm das die mittlerweile durchschauten »militärische(n) Naturen« nicht sympathischer. Schon die kurze Erfahrung läßt ihn an den edlen Motiven des Dienstes »fürs Vaterland« zweifeln. Und dann wird es für ihn immer drangvoller und sinnloser, in der Etappe: »Zum Auswachsen ist der Krieg«... Zwar bestürzt ihn der Tod August Stramms, zwar verfolgt er »mit den Ohren... die Schlachten um Verdun«, bei denen in Saargemünd

»die Scheiben zitterten, daß wir Trommelfeuer unterschieden, ganze Lagen, Explosionen; ein ewiges Dröhnen, Bullern, Pauken am westl(ichen) Himmel«... aber: »Jetzt seit 1 Woche ist alles still; was das ist, wer weiß?« Weder der ordinierende Militärarzt noch der Berliner im Grenzland, weder der hauptstädtische Literat noch der mehr und mehr in Geldnot befindliche Familienvater findet sich zurecht. Der Briefpartner Walden in Berlin scheint der einzige Orientierungspunkt für ihn zu sein. Im Sommer 1916 schreibt Döblin an den Freund: »Der Krieg ist dies Jahr gewiß zu Ende, wir werden keinen oder nur einen markierten Winterfeldzug erleben, et après –, es kommen keine leichten Jahre... Aber ranhalten muß man sich dann, es geht alsdann um die Wurscht in der inneren Politik, dann fängt erst der Krieg an, der das Resümee des äußeren zieht, Parole: Deutschland contra Ostelbien, Europa gegen Feudalismus; die Politik wird uns Unpolitischen dann hoffentlich auch etwas in die Knochen fahren. Dummheit: die Partei der Intellektuellen à la Hiller etc; jede Partei hat die Intelligenz, die sie braucht, ich bin gegen Börsianer, Sozialdemokraten, Agrarier, Litteraten, aber die Reste des Feudalismus in Heer, Bürokratie müssen hin, – auch sie müssen hinter den Njemen und die Düna zurückgedrängt werden. Damit will ich mir freilich kein französisches Advokaten-Journalistenregime gewünscht haben. Du siehst, ich bin *nicht* Nietzscheaner.« Was der Bürger beziehungsweise Untertan Alfred Döblin ist, kann er hier noch nicht sagen.

Der unruhig Arbeitende zieht sich ein hartnäckiges Magenleiden zu und darf sich in Bad Kissingen davon kurieren. Dann erkrankt der Lazarettarzt an Typhus; er geht für vier Wochen ins Offizierslazarett nach Heidelberg. In seiner Abwesenheit wird sein dritter Sohn Klaus geboren... Er ist ein engagierter Vater, aber in diesen Zeiten? – Er sucht Sicherheit und Bestätigung bei Walden in Berlin: »Du staunst ob meines Mutes; ich denke, ich habe so nichts und so nichts, und es wird schon gehen; –« In der Tat: Es geht wieder!

Im März 1917 ist in Rußland die bürgerliche Revolution gewesen; im August befindet Alfred Döblin in der »Neuen Rundschau«: »Es ist Zeit!« und meint damit, nun seien auch die andern reif zu solcher Veränderung: »In den beiden letzten Jahren liefen ohne Unterbrechung die Gerüchte von großen ungeheuren Ereignissen zu mir. Ich las davon, von dieser Schlacht, von jenem Durchbruch, von dem Fall der Hauptstadt, jener Festung als von elementaren dumpfen Dingen, deren Wirkung ich nicht erkennen konnte. Ich mußte abwarten, sehen, wie dieses Erdbeben und welche Wellen bis an mein Haus rollen würden. Manchmal regten die Dinge tief auf; es blieb eine unklare Spannung; das Finstere hatte keine Stimme, suchte keine

Stimme. Was draußen und dicht bei mir vorging, ähnelte der uralten Moira, dem Geschick über Göttern und Menschen, dachte nicht an mich und dich, donnerte seinen unbegreiflichen, ja grauenerregenden Weg... Was das Ungeheuer von Krieg zur Welt bringen wird, wird erst nach langen Jahren heranwachsen, zu erkennen sein. Bis zu diesem Moment muß sich eine heutige Generation mit dem Frühjahr 1917 genug sein lassen.« Im Krieg ist die »Volksgemeinschaft« notgedrungen zusammengerückt, aber:

»Mut bewährt man nicht nur im Schützengraben, es gibt Zivilkurage... Es gibt von Zeit zu Zeit noch andere Dinge als Mikroben, chemische Analysen, Paragraphen, Ideen der Plastik, Novellen und Bilder. Leben spenden! Fördern! Dienen, denken, helfen. Einmal will geliebt sein, einmal will getanzt sein, einmal will gestorben sein... Ein Ferment ist in die Welt geworfen, der Teig gärt, wo sind die Bäcker?... Kämpfer werden gebraucht. Wo seid ihr?« Die pathetische (Selbst-)Aufforderung sucht ganz offenbar nach einem Stand-Punkt...

Statt dessen wird der Militärarzt Alfred Döblin am 2. August 1917 an das Seuchenlazarett nach Hagenau, einem »Großdörfchen« im Elsaß, versetzt. Seit einem Dreivierteljahr arbeitet er auf seine Weise daran, mit dem für ihn schwer durchschaubaren Kriegserlebnis fertig zu werden. Nach einem sogenannten Berliner Roman, »Wadzeks Kampf mit der Dampfturbine«, ursprünglich um die Problemkreise Technik und Großstadt angesiedelt und nach einer unter Schwierigkeiten zusammengekommenen zweiten Novellensammlung, »Die Lobensteiner reisen nach Böhmen«, müht er sich nun um einen Stoff aus dem Dreißigjährigen Krieg.

»Wallenstein« wird der 740 Seiten dicke Roman einmal heißen, obwohl diese Figur eigentlich nicht im Zentrum des Geschehens steht.

Mehr als zehn Jahre später erinnert sich der Autor: »Mein Wallenstein entstand völlig aus der Realität. Ich habe einen gemeinen Krieg durchgemacht. Das gewöhnlichste und älteste Schicksal habe ich in der modernsten Art dargestellt.« Diese Arbeit kommt in Hagenau besser voran als in Saargemünd. Straßburg mit seiner Universitätsbibliothek ist nah, aber der eifrige Leser Döblin leiht auch Bücher aus Heidelberg und München. Und bei aller Produktivität hat der Autor wieder mehr Kontakt nach außen. Zeitschriften bitten ihn um Beiträge und Stellungnahmen, manchmal ohne oder mit ärgerlich kargem Honorarangebot. Ein »Lexikon der deutschen Dichter und Prosaisten des 19. Jahrhunderts« bekommt »biographische Bemerkungen«. Aber auch Arbeiten im Bereich des politischen Journalismus – etwa bei der »Neuen Rundschau«, wo Döblin nach

Kriegsende für ein halbes Jahr als Redakteur tätig ist, werden zahlreicher.

Während eines lange ersehnten Berlin-Urlaubs in der zweiten Märzhälfte besucht er Herwarth Walden, und die Freunde führen viele literartheoretische Diskussionen. Dabei werden die zwischen ihnen bestehenden Differenzen deutlich sichtbar. In einem »Rundschau«-Artikel vom Juni 1918 mit dem protestantisch formulierten Titel »Von der Freiheit eines Dichtermenschen« umreißt Alfred Döblin seine Position:

Er geht von der »Tatsache dieser Bewegung« aus, »die man ruhig Expressionismus nennen kann« und die »nicht zu bezweifeln« sei. Dabei sei es möglich, »daß mit Expressionismus sich schon ein wesentlicher Einzelwille der Bewegung formuliert«, die überaus vielfältig und breit sei und bisher keine bestimmte Richtung gehabt habe. Sie habe Entsprechungen in vielen Lebensbereichen der europäischen Nationen, auch etwa der Wirtschaft: »Ich habe das Gefühl, daß diese Bewegung aus keiner Not, sondern einem Überfluß stammt; Stolz ist ihr charakteristisches Grundgefühl.«

Daraus resultiere eine berserkerhaft entschlossene Stellungnahme im Formalen und Inhaltlichen, Drang zu intensiver ungebrochener Äußerung. Dennoch sei eine Bewegung »keine Mache oder das Arrangement einer Gruppe Interessenten. Vielmehr aus zahlreichen zunächst dunklen Ursachen sozialer politischer menschlicher Art wächst sie, hier flammt es, dort flammt es bei Feinfühligen, Scharfhörigen, Hellsichtigen auf, durch sie kommt die Maschine zu ihren ersten Kolbenstößen und Umdrehungen. Und sich so voranschiebend, unsicher ratternd, mehr dampfend als sich bewegend, ist sie außerhalb bestimmter oder überhaupt einzelner Menschen eine allgemeine öffentliche Angelegenheit... Ein Außerhalb des Menschen wie eben ein Milieumerkmal.«

Für das Leben des Individuums sei die Bewegung insoweit von Belang, als es sich ihr aussetze, damit sie es, einer Egge vergleichbar, aufreiße; hervorbringen müsse es selbst. Und sofern es sich um Kunst handle, sei es »das Reich der Werte jenseits des Zentimetermaßes, der Arithmetik der Waagschale. Werte: das ist das zwischen Menschen von Mensch zu Mensch geht. Das Opus ein Gewirr ethischer und ästhetischer Werte. Die Güte dieses Übertragungsapparates bemißt sich nach dem, was er überträgt und wie er übertragen kann.« Sie sei vorab nicht zu beurteilen, sie stelle sich erst heraus, wenn jemand – Döblin nennt Herrn Müller – wenn also Herr Müller das Opus wahrnehme. Kunst also nicht elitär, nicht um ihrer selbst willen, sondern frei und für die breite Masse!

Der Kunstproduzent Alfred Döblin sucht sie wieder. Er verlangt mehr denn je nach seinem Terrain, nach Berlin, wo – wie es bei dem exilierten Heine heißt – »der Riese wieder die Mutter berührt hat«, als er im Urlaub war.

In den letzten Monaten des Krieges hat sich Herr Dr. Döblin allerdings auch um anderes zu kümmern. Am 18. August wird der bisherige Militärarzt zum Kriegs-Assistenzarzt ernannt und untersteht nun den »hohen Tieren... Generalinspekteur, Generalarzt«. Noch einmal wächst die Irritation, nicht nur wegen der dekorierten Achselstücke. Er soll sich offenbar betroffen fühlen, als Prinz Max von Baden, seit Anfang Oktober Regierungschef einer nunmehr parlamentarischen Monarchie, der deutschen Sache – so liest der Berliner im Hagenauer »Käseblettchen« – mit der »gräßlich enthüllenden Bitte um Waffenstillstand« einen Stoß versetzt.

Die Matrosenrevolte findet – eine Woche nach Kiel – also am 9. November eine ländliche Fortsetzung in der elsässischen Provinz.

An diesem Tag dankt in der Hauptstadt der Deutsche Kaiser ab und wird die Republik ausgerufen – zuerst die parlamentarische »Deutsche« und dann, nur zwei Stunden später und zu spät, die »freie sozialistische Republik« als Rätesystem. – Döblins Kollege St. aus Kreuznach sagt »vorwurfsvoll« zu dem nun ehemaligen Kriegs-Assistenzarzt: »Da haben Sie Ihre Revolution...«, und der als Leser der »Frankfurter Zeitung« Angesprochene muß lernen, daß das Aufbrechen von Barracken, das Plündern und das Pferde-Verkaufen »an Zivil«, wenn sie schon nichts »mit dem Wesen der Revolution zu tun« haben, so doch dazugehören.

In einem Brief an den »Neuen-Merkur«-Herausgeber Efraim Frisch bekennt Döblin, nachdem er Marx und Lasalle gelesen hat, sich zur »Farbe blutrot bis ultraviolett«. Die Liebe zur Sozialdemokratie müsse bei ihm, der keine wirtschaftlichen Vorteile wolle, platonisch bleiben. Trotzdem geht er – noch im November 1918 nach Berlin zurückgekehrt – zu den Versammlungen der USPD, »der Roten«: »Hier war die einzige Partei, die über das Klasseninteresse hinaus, verbunden aber mit ihrem Klasseninteresse, radikal Wichtiges und Elementares vertrat«.

Was wichtig und elementar ist, in diesem »sozialistischen Prozeß«, auch was die Männer und Frauen mit den roten Fahnen dafür halten, muß sich noch herausstellen. Wie so oft gesteht Alfred Döblin (unvorsichtig freimütig) mit »Ehrlichkeit« angesichts der Situation in Berlin: »Ich muß mich erst zurechtfinden.«

Mehr als zwanzig Jahre später werden die Ereignisse in dem vierbändigen »Erzählwerk« »November 1918« ihren literarisch-kritischen Niederschlag finden. Was der Heimkehrer bei der Feier der Gefallenen am Potsdamer Platz, in dieser »gut geordnete(n) kleinbürgerliche(n) Veranstaltung in riesigem Ausmaß« nur ahnt, 1941 schreibt er es:

»Das Volk hatte die Scharen seiner Toten verraten und gedachte ihrer nicht, wie es sich gehörte.

Friedrich Ebert und sein Gehilfe Noske sollten ihres Sieges nicht froh werden. Die Rache ereilte sie. Die ganze Schwere der Strafe aber fiel (erst später) auf das Volk (und die fremden Völker).

Da Ebert die Offiziere und Junker geschont hatte, mußte er alles von ihnen erdulden. Sie warfen ihm schon vor, daß er zum Reichspräsidenten gewählt worden war nicht durch allgemeine Volkswahl, sondern von der Nationalversammlung. Sie trieben ihn, im Nationalen Konkurrenz mit ihnen zu machen, wobei er sich aufrichtig anstrengte. Schon 1920 suchten ihn die Herren von dem Wagen, auf den sie ihn gestellt hatten, herunterzustoßen. Aber Kapp schaffte es nicht. Daß in der Revolution ein lebendiger Kern steckte, zeigte sich bei diesem Putsch, wo Ebert fliehen mußte (noch immer nicht vor dem Volk, das ihn zur Verantwortung zog, sondern vor den Junkern und Offizieren, seinen Schützlingen, die mit ihm verfuhren, wie er erwartet hatte), nach Dresden, dann nach Stuttgart. Ungeheuerlicherweise durfte er dann wiederkehren, nur Noske blieb auf der Strecke liegen.

Friedrich Ebert lebte dann noch einige Zeit als Präsident des unglücklichen Staatsgebildes, das er hatte schaffen helfen. Sein Nachfolger wurde natürlich ein General. Das Land, mit dem Gift in den Knochen, das es in der Revolution nicht ausstoßen konnte, erholte sich langsam von dem Krieg, zu einem neuen Krieg.« – Das ist Geschichtsschreibung eines Dichters, der aus dem Exil auf »das Land, mit dem Gift in den Knochen« blickt.

Ohne diese Distanz historischer Rückschau geht das alles nicht so schnell. Das, was nach dem 28. 6. 1919 als Vertrag von Versailles bekannt werden wird, ist, soweit man davon hört, bereits vorher heftig umstritten – auch unter den Intellektuellen. Ende Dezember 1918 erscheint in mehreren Zeitungen ein von 29 deutschen Schriftstellern unterzeichneter, von Richard Dehmel verfaßter »Warnruf« an die annexionsgierigen Siegermächte, in dem »unsere Revolutionspolitiker« gegen einen zweifelhaften nationalen Patriotismus ausgespielt werden. Dr. Alfred Döblin – nicht zweifelnd, wohin er sich »bei dem eben beginnenden Endspurt zwischen Sozialismus und Imperialismus zu stellen habe« – verweigert seine Unterschrift.

Privat hat der Arzt und Familienvater, der zunächst bei Mutter und Bruder Ludwig in Berlin-Lichtenberg in der Parkaue 10 untergekommen war, seinen Umzug mit Haushalt und Praxis in die Frankfurter Allee 340 zu bewältigen. Von nun an wird man manchmal, in der Großstadtwirklichkeit wie in der Literaturgeschichte, von dem Armenarzt im Berliner Osten sprechen. Jedenfalls handelt es sich immer noch um eine Kassenpraxis, die »einfach und anonym Arzt und Patient gegenüberstellt und (wo) das Finanzielle aus dem Spiele bleibt«. – Beruhigt hier jemand sein Gewissen, wie es der Kriegsteilnehmer Dr. Döblin auch zuweilen getan hat?

Wo der Autor Alfred Döblin ernsthaft Rechenschaft ablegt, produziert er einen großen Roman. An seinem »Wallenstein« hat er seit 1916 gearbeitet; nun, im Mai des Jahres 1919, ist das Buch fertig und stellt so etwas wie einen Erlösungsversuch dar, in dem der Schreiber den »Krieg als solchen ... fühlbar, sichtbar, erlebbar machen« will: Ferdinand, Wallenstein, Maximilian, Gustav Adolf, Tilly ...; die zahlreichen Figuren des mächtigen Stoffs sollen dabei als »Sonden« fungieren. »Sonden« sagt der Autor und »Tatsachenphantasie«. Für einen, der sich heute ans Lesen macht, klingen die Vokabeln nüchtern, fast technisch, lassen Übersichtlichkeit und Distanz erwarten:

»Nachdem die Böhmen besiegt waren, war niemand darüber so froh wie der Kaiser ...« Geschichtskenntnis ist offenbar vonnöten. Aber das war schon bei Schiller so, und ein bißchen weiß man ja auch: die Schlacht am Weißen Berg, böhmische Protestanten, die sich der Gegenreformation, das heißt Kaiser Ferdinand II. und der von Maximilian geführten Liga vergeblich entgegenstellten, nachdem Friedrich von der Pfalz, ihr »Winterkönig«, bereits verjagt ist ... Da muß doch durchzufinden sein – fast 350 Jahre danach, wo man das Ende von allem kennt und dieser Dreißigjährige Krieg literarisch immer wieder ausgebeutet worden ist!

Döblins Werk hat 740 Seiten; das ist von der Masse her ein Kurzurlaubsprogramm, zumal für Leute, die weniger geübt im Lesen, sich sonst anderer optischer Medien bedienen. Der Autor selbst empfiehlt seinem österreichischen Briefpartner und Kollegen Ehrenstein: »... lesen Sie es nicht hintereinander, sondern in Ruhe mit Pausen.«

»Heran! Näher! Nicht gezögert!« Das klingt nach Attraktion; man läßt sich auf das erste Bild ein: der Kaiser beim Fasanenessen ... »Kaute, knabberte, biß, riß, mahlte, malmte. Der Oberküchenmeister bewegte sich an der gelbseidenen Tapete entlang, beäugte freudig listig durch das seitliche Gestänge des Baldachins die muskulösen Lippen Ferdinands, die wie Piraten die anfahrenden Orlogs entleerten, die Backentaschen, die sich rechts und links wulsteten, sich ihre Beute zuwarfen, sich schlauchartig entleerten, von der quetschenden Zunge sekundiert.« –

Und dann folgt ein Bild dem andern, eine Szene, die sich langsam komplettiert, löst die vorige ab: Personen treten auf und entfernen sich wieder, Assoziationen und Erinnerungen zurücklassend. Der Leser wird von einer Situation in die nächste gezogen. »Kinostil« heißt das Verfahren, und so rollen die sechs Bücher ab: »Maximilian von Bayern. Böhmen. Der Krieg. Kollegialtag zu Regensburg. Schweden. Ferdinand.« – Die Schauplätze wechseln. Immer wieder wird getafelt. Massenszenen: Kämpfe, Plünderungen, Hysterien. Die Schnitte sind Trennungs- und Verbindungslinien zugleich.

Irgendwann nach 180 Seiten taucht die Titelfigur auf: »Nachdem er sich einige Zeit umgeblickt hatte, trat ein erschreckendes Wesen, der Fürst von Friedland aus seinem Bau. Er hatte sich aus Abneigung über die Ohnmacht und Haltlosigkeit seiner böhmischen Sippengenossen, dieser phrasenreichen Haufen, gegen sie gestellt. Gewalttätigkeiten machten ihn früh berüchtigt. Dann wurde er katholisch, nahm ein krankes reiches Weib zur Frau, die ihm wegstarb und freie Hand gegen seine Umgebung ließ. Die mährischen Städte waren so töricht, ihm im Kampf gegen den Kaiser seine Regimenter zu belassen; er verriet sie, suchte seine Truppen zum Kaiser überzuführen: wollte sich des mährischen Landtags in Olmütz bemächtigen, desselben, der ihm die Regimenter gegeben hatte. Nur mit dem Rest eines Fähnleines, acht Munitionswagen, Regimentsfahnen und sechsundneunzigtausend Mark in der Kasse schlug er sich, selber verraten, nach Wien durch, saß eitel am Tisch des Kaisers, der ließ ihn angewidert heimlich abschieben, warf das Geld den Ständen nach. Abscheu und Gelächter, wo sich der von Wallenstein sehen ließ.«

Der Leser erkennt in dem Outsider (dem Outlaw?) den Gegenspieler des Kaisers. Döblin selbst sagt, der Roman hätte eigentlich »Ferdinand der Andere« heißen müssen – der »Andere« wohl, weil der Autor die historische Figur für sein Epos verändert hat, nicht zuletzt mit Hilfe von Wallenstein, »der ein böses gefährliches Tier sei, dessen man sich vielleicht von Zeit zu Zeit mit Umsicht bedienen dürfe«.

Am Ende jedoch ist der einsame Friedländer ein Wrack: »Er trug keine Schuh, in dicke weiße Verbände waren seine Füße eingeschlagen, sein Pferd mußte geführt werden. Im Lederkoller, den weiten roten Mantel unter seinem Federhut, der ihm zu weit geworden war, auf dem schaukelnden Pferderücken. Er war mit Riemen angebunden; vor Schwäche sank er oft nach vorn auf den Mund über die Mähne des Tiers und mußte hochgehoben werden.«

Sein Tod, obwohl mitten im Getose einer wilden Metzelei, erscheint asozial, unwirklich gespenstisch und wie beiläufig: die Partisane, die gegen einen andern erhoben wird, reißt ihm, »der im weißen Schlafhemd mit ausgespannten Armen neben Slawatas zuckendem Körper« steht, »die halbe Brust auf«.

Ferdinand, der die größere Übersicht über Ursachen und Wirkungen des Kriegsgeschehens hat, aber mehr und mehr passiv in der Macht steht – »totalement solo« auch er! –, ist nach des Autors nachträglicher Aussage »schon lange vor dem Schluß... ein Mann, der nicht weiß, was gut und böse ist, der ›Sünde‹ nicht mehr fühlen kann«. Als er nach dem Tod des Herzogs Lösung und Ruhe in der Natur sucht, wird er von einem Waldmenschen in einer Art Ritual erstochen und dann, nachdem die Leiche zwei Tage im Regen gelegen hat, in den Tod gewiegt: »Der Kobold hatte kleine Zweige zu sich heruntergezogen, er saß vom Laub gedeckt. Schaukelte den Körper auf den großen Ästen, knurrend stirnrunzelnd.«

Wie ein aktueller Nachtrag wirkt der Schlußabschnitt: »Unter die aufmarschierenden Heere der Kaiserlichen Sachsen Schweden Bayern gerieten von allen Seiten die losgelösten verzweifelten Volksteile. Viele gingen zu den Truppen über, von Lohn und Nahrung verlockt. Was ihnen störend in den Weg kam, zerklatschten die Heere. Die Söldnermassen selbst brachen gegeneinander los, verfolgten sich, metzelten sich von neuem, Kaiserliche Sachsen Schweden Bayern. Im Westen hatten sich die Welschen gesammelt. Sie warteten in frischer Kraft auf ihr Signal, um sich hineinzuwerfen.«

Ist das der Übergang in den tatsächlichen europäischen Krieg, der als Weltkrieg zu Ende gegangen und 1939 wieder begonnen worden ist? – »Man glaubt zu schreiben und man wird geschrieben«, gesteht Döblin in einer Rede, die er am 7. Mai 1921 auf einer Tagung des Schutzverbandes deutscher Schriftsteller in Berlin hält.

Seit Oktober 1920 ist er im Vorstand des unlängst gebildeten SDS, der sich als Interessenvertretung der Schreibenden gegen die Verleger versteht. Die Rede trägt den Titel »Staat und Schriftsteller« und markiert zuerst und unüberhörbar die eigene Situation des inzwischen etablierten Autors: »Ein Schriftsteller, ein Dichter ist nichts Isoliertes im Staat. In Deutschland entstammen die Schriftsteller in der überwiegenden Zahl der Mittelschicht des Bürgertums; die untere Schicht, das Proletariat, war bisher durch seine wirtschaftliche Lage von der Teilnahme an der Bildung ausgeschlossen. Dieses Bürgertum hatte kräftige eigene lebensfähige Ideale, die ihm Würde und Selbstachtung gaben, bis um 1848... Die schwerste Verletzung erlitt es 1870/71. Danach wurde es von allen Zweifeln und jeder Unsicherheit befreit. Die blendenden ästhetischen Ideale der höheren Schicht, der Siegerschicht, drangen machtvoll auf das Bürgertum ein. Plötzlich war man seelisch expropriiert.

Man nahm, ohne zu ahnen, was man tat, die Herrenideale als eigene auf.«

Man bzw. Döblin weiß, daß er Selbstkritik übt, wenn er zugibt: »... die Ismen setzten ein und wurden widerstandslos aufgenommen; formale ästhetische Entwicklungen, kernloser Prunk!«

Fast zehn Jahre ist es her, daß er Marinettis »Technisches Manifest der futuristischen Literatur« gefeiert hat. Daß er sich anschließend in seinen Döblinismus retten konnte, das dankt er seiner seismografischen Sensibilität, die zwar auch Irritationen aufnimmt, aber letztlich ihren Kompaß im Sozialen hat. Und das Soziale in Deutschland, so stellt der Redner rückblickend fest, war damals in einem Zustand, »den man mehr mit einem Traumzustand vergleichen kann. Dinge, die längst nicht mehr real sind, entfalten ganz unwahrscheinliche psychische Wirkungen, frische Eindrücke klingen an und werden verschlungen; man macht exzessive Bewegungen nach irgendeinem Ziel, das als Ideal erscheint; alles wechselt überaus rasch.«

Der Vierundvierzigjährige sieht – und da hat sich über die Jahre seit den Futuristen nichts geändert – in Industrie und Technik (Handel ist dazugekommen) mächtige Triebkräfte: »sie sind aber nicht befähigt, den Staat zu bauen oder gar die Menschheit zu erhalten und zu fördern. Ein Staat, der sich führungslos den elementaren Kräften der Industrie und Technik übergibt, rast per kurz oder lang wie ein scheugewordenes Gespann über den Weg und wird an einem Stein zerschmettern. Technik, Handel und Industrie sind nicht die menschliche Kultur, aber sie sind oft Feinde der menschlichen Kultur... Technik, Handel und Industrie dürfen nie ihren Hilfs- und Werkzeugcharakter verlieren.« Dagegen sei der Schriftsteller in die »Verantwortung« gerufen, denn er besitze in der Sprache »ein feines und gefährliches Instrument«, seine Leidenschaft habe »im Dienst und unter der Aufsicht der Erkenntnis« zu stehen: »Im Geist aber liegen beschlossen die größten Möglichkeiten des Überblickens, des Vergleichens, des Abwägens, der Gerechtigkeit, und diese Möglichkeiten enthalten Verpflichtungen, die Verpflichtung zum Abwägen, Vergleichen, zur Gerechtigkeit.« Die Verpflichtung bestehe eben jetzt verstärkt, wo »die ungeheure Masse des sogenannten niedrigen Volkes nunmehr teilnehmen will und muß. Nicht bloß die Sorgen, Leidenschaften und Verderbtheiten der einen Schicht mögen in Zukunft Gegenstände des darstellenden Schriftstellers sein. Er wird eine große, ihm angemessene Leistung im Staat vollbringen, wenn er mit diesem zu ihm drängenden Volk zu fühlen lernt, an ihm lebendig wird und seine Art aufweckt. Es wird bald die Zeit kommen, wo wir einfach werden müssen, viel einfacher, verständlicher und darum lebensvoller, als wir jetzt sind.« –

Hier spricht bereits, wenn auch mit dem Pathos der Festrede, der Autor von »Berlin Alexanderplatz«, der weiß, daß »die deutschen Staatsmänner, Verwaltungsbeamten, Juristen bis auf geringe Ausnahmen ... der lebenden Bildung (,) fremd gegenüberstehen«. Deshalb fordert er für seinen Beruf und Stand: »Der Dichter soll sich nicht politisieren, aber der Staat muß sich ... in stärkstem Maße humanisieren und kultivieren.«

Die junge Republik, »die negative Monarchie«, wie Kurt Tucholsky sie 1922 genannt hat, tut gerade das nicht.

Noch lange nach dem Kapp-Putsch, in dessen Verlauf die Regierung, wie Döblin kritisiert hat, von Berlin nach Stuttgart geflohen war, kämpfen Freikorps und die vertragsgemäß dezimierte Reichswehr überall in Deutschland, von Schlesien bis an den Rhein. Generalstreik in Berlin, dann im Ruhrgebiet, wo vor allem kommunistische Arbeiter sich gegen ihre Ausbeuter erheben. Im Münchner Hofbräuhaus verkündet Hitler sein 25-Punkte-Programm; kurz darauf tritt die nationalsozialistische Sturmabteilung – SA – mit Terror gegen politische Gegner an die Öffentlichkeit. Mathias Erzberger, der Unterzeichner des Waffenstillstands von 1918, wird als Erfüllungspolitiker beschimpft und ermordet.

Der Bürger Alfred Döblin ist nicht unbetroffen geblieben: Bei Unruhen 1919 in Berlin-Lichtenberg ist seine Schwester Meta, Mutter von kleinen Kindern und ganz unbeteiligt, von einem Granatsplitter tödlich getroffen worden. In seinem »Ersten Rückblick« 1928 schreibt ihr Bruder: »Ich war damals nicht weit von ihr in Lichtenberg und habe diesen Putsch und die grausigen, unerhörten, erschütternden Dinge der Eroberung Lichtenbergs durch die weißen Truppen miterlebt. Um dieselbe Zeit, wo in unserer Gegend die Granaten und Minenwerfer der Befreier ganze Häuser demolierten, wo viele in den Kellern saßen und dann, schrecklich, wo viele füsiliert wurden auf dem kleinen Lichtenberger Friedhof in der Möllendorfstraße – man muß die Leichen da vor der Schule liegen gesehen haben, die Männer mit den Mützen vor dem Gesicht, um zu wissen, was Klassenhaß und Rachegeist ist –, um dieselbe Zeit wurde im übrigen Berlin lustig getanzt, es gab Bälle und Zeitungen ...«

Alfred Döblin nimmt bald darauf auch wieder an diesem Berliner Leben teil. Im Januar 1921 lernt er auf einem Ball Charlotte Niclas kennen, die einundzwanzigjährige jüdische Bankierstochter, die sich als »Yolla« für Jahre, über die Emigration hinaus in die schwierige Ehe und Familie des Dr. Döblin einfügt. Als gelernte Fotografin macht sie zahlreiche Aufnahmen von ihren Freunden, nicht nur in ihrem Atelier in der Schlüterstraße. Ihren Geliebten führt sie näher an das Medium heran, das den »Ultrarealisten« interessieren muß: die Fotografie. So schreibt er einige Zeit später das Vorwort zu Mario von Bucovichs Fotoband »Berlin«, ein Thema, das nun mehr und mehr Bestimmung wird, auch wenn er vorher noch eine Reise durch Polen unternimmt und manches andere auf seinen Schreibtischen liegt.

Der Autor arbeitet jetzt nicht nur zu Hause: Für den Roman »Berge Meere und Giganten« geht er auf mehrere Monate in eine Pension in Berlin-Zehlendorf. Von dort schreibt er an Gerhart Hauptmann: »Bin so mitten in Schreibarbeit, Kilometerfresser von Papier, Literschlucker von Tinte. Hacke ich nicht täglich meine fünfzehn zwanzig Schreibseiten herunter, ist mir nicht wohl.« Und selbstironisch unter Schriftstellerkollegen: »Ich wälze, stemme 25. Jahrhundert unserer Epoche. Muß das so glatt und bequem hinbreiten, daß jeder, als wäre es heute, darauf gehen kann. Es ist eine gigantische Epoche...«

»Es ist«, faßt er später zusammen, »die Entwicklung unserer Industriewelt bis auf etwa 2500; eine völlig realistische und ebenso phantastische Sache.« – Ein utopisches Mammut-Epos, ein Fluchtversuch, an dem Yolla nicht unbeteiligt ist. Aber Döblin will wie seine Figuren, die »Siedler«, nicht dem billigen Genuß nachjagen... Literarisch sucht der Arzt-Dichter wie schon mit »Ferdinand dem Anderen« Hilfe und Erlösung in der Natur. Vergebens: »Es ging mir selbst, wie das Thema sagte: die menschliche Kraft gegen die Naturgewalt, die Ohnmacht der menschlichen Kraft. Ich hatte, ohne es zu wissen und wollen, ein Spiegelbild meiner kleinen Spezialbemühung gegeben.« Und dies ist die Bemühung eines bürgerlichen Intellektuellen, der – nun allerdings nicht mehr privat, immer aufs neue fasziniert von der Zweimillionenstadt Berlin – immer deutlicher die Außenseiter der Gesellschaft sieht, oder vielmehr sieht, »wie hier der Einzelne verschwand, wie es hier nur tätige und leidende Massen gab: das große Kollektivum, eine Volksmasse in einer revolutionären Bewegung zur Abwälzung seiner Not...«

Döblin beteiligt sich an dem Zusammenschluß von linksliberalen und kommunistischen Autoren in der »Gruppe 1925«, zu der Becher, Bloch, Brecht, Kasack, Klabund, Kisch, Loerke, Mehring, Tucholsky und viele andere gehören. So wollen die jüngeren Schriftsteller, die nicht in den Akademien und literarischen Gremien etabliert sind (Döblin ist allerdings Vorsitzender des SDS), ihre Interessen vertreten und, wie Becher sagt, »das literarische Leben Berlins... aktivieren«.

Sie diskutieren einmal mehr über Marx, aber das SPD-Mitglied

Döblin ist gegen den Klassenkampf und die Diktatur des Proletariats. Der Bruch scheint programmiert, noch jedoch hält »Linke Poot« (d.i. Döblins Journalisten-Pseudonym in der »Neuen Rundschau«) die schwierige Solidarität. Mehrere Aktionen, zum Beispiel in der »Roten Fahne« der Aufruf »Gegen das Schmutz- und Schundgesetz« verbinden die so verschiedenen Kämpfer noch für zwei Jahre.

In dieser Zeit wird am 7. Dezember 1926 Alfred Döblins jüngster Sohn Stefan geboren. Vor allem aber entsteht in dieser Zeit der Roman, der Döblin weltweit berühmt und bei den linken Kampfgenossen untragbar macht: »Berlin Alexanderplatz«. – Als das Buch 1929 erscheint, ist Stefans Bruder, der siebzehnjährige Peter, unter den ersten Lesern. Von einem Aufenthalt an der Nordsee schreibt er nach Hause: »Ich habe schon 100 Seiten aus dem Buch von Papa gelesen. Es ist fabelhaft.«

Als fünfzig Jahre später das Buch – übrigens zum zweiten Mal – verfilmt wurde, legte man den Sendetermin mit Rücksicht auf die fernsehende Jugend in den späteren Abend – nicht aufgrund eines Schmutz- und Schundgesetzes, sondern auf den Einspruch der sogenannten freiwilligen Selbstkontrolle hin.

Was hat sich hier verändert? – Eines hat der Autor immerhin 1927 schon gewußt: »Wenn dies Buch erschienen sein wird, wird der Platz anders sein als jetzt, wo ich von ihm schreibe.« Diese Ahnung scheint weit zu gehen, aber das Heutige hat sie bestimmt nicht eingeholt. Denn sie basiert auf *menschlicher* Erfahrung, wenn auch auf einer, die von den Gründerjahren beschleunigt worden ist: Im »Ersten Rückblick«, aus der gleichen Zeit wie der Roman, deutet sie sich an: »Es ist Mittag. Ich sitze in einem kleinen Café am Alexanderplatz, und mir fällt ein: in dieser Gegend, hier im Osten Berlins, sitze ich nun schon, seit ich nach Berlin kam, seit vierzig Jahren...« Und zwanzig Jahre später, aus der Erinnerung: »Ich kenne den Platz noch aus der Zeit, wo es hier sehr ruhig herging und sich in seiner Mitte ein kleiner Hügel erhob, den ein freundlicher grüner Rasen bedeckte; da gab es auch ein Gebüsch, in dem Bänke standen, auf denen man friedlich beieinandersaß, friedlich im Grünen, mitten in Berlin auf dem Alexanderplatz.«

Was letztlich das den Roman auslösende Moment ist, war nicht einmal mehr zu erfahren, als man den Autor noch fragen konnte. In einem Vortrag in der Aula der Universität Zürich will Döblin »nur sagen: mein ärztlicher Beruf hat mich viel mit Kriminellen zusammengebracht. Ich hatte auch vor Jahren eine Beobachtungsstation für Kriminelle. Von da kam manches Interessante und Sagenswerte. Und wenn ich diesen Menschen und vielen ähnlichen da draußen

Schutzumschlag zu Döblins Roman ›Berlin Alexanderplatz‹

begegnete, so hatte ich ein eigentümliches Bild von unserer Gesellschaft: wie es da keine so straffe formulierbare Grenze zwischen Kriminellen und Nichtkriminellen gibt, wie an allen möglichen Stellen die Gesellschaft – oder besser das, was ich sah – von Kriminalität unterwühlt war.« – Also ein Krimi? Der S. Fischer Verlag, dessen Chef gegen Döblins Titelvorschlag war und auf der Unterzeile »Die Geschichte vom Franz Biberkopf« bestand, annonciert ihn so: »Ein erschütterndes Menschenschicksal – Ein atemberaubender Kriminalroman – Ein Ereignis in der heutigen Erzählkunst«. Der »Welterfolg« kostet »Geheftet 7 RM, in Ganzleinen 9,50 RM«. – Erste Auflage: 20000; das, nachdem die »Vossische Zeitung« einen Vorabdruck abgelehnt und die »Frankfurter Zeitung« sich damit zahlreiche Proteste, aber auch Zustimmung eingehandelt hat.

Alle, die sich mit dem 500-Seiten-Werk befassen – und das sind nach Rainer Werner Fassbinders Fernsehverfilmung (und nach Alfred Döblins hundertstem Geburtstag) sehr viele: Literaturwissenschaftler, Feuilletonchefs, Boulevardblattredakteure und Leser –, alle meinen, die Fabel sei schnell erzählt – die Anspruchsvollen, um dann fortzufahren, daß man damit aber noch kaum etwas weiß ... Wo ich sie auch lese, diese sogenannte Fabel von dem haftentlassenen ehemaligen Zement- und Transportarbeiter Franz Biberkopf, der »nun« – 1927/28 – »den Schwur tut, anständig zu sein«, da glaube ich, daß man mit ihr nicht nur »kaum etwas«, sondern etwas Falsches weiß.

Der Filmemacher Fassbinder kommt in einem Interview zu einem »Merksatz«, den er »schon ganz aufregend« findet und der lautet, »daß eine subjektive Verfilmung eines literarischen Stoffes dem literarischen Stoff gerechter wird als eine objektive«. Übertragen auf Nicht-Filmemacher kann dieser Merksatz nur so verstanden werden: nimm und lies selbst! Lies die neun Bücher mit ihren barock anmutenden Vorsprüchen (das Barocke hat Brecht an seinem Adoptiv-Vater Döblin für das Gefährliche gehalten!), lies den nüchternen Anfang: »Er stand vor dem Tor des Tegeler Gefängnisses und war frei. Gestern hatte er noch hinten auf den Äckern Kartoffeln geharkt mit den andern in Sträflingskleidung, jetzt ging er im gelben Sommermantel, sie harkten hinten, er war frei.« Lies nach dem ersten Abschnitt den bedeutungsschweren Satz: »Die Strafe beginnt«, und dann den Seufzer des Entlassenen: »Wenn die Dächer nur nicht abrutschen, aber die Häuser standen grade. Wo soll ick armer Deibel hin, er latschte an der Häuserwand lang, es nahm kein Ende damit. Ich bin ein ganz großer Dussel, man wird sich hier doch noch durchschlängeln können, fünf Minuten, zehn Minuten, dann trinkt man einen Kognak und setzt sich. Auf entsprechendes Glokkenzeichen ist sofort mit der Arbeit zu beginnen. Sie darf nur unterbrochen werden...«

Zugegeben, das Lesen eines Döblinschen Romans ist immer auch Arbeit. Man trifft auf Teile von Kurs-, Markt- und Wetterberichten, Zeitungsmeldungen, Liedfetzen, Bänkelstrophen, Reklametexte, amtliche Nachrichten, Statistiken und Tabellen, sogar Formeln und Gleichungen, auf viele Bibelstellen, Dichterzitate und Vorgangsbeschreibungen verschiedenster Art... Manche Manuskriptseiten sehen aus wie Collagen aus Zeitungsausschnitten, Postkarten und Annoncen.

Dazwischen immer wieder Erinnerungen an Ida, die Braut, die Franz – vor Romanbeginn – erschlagen hat, und Händel mit ihren verschiedenen Nachfolgerinnen sowie den Kumpels, die wie Franz von irgend etwas leben müssen, in den schlechten Zeiten. Mit Reinhold, dem Sexbesessenen, eiskalt Berechnenden, verbindet Franz eine Haß-Liebe. Gleich, als er auftritt – im fünften Buch – fühlt sich Franz »mächtig von ihm angezogen. Er war schlank, trug einen verschossenen Soldatenmantel – ob das ein Kommunist ist? –, hatte ein langes, hohes, gelbliches Gesicht, und auffällig an ihm waren die starken Querfalten auf der Stirn. Der Mann war sicher erst Anfang Dreißig, aber von der Nase zum Mund liefen beiderseits solche klaffenden Einsekungen. Die Nase, Franz betrachtete ihn genau und oft, die Nase war kurz, stumpf, sachlich aufgesetzt. Den Kopf ließ er tief herunter gegen seine linke Hand, die die brennende Pfeife hielt. Er hatte schwarze hochstehende Haare. Wie er nachher zum Schanktisch rüberging – er zog seine Beine hinter sich, das sah aus, als ob ihm die Füße immer wo stecken blieben –, da sah Franz, daß er gelbe elende Stiefel trug, und die dicken grauen Strümpfe hingen über Bord. Hat der Kerl die Schwindsucht? Man müßte ihn in eine Heilstätte stecken, Beelitz oder wo, lassen ihn so rumlaufen. Was treibt denn der?«

Er ist Zuhälter wie andere in dieser Gesellschaft – »Lude« heißt das auf berlinisch – und ist für allerhand sonstige Geschäfte und Gelegenheitsarbeiten gut oder schlecht, so schlecht, daß er Franz, als er nach einem nächtlichen Einbruch Skrupel bei diesem bemerkt, aus einem fahrenden Auto wirft. Biberkopf aber, der lästige Mitwisser auch um seine »furchtbare unnatürliche Sucht nach Frauen« und die Heilsarmee-Kuren dagegen, ist nachher nicht tot, sondern hat nur seinen rechten Arm verloren: »Franz ist nicht k.o., und sie kriegen ihn nicht k.o.«, versichert der Erzähler in einer Abschnittüberschrift. Und er muß es wissen; in einem Vortrag vergleicht sich Döblin in dieser Hinsicht mit Dante in dessen »Göttlicher Komödie«: »er ist selber durch sein Gedicht gegangen, er hat seine Figuren beklopft, er hat sich in die Vorgänge eingemischt, und zwar nicht spielerisch, sondern mit allem Ernst... Er hat teilgenommen am Leben seiner Figuren.« Der Autor des »Alexanderplatz« tut dies ebenso – trotz der zahlreichen Wirklichkeitsfragmente, Fakten und Dokumente, in denen die Figuren wie Sonden stecken.

Eva, zum Beispiel, »die Franzen noch immer liebt, möchte ihm gern ein Mädel zuschanzen... Von diesem Mädchen, das prompt am nächsten Mittag an seine Tür klopft, ist Franz auf den ersten Blick entzückt. Eva hat ihn lecker gemacht, er möchte auch Eva eine Freude tun. Aber die ist auch wirklich schnieke, prima, eins a, so was stand noch nicht drin in seinem Kochbuch. Sie ist eine kleine Person, sieht im weißen leichten Kleidchen wie ein Schulmädchen aus, hat sanfte, langsame Bewegungen, ist unmerklich gleich neben ihm. Sie ist kaum eine halbe Stunde da, da kann er sich das kleine Luder nicht mehr aus der Stube wegdenken. Emilie Parsunke heißt sie eigentlich, aber heißen möchte sie lieber Sonja, so hat Eva immer zu ihr gesagt, weil sie so russische Backenknochen hat. ›Und Eva‹, meint das Mädel bettelnd, ›Eva heißt ja auch nicht Eva, die heißt auch Emilie wie ich. Hat's mir ja selbst gesagt!‹

Franz schaukelt sie auf seinem Schoß und beguckt sich das zierliche, aber straffe Wunder und staunt, was ihm der liebe Gott für Glück ins Haus schickt. Das geht im Leben rauf und runter, wunderbar. Den Mann, der Eva so getauft hat, kennt er, das war er selbst, sie war sein Mädel vor der Ida. Wär er lieber bei Eva geblieben. Na, nu hat er die hier.

Die heißt bei ihm bloß einen Tag Sonja, dann bettelt er, er kann so fremde Namen nicht leiden. Wenn sie aus Bernau is, kann sie ja auch anders heißen. Er hätte ja schon viele Mädels gehabt, das kann sie sich ja wohl denken, aber noch keine, die Marie hieß. Sone möchte er gern haben. Da nennt er sie denn nun ›sein Miezeken‹.«

Reinhold bekommt Lust auch auf Mieze, und sie, die sich vor ihren und seinen Freunden nicht zieren darf, wenn sie leben will, vertraut ihm. Er nimmt sie – »biste doch keine Gräfin« – und, weil sie sich wehrt, bringt er sie um. Bis er verhaftet wird, gilt zwischenzeitlich Franz, der Verlassene, der Vorbestrafte, als der Mörder der Prostituierten. – Kapitelüberschrift: »Am Alexanderplatz steht das Polizeipräsidium«. Darum also ist es gegangen: Täter und Opfer? Klaus Müller-Salget schreibt 1972: »Festzuhalten bleibt, daß der Titel ›Berlin Alexanderplatz‹ von Döblin nicht wegen der gleichnamigen Bahnstation oder als Inbegriff des Berliner Ostens gewählt wurde, sondern offensichtlich deshalb, weil hier das Berliner Polizeipräsidium stand und diesem ›unheimlichen Haus‹ ursprünglich eine zentrale Rolle zugedacht war.« Dagegen befindet ein aufgebrachter Verriß gleich nach Erscheinen des Romans (Klaus Neukrantz in »Die Linkskurve«): »Es ist nicht zufällig, wenn Döblin in seinem Buch über den ›Alexanderplatz‹ kein Wort über die blutigen Auseinandersetzungen mit der Schupo findet. Das Polizeipräsidium hat Döblin übersehen...« Übersehen hat er es offenbar nicht, aber der Mediziner Alfred Döblin weiß, daß es noch andere Agenturen dieses unsozialen Systems gibt: sein zerbrochener Protagonist kommt schließlich in die Irrenanstalt Buch, die Döblin selbst als Assistenzarzt kennengelernt hat.

Für Franz Biberkopf ist hier der Ort des Schmerzes: »Hier ist zu sprechen von der Vernichtung, die der Schmerz vollbringt. Abbrechen, niederkappen, niederwerfen, auflösen, das tut er.

Jegliches hat seine Zeit: würgen und heilen, brechen und bauen, weinen und lachen, klagen und tanzen, suchen und verlieren, zerreißen und zumachen. Es ist die Zeit zum Würgen, Klagen, Suchen und Zerreißen.

Franz ringt und wartet auf den Tod, auf den gnädigen Tod.«

Er kommt als Wandlung. Der neue Biberkopf, Franz *Karl,* hat »kein Mitleid« mehr mit Reinhold, »nur noch eine merkwürdige Anhänglichkeit... Er steht zum Schluß als Hilfsportier in einer mittleren Fabrik. Er steht nicht mehr allein am Alexanderplatz. Es sind welche rechts von ihm und links von ihm, und vor ihm gehen welche, und hinter ihm gehen welche.«

Dennoch ist diese Lösung, diese Veränderung, eine bürgerlich individuelle, keine politisch revolutionäre. Sozialkritisch ist allein – das aber ganz sicher in der vielschichtig ultrarealen Exaktheit – die Bestandsaufnahme. Die Position, von der aus sie gemacht wird, ist nicht die eines Genossen. Wenn der Bürgerliche Döblin sich als »aktiven Sozialisten« bezeichnet, dann ist er das nicht als Dichter. Diese beiden Existenzen sind real nicht zu verbinden, was noch nichts über die inhaltlichen Interessen des Kunstproduzenten Alfred Döblin aussagt.

Von einer Zeitung nach »Zukunftspläne(n)« befragt, äußert der eben mit dem »Alexanderplatz« befaßte Autor: »Mich beschäftigt das soziale Problem der Menschen, die, aus irgendeinem Grunde aus der eigenen inneren Sphäre herausgerissen, sich nicht ohne weiteres einer anderen Klasse anschließen können, das Problem der Menschen, die ›zwischen den Klassen‹ stehen.«

Daß Franz, der »nischt mit Politik zu tun« hat und der den »Völkischen Beobachter« ebenso verkauft, wie er die »Mottenpost« und die »Grüne Post« liest, kein politisches geschweige denn Klassenbewußtsein hat, das sagt sein Erfinder genauso deutlich wie jener Kommunist, der sich empört an die Hakenkreuz-Armbinde des Zeitungsverkäufers erinnert: »... an dir, Genosse, ist jedes Wort verloren. Du bist vernagelt. Da wirste dir den Kopp einrennen. Du kennst nicht die Hauptsache beim Proletariat: Solidarität... Ihr seid Abschaum vom Kapitalistensumpf. Haut bloß ab. Ihr seid nicht mal Proletarier. Sowat nennt man Lumpen.«

Deutlicher könnten es die Proletarisch-Revolutionären auch nicht sagen, wenn sie denn eine solche Hauptfigur hätten... J. R. Becher: »der Transportarbeiter unseres Romans wird ein Klassenmensch, ein Transportarbeiter sein und nicht ein künstlich gepreßtes Laboratoriumsprodukt...« Die Polemik geht hin und her; »Herr« Döblin, der »Kulturnihilist« und »schwankende, haltlose, resignierte Bürger« im »Tage-Buch« – der »Quatschkopf« Becher in der »Linkskurve«. Und dann wieder Otto Biha, der sie alle, die Genossen und den Klassenfeind, als »Herren« bezeichnet und auf James Joyce verweist, »der alles in seinem ›Ulysses‹ besser vormacht.«

Abgesehen davon, daß Alfred Döblin einen solchen Vorlagencharakter für sich mit dem schlichten Argument der Unkenntnis mehrfach abgestritten hat, sieht er auch wichtige Unterschiede zwischen sich und dem Iren, dessen »Ulysses« »nichts für die breite Masse« ist. »Impressionistisch und pointillistisch« nennt er dessen Vorgehen, während bei ihm, dem Döblinisten, dem an einer literaturgeschichtlichen Einordnung dieser Art nichts liegt, immer auch noch Expressionismus ist, wie er ihn etwa an Arno Holz bewundert.

So singt im neunten Buch des Romans der Tod »sein langsames, langsames Lied«

»...
Franz schreit.
Es schreit Franz, kriecht an und schreit.
Er schreit die ganze Nacht. Ist in Marsch gekommen, Franz.
Er schreit in den Tag hinein.
Er schreit in den Vormittag hinein.
Schwing fall hack.
Schreit in den Mittag hinein.
Schreit in den Nachmittag hinein.
Schwing fall hack.
Schwing, hack, hack, schwing, schwing hack, hack, hack.
Schwing, hack.
Schreit in den Abend, in den Abend. Die Nacht kommt.
Schreit in die Nacht, Franz in die Nacht.
Sein Körper schiebt sich weiter vor. Es werden auf dem Block geschlagen von seinem Körper Stück um Stück. Sein Körper schiebt

sich automatisch vor, muß sich vorschieben, er kann nicht anders. Das Beil wirbelt in der Luft. Es blitzt und fällt. Er wird Zentimeter um Zentimeter zerhackt. Und jenseits, jenseits der Zentimeter, da ist der Körper nicht tot, da schiebt er sich vor, langsam weiter vor, es fällt nicht runter, lebt alles weiter.«

Der Vorspruch zum neunten Buch hat es schon angekündigt:

»... Der Mann ist kaputt. Es wird noch ein anderer Biberkopf gezeigt, dem der alte nicht das Wasser reicht und von dem zu erwarten ist, daß er seine Sache besser macht.«

Der Neue Mensch. Nicht so spektakulär und pathetisch wie bei Sorge und Kaiser, sondern einfach aus der durchlittenen Alltagsrealität für eine Alle-Tage-Realität deutlich diesseits vom »Goldenen Tor«, wie der aus dem Exil nach Deutschland zurückgekehrte Alfred Döblin eine 1946 glücklos begonnene »Monatsschrift für Literatur und Kunst« nennen wird.

Für den heutigen Leser sind Alfred Döblins Bücher fast alle abschreckend dick. – Von lebenden Autoren läßt man sich sechshundert Seiten noch zumuten... aber wenn Günter Grass von seinem »Lehrer« übrigens schon meint: »Er wird Sie beunruhigen; er wird Ihre Träume beschweren; Sie werden zu schlucken haben; er wird Ihnen nicht schmecken; unverdaulich ist er, auch unbekömmlich. Den Leser wird er ändern. Wer sich selbst genügt, der sei vor Döblin gewarnt.« –

Der aber, der dennoch den Döblinismus kennenlernen will, sollte zunächst die Erzählungen lesen, die geistreich kritischen Novellen zum Beispiel, die im Kriegsjahr 1916 unter dem betulich klingenden Titel »Die Lobensteiner reisen nach Böhmen« erschienen sind.

Die Lobensteiner reisen nach Böhmen

Bei Olmütz in Böhmen liegt die schöne Landschaft Padrutz.

Sie hatte die Herrschaft eines tüchtigen Grafengeschlechts zwei Jahrhunderte ertragen, war dabei leidlich gediehen. Etwa dreitausend Menschen hausten hier, bebauten das Land, waren Schmiede, Schreiner, Spengler, Bäcker, und was die Notdurft noch erfordert. Der Graf war Kirchenpatron und ließ Katholiken und Protestanten, dazu ein paar hergelaufene verwachsene Kalvinisten und dienstbeflissene Juden gleichermaßen ungeschoren. Die Linie erlosch nun im Mannesstamm und der letzte Graf hatte festgelegt, daß seine blühende Tochter das Reich übernehmen sollte, um mit einem rasch zu erwählenden Herrn Gemahl die Regierung über die dreitausend Menschen, Protestanten, Katholiken, Kalvinisten und Juden in die Hand zu nehmen. Leopold Christoph, Herzog in rheinisch Lobenstein bei Kurhessen, hörte davon und schickte seinen Generaloberst Ekbert hin, der sollte die Erbin heiraten. Sie mochte ihn nicht; wolle überhaupt keinen Generaloberst und im übrigen nur einen Mann aus Olmütz und zwar einen ganz gewissen. Das machte Leopold Christoph, genannt Stoffel, nachdenklich; er setzte sich mit seinem ältesten Kabinettsrat in die Bibliothek und diktierte dem Mann nach Einsicht in ein älteres Ehestandsregister, daß er ihre Wahl billige, im übrigen aber auf Grund einer genau explizierten Verwandtschaftstafel sie besuchen werde, aus welcher Tafel klipp und klar hervorgehe, daß man mit Fug von einer Padrutzer Seitenlinie der Lobensteiner

Dynastie sprechen könne. Den Beweis, Beleg usw. dafür werde er der schönen Dame in zwei Monaten selbst überbringen. Vorläufig suspendiere er als Familienoberhaupt trotz erheblichen Wohlwollens das Fräulein von der Herrschaft und setzte sie ab wegen landeskundiger Mesalliance.

Er schloß in Eile ein Schutz- und Trutzbündnis mit zwei kleinen Reichsfürsten an der Grenze Hessens, die versprachen, dies Gebiet zum Abschrecken auf sechs Meilen zu verwüsten, tobte waffenschüttelnd durch das erstaunte Europa, das sich von den Kriegen des Napoleon sehr langsam erholte und nicht daran dachte, wegen Lobenstein und Padrutz einem Soldaten die Patronentasche umzuhängen. Der versprochene Beweis, Beleg gelang unter diesen Umständen dem entschlossenen Stoffel außerordentlich glatt; er zwang die kratzbürstige Philine von Padrutz, die sich mit einer neumodischen Krinoline wichtig tat, sich sofort mit jenem gewissen Hauptmann und Fouragehändler aus der Stadt zu verheiraten, obwohl sie erklärte in Anbetracht der sechshundert blanken Gewehrläufe, daß sie sich besonnen hätte im letzten Augenblick und leidenschaftlich für Familientradition schwärme; auch Herr Ekbert wäre nicht ohne nennenswerten Charme. Aber der Herzog Christoph erklärte, daß eine schwankende Gesinnung keinen guten Eindruck auf ihn mache, bei den Lobensteinern auch der entfernten Linie nie vorkomme und daß er sich daher des Verdachts nicht erwehren könne, mit ihr als einer untergeschobenen Tochter zu verhandeln. Angesichts dieser Sachlage und des passiven Verhaltens der Wiener kaiserlichen Behörden ließ Philine dann ihr Reich, samt allem Volk, Kirchen, Boden, Vieh und Vogel auf knapp fünfundzwanzigtausend Gulden abschätzen, wurde Frau Hauptmann, zog nach Prag in die Nepomukgasse und war erledigt.

Einmal da, besah sich Herzog Stoffel Land und Leute, ließ alles Hab und Gut von seinem Sekretariat in zwei Folianten nebst Anhang und Register aufschreiben; die bemerkenswerten Menschen- und Tiertypen des Gebiets ließ er zeichnen und kolorieren, und zog wieder unter großem Gedröhn, furiösen Siegesbulletins quer durch das schlafende Deutschland nach dem stillen Lobenstein. Da sagte er: »Wir wollen uns jetzt einmal in Ruhe des neuen Besitztums erfreuen.« Stracks ging die Regiererei los. Herzog Christoph verlangte von seinem Ministerium täglich nach dem Morgenkaffee eine gewisse Mindestzahl von Edikten, Erlassen zur Unterschirft; lieferte das Ministerium weniger Erlasse, so war es notorisch faul. Jetzt schwelgte er; genoß die Padrutzer Akquisition; in Stößen rückten die Manuskripte und Aktenbündel an, krachten auf seine Dielen. Das Kabinett lieferte dem Padrutzer Lande, Mann und Maus, in

Vor- und Nachsitzungen neue Schlachten. Es waren die mannigfachsten Behörden einzusetzen über die Padrutzer Erblande, Steuer-, Kirchen-, Verwaltungsbehörden, Gendarmerie, Obergendarmerie, ein Heroldsamt, Unter- und Oberrechnungskammer. Man gab den Metzgern die Lobensteiner Originalvorschriften über das Schlachten, den Böttchern einen erprobten Anweis über die Zahl der Hiebe, nach denen ein regelrechtes Faß rund wird; sollte es in dieser Zeit nicht rund werden, so fange man getrost ein neues Faß an, denn aus dem widerwilligen alten wird doch nichts. Um etwaigen Hungersnöten vorzubeugen, belehrte das bewegte Kabinett die Insassen der Padrutzer Erblande im vornherein, man könne mit den Bissen in guten Zeiten sparen; ein Maul, das sich gewöhnt hätte, in zehn und zwanzig Bissen einen Wecken klein zu kriegen, würde viel eher dem grausen Hungersgespenst entrinnen als eins, das ›Haps‹ macht und schon ist alles verschlungen wie ein biblischer Jonas von seinem gefräßigen Leviathan. Man hatte damals noch keine regelrechten Posten oder Telegraphen; das Befördern der herzoglichen Edikte stieß auf Schwierigkeiten; jetzt waren immer an zweihundert Mann mit Pferden, Wagen, Gewehren, großem Proviant unterwegs, zogen zur Donau herunter, durch das rauflustige Bayerland, auf Schlängel- und Schleichwegen, heimlich und verschwiegen mit ihren gewichtigen Dokumenten, fingen, sobald sie zwischen den Padrutzer Grenzpfählen einrückten, ein gräßliches Tuten und Trompeten an auf Lobensteiner Art und rächten sich in dieser Weise für ihre Verschwiegenheit während der Fahrt.

Die Padrutzer waren wie Bauern, kümmerten sich den Teufel um Grafen, Patrone und Erbfolge, um Ekbert, Wien und die Nepomukgasse, stachen ihre Schweine, fuhren ihren Mist. Wie der Lobensteiner Herzog für das Regieren sein Kabinett hatte, so hatten sie für das Regiertwerden ihre drei Schultheiße. Die schwitzten sich zusammen auf ihren Ämtern die Kleider naß, wenn eine Fuhre Erlasse gekommen war. Als sie aber mit dem Lobensteiner Stil nicht fertig wurden und ihre Frauen gewalttätig gegen sie verfuhren wegen ihres langen Ausbleibens, hingen sie den ganzen Plunder an ein paar Scheunentore, damit die Bauern selbst nachläsen, was sie tun und unterlassen sollten, ließen die Sonne drauf scheinen, den Regen drüber gehen. Die Bauern besahen sich den Behang, wußten nicht genau, was das bedeutete, und dachten, das mochte wohl zum Auslüften dahängen oder von der Art der neuen Herrschaft sein und waren damit ganz zufrieden. Als alle größeren Scheunentore des Hauptdorfes Padrutz behängt waren, und nun auch die kleinen Kaschemmen und Kossätenbuden um ihre Erlasse einkamen, bestimmten die Schultheiße hochfahrend: »Nein, wo das Papier blaß geworden ist, da gehört neues hin.« Diese Ungerechtigkeit trieben sie einige Monate so, bis einmal vor die Kuriere beim Einzug das Schimpfen drang, warum sie, die Kuriere, nicht selbst die Papiere an die Bauern verteilten und zwar mit gleicher Hand; denn wer schon zehn schöne dicke Lagen auf seiner Tür hätte, kriegte noch zehn mehr und ein kleiner Mann kriege nichts. Die aufsässigen Bauern schleppten ihren lamentierenden Schultheiß vor die erstaunten Kuriere, verlangten Ordnung und Bestrafung. Die Kuriere stießen sich mit den Ellbogen an, knauten »hm hm und so so«, schnitten sich eine Kerbe in ihre Gewehrläufe, um diese absonderliche Sache nicht zu vergessen, gaben vorläufig den Schultheißen einen kräftigen Kolbenstoß gegen die Schulter auf Abzahlung, weil Gerechtigkeit in jedem Falle zum Lobensteiner Regime gehörte.

... Diese Feststellung klingt so historisch wie der Schluß der Erzählung:

»Heute wissen die Padrutzer nichts mehr von ihrer Natur. Sie tun ihre Feldarbeit und vielerlei Handwerk tapfer und wohl vergleichbar unter selbst gewählten Schulzen. Einen Doppeladler sieht man auch jetzt bei ihnen, aber über ihren Köpfen, an den Fahnestangen. Denn das kaiserliche Österreich führt sein stolzes Regiment über sie.«

Kleine Kriminalität

Ein Kavallerist stellte nach dem Krieg sein Pferd in den Stall und fuhr durch das Land nach Norden, in seine Heimat; er hatte in Marokko gekämpft. Und wie er mit langen bunten Bändern am Hut und vorn am Rock den alten gewundenen Weg aus dem Ort herauszog, um die Mühle seines Vaters zu sehen, war sie zerschossen und der Vater nicht mehr vorhanden. Es fand sich aber am Ort ein Mädchen aus guter Familie, die brachte Geld, und die Mühle wurde wieder aufgebaut, und sie zogen als Müller und Müllerin ein. Fünfzehn Jahre gingen hin, sie hatten drei Kinder und waren nicht mehr jung. Am ältesten aber war die Müllerin, das wußte sie, und darum haßte sie ihren Mann.

In die Mühle zog ein grober Bursche als Knecht ein. Er hatte im Ort nicht viel getaugt; die Müllerin aber, die keine Aussicht hatte, einen Besseren zu finden, nahm sich seiner an und machte ihn zu ihrem Geliebten. Dem Kerl war alles recht. Nun hatte er sein Fleisch und Brot und Wein und eine Bleibe, dazu noch manchmal Geld. Das Geld war ihm aber nicht genug, darum bestahl er die Müllerin, die wagte sich nicht zu regen und stahl wieder, was ihr fehlte, bei ihrem Mann. Der warf einen Verdacht auf den Knecht, stellte ihn zur

Rede, schlug ihn, drohte ihn hinauszuwerfen, falls er sich noch einmal an seine Sachen wage. Die Müllerin, die dicke verschlossene Person, renkte alles wieder ein.

Da sagte aber der Knecht, der gewiß ein Grobian, aber ein gekränkter Mensch war, er werde es dem Müller besorgen, daß er ihn schlage, auf den bloßen Verdacht hin. Er hatte übrigens von der Frau genug. Die Frau fühlte es und faßte einen Plan. Ihrem Mann hing das Sumpffieber an aus dem Krieg in Marokko. Im Fieber tobte er auf seiner Stube mit Säbel und Lanze, führte Krieg. Die Frau gab dem Knecht den Rat, im Ort ein Rasiermesser zu besorgen und ihm im Anfall die Kehle durchzuschneiden. Sie werde bezeugen, daß er krank war und es selbst getan hatte. Der Knecht fuhr ins Dorf und kaufte das Messer. Sie warteten ein paar Tage. Als das Fieber nicht kam, ließ die Müllerin den Müller sich schlafen legen, dann lief sie aus der Stube nach unten und erzählte dem Gesinde, ihr Mann sei wieder krank, sie fürchte sich vor der Nacht. Die Mägde luden sie ein, in der Kammer bei ihnen zu übernachten. Da schlüpfte die Müllerin nach oben, holte sich ihre Tücher und legte sich in der Kammer zu den Mägden; sie riegelte noch die Tür ab. Oben hatte sie die Tür aufgelassen. Und wie es in der Mühle still geworden war, machte sich der Knecht über den Müller her und schlachtete ihn. Die Frau hatte ihm versprochen, ihn zum Müller zu machen. Im Finstern tobte er in der Stube, ließ Säbel und Lanze auf den Boden fallen. Als der Lärm aufhörte, stieg die Frau nach oben, die Mägde folgten, ein greller Schrei kam aus der Stube. Die Frau rannte dann in den Ort zum Arzt, sie war ein Heulen und Weinen. Sie alarmierte noch in der Nacht ihre Verwandten.

Am Tag der Beerdigung aber kam auf die Polizei der Barbier, dem der Knecht das Messer abgekauft hatte. Er ließ sich das Messer zeigen, womit sich der Müller den Hals abgeschnitten hatte. Und als sich der Trauerzug vor der Mühle ordnete, holte man den Knecht und seinen Schatz heraus.

Erst gestand er und beschuldigte sie. Dann spielte sie eine Ohnmacht und beschuldigte ihn. Sie bekam lebenslängliches Zuchthaus, er fünfzehn Jahre Zwangsarbeit.

Als Richter saß oben ein Mann, der bewachte seine Frau scharf, so konnte sie sich nicht bewegen und war ihm treu. Als Staatsanwalt fungierte ein Mann, dem war die Frau schon lange durchgebrannt, und er hütete die Kinder. Der Verteidiger hatte lieber gar nicht geheiratet. Er war Vegetarier, fraß seinen Salat und schwor, es ginge ihm gut.

Kleines Märchen

Ein Erdteil hieß einmal ›Viel Geschrei und wenig Wolle‹, und ein Land darauf war das Königreich ›Maulfaul‹. Es war von Sonne und Mond im üblichen Wechsel beschienen, aber gewaltige Ströme durchzogen es und rauhe Gebirge erzeugten einen Sinn für das Besondere und Heroische. Das Königreich hieß ›Maulfaul‹ nach dem eigenen Willen seiner Bevölkerung, denn die achtete nichts so hoch wie die Sprache. Weil man eine abgöttische Verehrung für die Sprache hatte, benutzte man sie so wenig wie möglich. Daher war der Unterricht dieses Landes hauptsächlich auf robustes Tun, Handeln, Sport, auch auf Musik, Lärm, aber ohne Sinn und Bezeichnung, gerichtet. Die Sprache, lehrte man, sei eines echten Maulfaulen unwürdig, auch das genaue Denken schätzte man nicht sehr. Mit Blick, kurzem Kopfnicken und Handbewegungen verständigte man sich, und die Taubstummen genossen in dem Lande große Ehren.

Man hatte in dem Königreich in allen Städten mindestens eine offizielle Zeitung. Sie bestand aus sechzehn weißen Blättern und einem ebenso ausdrucksvollen Inseratenteil. Die Redakteure wurden sorgsam gesiebt, es war aber kein großer Andrang zu den Stellen, denn die Aufgabe, Text und Inseratenteil abwechslungsreich zu gestalten und allen zu gefallen, war gar zu mühselig. Man hatte die bekannten Buchstaben des Alphabets, ferner die Typen in den Setzerkästen und an den Druckmaschinen durch entsprechende Stumm- oder Weißbuchstaben ersetzen müssen, man hatte die weiße Farbe moduliert – schneeweiß, lämmchenweiß, eiweiß und so weiter –, ganze Setzergenerationen hatten daran arbeiten müssen, während man dem Lande die spitzen, scharfen Schwarzbuchstaben einer früheren Epoche entzog. Man las diese Zeitungen mit verschiedenfarbigen Brillen, und das war die Höhe der Abwechslung. Sie hatten in den Redaktionen die Stummtelefone. Sobald ein Anruf kam, blinkte am Apparat auf schwarzem Grunde ein schwarzes Licht auf. Geschulte Telefonisten (fast nur Männer; Frauen waren für diesen ihren alten Beruf unter den neuen Verhältnissen nicht mehr geeignet) nahmen die Nachrichten auf, die sofort in den Weißsatz gegeben und durch Anschlag im Land bekannt gemacht wurden. Da standen vor den gewaltigen Plakatsäulen und vor den laufenden Lichtbändern dann die Menschen in Scharen, die Afficheure rissen Plakate ab, strichen unter dem Schutz der Polizei neue an, es war eine große Aufregung, aber man wußte sich zu bezähmen.

Die Offenheit des Geschichtschreibers erfordert es, mitzuteilen, daß diese große Tradition des Königreichs schließlich hauptsächlich von den amtlichen Stellen gepflegt wurde, das gemeine Volk kam langsam wieder ins Schwatzen. Die Tradition blieb aber erhalten im Umgang der Regierung mit dem Volk. Hierfür wurde allmählich die heilige Weißschrift (scriptura alba regis) und die ehrwürdige Stummsprache geradezu reserviert, und sie hatte eine Art kultischen Charakters wie früher etwa die lateinische. Wichtige Nachrichten, die das Leben des Volkes betrafen, Verhandlungen mit den Nachbarn, Absichten des Königs teilte man durchaus nur stumm und in Weißschrift, entsprechend dem Ernst des Inhalts, mit. (Ein junger König glaubte sich einmal eine Neuerung erlauben zu müssen; er glaubte, man könne, statt stumm zu sprechen und weiß zu schreiben, ebenso brüllen, schreien, singen unter Benützung beliebiger Worte, und man könne ebenso auch schwarz beliebige Worte drucken; aber man ließ es, er wurde abgesetzt, der alte Weg war besser.) Auch hatte man das Volk gewöhnt, Klagen über Mißstände in Weißschrift und Stummsprache vorzutragen, und sie fanden ebenso ihre prompte Erledigung.

›Parlamente‹ hatten schwatzsüchtige Länder ihre Vertretungen genannt, Silencorien hießen die Zusammenkünfte der Maulfaulen. Sie standen, soweit sie gewählt waren, in einer Halle ihren Ministern gegenüber, man begrüßte sich feierlich, trank Bier und leichten Tee, die aus Staatsgeldern gereicht wurden, verneigte sich eine halbe Stunde nach allen Seiten, gegen die Nachbarn, die Minister, die Königsbilder an der Wand (nach diesen Verbeugungen hießen die Räume auch ›Halle der Gymnastik‹, man empfahl daher älteren Leuten, Abgeordnete zu werden), man schwieg, lächelte und blickte, bis die Glocke, vom Vorsitzenden bedient, der Diskussion ein Ende bereitete. Es gab Leute, die, dem Staatsleben fremd, behaupteten, der königlichen Regierung sei die alte Sitte sehr bequem und sie wolle einem nur den Mund verbieten und täte, was sie wolle. Aber die Vernünftigen zeigten: man hatte alles, was andere Staaten auch hatten, Ordnung und Mißstände, Rechtsprechung und Korruption, und sogar noch mehr Mißstände und Korruption als andere Staaten; warum sollte man also zum Reden und zur Schwarzschrift umkehren?

Dicht an dieses Königreich stieß übrigens das Herzogtum ›Freiheit‹. Und wie man im Lande ›Maulfaul‹ das Wort ehrte und die Sprache so hoch achtete, daß man sie aus dem täglichen Gebrauch verbannte, so feierte man im Herzogtum im Süden die Freiheit derart, daß man sie im Schloß des Herrschers selber an einem geheimen Ort aufbewahrte und keinen an sie heranließ. Alljährlich einmal zogen Prozessionen der herzoglichen Freiheitler zum Schloß, sangen da ihre brausenden Lieder und gelobten dem Fürsten, die Freiheit zu schützen, es koste, was es wolle. Er trat dann auf den

Balkon, sagte, es ihr mitteilen zu wollen, und erstattete Bericht von ihrem Befinden. Man konnte es dem Fürsten des Herzogtums glauben, daß er es ernst mit der Freiheit meinte, denn er errichtete im ganzen Land Zuchthäuser und Gefängnisse, um die Angriffe abzuwehren, welche immer wieder Leute auf sie unternahmen. Wenn man wissen will, wie die Freiheit aussah, die man damals noch persönlich unter sich hatte, so war sie nach dem Bericht der Schloßangestellten eine kleine ältere Frau, die viel hustete, gebückt ging und in ihr Taschentuch spuckte, der Herzog führte sie am Arm, sie konnte schlecht sehen und bediente sich eines Stockes. Sie war, nach den Erzählungen von einigen Höflingen, so heruntergekommen sie war, nicht unliebenswürdig, der Herzog erzählte ihr bei Tisch von Vorgängen im Land, die alte Dame stocherte in ihrem Teller, träumte vor sich hin und lächelte wehmütig: »Was will man eigentlich noch von mir? Ich versteh es nicht. Schließlich hat ja alles seine Zeit. Ich bin doch nur ein Vorurteil.« Der Herzog aber dachte immer ehrerbietig von ihr und betrachtete sie als seinen kostbarsten Besitz, als die Perle in seiner Krone. Immer hielt er seine Gefängnisse und Zuchthäuser gefüllt, ihr zu Ehren, denn wo lernt man besser die Freiheit achten, sagte er, als da, wo man sie entbehrt. Es mußte daher im Turnus allmählich jeder einmal ins Zuchthaus gewandert sein; der Herzog ließ keinen aus. Und wenn einer einmal aus Grimm, daß er sitzen mußte, nun wirklich ein Verbrechen beging, so schlug ihm der Herzog kurzerhand den Kopf ab, wegen Zudringlichkeit. Das Königreich Maulfaul und das Herzogtum Freiheit standen dauernd in guten Beziehungen, und es war üblich, daß die Staaten Jahr um Jahr einen gewissen Prozentsatz ihrer Bevölkerung austauschten, um einen möglichst großen Stamm guter Bürger und menschlicher Vorbilder zu züchten. Die genannten Staaten erhielten sich lange, es ist sogar möglich, daß sie noch heute existieren, aber man weiß davon wenig, weil unsere Geographie und Geschichte sich ja hauptsächlich mit der Stratosphäre beschäftigen.

1878 10. 8.: Bruno Alfred Döblin als viertes Kind (von fünf) der Eheleute Max Döblin und Sophie, geb. Freudenheim, in Stettin geboren.

1884 kommt Alfred Döblin in die Vorschule des Friedrich-Wilhelm-Realgymnasiums in Stettin;

1888 wechselt er in die Gymnasialabteilung der Schule. Als dann der Vater die Familie verläßt, muß Alfred Döblin in eine private Schönschreibschule. Schließlich wird die Frau mit ihren fünf Kindern von ihren wohlhabenden Brüdern nach Berlin geholt.

1891 kommt Alfred Döblin als Freischüler (wiederum) in die Sexta des Köllnischen Gymnasiums.

1900 13. 9.: Er besteht das Abitur.

17. 10. Immatrikulation in der medizinischen Fakultät der Königlichen Friedrich-Wilhelms-Universität in Berlin. Er ist literarisch aktives Mitglied in der »freien Studentengruppe Finken«.

1904 20. 5.: Döblin immatrikuliert sich an der Albert-Ludwigs-Universität in Freiburg i. Br.

1905 Juli: Alfred Döblin besteht Doktorexamen und Abschlußprüfung. In den folgenden Ferien schreibt er an dem grotesken Einakter »Lydia und Mäxchen«.

16. 11.: Dr. Döblin wird als vierter Assistenzarzt an der Kreisirrenanstalt Karthaus-Prüll in Regensburg angestellt. Anfang Oktober geht er nach Berlin zurück, und zwar an die Städtische Irrenanstalt in Buch.

1907 lernt Döblin die sechzehnjährige Krankenschwester Frieda Kunke näher kennen.

1908 veröffentlicht Alfred Döblin seine erste Novelle »Das Stiftsfräulein und der Tod«.

1911 13. 2.: Alfred Döblin verlobt sich mit der zehn Jahre jüngeren Medizinstudentin Erna Charlotte Reiss, der Tochter eines wohlhabenden jüdischen Fabrikanten.

Im Oktober eröffnet er in der Blücherstr. 18 eine Kassenpraxis.

14. 10.: Alfred Döblin wird Vater von Frieda Kunkes Sohn Bodo. Ende November veröffentlicht der »Sturm«-Mitarbeiter A. Döblin die Novellensammlung »Die Ermordung einer Butterblume«.

1912 23. 1.: Alfred Döblin und Erna Reiss heiraten.

27. 10.: Der Sohn Peter wird geboren.

1914 1. 8.: Beginn des Ersten Weltkriegs.

26. 12.: Dr. A. Döblin bekommt den Gestellungsbefehl für das Lazarett der Infanteriekaserne im lothringischen Saargemünd.

1915 17. 3.: Der Sohn Wolfgang wird geboren.

17. 6.: Erna Döblin zieht mit den beiden Söhnen zu ihrem Mann.

1916 Der Fischer Verlag bringt Alfred Döblins Roman »Die drei Sprünge des Wang-lun« heraus.

1917 20. 5.: Der Sohn Klaus wird in Saargemünd geboren.

2. 8.: Der Militärarzt Döblin wird an das Seuchenlazarett in Hagenau versetzt.

1918 14. 11.: Rückkehr nach Berlin.

1919 Ab Jahresanfang wohnt und praktiziert Dr. Döblin (mit Familie) in der Frankfurter Allee 340.
Ab Oktober ist Alfred Döblin außerdem Redakteur an der »Neuen Rundschau« (für ein halbes Jahr).
1920 erscheint der Roman »Wallenstein«.
1921 lernt Alfred Döblin die Fotografin Charlotte (Yolla) Niclas kennen.
1923 im August beendet Döblin den Roman »Berge Meere und Giganten«.
1924 wird Döblin Vorsitzender des »Schutzverbandes deutscher Schriftsteller«.
1925 beteiligt sich Döblin an einem Zusammenschluß linksliberaler und kommunistischer Autoren, genannt »Gruppe 1925«.
1926 7. 12.: Der jüngste Sohn Stefan wird geboren.
1929 Vorabdruck des Romans »Berlin Alexanderplatz«.
1933 2. 3.: Alfred Döblin verläßt Deutschland.
Exil in der Schweiz, in Frankreich und Amerika.
1946 Rückkehr nach Deutschland.
1957 26. 6.: Alfred Döblin stirbt im Landeskrankenhaus Emmendingen bei Freiburg i. Br.

WEITERFÜHRENDE LITERATUR

Text + Kritik, Nr. 13/14: Alfred Döblin, Boorberg Verlag, München ²1972.

Matthias Prangel (Hrsg.): Materialien zu Alfred Döblin, Berlin Alexanderplatz, Suhrkamp Verlag, Frankfurt/Main ²1978 (= suhrkamp taschenbuch Bd. 268).

Else Lasker-Schüler, etwa 1911/1912

HANS-CHRISTIAN KIRSCH

Else Lasker-Schüler oder die Heilung der Welt durch die Liebe

Annäherung

Was soll man von einer Frau halten, die von sich selbst sagt: »Ich bin in Theben (Ägypten) geboren, wenn ich auch in Elberfeld zur Welt kam im Rheinland.« Einer Frau, die von sich selbst in einem Brief schreibt: »Ich bin nie mit anderen Menschen zu messen gewesen, ich konnte immer nur so sein, wie man zu mir heraufblickt, denn meine Stirn war der Nachthimmel.« Was heißt es, wenn diese Frau, die eine Handvoll der schönsten Liebesgedichte deutscher Sprache im 20. Jahrhundert schrieb, erklärt: »Nicht das Gedicht ist wichtig, sondern der dichterische Zustand, in dem man schafft. Ein Wort muß das andere küssen.« Wie hat man einen anderen Satz aus einem ihrer Gedichte zu deuten: »Ich bin der Hieroglyph, der unter der Schöpfung steht.« Ist diese dunkle, rätselaufgebende Zeile große Dichtung im Sinn vom »Tanz des Geistes unter den Worten«, will sie besagen, daß sich diese Frau als geheimnisbergende Bilderschrift unter den Hervorbringungen Gottes sieht, als Chiffre der Hoffnung dafür, daß der Geburtsmakel dieser Schöpfung, ihre Unvollkommenheit, doch noch einmal überwunden werden könne? Oder sind solche Sätze Ausdruck eines dem Pathologischen sich annähernden Bewußtseins, bei dem der Wirklichkeitsverlust Wahnvorstellungen von einer Erlöserrolle zur Folge gehabt hat?

Eine Annäherung an jene Frau und ihr künstlerisches Werk wird damit nicht einfacher, daß man in der Bundesrepublik in den fünfziger und sechziger Jahren im Zeichen eines Philosemitismus, mit dem schlechtes Gewissen kompensiert und echte Trauerarbeit umgangen wird, sie, wie Dieter Bänsch schreibt, »zu einer Erbauungsfigur des Genres ›Per aspera ad astra‹« (durch Schweres zu den Sternen) stilisierte, deren Botschaft man verkürzt ausgedrückt etwa so deutete: »Leiden müsse man... aber man brauche auch nur zu glauben, und alles sei gut oder zumindest besser.«

Die Rede ist hier von Else Lasker-Schüler, die aus einer jüdischen

Familie deutscher Nationalität des Rheinlandes stammte, in Jerusalem starb und auf einem Friedhof auf dem Ölberg begraben liegt. Während Horst Bienek noch 1961, eine Charakterisierung von Peter Hille aufgreifend, sie als den »schwarzen Schwan Israels« und als »schwarze Sappho« rühmt, während Walther Hude 1965 meint, sie sei »einem der sibyllinischen Bilder in der Sixtinischen Kapelle entstiegen, geschieht es, daß 1969 Mitglieder der Apo bei der Aufführung eines ihrer Theaterstücke randalieren und Peter Handke gewissermaßen kopfschüttelnd in der Pause das Theater verläßt. Dies mit der Bemerkung, ihr Stück sei auf eine »rücksichtslose Weise poetisch«, eine Eigenart, die tatsächlich ihr gesamtes Werk auszeichnet. Kurz darauf interpretiert er diesen Satz in einem Artikel in der »Zeit« dahingehend, das Stück mache »die Dramaturgie des Massenmordes deutlich«, indem es »für seine Darstellung die Dramaturgie eines Weihnachtsmärchens« verwende. Aber es gibt auch einen bundesdeutschen Autor, Wolfgang Hädecke, der ihr ein Gedicht widmet, das in seiner Ruhe und Unaufdringlichkeit die liebenswerten Züge ihres Wesens spiegelt:

Sie verglich sich
mit dem Wegerich

das ist:
was unter den Schuh paßt

und dort haftet
für die Dauer
eines staubigen Kusses.

Friedrich Dürrenmatt sagte 1966 von ihr: »Sie sah die Dinge wie zum ersten Mal und sagte sie wie zum ersten Mal«, und Erich Fried nannte sie, aus gutem Grund, wie wir sehen werden, »einen richtigen Germanistenschreck«.

Solche Einschätzungen mit Brüchen, Sprüngen, Exaltationen und Kopfschütteln durch die Autoren und Kritiker der heutigen Literaturszene legen für die Betrachtung von Person und Werk Vorsicht und Nüchternheit nahe.

Gerade, weil Else Lasker-Schüler selbst zu Mystifikationen neigte, weil sich in ihrem Werk wie vielleicht bei keinem anderen Autor Naivität und artistisches Raffinement zu einer besonderen Qualität verbinden, weil sie, wie man noch sehen wird, Zeit ihres Lebens ihre reale Existenz in eine poetische umzaubert, ist es angebracht, eine solche Haltung einzunehmen.

Hinzu kommt, daß immer noch das vom Holocaust überschattete

Verhältnis von Juden und Deutschen eine unvoreingenommene Sicht erschwert. Allein aber mit einer Verklärung, in der sehr verständliche Schwächen und Fragwürdigkeiten allein deswegen übersehen werden, damit dadurch der Goldgrund eines Heiligenbildes keine Sprünge bekommt, kann man der Eigenart dieser Frau und ihres Bewußtseins ebensowenig nahekommen wie mit einer Betrachtungsweise, die in dem Verwandlungsspiel mit dem Realen zum Phantasmagorisch-Mythisch-Märchenhaften hin letztlich nur einen pathologischen Charakterzug sehen will.

In einer Zeit, die an sich selbst Züge einer neuen Innerlichkeit erkennt, scheint demgegenüber richtiger, nicht so sehr wertend als vielmehr erklärend vorzuführen, wie eine Frau zu einer poetischen Darstellungsweise gelangt, »die einzelne Erscheinungen in den Mantel eines dichterischen Gleichnisses« kleidet, »das verhüllt und zugleich entschleiert und so jene Undeutlichkeitszone des Unsagbaren hervorzaubert, die den Inbegriff der Lyrik bildet«. (Wilhelm Duve)

Vielleicht läßt sich so beiläufig manches auch über uns selbst erfahren, über unsere Zwänge, Ängste, Hoffnungen und Sehnsüchte.

Derart eine Verbindung zwischen Lebenszeit und Lebensstil der Dichterin und uns herzustellen erscheint sinnvoller, als so vordergründige Parallelen zu konstruieren, wie das Ende der sechziger Jahre beispielsweise Hans Peter Anderle tat, der die Dichterin als das »erste Hippie-Mädchen« anpries und der Pop-Generation vorhielt, »die Prophetin einer aktuellen Kultur« nicht zu kennen.

Zwielicht der Kindheit

Else Lasker-Schüler wird am 11. Februar 1868 in Elberfeld geboren. Die Darstellung, die die Dichterin später von ihren Eltern und deren Vorfahren geben wird, erweckt die Vorstellung, es handele sich um eine orthodox-jüdische Familie. Freilich hat der Vater, Aron Schüler, gelehrte und rabbinische Vorfahren, »aber diese Tradition wurde in seiner Generation nicht fortgeführt«. Es ist, wie Sigrid Bauschinger in der bisher wohl ausführlichsten und ausgewogensten Arbeit über Else Lasker-Schüler klar und überzeugend herausarbeitet, »eine assimilierte jüdische Familie des deutschen Bürgertums«, in der das Mädchen aufwächst. Ob der Vater tatsächlich Architekt oder gar Stadtbaumeister in Elberfeld gewesen ist, wie seine Tochter es darstellt, scheint heute fraglich.

Wahrscheinlicher ist, daß er Privatbankier war und als solcher auch Bauten finanzierte und Mietshäuser besaß. Auch hat man die Türme, die der Vater angeblich gebaut haben soll, wohl mehr als Metapher aufzufassen. Türme sind ein Ort, in denen man sich über die Welt, geschützt vor ihr, erheben kann. Somit sind Türme die angemessenen Behausungen für Dichter.

Im übrigen hören wir vom Vater, »er sei ein richtiger Lausbub« gewesen, »ein lebenslanges Kind«, »Freund von Zirkusvorstellungen, Prozessionen und Theater«, »ein Gärtner, der das Kunststück fertig bringt, Stachelbeeren und Johannesbeeren auf einem Strauch wachsen zu lassen«. All dies sind auch spätere Vorlieben der Tochter, einschließlich der die Naturgesetze scheinbar durchkreuzenden Wundertat.

Die Mutter Elses, Jeanette, stammt aus einer Kaufmannsfamilie aus Spanien, die, nach Kissingen eingewandert, sich dort im Weinbau betätigt hat. Sicher scheint, daß Jeanette eine träumerisch veranlagte, zu Depressionen neigende Frau gewesen ist, die in ihrer Tochter die Neigung zum Dichterischen und zu weltbewegenden Taten durch Schwärmereien von Goethe und Napoleon nährte.

Else lernt schon mit vier Jahren schreiben, ist frühreif, von reger Phantasie und empfindet häufig den Alltag in der Industriestadt Elberfeld als stumpfsinnig.

Wichtig für die Ausbildung ihres »lyrischen Ichs« könnte jenes Knopfspiel gewesen sein, das die Mutter erfindet, um der Kleinen die Langeweile zu vertreiben, und von dem die Tochter später das ableitet, was man als ihr »absolutes dichterisches Gehör« bezeichnen wird:

»Ich legte Knopf an Knopf, je vier oder fünf ebenmäßige Reihen in Zwischenräumen auf den großen Tisch und führte dann meine kleinen Fingerchen über die Knopfreihen der abgeteilten Knopfstrophen.

Wenn ich dann durch die Unregelmäßigkeit der Knopfgrößen mit den Fingerspitzen stolperte oder gar mit dem ganzen Finger abglitt, schrie ich laut auf, genau wie ich mich heute körperlich verletzt fühle durch einen Vokal oder Konsonant, der Störungen im Maß oder Gehör undefinierbar veranlaßt.«

Nimmt man zu diesem Bericht eine Episode, die in »Hebräerland«, einem poetischen Reisebuch über Palästina, das Else Lasker-Schüler mit Ende fünfzig schreibt, steht, so sieht man zum einen, wo die Wurzeln zu ihrem »Spielsinn« liegen, und erkennt zugleich, wie schon das Kind in der Lage gewesen ist, Verletzungen in Auszeichnungen, Erniedrigungen in Erhöhungen zu verwandeln und so aus sich selbst ein Gefühl der Auserwähltheit zu schaffen, wobei freilich

Else Lasker-Schüler als Braut, 1893

auch Vorstellungen, die ihr aus der jüdischen Tradition der Familie vermittelt worden sind, eine Rolle gespielt haben werden.

»Ich träumte – rügte mich die Lehrerin fast täglich in der Schule – und die Folge davon (sei daß) ich untenan säße. Meine schwärmerisch herrliche Mama behauptete zwar, daß Träumen etwas Seltenes in der Welt. Joseph von Ägypten habe viel geträumt, sogar dem Pharao die Träume gedeutet. Joseph und seine Brüder waren meine Lieblingsgeschichte, und ich durfte sie immer erzählen in der Religionsstunde. Ich sei der Joseph von Ägypten *selbst*, rief eines Tages ganz dumm eine Mitschülerin. Darum glaubten es alle Kinder in der Klasse und mir kam's so vom Himmel hoch herunter, und ich vermochte seitdem gar nicht mehr aufzupassen.«

Vorurteile in seiner Umwelt lernt das Kind früh kennen. So, wenn ihm, weil es aus einer jüdischen Familie stammt, bei der alljährlichen Laurentiusprozession »hep! hep!« nachgerufen wird. Daß dabei auch Spannungen zwischen Arm und Reich, zwischen den Angepaßten und den Nichtangepaßten eine Rolle spielen, geht aus der Erklärung hervor, auf sie hätten »die Kinder der Mucker einen besonderen Pik« gehabt, weil sie immer ein rotes Kleidchen getragen habe.

Mit vierzehn Jahren erkrankt Else an Veitstanz – wie sie es später selbst sieht, wird die Erkrankung ausgelöst durch die Depressionen der Mutter, mit der sie sich stark mitleidend identifiziert. Die Tatsache, daß von nun an, eben wegen dieser Krankheit, das Kind keine öffentlichen Schulen mehr besucht, sondern von Privatlehrern unterrichtet wird, mag ein Empfinden von Auserwähltsein nicht unerheblich mit beeinflußt haben.

Wichtig in dieser Kindheit und Jugend muß die Bindung an ihren Bruder Paul gewesen sein, der 1882 stirbt, 21 Jahre alt und kurz vor seiner Konversion zum Katholizismus. Bei seiner Beerdigung ziehen die katholischen Geistlichen bis an das Tor des jüdischen Friedhofs mit. Unübersehbar ist die Ähnlichkeit der Erinnerung an diesen Bruder mit der Charakterisierung einer der Hauptgestalten in Else Lasker-Schülers Schauspiel »Die Wupper«. Einleuchtend klingt die Vermutung Sigrid Bauschingers, die schreibt: »Vielleicht liegt hier der Keim für ihr lebenslanges Bemühen um ein harmonisches Zusammenleben der verschiedenen Religionen vor Gott.«

Ein schockartiges Erlebnis ist der Tod der Mutter 1890. Ihr wird Else später die meisten ihrer Gedichte widmen. Sie wird sie immer wieder bis ins hohe Alter in ihren Gedichten ansprechen. Mit der Mutter verbindet sich in der Erinnerung bei ihr immer die Vorstellung von Edlem. Die Imagination des Blickes der Mutter – »oft blickten beim Abendrot meiner Mama prachtvolle spanische Augen ganz weit in die Ferne, ich glaube nach Toledo« – wird die Sehnsucht der Tochter später immer wieder auf das Ferne und Exotische lenken.

Vier Jahre nach dem Tod der Mutter, mit 25 Jahren und nach damaligen Gewohnheiten und Vorstellungen gewiß nicht allzu frühzeitig, heiratet Else den Arzt Dr. Jonathan Berthold Lasker. Noch im gleichen Jahr siedelt das Paar nach Berlin über.

Ausstieg aus der Bürgerlichkeit und das Eintauchen in die Boheme

Von einer Flucht auf dem Umweg der Heirat aus dem Schoß einer durch den Tod der Mutter öd und trist gewordenen Familie in die Boheme der Hauptstadt des Deutschen Kaiserreiches, wie manche Biographen es allzu glatt darstellen, kann keine Rede sein.

Zwar besitzt in Berlin die junge Arztfrau ein Atelier in der Nähe des Tiergarten und nimmt Malstunden, doch scheint sie im übrigen durchaus gewillt, sich in die Rolle einer Akademikergattin zu fügen.

Glücklich gewesen ist diese Ehe gewiß kaum lange. Mystifizierend wird Else Lasker-Schüler in einer biographischen Skizze 1930 erklären, sie habe sich in ihrer Jugend entschlossen, »eine Marderart zu heiraten, die mit einer geradezu imponierenden Virtuosität die Schlangen, vor deren Giftzahn sie gefeit sei, zu töten pflege«.
In einem Prosastück Else Lasker-Schülers, »Der Tote Knabe«, sagt eine Frau bei Meinungsverschiedenheiten mit ihrem Mann: »Ich mag deine Philosophie nicht, sie ist ein Schacht, in dem ich ersticken muß.«

Was real damit gemeint ist, wird deutlicher, wenn man weiß, daß Berthold Lasker eng verbunden mit seinem Bruder, einem Mathematiker, Philosophen und späteren Schachweltmeister, lebt. Mit dem Bruder Emanuel, der ihm offenbar, was seine geistigen Interessen angeht, weit näher steht als seine Frau, entwickelt er eine »Machologie« genannte Philosophie, deren Kernstück die Lehre von der menschlichen Selbstverwirklichung durch das Prinzip des unaufhörlichen Kampfes gewesen ist.

Welchen Stellenwert im Leben Bertholds diese Philosophie, das Schachspiel und die geistige Gemeinschaft mit seinem Bruder gehabt haben muß, geht aus der Tatsache hervor, daß Else manchmal die in der Praxis wartenden Patienten ihres Mannes mit Gesprächen hinhält, weil dieser sich wieder einmal nicht von einer Schachpartie oder einer Diskussion mit seinem Bruder losreißen kann.

Nachdem diese merkwürdige Ehe, über die nur wenig bekannt ist, etwa vier Jahre gedauert hat, begegnet Else auf der Straße einem Mann, in den sie sich stürmisch verliebt, dem sie nachgeht, der ihr Geliebter wird:

Ich wollte, Du und ich, wir würden uns verzweigen,
Wenn sonnentoll der Sommertag nach Regen schreit
Und Wetterwolken bersten in der Luft!
Und alles Leben wäre unser Eigen;
Den Tod selbst rissen wir aus seiner Gruft.

Und jubelten durch seine Schweigsamkeit!
Ich folge Dir ins wilde Land der Sünde
Und pflücke Feuerlilien auf den Wegen,
– Wenn ich die Heimat auch nicht wiederfinde...

Nach allem, was sich aus Gedichten und anderen Texten ablesen läßt, ist die Begegnung mit diesem Mann, dessen bürgerlichen Namen sie nie preisgibt, eines der tiefgreifendsten Erlebnisse ihres Lebens. Es hat, wie glücklich oder unglücklich man es beurteilen mag, ein für allemal zur »entschlossenen Absage an die bürgerlichen Lebensformen« geführt. Es hat ihre Vorstellung von Liebe und Verliebtsein entscheidend geprägt, was wiederum zum zentralen Thema ihres Schreibens werden wird. Nach allem, was man über diese Beziehung weiß, ist sie in ihr der impulsiv und überschwenglich werbende Teil gewesen. Der Geliebte, den sie poetisierend »den Griechen« nennt, der aber auch unter dem Phantasienamen »Alkebiades du Rouan« figuriert, verläßt sie bald. Sie ist zu dieser Zeit schwanger.

Am 24. 8. 1899 bringt sie in der Königlichen Frauenklinik in der Artilleriestraße in Berlin einen Sohn zur Welt, den sie Paul nennt. Eine Anspielung in einem späteren Brief, in dem es heißt, »vielleicht liege ich mal unter 20 Portiersfrauen im Krankenhaus wie schon einmal«, hat zu der Vermutung geführt, es sei eine sogenannte »Demonstrationsgeburt« gewesen. »An deutschen Universitäten gab es für unverheiratete Mütter die Möglichkeit, einige Wochen vor der Entbindung als Küchen- oder Stationshilfe zu arbeiten und dafür kostenlos in Gegenwart von Medizinstudenten entbunden zu werden.« (Erika Klüsener)

In den ersten Jahren nach der Geburt des Kindes bleibt Else Lasker-Schülers finanzielle Situation katastrophal. Sie wohnt mit dem Baby in einem Kellergelaß, das sie für 75 Pfennig monatlich einem Portier abmietet.

1899 erscheinen aber auch ihre ersten Verse in der von Ludwig Jacobowsky redigierten Zeitschrift »Die Gesellschaft«.

Aus der materiellen Elendssituation dieser Jahre, die man sich nicht bedrückend genug vorstellen kann, erlöst die junge Frau, die noch immer von ihrem Ehemann nicht geschieden ist, ein Bohemien, Vagant und Philosoph, der um fünfzehn Jahre ältere Dichter Peter Hille. Er ist als Journalist und Theatermann durch Holland, England, die Schweiz und Italien gereist und hat dann mit dem ebenfalls aus Wuppertal stammenden Schriftsteller Peter Baum die Künstlergemeinde »Neue Gemeinschaft« gegründet, der sich nun Else Lasker-Schüler vorübergehend anschließt. Es ist bezeichnend für Hilles Rolle in ihrem Leben, daß sie ihn in einem später, nach seinem Tod geschriebenen Erinnerungsbuch zum Propheten, zum Standbild, zu Petrus, also zum Felsen, auf dem eine Kirche gebaut werden soll, werden läßt.

Was Hille für sie tut, ist vor allem dies: er bestärkt die Unsichere, Verstörte darin, sich zu der Eigenart ihres Bewußtseins, zu ihren Leidenschaften, zu ihrer Phantasie, zu bekennen. Er lehrt sie, »daß es wichtiger ist, eine zweite Naivität zu gewinnen, als sich bequem im technischen Fortschritt einzurichten. Fortschritt heißt für sie von nun an, sich von den Quellen des menschlichen Lebens zu entfernen«. (Serke)

Hille tut noch mehr für sie. Indem er über sie schreibt, legt er jenes poetische Bild ihrer Existenz fest, dem sie von nun an, der Utopie, die es darstellt, unbeirrt folgend, versuchen wird zu entsprechen:

»Else Lasker-Schüler ist die jüdische Dichterin. Von großem Wurf. Was Deborah! Sie hat Schwingen und Fesseln, Jauchzen des Kindes, der seligen Braut fromme Inbrunst, das müde Blut verbannter Jahrtausende und greiser Kränkungen. Mit zierlichbraunen Sandälchen wandert sie in Wüsten, und Stürme stäuben ihre kindlichen Nippsachen ab, ganz behutsam, ohne auch nur ein Puppenschühchen hinabzuwerfen. Ihr Dichtgeist ist schwarzer Diamant, der in ihre Stirn schneidet und wehtut. Sehr weh.«

Bei Peter Hille lernt sie den Komponisten und Kunstkritiker Georg Levin kennen, dem sie den Namen Herwarth Walden gibt. Nun erst, um Walden heiraten zu können, läßt sie sich von Dr. Lasker scheiden. Unter seinem neuen Namen gründet Walden jene Zeitschrift, die bei der Durchsetzung des Expressionismus im Bereich der Literatur und der bildenden Kunst eine wichtige Rolle gespielt hat – »Der Sturm«. Der Name dieser Zeitschrift stammt wiederum von Else Lasker-Schüler. Auch diese Ehe zerbricht im ersten Jahrzehnt des neuen Jahrhunderts. Walden hat sich auf einer Norwegenreise in eine schöne, aber völlig ungebildete Frau verliebt und dringt auf Scheidung.

Unterdessen sind von Else Lasker-Schüler zwei Gedichtbände, »Styx« (1902) und »Der Siebente Tag« (1905), sowie die Buchfassung ihres Theaterstücks »Die Wupper« erschienen. Der unbestechlichste Sprachkritiker des damaligen Deutschland, Karl Kraus, hat sie »die stärkste und unwegsamste lyrische Erscheinung des modernen Deutschland« genannt.

Liebe, Verliebtsein und die Erfindung einer poetischen Welt

Die Verbindung zwischen Walden und Else Lasker-Schüler ist auch in Hinblick auf ihrer beider künstlerische Vorstellungen eng gewesen. Als im März 1912 »Der Sturm« seine erste große Kunstausstellung unter dem Titel »Der Blaue Reiter. Oskar Kokoschka« veranstaltet, die Else in engen Kontakt mit Franz Marc bringt, aus dem bald eine Freundschaft wird, schreibt Walden: »Kunst ist die persönliche Wiedergabe eines persönlichen Erlebnisses« und »Uns ist nicht das Leben Kunst. Aber die Kunst ist das Leben.« Walden hat Elses

Gedichte gegen das Banausentum einer Feuilletonredaktion, die in diesen Gebilden das Produkt von Gehirnerweichung sieht, verteidigt. Er ist, ihre Art zu dichten verteidigend, bis vor Gericht gezogen. Er versucht, gegenüber der schroff ablehnenden Reaktion konservativer Kunstkritik, das Neue und andere der expressionistischen Malerei zu erklären, nämlich, »daß es im Kunstwerk nicht um die Wiedergabe, das Wiedererkennen, die Identifikation der Realität geht, sondern um die künstlerisch-logische Gliederung des Materials«.

Um all dies muß man auch wissen, will man begreifen, warum die Trennung von Walden eine der zahlreichen großen Katastrophen in Else Lasker-Schülers Leben darstellt. Die Schwierigkeiten in den Beziehungen spiegelt der Satz:

»Herwarth Walden hatte die Kraft, meine Angst zu erdrosseln, aber wir können gar nicht zusammen sprechen oder nur von Redaktionssachen; aber seine Musik ist hervorragend, ich verstehe sie besser als sein Wort.«

Auf die Trennung von Walden reagiert sie mit der Erfindung einer Märchenwelt, in der sie in der Rolle des Tino oder des Jussuf von Theben auftritt.

Man kann, wie das Angelika Koch getan hat, alle Texte und Themen der Dichtung Else Lasker-Schülers unter dem Gesichtspunkt des Spiels betrachten. Gerade, wenn man um ein Schlüsselerlebnis wie das des Knopfspiels weiß, legt sich eine solche Betrachtungsweise nahe. »Der Künstler als zweckfrei Spielender« ist das Stichwort, das Sigrid Bauschinger in diesem Zusammenhang gibt, und sie fährt fort: »Da Else Lasker-Schüler der Kunst Herrschaft über ihr Leben einräumte (im Sinne des Satzes von Walden, daß Kunst das Leben sei), spielte sie auch in und mit der Wirklichkeit. Sie liebte Spielzeug, sammelte und verschenkte es, sie spielte das Verkleidungsspiel des Prinzen von Theben und gab ihren Freunden spielerisch bunte Namen... sie spielte ihre Kunstspiele so ernsthaft wie ein Kind, wie ein Tennisspieler oder ein Jongleur. Kindliches und Artistisches mischen sich in diesem Spiel, Unbefangenes und äußerst Bewußtes.«

Schon in den Texten des »Peter Hille Buches« (1906) nimmt sie diese Haltung ein, indem von Hille und ihren Erlebnissen mit ihm nicht im Klartext, sondern in der Art von biblischen Legenden berichtet wird. Das setzt sich fort in dem Prosaband »Mein Herz«, der wiederum das Leben in der Berliner Boheme und die Vorgeschichte ihrer Trennung von Walden wie ein Märchen erzählt, wobei es gerade der Märchenton ist, der es möglich macht, das Bizarre und Intensive der Empfindungen ohne Peinlichkeit zu präsentieren und aus sehr Privatem Allgemeingültiges herauszufiltern.

Eine letzte Steigerung erreicht diese Methode in den Prosaschriften mit dem Geschichtenbuch »Der Prinz von Theben« (1914), in dem es ihr gelingt, eine fast völlige Deckungsgleichheit der spielerisch stilisierten realen Existenz in der Wirklichkeit und einer aus ihrer Phantasie projizierten mythischen Welt zu erreichen.

Ein Kritiker beschreibt den Eindruck, den Else Lasker-Schüler bei einer Lesung auf ihn machte, so:

»Ihr Gesicht ist von einer orientalischen Sinnlichkeit, ihr Körper hat etwas Schlangenhaftes. Und nun las sie, ihr eigentümlich monoton in gleicher Tonhöhe schwebendes Organ füllte den nur halb besetzten Saal. Grelle Verzückungslaute durchschnitten hier und da diesen eintönigen Fluß ihrer Rede, und oft mündete er in einen schrillen Trompetenstoß, der ein Gedicht jäh und unerwartet abschloß. Das Publikum war starr vor Staunen, bis es sich der Wirklichkeit erinnerte und kopfschüttelnd, lachend und schwatzend da saß oder – verschwand.«

Hier wird, von ihrer die Aufhebung der Wirklichkeit erzwingenden Erscheinung her, auch etwas davon mitgeteilt, was die eigenständige Qualität ihrer Lyrik und der Prosatexte aus den Jahren vor dem Ersten Weltkrieg ausmacht.

Die Scheidung von Walden, 1912 ausgesprochen, bedeutet für Else Lasker-Schüler nicht nur das erneute Scheitern eines Liebesversuchs. Sie bedeutet auch bittere Armut, hinzu kommt die Sorge um ihren heranwachsenden Sohn, ein schwieriges Einzelkind, häufig kränkelnd.

Die privatmythische Gestalt des Prinzen von Theben bildet diese Nöte ab, zugleich aber erhebt sich die Dichterin in dieser Gestalt auch über die Nöte ihrer realen Existenz. »In der Nacht meiner tiefsten Not erhob ich mich zum Prinzen von Theben. Welche Ahnen nachfolgte ich, welche Mumie salbte meine entschlossene Tat?« Es scheint eine Protestreaktion auf ihre Erfahrungen als Frau und mit der Frauenrolle ihrer Zeit, wenn sich Else Lasker-Schüler für den Helden ihres Märchens eine männliche Gestalt erwählt: »Jussuf, Joseph, der Verkaufte, in die Grube geworfene, der Vertriebene und Versklavte, der aber die wunderbare Gabe des Traumdeutens besitzt und der weiß, daß auf die sieben fetten, die sieben mageren Jahre folgen werden«, ist janusgesichtig wie die Existenz der Dichterin: »Bettler und Dichterfürst«.

Wie nahtlos in dieser Gestalt sich Realität und Traumwelt überblenden, wie die Traumwelt und ihre Gestalten ihr Bild in die reale Welt zurückwerfen, geht beispielsweise aus einem kurzen Brief an Richard Dehmel aus diesen Jahren hervor.

»Kalif,
der Prinz von Theben fragt den Kalif, wie wird es mit der Schillerstiftung? Vergebens sucht der Prinz von Theben ein Budget. Die viertausend Kronen in Wien liegen im Juliusturm dort für Pull-Pascha zum Studium, der 13⅓ Jahre alt ist. Wo der Prinz von Theben seine Lieder hinsendet, sind sie zu dichterisch. Wo der Prinz von Theben vorträgt, kommt kaum die Reise heraus, wo der Prinz von Theben spielen will, mißlingt es ihm. Kalif, oberster Statthalter wie soll ich weiter leben?«

In der Märchenwelt des Prinzen Jussuf drückt sich nicht nur der Triumph der eine Gegenwelt erfindenden Phantasie dadurch aus, daß hier der Gegensatz von Wirklichkeit und Traum (wenigstens vorübergehend) aufgehoben wird. Die Geschichten vom Prinzen Jussuf in Ägypten verweisen zugleich auch auf die »Fremdheit« und auf die Trauer über das »kühle« und so »nüchterne« Land, in dem die Dichterin ihre reale Existenz mehr schlecht als recht bestehen muß. Somit bezeugt die Erfindung dieser Märchenwelt eben nicht nur den Fluchtwunsch, sondern auch den Protest gegen eine Gesellschaft, die eine konsequent ihrem Traum lebende Poetin erniedrigt, verhöhnt hat, die sie bestraft, wenn sie als Frau sich weigert, die ihr zudiktierte Rolle zu übernehmen. Will man eine Vorstellung davon bekommen, was eben diese Frau unter solchen Voraussetzungen für die Entwicklung moderner deutschsprachiger Lyrik leistet, so lese man jetzt jene Gedichte, die im Anhang als Leseprobe beigegeben sind. Zu »Ein alter Tibetteppich« schreibt Karl Kraus beim Abdruck dieser Verse 1910 in seiner Zeitschrift »Die Fackel«:

»... wenn ich sage, daß manches ihrer Gedichte ›wunderschön‹ ist, so besinne ich mich, daß man vor zweihundert Jahren über die Wortbildung ebenso gelacht haben mag, wie heute über Kühnheiten, welche dereinst im Mund aller sein werden, denen die Sprache etwas ist... das hier aus der Berliner Wochenzeitschrift ›Der Sturm‹ zitierte Gedicht gehört für mich zu den entzückendsten und ergreifendsten, die ich je gelesen habe...«

Verweilen wir etwas bei diesem Gedicht. Der Teppich war schon immer ein beliebtes Motiv der Lyrik. Er ist bei den Symbolisten eine Metapher für das Ineinanderfließen des Ich und Du der Liebenden. Es ist die Kongruenz von Sinn, Klang, Wort und Bild, die die Vollkommenheit dieser Verse ausmacht. Da sind in der Tat Sätze »soweit mit Sinn beladen wie möglich«. Da verbinden sich die Sinnbezüge ebenso fließend wie die Bilder, deren Suggestion durch Lautmalerei noch unterstützt wird.

An diesem Gedicht läßt sich nun auch darstellen, was die Sonderstellung Else Lasker-Schülers in der Lyrik des Expressionismus ausmacht. Viele der Expressionisten (wie auch der Dadaisten) wollten vor allem die Form der historisch versteinerten Sprache sprengen. »Else Lasker-Schüler möchte in das tiefste Innere der Sprache zurückdringen und deren magische Beschwörungsformel wieder entdecken.«

Beschworen wird hier die Liebe. Durch sie ereignet sich Aufnahme von Welt in das fühlende Ich, in dem sich die Heilung und Verlebendigung des Zerstört-Chaotischen vollziehen muß. Expressionistisch ist dabei der Überschwang, die Hoffnung, die Utopie: die ganze Welt in sein Innerstes einbeziehen und sie so heilen zu können.

Da bis zu ihrem Tod hin in den Gedichten das hervorragende Thema die Frage nach Wesen, Sinn und Möglichkeiten der Liebe sein wird, muß man hervorheben, welch eigenwilligen Unterschied Else Lasker-Schüler zwischen »lieben« und »verliebt sein« macht.

»Liebe bedeutet ihr etwas durchaus Bürgerliches und daher zu Verachtendes. Die Liebe als ausschließliches Sichkonzentrieren auf einen einzigen Menschen, dieses Besitzergreifen des einen, das damit die Aufmerksamkeit auf alle andere ausschließt, muß ihr absolut spießig vorgekommen sein. Verliebt sein verhielt sich für sie zur Liebe wie Spiel zur Kunst. Wie nur der Spielende Kunst begreifen und hervorbringen kann, so liebt nur der immer neu Verliebte richtig.« (Bauschinger) Es ist mehr als bloß eine Redensart, wenn die Dichterin später, ein paar Jahre vor ihrem Tod, gesagt hat: »Mit mir geht es zu Ende, ich kann nicht mehr lieben«, wobei für das Wort »lieben« in diesem Satz zur Verdeutlichung seines Sinnes eigentlich das Wort »verlieben« stehen müßte.

Verlieben ist bei ihr Synonym für Lebendigkeit. Mit dem Glauben an die Verwandlung der Welt durch Sichverlieben, hängt es letztlich auch zusammen, daß sie Menschen, die ihr gefallen, ihr nahestehen, mit Namen aus jener Phantasiewelt belegt, die sie spielerisch, von einer Zeitmode, der Vorliebe für das Exotische-Orientalische, ausgehend, erschaffen hat.

»Die nüchterne und unbarmherzige Welt wird für sie zu einem mit allen Wohlgerüchen Arabiens erfüllten Zauberreich, in das sie ihren großen Freundes-(Geliebten)Kreis unter (solch) selbsterfundenen Namen einführt. Richard Dehmel hieß der Waldfürst, Franz Werfel der Prinz von Prag, Ludwig von Ficker der Landvogt von Tirol, Franz Marc der blaue Reiter, Karl Kraus der Kardinal oder Dalai Lama, Gottfried Benn Giselheer der Barbar...«

Womit zugleich auch die Namen jener Männer genannt sind, die in den folgenden Jahren, also kurz vor und nach dem Ersten

Weltkrieg, in ihrem Leben eine Rolle spielen. Zu ergänzen wäre diese Liste noch durch den Namen Georg Trakls, den sie im März 1914 in Berlin kennen und schätzen lernt und der ihr nach der Schlacht von Grodek und seinem Selbstmordversuch aus dem Spital in Krakau eine Karte schreibt, auf der er sie bittet, zu ihm zu kommen. Ehe die Nachricht Berlin erreicht, ist Trakl an den Folgen einer Selbstvergiftung mit Kokain gestorben.

An ihren zweiten Ehemann hat Else Lasker-Schüler einmal diese Sätze geschrieben: »Und die Liebe, Herwarth, Du weißt doch, was ich von der Liebe halte, wäre sie eine Fahne, ich würde sie erobern oder für sie fallen.« Solche Sätze fallen einem nicht beiläufig ein, man schüttelt sie nicht aus dem Ärmel, kann sie nicht konstruieren.

Es ist ergreifend, nachzuvollziehen, wie sich Else Lasker-Schüler beispielsweise in der Liebe zu ihrem Sohn verzehrt, wie sie die Liebe zu diesem ewig kränkelnden und wohl auch verwöhnten Kind blind gegenüber dessen Schwächen macht.

Es ist tragisch zu lesen, wie ihre Liebesintensität Männern wie Gottfried Benn Angst macht, wie sie sich ihr entziehen, wie sie nach immer neuen Aufbrüchen immer wieder auf sich selbst zurückgeworfen wird, wie sie sich genötigt sieht, festzustellen: »Ich bin nun ganz auf meine Seele angewiesen, und habe mit Zagen meine Küsten betreten. So viel Wildnis!«

Nur selten gelingt ihr in der Verliebtheit jene Selbstironisierung wie in dem plattdeutschen Brief an Peter Baum, in dem es heißt: »Pitter, eck han meck dötmal werklich verknallt.«

In den zwanziger Jahren muß es häufig zu solchen Szenen gekommen sein, wie sie ein Angestellter des Berliner Hotels »Sachsenhof« schildert: »Wenn sie keinen Liebhaber fand, zertrümmerte sie am Abend regelmäßig die Holzbalustrade in ihrem Hotelzimmer. Ich mußte kommen und sie ausbessern. Sie ließ mich nicht eher gehen, bis ich ihr Frühstück gegessen und sie mir dabei ihre Gedichte vorgetragen hatte.«

Mit Karl Kraus überwirft sie sich aus Affenliebe zu ihrem Sohn. Kraus war von Paul Lasker-Schülers zeichnerischer Begabung nicht überzeugt gewesen. 1927 stirbt Paul im Alter von 28 Jahren an Schwindsucht.

Der wütende Ausfall gegen ihre Verleger (und zugleich gegen alle Verleger), von denen sie sich betrogen wähnt, »Ich räume auf« – letztlich auch eine Reaktion aus enttäuschter Liebe, die hier in schneidenden Hohn und Haß umschlägt – führt dazu, daß die wichtigen Verlage der Weimarer Republik ihr verschlossen sind. Längst schon lebt sie im Grunde heimatlos in immer billigeren

Hotelzimmern, um nicht zu sagen in Absteigen, übernachtet häufig genug auf Parkbänken.

Als ihr 1932 für den »überzeitlichen Wert ihrer Verse, die den ewiggültigen Schöpfungen unserer größten deutschen Meister ebenbürtig« sind, der Kleistpreis verliehen wird, kommt diese Ehrung eigentlich zu spät. Zwar jubelt Gottfried Benn in einem Glückwunschtelegramm, der Preis sei durch die Verleihung an Else Lasker-Schüler geadelt worden. Aber schon überwiegen in der Presse jene anderen Stimmen, wie die des »Völkischen Beobachters«, der schreibt, es sei eine Zumutung, diese »Rose vom Libanon« dem deutschen Parnaß einzureihen, und fortfährt: »Wir meinen, daß die rein hebräische Poesie der Else Lasker-Schüler uns Deutsche gar nichts angeht.«

Die Aufführung ihres zweiten Theaterstücks »Arthur Aronymus und seine Väter« am Berliner Schillertheater im März 1933 wird schon von den Nazis verhindert. Das Drama, dessen Stoff Else Lasker-Schüler auch als Erzählung bearbeitet hat, stellt freilich einen »ebenso rührenden wie hilflosen Versuch dar, dem Antisemitismus versöhnend zu begegnen und dem Publikum die Möglichkeit friedlichen Zusammenlebens von Juden und Christen vorzuhalten«. Gewiß zeugt es von Weltfremdheit, diesen Versuch gerade »mit Hilfe einer Biedermeier-Idylle zu unternehmen«, aber wer diese Frau deswegen kritisiert, muß auch bedenken, daß ihre besten Gedichte und Prosastücke ohne jenes grenzenlose Vertrauen in Kunst und deren humanisierende Wirkung nicht denkbar wären.

Ganz unerwartet kann sie das brutale Vorgehen der Nazis gegenüber ihren politischen Gegnern und den Juden nicht getroffen haben, denn schon vor 1933 ist sie häufig auf ihrem Heimweg durch Berlin von SA-Rüpeln tätlich angegriffen worden. Der mit ihr befreundete Schauspieler Ernst Ginsberg berichtet, sie habe einmal zu ihm gesagt: »Eck wollt, eck wär in meinm Hotel. Da werd eck vorher immer jeschlagen.«

Der Glaube an das Gute im Menschen, von so vielen Autoren des Expressionismus immer wieder beschworen und jedenfalls von ihr sehr ernst gemeint, war stärker als ihre Fähigkeit zur realistischen Beurteilung der politischen Situation.

Als man sie im April 1933 in Berlin auf offener Straße mit einer Stange niederschlägt, überkommt sie, nachdem sie sich wieder aufgerappelt hat, Panik. Ohne etwas zu packen, rennt sie zum Bahnhof und fährt in die Schweiz. Noch immer unter dem Eindruck des Schocks stehend, wagt sie in Zürich keinen Menschen anzusprechen. Sie übernachtet auf Parkbänken, bis jemand auf die eingeschüchterte Frau aufmerksam wird und dafür sorgt, daß sie im

Hospiz Augustinerhof untergebracht wird. Damit hat das Exil für sie begonnen.

Die Dramatikerin

Else Lasker-Schüler hat in ihrem Leben drei Theaterstücke und ein Filmszenario geschrieben. Zwei dieser Stücke – »Arthur Aronymus und seine Väter« und die Faust-Paraphrase »Ich und ich«, die im Winter 1940/41 in Jerusalem niedergeschrieben worden ist – können in einem Aufsatz, der eine erste Begegnung mit Person und Werk der Autorin vermitteln will, unberücksichtigt bleiben, was nicht heißen soll, daß beide nicht der Beachtung wert wären.

Wer sich genauer für Else Lasker-Schüler interessiert, wird in ersterem mancherlei wichtige Aufschlüsse über die Art und Weise finden, in der die Autorin die tatsächliche Geschichte ihrer Familie und ihrer Vorfahren im Sinn einer auch bei anderen Werken benutzten Methode umdeutet oder umfunktioniert.

Wenn Peter Handke im Zusammenhang mit der 1969 stattgefundenen Aufführung von »Arthur Aronymus« durch das Ensemble des Wuppertaler Schauspielhauses in Berlin von »Dramaturgie des Massenmordes« unter Verwendung der »Dramaturgie eines Weihnachtsmärchens« spricht, so enthält diese Kritik, neben einer gehörigen Portion Blasiertheit, insofern auch Ernstzunehmendes, da man bei unserer Kenntnis über das Geschehen des Holocaust durchaus behaupten kann, wenn sich selbst eine jüdische Autorin die Überwindung des Antisemitismus so naiv-einfach vorstelle, wie sie es in diesem Stück zum Ausdruck bringt, sei es nicht weiter verwunderlich, daß die Nazis mit vielen Juden ein leichtes Spiel gehabt hätten.

Eine solche Ansicht mag in Hinblick auf die gesellschaftlich-politische Relevanz dieses Stückes sogar zutreffen. Sie geht aber insofern von falschen Voraussetzungen aus, als sie den notwendigen Zusammenhang zur Lebenssituation und der künstlerischen Eigenart der Autorin außer acht läßt, um so das eigene Urteil als glänzend gescheit zur Geltung kommen zu lassen.

Über »Ich und ich« aber gehen selbst die Meinungen von Menschen, die Else Lasker-Schüler gut gekannt haben bzw. denen es darum zu tun gewesen ist, an sie zu erinnern und ihrem Werk zu dem ihm gebührenden Platz in der deutschen Literaturgeschichte zu verhelfen, diametral auseinander.

Ernst Ginsberg, der viel zur Wiederentdeckung Else Lasker-Schülers im deutschsprachigen Raum nach 1945 getan hat, bat später in einem Brief an den Herausgeber des Nachlaßbandes, Werner Kraft, »im Interesse des Andenkens und des unzerstörten Bildes der Lasker von einer Veröffentlichung dieses Stückes abzusehen. Ich habe nur mit tiefer Erschütterung, ja ich gestehe: zuweilen nur unter Tränen lesen können. Immer klang mir die Ophelia-Klage im Ohr ›Oh welch ein edler Geist ward hier zerstört... Man spürt die geistige Nacht über die Dichterin hereinbrechen, über die nur noch seltene Sternschnuppen zucken.«

Als Kraft daraufhin in den Nachlaßband nur Ausschnitte aufnahm, wurde er deswegen von Otto Köhler in den »Frankfurter Heften« gerügt, der fand, »›Ich und ich‹ (sei) eine beachtliche und künstlerisch respektable Auseinandersetzung mit dem Nationalsozialismus... die Frömmigkeit der Bibel und die Geistigkeit von Goethes ›Faust‹« würden »hier von der Dichterin gegen Hitlers Barbarei aufgeboten«.

Auch Klaus Völker, der 1961 an der Berliner Universität eine Leseaufführung des ganzen Stückes veranstaltete, die vom Nachlaßverwalter nicht genehmigt war, sah ein solches Vorgehen dadurch gerechtfertigt, daß das Stück eine »gültige dichterische Aussage über die jüngste Vergangenheit enthalte«.

Nun geben mitunter gerade mißglückte Arbeiten durch die Eigenart ihrer Fehler und ihrer Brüche wichtige Aufschlüsse über einen Autor. Somit scheint es trotzdem sinnvoller, sich hier auf jenes dritte (in chronologischer Reihenfolge erste) Stück Else Lasker-Schülers zu konzentrieren.

Das Schauspiel »Die Wupper«, niedergeschrieben 1908, wird zunächst 1911 von der Autorin in Kurt Hilles Kabarett und literarischem Podium »Gnu« in Berlin vorgelesen. Trotz eines ermunternden Aufrufes an die Herren Theaterdirektoren dauert es acht Jahre nach der Buchveröffentlichung 1909, ehe das »Deutsche Theater« in Berlin in der Reihe »Das Junge Deutschland« eine Uraufführung wagt. Die Autorin selbst hat das Stück als eine Huldigung an ihre »zahnbröckelnde (Heimat-)Stadt« bezeichnet. Man kann darin aber auch eine Darstellung des Klassenkampfes mit poetischen Mitteln sehen. Man kann es, wie das Herbert Ihering getan hat, als »Drama erotischen Getriebenseins« interpretieren. Man kann es als ein Stück magischen Theaters auffassen, in dem Sinn, daß es hier auf verblüffende Weise gelingt, Kräfte des Unterbewußten zum handlungstragenden Element werden zu lassen. Schließlich ist es auch, und nicht zuletzt, die Tragödie eines reinen, religiös veranlagten Menschen, die Tragödie einer Heiligkeit, die an der Realität zuschanden wird.

Der eigenartige Reiz, den das Stück in einer guten Inszenierung gewinnt, ergibt sich wohl vor allem durch die Überblendung realistischer und phantastischer Elemente. Insofern ist es auch nicht unbedingt typisch für das Theater des Expressionismus. »Naturalismus, Symbolismus, Expressionismus«, hat Horst Laube geschrieben, »Surrealismus – keiner der Begriffe deckt dieses eigenwillige Schauspiel als ganzes ab.«

Da »Die Wupper« nicht gerade zu den häufig gespielten Stücken gehört, muß die Handlung hier kurz rekapituliert werden. Dabei ist gleich vorauszuschicken, daß die vordergründige, die greifbare Handlung dabei nicht das Entscheidende ist.

Die Welten zweier Familien, die Welt von Arm und Reich, stoßen konflikthaft zusammen. Da ist die Weberfamilie Pius mit Großvater Wallbrecker, seine Tochter Amanda und seinem Enkel, Carl Pius. Carl will Theologie studieren, doch nicht aus innerem Bedürfnis, sondern weil ihn das Ansehen verlockt, das ein Pfarrer genießt. Wallbrecker möchte seinen Enkel von solchen Zielen abbringen. Seinen Vorstellungen von einem tüchtigen Menschen entspricht vielmehr Puderbachs August, der Nachbarssohn, der mit jungen Jahren »schon zehn Taler nach Haus bringt«.

Aber Carl mit seinem Drang zum gesellschaftlichen Aufstieg steht unter dem Einfluß der Großmutter Pius, einem alten Weib mit hexenhaft-kupplerischen Zügen, schlau, erfahren in der Heilung seelischer und körperlicher Gebrechen, die in den Häusern der Arbeiter, auf dem Rummelplatz, aber auch in den Villen der Reichen ihren kleinen Geschäften nachjagt und ihre Intrigen spinnt, bereit, jedem nach dem Mund zu reden, sich mit jedem zu verbünden, sofern sich nur aus dieser Bekanntschaft und jener Beziehung ein Vorteil für sie ergibt.

Der Familie Pius steht die Fabrikantenfamilie Sonntag gegenüber: die Mutter Charlotte Sonntag, eine kühl-berechnende Unternehmerfrau, die Tochter Marta, ein Geschöpf, das manche Kritiker an Strindbergs »Fräulein Julie« erinnert hat, das die Männer umschwirren wie die Motten das Licht, das alle reizt, mit jedem flirtet, das seine erotische Attraktivität geschickt in Macht umzusetzen versteht. Und schließlich sind da die zwei Söhne: der »heilige« Eduard, der es auf der Lunge hat und nach dem Abitur bei den Franziskanern eintreten möchte, und Heinrich, der Juniorchef, dessen Bilanzen nicht zum besten stehen, den die Flitterwelt des Rummelplatzes lockt, der gern Karussell fährt und das halbwüchsige Proletariermädchen, Lieschen Puderbach, in der Schaubude von Mutter Pius verführt, vielleicht auch halb von ihr verführt wird.

Parallel dazu läuft das Werben des zynisch-schmierigen Dr. Bruno Simon, des Prokuristen der Sonntagschen Fabrik und des Carl

Pius um Marta, was ersteren nicht daran hindert, zwischendrin auch noch mit dem Dienstmädchen Berta anzubändeln. Auf dem Rummelplatz werden die zurückgestauten Wünsche und Lüste freigesetzt, ausgelebt und ausgesprochen. Nach einem Tête-à-tête in der Schaubude begegnen die von der Liebe Erhitzten, Heinrich und Lieschen, Simon und dem Dienstmädchen Berta. Der angetrunkene Heinrich, um den sich die Arbeiter scharen, demütigt Simon. Später wird sich Heinrich erschießen. Marta wird Carl Pius endgültig fallen lassen und sich mit Simon verloben. Vergebens wendet sich ihr Bruder Eduard gegen eine Ehe der beiden. Frau Sonntag hat Aktfotos Martas erhalten, die über ein Dienstmädchen an Mutter Pius gelangt sind. Die Alte hat sie ihrem Enkel Carl gegeben, damit er sie als Druckmittel gebrauchen könne. Ihm wiederum sind sie von August Puderbach gestohlen worden. Alle stehen am Ende mit schmutzigen Händen da. Heinrich hat den Skandal nicht überlebt. Das angeblich verkommene Lieschen wird in ein Erziehungsheim eingewiesen. Carl Pius, der einsieht, daß er den gesellschaftlichen Aufstieg nicht schaffen wird, verfällt der Trunksicht.

Es trifft zu, wenn Siegfried Jacobsohn in der »Weltbühne« nach der Uraufführung schreibt: »Sie (die Autorin) gibt sich so wenig Mühe mit der logischen, so wenig Mühe mit der dramatischen Verknüpfung ihrer Figuren und Situationen.« Hinzuzufügen wäre: Sie schafft diese Verbindung durch das, was die Personen sagen. Sie webt mit Sprache ein traumspielhaftes Netz, das alle hält, in dem alle zappeln.

Zerfall und Dämmerung, die Welt als Schmierenkomödie, die jederzeit rasch in eine Tragödie umschlagen kann und bei der Mitleid evoziert wird mit jeder der hier auftretenden Personen, einschließlich jener drei »Wanderer zwischen den Welten, dem Transvestiten Anna, dem Exhibitionisten Pendelfrederich und dem gläsernen Amadeus, dem Herumtreiber, dessen Herz einen Sprung hat – so läßt sich das Stück beschreiben, wenn man hinter die eher dürftige vordergründige Handlung schaut. Else Lasker-Schüler selbst hat gesagt, das Drama solle »eine Welt« vorstellen, es solle »dieselbe Funktion erfüllen wie das Gedicht und ihre stets lyrische Prosa«. Und jene »schiefstehenden Häuser mit Essen in starken Farben, kubistisch gegliederten Flächen«, die Ernst Stern für die Uraufführung entworfen hatte, korrespondieren genau mit einer Wortmusik, die ganz ähnliche Eigenschaften aufweist. In gewissem Sinn erinnert »Die Wupper« durch die Wichtigkeit der »Stimmen« (und eben nicht der »Charaktere«) an jenes Spiel des walisischen Dichters Dylan Thomas »Unter dem Milchwald«, in dem dieser mit ganz ähnlichen poetischen Mitteln die innere Welt und das Unterbewußtsein der Menschen in einem kleinen Fischerdorf in Wales lebendig werden läßt.

»Visionäres Dokument der wilhelminischen Epoche«, »Schicksalstragödie des Bürgertums«, »ein phantasto-naturalistisches« Stück (Alfred Kerr), so ist »Die Wupper« bei ihren beiden Aufführungen 1919 und 1928 von Kritikern apostrophiert worden. Als das Stück 1958 in Köln wieder aufgeführt wird, kommt es zu einem der wenigen spektakulären Theaterskandale der Nachkriegszeit. Die »Kirchenzeitung für das Erzbistum Köln« nimmt Anstoß an »Obszönitäten« im Schatten des Domes. Teile des Publikums sind, so eingestimmt, ebenfalls empört und stören zwei Aufführungen.

Vielleicht hätten die entrüsteten Spießer und Frömmler Herbert Iherings Aufsatz über die »Wupper« in der »Schaubühne« aus dem Jahre 1913 nachlesen sollen. Dort heißt es:

»Wenn später im dritten Akt auf einem Jahrmarkt die Triebe fessellos ausbrechen, so übertrifft dieser Hexensabbath erotischer Variationen alle Märchenphantasien der Walpurgisnacht. Und zum dritten Mal taumelt verborgene Bedeutung herauf, wenn am Schluß der kranke Eduard, der ins Kloster will, aus der triebhaft tierischen Welt hinausschreitet, mit gesenktem Kopf, rein, unberührt und nicht wissend, daß seine irdischen Freundschaften und seine himmlische Liebe nur eine Farbnuance derselben Macht waren, die die Unreinen zueinander zwang.«

Im Prosatext »Der letzte Schultag« schreibt Else Lasker-Schüler ein paar Sätze, in denen die die Handlung bestimmende Atmosphäre besser als irgendwo sonst verkürzend eingefangen ist. Vielleicht kennzeichnen diese Sätze auch jenen absoluten Augenblick, der häufig den Kristallisationskern eines Kunstwerkes bildet:

»Draußen in der Wupper spülten die Arbeiter die gefärbten Baumwollen, dadurch, wurde mir klar, schimmerte der liebe Fluß immer wie sauer gewordene schwarze Milch.« »Schwarze Milch« – da hat man in zwei Worten die ganze Lasker-Schüler... Wer in Deutschland und in deutscher Sprache lyrisches, poetisches Theater macht, der wird, das Gezeter des Kirchenblattes zu Köln und das Nachgeplärr einiger Bigotter hin oder her, an dieser Autorin und diesem Stück nicht vorbeikommen.

Die schwarze Nacht des Exils

Ein Porträtfoto von Else Lasker-Schüler aus dem Jahr 1936 zeigt eine verhärmte, verbitterte Frau, eine Mütze schräg auf den Kopf gesetzt, so schräg, daß sie fast das eine Auge verdeckt; um den faltigen Hals ist ein weißgepunktetes Tuch geschlungen. An den Eindruck, den diese Frau kurz vor ihrem Tod in Jerusalem 1945 auf ihn machte, erinnert der Schriftsteller Ben-Chorin so: »Ein müder Mensch, dessen Antlitz von zerstörter Schönheit zeugt und in dessen großen schwarzen Sulamith-Augen der Wahnsinn aufloderte.«

Betrachtet man das Schicksal Else Lasker-Schülers im Exil in der Schweiz und später in Palästina und vergleicht man ihre Situation mit der anderer deutscher Emigranten in diesem Zeitraum, so wird man sagen müssen, daß es relativ gnädig verlaufen ist. Sie hat während ihres Aufenthalts in der Schweiz zwischen 1933 und 1939, der von zwei Reisen nach Palästina unterbrochen wird, Mäzene gefunden, die sie finanziell unterstützt haben, was nicht heißen soll, daß ihre materielle Situation rosig gewesen wäre. Ihr poetischer Reisebericht »Das Hebräerland« ist 1937 im Oprecht Verlag, Zürich,

Else Lasker-Schüler im Exil in Zürich, 1936

erschienen. Das Züricher Schauspielhaus hat 1936 »Arthur Aronymus und seine Väter« uraufgeführt. Allerdings wird das Stück nach zwei Aufführungen vom Spielplan wieder abgesetzt, gewiß auch aus politischen Gründen. »Das Thema der Judenverfolgung erschien im neutralen Gastland wohl zu heikel, wenn auch die Tendenz des Stückes ganz auf Versöhnung gestimmt ist«, urteilt Erika Klüsener.

Fast rührend wirkt die Bemerkung in einem Brief an die »Neue Zürcher Zeitung«, in dem Else Lasker-Schüler versichert: »... nie wäre es mir eingefallen, mich im Gastland politisch zu betätigen«. Immer häufiger schlägt in den Lebenszeugnissen dieser Jahre eine Verbitterung und ein Mißtrauen durch, dessen tiefere Wurzeln in die Jahre vor dem Exil zurückreichen. Freilich ist dies auch nun eine Epoche, in der sich der Sprung zwischen ihrer Traumwelt und der Realität viel schwieriger überbrücken läßt als früher. Diese Frau reagiert auf eine Zeit der allgemeinen Politisierung des Lebens eben nicht politisch, sondern poetisch. Wenn sie in Zürich im Café Select sitzt, träumt sie sich ins Romanische Café der Zeit vor dem Ersten Weltkrieg und der zwanziger Jahre zurück, voller Sehnsucht nach »unvergeßlichen Indianerfreunden und Indianerfreundinnen und unserem romanischen Kraal«. Vielleicht gerade an ihrer Schwärmerei für Mussolini läßt sich erkennen, wie unverständlich ihr diese Zeit und ihre Realitäten in zunehmendem Maß geworden sind. Weil der junge Mussolini zu Anfang des Jahrhunderts in ein und derselben Zeitschrift wie sie publiziert hat, könne er doch kein so schlechter Mensch sein, meint sie. 1938 erscheint auch ihr Name im »Reichsanzeiger« auf der Liste der aus dem Deutschen Reich Ausgebürgerten. Im April 1939 reist sie zum drittenmal von der Schweiz nach Palästina. Der Ausbruch des Zweiten Weltkriegs macht eine Rückkehr unmöglich. –

Finanziell gesichert ist sie in Palästina durch einen Ehrensold, aber der Ausbürgerung durch jenes Land, dessen Sprache mit ihrer Existenz untrennbar verbunden ist, steht sie völlig fassungslos gegenüber: »Die Scheidung meiner Ehe (ist) mir begreiflicher, als meiner Ausbürgerung gewaltsame Scheidung.«

Welche Welten zwischen einem faschistischen Regime, das den Holocaust vorbereitet, und dieser ihren Träumen und Erinnerungen nachhängenden Dichterin jüdisch-deutscher Herkunft liegen, machen vielleicht am besten zwei Dokumente klar. In einem Schulungsbrief des Reichsschulungsamtes der NSDAP, der »Das Ringen gegen die Bolschewisierung des geistigen Lebens« überschrieben ist und 1936 erscheint, heißt es:

»Aus zahllosen Kloaken ergoß sich der Schmutz über das deutsche

Volk, um die letzten Hemmungen wegzuspülen. Die ›Dichtkunst‹ jener Zeit bewegte sich zwischen Verbrecherkaschemme und Bordell – ihre schwülstige Erotik steigerte sich bei den ganz ›Modernen‹ zu völlig unverständlichem Wortsalat. Als typischer Fall sei hier an die Gedichte der Jüdin Else Lasker-Schüler erinnert. Welche Idiotien damals auf das Volk losgelassen wurden, ist heute kaum noch vorstellbar. All diese expressionistischen und dadaistischen Dichtereien mit ›urbeseeltem Lichtgeschluchze‹, ›luftverbrannten Spiegelfetzen‹ und sonstigem hirnverbranntem Quatsch wurden als ›Literatur‹ angepriesen und achtungsvoll in literarischen Zeitschriften gewürdigt.«

Hält man gegen solch gehässige Hetze den Brief an Papst Pius XII., aus dem hervorgeht, daß Else Lasker-Schüler wohl ernsthaft glaubte, ein Hinweis des Oberhauptes der katholischen Kirche, daß »nie im Leben, ein Jude oder eine Frau eines Juden je Christenblut getrunken haben noch je ein Kind geschlachtet haben zu Ostern«, könne die Faschisten von ihrer Rassenlehre und deren Konsequenzen abbringen, so erkennt man das ganze Ausmaß der Diskrepanz zwischen der Vorstellungswelt einer Dichterin, die naiv und unabdingbar an die Macht des Wortes, an Güte und Versöhnung glaubt, und der faschistischen Barbarei, die zumindest vorerst triumphiert!

Wenn aus Briefen, Schriften und Gedichten der letzten Lebensjahre in Palästina soviel Einsamkeit, Ratlosigkeit und Scheu sprechen, so vielleicht auch deshalb, weil Else Lasker-Schüler, mag dies auch in der gegenwärtigen Situation eine unbequeme Feststellung sein, Palästina nie Heimat im Sinn des Zionismus geworden ist. Ihre Heimat war und blieb die deutsche Sprache, die geistige Gemeinschaft unter Menschen in diesem Land. Dafür zeugt auch die Widmung ihres letzten, 1943 erschienenen Gedichtbandes »Mein blaues Klavier«, in dem ihre Fähigkeit zu lyrischer Intensität nach Jahren der Arbeitshemmungen noch einmal voll aufblüht. In diesem Band finden sich, auf Palästina bezogen, die Zeilen:

> Ich kann die Sprache
> dieses kühlen Landes nicht,
> und seinen Schritt nicht gehen...

Als Aufbegehren gegen den Verlust der vertrauten Sprache und Kultur muß man auch die Gründung des »Kraal«, eines literarisch-kulturellen Freundeskreises, 1942 verstehen, der sich zunächst in Else Lasker-Schülers Wohnung, später häufig auch in einer Synagoge versammelte, nicht nur, um sich die neuesten Texte der zunehmend hinfälliger werdenden Dichterin anzuhören, sondern auch um über so unterschiedliche Themen wie »Du und der Luftschutz«, »Napoleon in Potsdam« oder »Das Inka-Reich und das Nazi-Reich« zu diskutieren. Ganz eindeutig handelt es sich bei der Gründung des »Kraal« um den Versuch, die Atmosphäre der Berliner Intellektuellen- und Schriftstellercafés in Jerusalem wieder aufleben zu lassen. Man kann auch das als naiv belächeln, man kann darin aber auch das letzte in jener langen Kette von Unternehmen sehen, mit Worten einen Ort außerhalb der realen Welt in Freiheit zu schaffen, an dem die Autonomie des Poetischen Wirklichkeit wird.

Schon lange nicht nur an der Seele krank, erleidet Else Lasker-Schüler am 16. Januar 1945 einen schweren Herzanfall. Sie wird in die alte Hassada auf dem Skopus-Berg eingeliefert. In »Mein blaues Klavier«, dessen erste Auflage ganze 330 Exemplare betragen hatte, stehen die Zeilen:

Ich weiß, daß ich bald sterben muß
Es leuchten doch alle Bäume
Nach langersehntem Julikuß –

Fahl werden meine Träume –
Nie dichtete ich einen trüberen Schluß
In den Büchern meiner Reime ...

Am 23. Januar 1945 stirbt Else Lasker-Schüler. Sie wird auf dem Ölberg beigesetzt. Ihr Schicksal, noch nach dem Tod, ist bezeichnend für das der Juden in Jerusalem.

In jenen Jahren, da der Ölberg jordanisches Staatsgebiet ist, wird der riesige Grabstein fortgeräumt und zum Häuserbau benutzt. (Denkbar, daß eine solche »Verwendung« der phantasievollen Dichterin gar nicht so übel gefallen haben würde.) 1968, als ganz Jerusalem wieder an Israel fällt, setzt man die sterblichen Reste der Dichterin in einem Sammelgrab bei. 1976 wird der Grabblock wiederentdeckt und an anderer Stelle als Mahnmal wieder aufgestellt.

Schöneres Gedenken leuchtet aus ihren Gedichten.

Weltende

Es ist ein Weinen in der Welt,
Als ob der liebe Gott gestorben wär,
Und der bleierne Schatten, der niederfällt,
Lastet grabesschwer.

Komm, wir wollen uns näher verbergen...
Das Leben liegt in aller Herzen
Wie in Särgen.

Du! Wir wollen uns tief küssen –
Es pocht eine Sehnsucht an die Welt,
An der wir sterben müssen.
(»Der Siebente Tag«)

Ein Alter Tibetteppich

Deine Seele, die die meine liebet,
Ist verwirkt mit ihr im Teppichtibet.

Strahl in Strahl, verliebte Farben,
Sterne, die sich himmellang umwarben.

Unsere Füße ruhen auf der Kostbarkeit,
Maschentausendabertausendweit.

Süßer Lamasohn auf Moschuspflanzenthron,
Wie lange küßt dein Mund den meinen wohl
Und Wang die Wange buntgeknüpfte Zeiten schon?
(»Meine Wunder«)

Versöhnung

Es wird ein großer Stern in meinen Schoß fallen...
Wir wollen wachen die Nacht,

In den Sprachen beten,
die wie Harfen eingeschnitten sind.

Wir wollen uns versöhnen die Nacht –
So viel Gott strömt über.

Kinder sind unsere Herzen,
Die möchten ruhen müdesüß.

Und unsere Lippen wollen sich küssen,
Was zagst du?

Grenzt nicht mein Herz an deins –
Immer färbt dein Blut meine Wangen rot.

Wir wollen uns versöhnen die Nacht,
Wenn wir uns herzen, sterben wir nicht.

Es wird ein großer Stern in meinen Schoß fallen.
(»Hebräische Balladen«)

Mein Blaues Klavier

Ich habe zu Hause ein blaues Klavier
Und kenne doch keine Note.

Es steht im Dunkel der Kellertür,
Seitdem die Welt verrohte.

Es spielen Sternenhände vier
– Die Mondfrau sang im Boote –
Nun tanzen die Ratten im Geklirr.

Zerbrochen ist die Klaviatür...
Ich beweine die blaue Tote.

Ach liebe Engel öffnet mir
– Ich aß vom bitteren Brote –
Mir lebend schon die Himmelstür –
Auch wider dem Verbote.
(»Mein Blaues Klavier«)

Ein Liebeslied

Komm zu mir in der Nacht – wir schlafen engverschlungen.
Müde bin ich sehr, vom Wachen einsam.
Ein fremder Vogel hat in dunkler Frühe schon gesungen,
Als noch mein Traum mit sich und mir gerungen.

Es öffnen Blumen sich vor allen Quellen
Und färben sich mit deiner Augen Immortellen . . .

Komm zu mir in der Nacht auf Siebensternenschuhen
Und Liebe eingehüllt spät in mein Zelt.
Es steigen Monde aus verstaubten Himmelstruhen.

Wir wollen wie zwei seltene Tiere liebesruhen
Im hohen Rohre hinter dieser Welt.

(»Mein Blaues Klavier«)

1869 11. 2.: in Elberfeld geboren.
1882 Der Bruder Paul stirbt.
1890 27. 7.: Die Mutter stirbt.
1894 Ehe mit Dr. Jonathan Berthold Lasker.
Übersiedlung nach Berlin.
1897 Der Vater stirbt.
1899 24. 8.: Ihr Sohn Paul wird geboren.
1902 Ihr erster Gedichtband »Styx« erscheint.
1903 11. 4.: Scheidung von Dr. Lasker.
30. 11.: Heirat mit Georg Levin, den sie Herwarth Walden nennt.
1904 Ihr Mentor Peter Hille stirbt.
1905 Der Gedichtband »Der siebente Tag« erscheint.
1906 Veröffentlichung des »Peter-Hille-Buches«.
1908 Else Lasker-Schüler schreibt »Die Wupper«.
1910 Trennung von Walden.
1912 Scheidung der Ehe mit Walden.
Erste Begegnung mit Gottfried Benn.
1913 Freundschaft mit Franz Marc und Franz Werfel.
Spendenaufruf für die notleidende Dichterin in Karl Kraus' »Fackel«.
Veröffentlichung der »Hebräischen Balladen«.
Reise nach Petersburg und Moskau, wo sie den inhaftierten Freund Senna Hoy besucht.
1914 Der Gedichtband »Meine Wunder« und das Geschichtenbuch »Der Prinz von Theben« erscheinen. Filmskript »Die morgenländische Komödie Plumm Pascha«.
3. 11.: Tod Trakls.
1915 4. 3.: Tod Franz Marcs.
1917 Erscheinen der »Gesammelten Gedichte«. Else Lasker-Schüler nimmt auf ihren Vortragsreisen Stellung gegen den Krieg.
1919 Uraufführung der »Wupper« an Max Reinhardts »Deutschem Theater«.
1924 Reise in die Schweiz und nach Venedig.
1925 »Ich räume auf! Meine Klage gegen meine Verleger« kommt im Selbstverlag in Zürich heraus.
1927 Aufführung des Schauspiels »Die Wupper« in Berlin unter der Regie von Jürgen Fehling.
1931 Ausstellung ihrer Zeichnungen in der Nationalgalerie in Berlin.
1932 Bei Rowohlt erscheinen »Das Konzert« (Essays) und »Die Geschichte meines Vaters« (Erzählung). Bei S. Fischer erscheint der Text des zweiten Theaterstücks »Arthur Aronymus. Aus meines geliebten Vaters Kinderjahren«.
Sie erhält (zusammen mit Richard Billinger) den Kleist-Preis.
1933 Emigration in die Schweiz. Zürich. Dann Ascona.
1934 Erste Palästinareise.
1935 In Ascona.
1936 In Zürich. Uraufführung von »Arthur Aronymus und seine Väter« am Zürcher Schauspielhaus.

1937 Zweite Palästinareise. »Das Hebräerland« erscheint.
1938 Ausbürgerung aus dem Deutschen Reich.
1939 Dritte Palästinareise. Krieg macht Rückkehr in die Schweiz unmöglich.
1940/41 Arbeiten an ihrem dritten Schauspiel »Ich und ich«.
1941 Gründung des »Kraal« in Jerusalem.
1943 Erscheinen des letzten Gedichtbandes »Mein blaues Klavier« in Jerusalem.
1944 Verschlechterung ihres Gesundheitszustandes.
1945 Nach schwerem Herzanfall in die Hassada auf dem Skopusberg eingeliefert.
22. 1.: Sie stirbt morgens gegen 7.25 Uhr.

WEITERFÜHRENDE LITERATUR

Else Lasker-Schüler: Gedichte, 1902–1943, Kösel Verlag, München 1959.
– Prosa und Schauspiele, Kösel Verlag, München 1962.
– Verse und Prosa aus dem Nachlaß, Kösel Verlag, München 1961.
Erika Klüsener: Else Lasker-Schüler, rowohlt monographien, herausgegeben von Kurt Kusenberg, Rowohlt Verlag, Reinbek bei Hamburg 1980.
Sigrid Bauschinger: Else Lasker-Schüler – Ihr Werk und ihre Zeit, Lothar Stiehm Verlag, Heidelberg 1980.
Dieter Bänsch: Else Lasker-Schüler – Zur Kritik eines etablierten Bildes, J. B. Metzlersche Verlagsbuchhandlung, Stuttgart 1971.

Ernst Toller in Niederschönenfeld, um 1920

HANS-CHRISTIAN KIRSCH

Ernst Toller: Revolution und Menschlichkeit

Äußere Erscheinung, Bewußtsein, Verbindung zum Heute

Der sowjetrussische Schriftsteller Ilja Ehrenburg zeichnet in seinen Memoiren mit wenigen Sätzen ein außerordentlich anschauliches Bild Ernst Tollers und seiner Wirkung auf andere Menschen:

»Er glich einem Italiener, dem fröhlichen und traurigen und stets irgendwo erfolglosen Helden eines neoveristischen Films. Der Grundzug seines Wesens war eine außergewöhnliche Sanftmut, sein Leben aber war hart wie selten eines.«

Nimmt man eine Äußerung von Lion Feuchtwanger hinzu, so erweitert sich das Bild der individuellen Erscheinung um das des tätigen Menschen, seines Temperaments und seiner besonderen Begabungen:

»Wie überströmend von Leben war dieser Ernst Toller. Wenn man eine Stunde mit ihm zusammen war, wieviel Entwürfe schüttete er vor einen hin, wieviel Pläne von Stücken, Geschichten, Essays. Wieviel Hilfsaktionen wollte er unternehmen, für einzelne, für Gruppen, für Völker. Und mit welchem Feuer machte er sich an all diese Unternehmungen, und mit welchem Elan führte er sie durch.

Toller besaß wie wenige andere die Gabe, Menschen hinzureißen. Er liebte die Menschen, die Menschen spürten das, und sie spürten, daß die Worte, die er aus dem Mund ließ, ihm aus dem Herzen kamen.«

Soweit die Zeitgenossen. Uns Späteren scheint, wie immer wir uns Person und Werk nähern, sehr bald eines sicher: In Ernst Toller haben wir einen Schriftsteller vor uns, der geradezu vorbildhaft den Typ des engagierten Autors vertritt.

Engagiert meint hier: Anteilnahme, ja Beteiligung am politischen und sozialen Geschehen seiner Zeit. Eine solche Haltung, freilich beim einzelnen mehr oder minder deutlich ausgeprägt, mehr oder minder aktiv vertreten, scheint für bundesdeutsche Autoren nach

1945 fast eine Selbstverständlichkeit. Darüber vergißt man leicht, daß dies, geht man weiter in der deutschen Literaturgeschichte zurück, eher die Ausnahme denn die Regel gewesen ist. Man könnte sagen: die Rolle des politisch und sozial engagierten Autors in Deutschland ist, von einigen wenigen Schriftstellern im 19. Jahrhundert abgesehen, zu denen gewiß Georg Büchner und Heinrich Heine gerechnet werden müssen, von Ernst Toller entscheidend mitgeprägt worden.

Sein Schicksal und sein Werk lassen die besonderen Probleme, die mit einer solchen, bewußt ins Zeitgeschehen eingreifenden Haltung verbunden sind, besonders klar hervortreten.

Vorbildhaftes, aber auch Fragwürdiges beim unmittelbaren politischen Engagement eines Schriftstellers werden bei Toller besonders deutlich, was unter anderem auch den Dramatiker Tankred Dorst bestimmt haben mag, Toller zum »Antihelden« eines Theaterstücks zu machen, dessen Handlung noch einmal die tragischen, in Deutschland häufig weitgehend verdrängten Ereignisse der Münchner Räterepublik 1919 lebendig werden läßt.

Tollers eigenes dramatisches Werk ist, wie wir noch sehen werden, außerordentlich stark von seinem tagespolitischen Engagement mitgeprägt. Dabei ist seine Haltung auch für seine Zeit und den Expressionismus eher die Ausnahme denn die Regel. In »Denk- und Stilformen des Expressionismus« schreibt Christoph Eykmann in dem Kapitel »Zum Problem des politischen Dichters im Expressionismus«:

»... viele Dichter des Expressionismus werden sich (zwar) der politischen Dimension des Schreibens schmerzlich bewußt. Die Grenze, man könnte auch sagen, die Selbstbescheidung der Expressionisten in politicis liegt allerdings genau dort, wo das aktive politische Handeln (etwa durch das Medium der Parteien und der Tagespolitik) beginnt. Die große Ausnahme eines politisch aktiven Expressionisten dürfte wohl Ernst Toller gewesen sein.«

Aus diesem aktiven politischen Handeln, für das Toller schließlich auch den Preis einer langen Gefängnisstrafe zahlt, aus seiner Täter- wie Opferrolle, ergibt sich auch seine für uns manchmal erstaunliche Wirkung auf die Zeitgenossen.

Aus dieser Besonderheit des persönlichen Schicksals erklärt sich vielleicht auch, daß für uns Heutige viele seiner Stücke in ihrer ungebrochenen Pathetik und ihrem moralischen Rigorismus sich merkwürdig fremd ausnehmen.

Der junge Brecht hat in seinem Tagebuch seinen Eindruck von Tollers frühen Theaterstücken so umschrieben: »Der Mensch als Objekt, Proklamation statt: als Mensch. Der abstrahierte Mensch, der Singular von Menschheit. Seine Sache liegt in schwachen Händen.« Wie immer der letzte Satz gemeint sein mag, Toller ist ein entschiedener, zu großen persönlichen Opfern bereiter Verteidiger der Menschlichkeit und des Menschen in einer zunehmend unmenschlicheren Zeit gewesen.

Das volle Ausmaß des Holocaust, aber auch die Möglichkeit des Menschen, mit einem Produkt seiner Technik, der Großen Bombe, unter Umständen die ganze Menschheit auszulöschen, sind Toller, der 1939 freiwillig aus dem Leben ging, nicht mehr bekannt geworden. Es ist eine müßige Frage, ob sich Tollers Glaube an das Gute im Menschen unter dem Eindruck des Zweiten Weltkriegs und der ihm nachfolgenden Ära entscheidend geändert haben würde.

Es ist auch keine Kritik, wenn man darauf hinweist, daß gerade dieser unausrottbare Glaube an das Gute im Menschen, an die Geburt eines »neuen Menschen«, den Zugang zum dramatischen Werk Tollers für uns Heutige erschwert.

Unser Menschenbild ist zumeist wesentlich skeptischer etwa im Sinn jener Gedichtzeile von Günter Eich: »Denke daran, daß der Mensch des Menschen Feind ist.« Wir können zumindest an Tollers Pathos der Menschlichkeit die Hoffnungen und Erwartungen ablesen, die sich in jener Jugendgeneration angestaut hatten, die den Ersten Weltkrieg erlebte und durch ihre Erfahrungen in den Schützengräben zu entschiedenen Pazifisten wurde.

Aber Tollers Werk hat mehr zu bieten als die Spiegelung einer Zeitstimmung. Es ist auch das Werk eines Juden, dem viel daran lag, ein deutscher Jude zu sein.

Es liefert einen eindrucksvollen Beweis dafür, daß es sehr wohl Menschen in Deutschland gab, die die Gefahr des heraufziehenden Nationalsozialismus in ihrem vollen Ausmaß erkannten, daß es an entschiedenen Warnungen in der Öffentlichkeit, ja, in diesem Fall selbst von der Bühne herab, nicht gefehlt hat.

Die Fragen nach den Möglichkeiten, nach der Wirkung und den Grenzen des politischen Engagements eines Schriftstellers beschäftigen uns weiterhin. Der Kampf gegen unmenschliche, totalitäre Tendenzen in unserer Gesellschaft ist auch heute nicht ausgestanden. Noch immer ist es nötig, wie das schon Toller tat, die deutsche Justiz kritisch zu beobachten, die häufig die extreme Rechte und die extreme Linke nach zweierlei Maß beurteilt. Ginge es allein um die Probleme und Konflikte politischer Strafgefangener, die die Gesellschaft als Kriminelle einstuft – Tollers Dramen, seine Briefe, kritischen Schriften, Reden und Reportagen hätten uns noch viel zu sagen.

Standen am Anfang dieses Abschnitts Skizzen über Tollers äußere

Erscheinung und Aussagen über die Wirkung seiner Person auf andere Menschen, so schließt diese Annäherung an Person und Werk mit einem Text, der eindeutig Auskunft über sein Bewußtsein gibt, einen Auszug aus Tollers letztem Testament, das er 1939, vor dem Naziregime in die USA geflüchtet, in einer Situation verfaßt hat, die ihm, zumindest, was seine Person anging, hoffnungslos erschienen sein muß.

Das hat ihn nicht davon abgehalten, ganz allgemein über die Frage nachzudenken, was denn Emigranten dazu beitragen könnten, die von der Nazi-Barbarei bedrohte Kultur zu verteidigen. Gerade in seiner Definition von Kultur erweist sich, wie nahe Toller gegen sein Lebensende hin unseren heutigen Vorstellungen von der Notwendigkeit eines politischen und sozialen Engagements des Schriftstellers gekommen ist, in welchem Maße er solche Vorstellungen mit vorgeprägt hat. Es heißt da:

»Mit Kultur aber meinen wir nicht nur die Gesamtheit der kreativen Hervorbringungen von Kunst, Literatur und Wissenschaft. Wir meinen damit auch das tägliche Leben, die menschlichen Beziehungen innerhalb der Gemeinschaft und der Nation, die moralischen Ideen, die diese bestimmen.

Sie mögen national in Sprache und Ausdruck, in Gewohnheit und Sitte voneinander abweichen; es gibt aber eine gemeinsame Wurzel aller abendländischen Kultur: Humanität. Humanität fließt aus den Quellen der Religion, sie entsteht aus dem Bewußtsein der Weisen, aus dem Fühlen derer, die tiefe Liebesfähigkeit besitzen. Aber das Gesetz der Humanität gelangte erst nach Jahrhunderten und Jahrtausenden zu universaler Geltung. Heute bestreiten Diktatoren seine Gültigkeit und verherrlichen statt dessen die Rasse. Für uns bedeutet Würde: Freiheit des Individuums, Gerechtigkeit, Anspruch des einzelnen auf eine menschenwürdige Entwicklung, Mitleid, also die Fähigkeit, sich mit dem Leid seiner Mitmenschen zu identifizieren.

Faschismus hingegen ist der Feind der Freiheit, ist der Feind von Gerechtigkeit und Mitleid. Für ihn entscheidet die kriegerische Fähigkeit des Menschen über dessen Nützlichkeit; Gerechtigkeit wird zu Faustrecht, Mitleid gilt als verächtlich und lächerlich. Faschismus macht Lüge zu Wahrheit, den Haß zu Tugend, den Mord zur Notwendigkeit. Er hat vor nichts Achtung, weder vor dem Glück des Menschen noch vor dessen Leiden.«

Wenn behauptet worden ist, Ernst Toller verkörpere den Typ des engagierten Autors, so läßt sich das kaum besser belegen als mit den voranstehenden Sätzen. Man muß aber die Feststellung über sein Engagement gleich differenzieren.

Toller versuchte, abweichend von Dogmen, Ideologien, Parteilinien, für den Menschen Partei zu ergreifen, für den Menschen in seiner Menschlichkeit, die häufig eben auch von denen mißachtet wurde, die den Kampf für das Menschenrecht auf ihre Fahnen geschrieben hatten.

Die Spannungen, die Mißverständnisse und Schwierigkeiten, denen sich ein so engagierter Autor aussetzt, wiederholen sich in unseren Tagen.

In gewissem Sinn setzt sich beispielsweise mit einem Autor wie Peter Schneider, mit dessen »Lenz«, aber auch mit dem Filmdrehbuch »Messer im Kopf« eine Traditionslinie, die bei Toller beginnt, bis in unsere Gegenwart hinein fort.

Die unsichere Reaktion der Öffentlichkeit auf das Phänomen eines »Dichters hinter Gittern«, wie sie bei Peter Paul Zahls Auszeichnung mit dem Bremer Literaturpreis und bei der Ablehnung seiner vorzeitigen Haftentlassung zu beobachten waren, wirft die Frage auf, ob die Justiz und der Strafvollzug seit den Tagen der Weimarer Republik in Deutschland humaner geworden sind.

Wer die Geschichte radikaldemokratischer Traditionen in der deutschen Literatur schreiben wollte, käme unmöglich ohne eine genaue Betrachtung von Leben und Werk Ernst Tollers aus. Die Bilanz dieses Lebens mag ein Scheitern sein. Mit welcher Gewissenhaftigkeit, Zähigkeit und Unerbittlichkeit hier einer den Menschen verteidigt, ihn zu seiner Emanzipation anzuspornen versucht, ist dennoch eindrucksvoll. Toller repräsentiert in der Spannung von Revolution und Menschlichkeit nicht nur ein Stück deutsche Literatur, sondern auch ein Stück deutsche Geschichte, das im Bezug auf unsere Gegenwart und unsere Zukunft lebendig bleiben sollte.

Die Kindheit eines deutschen bürgerlichen Juden, der Krieg, die Wandlung

Am 1. Dezember 1893 wird Ernst Toller als Sohn der jüdischen Eheleute Max und Ida Toller in Samotschin, in der damals zu Preußen gehörenden Provinz Posen geboren. Der Vater ist ein recht wohlhabender Kaufmann. Die Erziehung und Bildung des Jungen verläuft standesgemäß. Allerdings scheint sich das Kind schon früh der Spannungen zwischen den verschiedenen Volksgruppen in seiner Heimat bewußt geworden zu sein. In der kurz nach der »Machtergreifung« der Nationalsozialisten schon in einem Exilverlag erschienenen und in den Jahren vor 1933 geschriebenen Autobiographie, »Eine Jugend in Deutschland«, werden diese Spannungen aus der Erinnerung so dargestellt:

»Wir Kinder sprachen von den Polen als ›Polacke‹ und glaubten, sie seien die Nachkommen Kains, der den Abel erschlug und von Gott dafür gezeichnet wurde. Bei allen Kämpfen gegen die Polen bildeten Juden und Deutsche eine Front. Die Juden fühlten sich als Pioniere deutscher Kultur. In den kleinen Städten bildeten jüdisch bürgerliche Häuser die geistigen Zentren; deutsche Literatur, Philosophie und Kunst wurden hier mit einem Stolz, der ans Lächerliche grenzte, gehütet und gepflegt. Den Polen, deren Kinder in der Schule nicht die Muttersprache sprechen durften, deren Vätern der Staat das Land enteignete, warf man vor, daß sie keine Patrioten seien. Die Juden saßen an Kaisersgeburtstag mit den Reserveoffizieren, dem Kriegerverein und der Schützengilde an einer Tafel, tranken Bier und Schnaps und ließen Kaiser Wilhelm hochleben.«

Solche bis zur Selbstaufgabe praktizierte Assimilation kann allerdings nicht verhindern, daß man den Kindern der Juden, die mustergültige Deutsche sein wollen, »Jude, hep, hep!« nachruft oder behauptet, die Juden hätten in einem Nachbarort einen Christenjungen geschlachtet und das Blut unter den Matzeteig gemischt.

Gerade, indem Toller schon als Kind den Wahnsinn des Rassenhasses in der dreifachen Konstellation Deutsche, Polen und Juden am eigenen Leibe zu spüren bekommt, dürfte in ihm früh der Wille wach geworden sein, den einzelnen Menschen, unabhängig von seiner Zugehörigkeit zu einer Gruppe, Partei, Religion oder Nationalität, in Schutz zu nehmen und zu verteidigen. Zumindest beim Eintritt in das Gymnasium im Jahr 1906 wird der Schüler auch auf die absurden Aspekte der im wilhelminischen Kaiserreich streng hierarchisch ausgerichteten Gesellschaftsordnung aufmerksam.

»Die Lehrer des Gymnasiums grüßten die Lehrer des Realgymnasiums niemals zuerst, selbst die Mädchen flirteten lieber mit den Gymnasiasten. Die Gymnasiasten lernten von den alten Sprachen griechisch und lateinisch, die Realgymnasiasten nur lateinisch.«

Wie aus vielen anderen Selbstzeugnissen aus dieser Zeit, spricht auch aus Tollers »Jugend in Deutschland« die Klage über Spießbürgerlichkeit, den Chauvinismus und die Inhumanität des Schulsystems, das seine wichtigste Aufgabe darin gesehen zu haben scheint, Kinder und Jugendliche rücksichtslos, wenn nicht anders auch unter Ausmerzung jeglicher individueller Neigungen, an die Normen der Gesellschaft der Gründerzeit anzupassen, ihnen einen chauvinistischen Nationalismus und bürgerlichen Dünkel anzuerziehen, sie zu rücksichtslosem Erfolgsstreben anzuleiten.

»Die Geschichte ist um der Zahlen willen da, unwichtig, daß wir Ereignisse in Zusammenhängen erfassen, wichtig, daß wir die Daten von Schlachten und Regierungsantritten der Fürsten beherrschen. Napoleon war ein Dieb, der deutsche Schätze gestohlen hat, sogar die Ziegel der Kirchendächer. Wer in solchem Geist die Fragen des Lehrers nicht beantwortet, ist ein Gezeichneter, der unweigerlich im Zuchthaus enden wird. Vergrämte Lehrer stellen uns die gleichen Aufsatzthemen, die ihnen als Schüler gestellt wurden, ehrwürdige Phrasen, die Rost ansetzten...«

Ernst Toller wird Mitglied eines literarischen Schülervereins, der halb geheim existiert. Als der Direktor des Realgymnasiums davon erfährt, daß dort Szenen aus Gerhart Hauptmanns »Rose Bernd« gelesen worden sind, bestellt er Ernst Toller zu sich und erklärt, Hauptmann sei ein »übermoderner demokratischer Flachkopf«. Er verbietet seinem Schüler solch gefährliche Lektüre und rät ihm, Mathematik zu lernen. Das sei wichtiger fürs Leben.

Eine ergreifende Szene in »Jugend in Deutschland« ist der Bericht über den Tod des krebskranken Vaters, der gewissermaßen mit dem letzten Atemzug Frau und Sohn noch verflucht: »Ihr seid schuld... du bist schuld.«

Es läßt sich nicht klären, ob diese Szene den wirklichen Vorgängen entspricht oder ob es in ihr zu einer Art von Stilisierung jenes »Fluchs der Väter« gekommen ist, die diese Jugend auf sich ruhen fühlt. Was mit diesem Fluch der Väter gemeint ist, wird deutlicher, wenn man Tollers Beschreibung seines Bewußtseinszustandes in der ersten Jahreshälfte 1914 liest. Nach bestandenem Abitur studiert er in Frankreich, an der Universität von Grenoble. Da ist wenig zu spüren von der Freude an den freiheitlicheren Lebensumständen, von einem Sicheinlassen mit dem Unbekannten, Neuen in der Kultur des Nachbarlandes. Statt dessen erleben wir eine Jugend, die jung schon uralt, versteinert dahinlebt, philisterhaft, unbeweglich, borniert, häßliche Deutsche:

»Ich gehe lieber in den Verein deutscher Studenten. Wir sprechen über Nietzsche und Kant, wir sitzen steif auf unseren Stühlen, wir trinken mit gewinkelten Armen und gewölbter Brust große Gläser dünnen Biers, um uns zu Haus zu fühlen, wir schimpfen auf den ›französischen Schmutz‹, wir dünken uns Pioniere einer höheren Kultur und beschließen den Abend, indem wir die Fenster öffnen und ›Deutschland, Deutschland über alles in der Welt‹ singen. Auf dem Platz sammeln sich die Franzosen, sie hören unseren Liedern zu, schütteln die Köpfe und lachen. Wir gehen niemals allein nach Haus, immer zu zweien, wir sind im Land des ›Erbfeindes‹, man kann nie wissen. Wir haben den Krieg von 1870/71 gewonnen, wir haben Elsaß-Lothringen erobert, eines Nachts wird man von uns Revanche fordern.«

Bei der kritischen, mit Dokumenten vergleichenden Lektüre von »Eine Jugend in Deutschland«, die für Jugendliche von heute so manches Schulbuch für Geschichte ersetzen könnte, weil hier außerordentlich lebendig das Lebensgefühl und die bewußtseinsbestimmenden Ereignisse jener Generation nachgezeichnet sind, wird klar, daß Toller in diesem Text nicht unbedingt sachlich-nüchtern berichtet, wie es zunächst den Anschein hat. Hier blickt einer zurück, nicht ohne Zorn, nie ohne Selbstkritik und ehrliches Eingeständnis dessen, was sich inzwischen als Irrweg und Irrtum herausgestellt hat. Wie er in dem voranstehenden Text das Spießertum und die Borniertheit deutscher Studenten kurz vor Ausbruch des Ersten Weltkriegs schonungslos bloßstellt, so wird er später auch Fehler und Mißstände im eigenen Lager während der Räterepublik in München 1919 offen eingestehen.

Angesichts solcher Stellen, an denen die Hauptperson, also der Schreibende, gar nicht gut wegkommt, begreift und teilt man Kurt Tucholskys Urteil über diesen Text. Am 25. August 1933 schreibt Tucholsky aus Zürich an Walter Hasenclever, nachdem ihm Toller das Manuskript von »Eine Jugend in Deutschland« gezeigt hatte:

»Ich halte das für sehr wirksam. Es hat nichts von diesem hohlen Pathos, das man ihm manchmal vorwirft – es ist sauber, klar, und hat vor allem etwas, das mir doch sehr imponiert hat: er gibt die bayrische Geschichte in politischer Hinsicht glatt preis. Also das hat mir gefallen. Eine Sache, die so viel gekostet hat – und dann sagen: ich habe mich geirrt... das ist brav...«

Ehrlichkeit und selbstkritische Tapferkeit machen auch die Darstellung anderer Grenzsituation in diesem Text so wichtig, beispielsweise Tollers Erlebnisse beim Kriegsausbruch in Frankreich, seine Rückkehr ins Deutsche Reich durch die Schweiz nach München, wo er sich sofort freiwillig meldet. Das 1. Fußinfanterieregiment, dem er zugeteilt wird, kommt zunächst ins Elsaß in Wartestellung.

Da er die Untätigkeit nicht mehr erträgt, meldet sich Toller zur Artillerie, begegnet dort einem ihn quälenden Offizier. Er wehrt sich gegen Sturheit und Kommißbetrieb und wird schließlich zu einem Zug sogenannter Revolverkanonen östlich von Verdun versetzt.

Hier vollzieht sich allmählich seine Wandlung zum Kriegsgegner, der schon damals für einen sonst nur von »Vaterlandsverrätern« propagierten Verständigungsfrieden eintritt.

Anstoß zu einer zunehmend kritischen Haltung gegenüber der offiziellen Politik des Deutschen Kaiserreiches wird die rücksichtslose, Vorurteile anfachende Propaganda, um nicht zu sagen Hetze, die zu dieser Zeit in fast allen deutschen Zeitungen betrieben wird. Hier sind »die Franzosen eine degenerierte Rasse, die Engländer feige Krämerseelen, die Russen Schweine«. Toller sendet einen protestierenden Aufsatz an die bekannte Zeitschrift »Kunstwart«. »Der Redakteur schickt das Manuskript mit vielen gewundenen Phrasen zurück, man müsse auf die Volksstimmung Rücksicht nehmen. Dabei ist diese Volksstimmung in der Heimat gezüchtet, die Frontsoldaten spucken darauf.« Entscheidend aber wird die Erfahrung des sinnlosen, anonymen Todes. Sie macht Toller endgültig zum militanten Pazifisten, wobei sich in den Zorn über die Sinnlosigkeit des Krieges bei ihm noch eine andere Empörung mischt. Walter von Molo hat dazu berichtet:

»Toller hat mir erzählt, was ihn, den Kriegsfreiwilligen, so maßlos radikalisierte. Er lag im Lazarett, als sein Eisernes Kreuz eintraf. Der Regimentsarzt oder sonst irgend jemand, der etwas zu sagen hatte, überreichte ihm die Auszeichnung mit den Worten: ›Sehen Sie, nun ist der Makel Ihrer Herkunft wettgemacht.‹ Daraufhin hätte er getobt, und seit der Zeit sei er gegen dieses Deutschland gewesen. Wie gut ich ihn verstand.«

In den folgenden Zeilen erlebt der Leser jene traumatische Situation mit, die man kennen muß, will man begreifen, wo Tollers politisches und soziales Engagement wurzelt.

»Eines Nachts hören wir Schreie, so, als wenn ein Mensch furchtbare Schmerzen leidet, dann ist es still. Wird einer zu Tode getroffen sein, denken wir. Nach einer Stunde kommen die Schreie wieder. Nur hört es nicht mehr auf. Diese Nacht nicht. Die nächste Nacht nicht. Nackt und wortlos wimmernd der Schrei, wir wissen nicht, dringt er aus der Kehle eines Deutschen oder eines Franzosen. Der Schrei lebt für sich, er klagt die Erde an und den Himmel. Wir pressen die Fäuste an unsere Ohren, um das Gewimmer nicht zu hören, es hilft nichts, der Schrei dreht sich wie ein Kreisel in unsern Körper, er zerdehnt die Minuten zu Stunden, die Stunden zu Jahren. Wir vertrocknen und vergreisen zwischen Ton und Ton.«

Nach fünf Monaten an der Front bricht bei Toller ein Herz- und Nervenleiden aus. Er kommt ins Lazarett und wird Anfang 1917 kriegsuntauglich geschrieben. Er beginnt ein Studium in München, nimmt im September dieses Jahres an der Lauensteiner Tagung teil, zu der der Verleger Eugen Diederichs bekannte Persönlichkeiten des Geisteslebens, darunter Max Weber, Richard Dehmel, Theodor Heuß und den alldeutschen Politiker und Lebensreformer Max Maurenberger eingeladen hat.

Da ist einerseits vom demokratischen Individualismus als einem Fluch der Zeit die Rede und von der Aufgabe Deutschlands, einen neuen Staat in Europa zu schaffen, der das »irdische Gesicht des Absoluten« versinnbildlichen soll. So die Position der Konservativen. Da kritisiert andererseits Max Weber den Obrigkeitsstaat, das preußische Klassenwahlrecht und die Beamtenherrschaft im Deutschen Reich.

Zuspruch erfährt Toller vor allem von Richard Dehmel: »Zu Beginn des Krieges ist er fünfzigjährig als Freiwilliger ins Feld gezogen, müde und verstört kam er heim... er ermutigt mich, ich sage ihm meine Verse. ›Kümmern Sie sich nicht um uns Alte‹, sagt er, ›gehen Sie Ihren Weg, auch wenn die Welt Sie verfolgt und befehdet. Sie haben mir da ein Gedicht gesagt, das mit der Zeile schließt: »Ich starb / gebar mich / starb / gebar mich / ich ward meine Mutter. Das ist entscheidend. An einem Punkt des Lebens muß man sich von allem lösen, auch von der Mutter, man muß sich selbst Mutter werden.‹«

Verfolgungen sieht sich Toller sehr bald tatsächlich ausgesetzt. Während des Wintersemesters 1917/18 in Heidelberg – er studiert dort bei Max Weber Soziologie – tritt er dem »Kulturpolitischen Bund der Jugend« bei, der sich für eine »friedliche Lösung der Widersprüche des Völkerlebens« einsetzt, auch »für die Abschaffung der Armut«.

Angriffe von seiten der Deutschnationalen und Alldeutschen lassen nicht lange auf sich warten. Man wirft der Gruppe vor, »Verräter am vaterländischen Gedanken zu sein, pazifistische Verbrecher. Ihr mißbraucht das Wort vaterländisch, antworten wir. Eure privaten Interessen sind nicht die Interessen des Volkes. Wir wissen, daß unsere Kultur von keiner fremden Macht erdrückt werden kann, wir verwerfen aber auch den Versuch, andere Völker mit unserer Kultur zu vergewaltigen.«

Von dieser Position her kommt Toller in Kontakt mit libertären Anarchisten. Er trifft in Berlin Kurt Eisner, einen der Mitbegründer der für einen Verständigungsfrieden eintretenden USPD. Er geht wieder nach München. Er wird bei seiner Agitation für den Streik der Munitionsarbeiter verhaftet und wegen Landesverrat in ein Militärgefängnis eingeliefert, von dort in eine psychiatrische Klinik überführt. Die Haftzeit nutzt er zur Lektüre der marxistischen Klassiker. Er liest Marx, Engels, Lasalle, Bakunin, Mehring, Rosa Luxemburg, Webbs.

Dabei kommen ihm Erinnerungen an persönliche Erlebnisse: »Wieder denke ich an Stefan, den Freund meiner Kindheit, an seinen Haß gegen die Reichen, an die Antwort meiner Mutter, daß Armut gottgewollt sei.«

Der Haß auf Pazifisten, die Verachtung gegenüber politisch Andersdenkenden, setzt sich sogar hinter den Mauern einer Nervenheilanstalt fort. Toller berichtet:

»Der Direktor der psychiatrischen Klinik ist jener berühmte Professor Kräpelin, der in einem Münchner Bierkeller einen Bund zur Niederkämpfung Englands gegründet hat.

›Herr‹, fährt er mich an, als ich ihm vorgeführt werde, ›wie können Sie es wagen, die berechtigten Machtansprüche Deutschlands zu leugnen, dieser Krieg wird gewonnen, Deutschland braucht neuen Lebensraum, Belgien und die baltischen Provinzen. Sie sind schuld, daß Paris noch nicht erobert ist. Sie verhindern den Siegfrieden, der Feind heißt England.‹«

Im September 1918 wird Toller aus einer in Neu-Ulm stationierten Genesungsbatterie endgültig als kriegsdienstuntauglich entlassen.

Anfang November, als die sich schon lange ankündigende Revolution endlich losbricht, liegt er mit einer schweren Grippe im Haus seiner Mutter in Landsberg. Am 7. November 1918 ziehen zweihunderttausend Menschen, allen voran Eisner und der blinde Bauer Gandorfer, von der Theresienwiese in die Münchner Innenstadt. Der bayrische König flieht. Die Revolutionäre erobern die Stadt. Noch in der Nacht wählt der Arbeiter- und Soldatenrat Eisner zum Ministerpräsidenten des Freistaates Bayern. Mitte November 1918 ist Ernst Toller in München. Er wird zum zweiten Vorsitzenden des Vollzugsrates der Arbeiter-, Bauern- und Soldatenräte gewählt.

Während nach dem sogenannten Spartakusaufstand in Berlin Karl Liebknecht und Rosa Luxemburg von den durch einen SPD-Minister herbeigerufenen Freikorpsverbänden bestialisch ermordet werden, formiert sich auch in Bayern die Reaktion.

Zunächst kommt es mit Hilfe des Sozialdemokraten (oder wie Toller gewöhnlich schreibt, des »Rechtssozialisten«) Auer zur Aufstellung einer Bürgerwehr, »Vorläufer des Stahlhelms, der Einwohnerwehr, der nationalsozialistischen Sturmtruppen. Eines Tages werden sie ihre Paten davonjagen«, kommentiert Toller aus dem Jahr 1933 rückblickend in »Eine Jugend in Deutschland« dieses Ereignis.

Ein Dichter als Revolutionär

Es ist eine traurige Tatsache, daß Revolutionen in Deutschland im Geschichtsunterricht deutscher Schulen selten genau und ausführlich behandelt werden. So müssen denn die Einzelheiten der Revolution in Bayern 1918/19 hier referiert werden.

Am 21. Februar 1919 wird Kurt Eisner, der eben die ersten freien republikanischen Wahlen verloren hat, auf dem Weg zum Landtag, wo er seinen Rücktritt vom Amt des Ministerpräsidenten erklären will, auf offener Straße von einem Mitglied des völkischen Thule-Bundes, Graf Arco, erschossen.

In den nun folgenden politischen Wirren flüchten die meisten Parlamentarier aus München. In Nürnberg wird der Sozialdemokrat Hoffmann zum Nachfolger Eisners ausgerufen. In München gelangen die Arbeiter- und Bauernräte an die Macht. An dem Experiment einer Bayrischen Räterepublik beteiligen sich zunächst auch einige Sozialdemokraten. Der SPD-Ministerpräsident schickt dem Vorsitzenden des Zentralrates eine Postkarte, auf der er höflich anfragt, ob die alten Minister mit der Auszahlung ihrer Pensionen durch die neue Regierung rechnen könnten.

Die Kommunisten, angeführt von Max Levien und Ernst Leviné verweigern der »Scheinräterepublik« ihre Zustimmung. Vergeblich wirbt Toller auf einer Versammlung der Betriebsräte als Vorsitzender der USPD in Bayern um die Solidarität aller Sozialisten.

Tatsächlich sind die Mitglieder des ersten revolutionären Zentralrates weltfremde Philosophen und Idealisten wie Landauer, Dichter wie Toller und Mühsam, aber auch Geistesgestörte wie jener für auswärtige Angelegenheiten zuständige Dr. Lipp, der nach kurzer Zeit zur Abdankung gezwungen und ins Irrenhaus eingeliefert werden muß. Fragwürdig auch, ob gerade die Finanzen einer Räterepublik bei dem Vertreter der Freigeldtheorie, Sylvio Gesell, in sicheren Händen sind.

All diesen Männern fehlt es an praktischer politischer Erfahrung. Von daher wird die Weigerung der Kommunisten, für dieses Experiment die Mitverantwortung zu übernehmen, wohl verständlich.

Auch sonst weist das nun etablierte politische System von vornherein ins Auge springende Widersprüche auf.

Einerseits wird eine Rote Armee gebildet, werden Revolutionsgerichte eingesetzt, soll jeder Anschlag gegen die bayrische Räterepublik sofort geahndet werden, bekennt man sich ausdrücklich zum Beispiel Sowjetrußlands und Sowjetungarns und lehnt jegliche Zusammenarbeit mit der Regierung Ebert und Noske in Berlin ab, weil diese »unter der Flagge einer demokratisch, sozialistischen Republik das imperialistisch-kapitalistische Geschäft des alten Deutschen Reiches« fortsetze. Andererseits enthält bewußt die Gründungsproklamation nirgends das Wort »Klassenkampf«.

Tankred Dorst kennzeichnet die Bewußtseinslage der Mitglieder des revolutionären Zentralrates in seinem Stück »Toller« durch das folgende Gespräch:

Reichert: Vermisse in dem Aufruf das Wort ›Klassenkampf‹.
Mühsam: Landauer war dagegen.
Landauer: In den letzten Jahren ist Blut genug geflossen, sollen wir noch einmal damit beginnen? Unsere Revolution muß eine Revolution der Liebe sein.
Reichert: In Ordnung – wenn die Kapitalisten uns auch lieben!
Landauer: Der revolutionäre Impuls muß das ganze Land umfassen, nicht bloß die Arbeiterklasse. Er muß alles mitreißen, und wachsen über die Klassen hinaus. Wenn unsere Revolution nur eine äußere ist, wird sie bald in Äußerlichkeiten erstarren...

Welch teilweise absurden Forderungen sich die Mitglieder des Zentralrates nach ihrer Amtsübernahme gegenübersahen, hat Toller selbst nicht ohne Spott beschrieben:

»In den Vorzimmern des Zentralrates drängen sich die Menschen, jeder glaubt, die Räterepublik sei geschaffen, um seine privaten Wünsche zu erfüllen. Eine Frau möchte sofort getraut werden, bisher hatte sie Schwierigkeiten, es fehlten die notwendigen Papiere, die Räterepublik soll ihr Lebensglück retten. Ein Mann will, daß man seinen Hauswirt zwinge, ihm die Miete zu erlassen. Eine Partei revolutionärer Bürger hat sich gebildet, sie fordert die Verhaftung aller persönlichen Feinde, früherer Kegelbrüder und Vereinskollegen. Verkannte Lebensreformer bieten ihre Programme zur Sanierung der Menschheit an... die einen sehen die Wurzel des Übels im Genuß gekochter Speisen, die anderen in der Goldwährung, die dritten im Tragen unporöser Unterwäsche, die vierten in der Maschinenarbeit, die fünften im Fehlen einer gesetzlich vorgeschriebenen Einheitssprache und Einheitskurzschrift, die sechsten machen Warenhäuser und sexuelle Aufklärung verantwortlich...«

Schon nach etwas mehr als einer Woche Räteregierung putscht am 13. April 1919 die Münchner Garnison. Im Gegenschlag reißen die Kommunisten die Macht an sich. Sie nehmen Toller fest, lassen ihn wieder frei, machen ihn halb wider seinen Willen zum Abschnittskommandanten der Roten Armee. Er erobert Dachau, setzt sich dann für Verhandlungen mit der Regierung Hoffmann ein. Wegen Meinungsverschiedenheiten mit den Kommunisten tritt er als Abschnittskommandeur zurück. Noch eh alles zu Ende geht, bestimmen die Vertrauensleute der Münchner Arbeiterschaft Toller zu ihrem Kommandanten! Dies mit den Worten: »Oana muß sein Kohlrabi herhalten, sonst gibts an Saustall, und wennst nix vastehst, wirst es lerna, die Hauptsache ist, dich kennen wir.«

Auf seiten der Weißen wie auf seiten der Roten kommt es zu der bei Bürgerkriegen üblichen Eskalation der Gewalt. Soldaten des

»weißen« Freikorps erschießen 42 von Toller freigelassene russische Kriegsgefangene. In München werden von den »Roten« zehn Mitglieder des nationalistisch-antisemitischen Thulebundes verhaftet. Ehe Toller eingreifen kann, werden diese Geiseln erschossen. Andere Gefangene kann er retten. Ende April 1919 dringen Freikorpsverbände unter Ritter von Epp (später unter Hitler Stabschef der SA) in München ein. Sie liquidieren mehr als 1000 Arbeiter. Sie ermorden auf bestialische Weise den Philosophen Gustav Landauer und machen Jagd auf die übrigen Politiker der Räterepublik. Auf Tollers Kopf wird ein Preis von 10000 Mark ausgesetzt. Verkleidet hält er sich bei Freunden und Bekannten versteckt, wechselt häufig die Wohnung. Ein Kriminalbeamter, den man für Toller hält, wird erschossen. Mitte Mai wird einer der Führer der Kommunisten, Eugen Leviné, verhaftet und von einem Standgericht zum Tode verurteilt. Am 4. Juni wird auf eine Denunziation hin Toller in einem Versteck bei dem mit ihm befreundeten Kunstmaler Reichel aufgespürt und festgenommen. Am Tag darauf wird das Urteil gegen Leviné vollstreckt. Zwischen dem 14. und 16. Juli findet der Hochverratsprozeß gegen Toller statt. Auch ihm droht die Todesstrafe. Zahlreiche Persönlichkeiten der Kulturszene des In- und Auslandes setzen sich für ihn ein.

Der Verteidigung geht es vor allem darum zu beweisen, daß die Handlungsweise des Angeklagten nicht Ausdruck einer ehrlosen Gesinnung gewesen ist. Eben dies hat man bei Leviné unterstellt und ihm deswegen mildernde Umstände versagt.

Einer der Verteidiger Tollers, Hugo Haase, erklärt vor dem Standgericht: »Es ist ein Nonsens, daß die Regierung, die selbst durch eine Revolution zur Herrschaft gekommen ist, diejenigen als Hochverräter ins Zuchthaus oder gar aufs Schafott schickt, die nichts anderes tun, als sie selbst getan hat.«

Das Schlußwort des Angeklagten klingt alles andere als unterwürfig oder gebrochen. Es endet mit den Sätzen: »Meine Herren! Ich bin überzeugt, daß Sie nach bestem Recht und Gewissen das Urteil sprechen. Aber nach meiner Anschauung müssen Sie mir zugestehen, daß ich dieses Urteil nicht als ein Urteil des Rechts, sondern als ein Urteil der Macht hinnehmen werde.« Das Urteil lautet schließlich auf fünf Jahre Festungshaft.

Hinter Toller schließt sich die Zellentür im Zuchthaus Niederschönfeld. Schon nach einem halben Jahr, nachdem sein erstes Theaterstück in Berlin einen geradezu sensationellen Erfolg erringt, ist die bayrische Regierung bereit, den unbequemen Strafgefangenen freizulassen. Aber Toller lehnt es ab, ein Gnadengesuch zu stellen. Er will keine Gnade von dieser Regierung. Er will sein

Recht. Er weiß: solange ein prominenter Schriftsteller in einem bayrischen Gefängnis einsitzt, ist dieses Gefängnis im Blickpunkt des öffentlichen Interesses. Tatsächlich erzwingen Toller und Mühsam 1921 sogar einen kontrollierenden Besuch des Reichstagsabgeordneten und späteren Justizministers Radbruch.

Ein paar Jahre später kommt es im Reichstag, im bayrischen Landtag und in der Öffentlichkeit zu heftigen Diskussionen, ob die Einführung des verschärften Strafvollzugs (Schreibverbot, Bettenentzug, Bücherentzug, Verbot des Hofganges und Kostentzug) durch entdeckte Ausbruchspläne, die auch auf eine Verbindung zwischen radikalen Häftlingen und revolutionären Kreisen außerhalb des Gefängnisses hinweisen, gerechtfertigt sei.

Toller hat sich gegen die Strafverschärfungen mit Hungerstreiks zur Wehr gesetzt.

Er sitzt seine volle Strafzeit ab, wird erst am 15. Juli 1924 freigelassen, aus dem Freistaat Bayern ausgewiesen und von zwei Kriminalbeamten in Hof an der Saale an die Grenze gestellt.

In seine Gefängniszeit fällt die Entstehung und Aufführung jener Theaterstücke, die die Eigenart expressionistischen Theaters mit begründen, zugleich aber auch politisches Theater sind.

Der Revolutionär als Dichter

Aus den fünf bzw. sechs Theaterstücken der expressionistischen Phase Tollers zwischen 1918 und 1924 haben wir »Die Wandlung«, »Masse Mensch« und »Der entfesselte Wotan« deswegen zur genaueren Betrachtung ausgewählt, weil sich bei ihrer Analyse jene Bewußtseinsveränderung darstellen läßt, die sich beim Autor in diesen Jahren vollzieht. Andererseits werden in ihnen aber auch permanent durchgehaltene Grundvorstellungen besonders deutlich. Sind die »Wandlung« und »Masse Mensch« Verarbeitungen der beim direkten politischen Handeln gemachten Erfahrungen, so enthält die Komödie »Der entfesselte Wotan« eine Vorauswarnung.

Im Gegensatz zu den Richtern des Freistaates Bayern und vielen Bürgern der Weimarer Republik, die an die Gefährlichkeit eines Adolf Hitler selbst nach dessen Putschversuch im November 1923 nicht recht glauben wollen, hat Toller schon zeitig davor gewarnt, die Nationalsozialisten zu unterschätzen. Als Anfang 1924 ein bayrisches Gericht zwei Drittel der gegen Hitler und drei Mitglieder der NSDAP verhängten Strafen auf Bewährung aussetzt, schreibt Toller in einem Brief: »Will man Hitler durch Milde gewinnen? Er wird die Milde mit Recht als Schwäche deuten. Die Republik, die ihren gefährlichsten Gegner nicht ernst nimmt, beweist damit, daß sie sich selbst nicht ernst nimmt.« Er sollte auf traurige Weise mit dieser Feststellung recht behalten.

»Die Wandlung«, Tollers Erstling, erlebt seine Uraufführung am 30. September 1919 in der »Tribüne« in Berlin unter der Regie von Karlheinz Martin. Nach dem Urteil von Günther Rühle in seinem Band »Theater für die Republik« war es »eine der drei Schlüsselpremieren für das kommende Theaterjahrzehnt. Fritz Kortner, der die Hauptrolle des Friedrich spielt, gelangt damit sofort in die vorderste Reihe der Berliner Schauspieler.«

»Was ich damals spielte«, wird Kortner später bekennen, »war ich selbst; ein junger deutscher Jude und Rebell in Konflikt mit der Umwelt um sich herum.«

Und Alfred Kerr, dessen Stimme als Kritiker damals schon großes Gewicht hat, schreibt im »Berliner Tageblatt« nach der Premiere: »Toller zeigt einen jungen Menschen, der die Wandlung durchmacht... vom Groll zur Vaterlandsliebe, von der Vaterlandsliebe zur Arbeit für alle.«

Die Handlung des Stückes ist insofern einigermaßen schwierig wiederzugeben, weil es mehr in der Darstellung von Stimmungen durch expressive Wortmusik als aus scharf profilierten Handlungsschritten besteht.

Aus bürgerlicher Enge und Unzufriedenheit meldet sich Friedrich zum Kampf gegen die Wilden in den Kolonien. Dort erlebt er den Krieg in seiner ganzen Grausamkeit. An einen Baum gebunden, überlebt er als einziger seiner Einheit verwundet ein Massaker, wird als Held mit einem Orden ausgezeichnet. Im Lazarett sind die Verwundeten den Ärzten nur Menschenmaterial für ihre Rekonstruktionstechniken.

»Die Leute sind durch unsre Wissenschaft / zu neuem Leben auferweckt / Fleischrümpfe waren sie, / Nun sind sie wieder Männer... unserem Staate zugeführt / Und auch der Menschheit.«

In die Heimat zurückgekehrt will Friedrich als Bildhauer ein Symbol schaffen für das siegreiche Vaterland:

»Der Sieg des Vaterlandes, / ich glaube an ihn / ich will ihn glauben, / Ich will ihn gestalten, / Mit meinem Herzblut will ich ihn gestalten.«

Konfrontiert mit dem Elend der Kriegsopfer, zertrümmert Friedrich die Statue mit einem Hammer. Die Qualen und die Entfremdung des Menschen von sich selbst deuten sich im achten Bild an. Das neunte Bild beschwört das Elend und die Einsamkeit der Welt der Gefangenen. Das elfte Bild schließlich zeigt eine Volksversammlung. Auf ihr werden verschiedene Vorschläge zur Erlösung der Menschheit gemacht:

»Nicht Brot ist es, was uns not tut, die Wissenschaft, die Bildung. Geht, lernt, was es heißt, kausale Zusammenhänge, die Assoziationen verschiedener Erscheinungen zu begreifen ...«

Aber sowohl Wissenschaft wie auch Kirche sind diskreditiert, weil sie sich in den Dienst des Molochs Staat gestellt haben. Also ruft eine Gestalt aus:

»Was sollen uns Vereinler? Was sollen uns Universitätsprofessoren? Was sollen uns Pfaffen? Jesus ist der Familiengott der Reichen geworden.«

Und über den Staat urteilt dieselbe Gestalt (der Kommis):

»Der Staat ist ein neuer Ausdruck für Vaterland. Das ist eine Lüge. Das ist ein Begriff, der hat als Unterlage etliche tausend Quadratkilometer. Ein paar Sprachen, von denen die eine erlaubt, die andere unterdrückt ist. Und viele Tafeln, auf denen steht: Verboten. Will sagen: Erlaubt für die Reichen, verboten für die Armen. Und Steuern sollen heißen: Eingeschränkt für die Reichen, unbegrenzt für die Armen. Wenn die Reichen noch nicht genug Paläste haben und raffinierte lustvolle Wünsche, sagen sie: Verdammt, wir machen Krieg. Setzen sich hin, telefonieren ein paar Lügen in die Welt, lassen Krieg erklären. Gründen Vereine zugunsten der armen Verwundeten – ein paar mehr oder weniger macht gar nichts – damit also den Toten ein Denkmal gesetzt wird. Spende des Herrn Geheimrats. Das wäre der Staat.«

Als Ausweg wird die Masse beschworen, deren Kraft, freigesetzt, die reale Erlösung der Menschheit bewirken soll.

Aber Friedrich warnt sehr bald auch wieder die Menschen vor den falschen Propheten, vor dem Führer der Masse, der gar zu leicht zu ihrem Verführer werden könnte:

»Kennt ihr ihn? Gestern, da schrie er: Absonderung vom Volk! Heute ruft er: Das Volk ist Gott! Und morgen wird er verkünden: Gott ist eine Maschine. Darum ist das Volk eine Maschine.«

Und Friedrich kritisiert das Volk:

»... so seid ihr alle verzerrte Bilder des wirklichen Menschen.«

Für ihn muß der wirkliche Mensch, und darunter ist zu verstehen, der emanzipierte, der sich aus seiner Entfremdung befreiende Mensch, erst noch geboren werden. Das Stück endet mit Friedrichs Appell:

»Marschiert. Marschiert am lichten Tag! Nun geht hin zu den Machthabern und kündet ihnen mit brausenden Orgelstimmen, daß ihre Macht ein Trugbild sei. Geht hin zu den Soldaten, sie sollen ihre Schwerter zu Pflugscharen schmieden. Geht hin zu den Reichen und zeigt ihnen ihr Herz, das ein Schutthaufen ward. Doch seid gütig zu ihnen, denn auch sie sind Arme und Verirrte. Aber zertrümmert die Burgen, zertrümmert lachend die falschen Burgen...«

Alfred Kerr hat in seiner Kritik geschrieben, als Losung lasse sich gewissermaßen über das Stück schreiben:

Mensch, raffe dich!
Straffe dich!
Entaffe dich!

Worin nun freilich auch schon so etwas wie eine Parodie über die vielen Aufforderungs- und Befehlssätze mitschwingt, welche der Text enthält. »Gewiß, eine stärkste Anklage... nicht gegen den Krieg; sondern gegen eine Weltanschauung, gegen eine Lebensführung auch im Frieden.« Auch dies sind wieder Sätze aus der Kerr-Kritik. Nichts aber wird in ihr gesagt von jenem Überschwang an Vertrauen, vom Glauben an die Möglichkeiten des Menschen zum Guten, der, in Rhythmus umgesetzt, die Sprachmelodie des Stückes mitbestimmt.

Kranker: Ja, Sie scheinen also wirklich daran zu glauben!
Friedrich: An wen?
Kranker: An Sie und überhaupt an den Menschen.
Friedrich: Ich glaube an ihn.
Kranker: Hähhä... und an die Liebe.
Friedrich: Ich will sie leben.
Kranker: Und das alles...
Friedrich: Um den Menschen zu befreien.

Dies alles wäre nun wirklich unerträglich, besäße nicht Toller einen ausgeprägten Sinn dafür, Sprachgebärde und Bühnengebärde sich gegenseitig unterstützen zu lassen, und gelänge es ihm nicht, so eine Atmosphäre herzustellen, in der Agieren und Sprechen etwas von einem Traum haben.

Wirkt Alfred Döblins Zukunftsroman »Berge, Meere und Giganten«, der 1924 erscheint, wie die Ausgeburt einer von den Giftgasen des Weltkrieges verdorbenen Phantasie oder die Vorstellungen bei einem gigantesken »schlechten trip«, so wohnt auch Tollers Stükken, vielleicht gerade wegen der grell aufgesetzten Realitätselemente, etwas Traumspielhaftes inne. Es ist, als wolle nach dem Triumph des Bösen in der Wirklichkeit, der Dichter in einem Bühnentraum wenigstens das Gute sieghaft hervortreten lassen.

Auch das zweite Stück Tollers »Masse Mensch« beginnt als

Traumspiel und Totentanz. Aber bald stellt sich heraus: die Sprache hier ist härter, zynischer. Vor allem in jenem zweiten Bild, in dem die Zusammenhänge zwischen Kriegsverlauf und Börsenkursen kabaretthaft dargestellt werden.

So ist der Krieg
Als unser Instrument,
Das mächtige gewaltige Instrument,
Das Könige und Staaten,
Minister, Parlamente,
Presse, Kirchen
tanzen läßt...

Zynisch auch der Einfall, die Gründung eines Erholungsheimes zur Siegeswillensstärkung, sprich: eines staatlichen Bordells, auf das Aktien ausgegeben werden, durchzuspielen.

Das dritte Bild zeigt die Auflehnung wider die Unterdrückung. Es fallen nun Sätze wie: »Wann werden Liebe wir leben?« und »Fabriken dürfen nicht mehr Herr und Menschen Mittel sein. Fabrik sei Diener würd'gen Lebens.«

Bezeichnenderweise ist es eine Frau, »die Frau«, welche im Stück die Position des Autors vertritt.

Die Frau: Hört mich... ich will nicht neues Morden.
Der Namenlose: Schweigen Sie, Genossin.
Was wissen Sie?
Sie fühlen unsre Not, ich geb es zu.
Doch waren sie zehn Stunden lang im Bergwerk.
In blinden Kammern Kinder heimatlose
So Tag für Tag das Los der Massen.
Sie sind nicht Masse.
Masse ist Schicksal.

Fast wie in einer Art von Duett werden nun die Eigenschaften von oder die Meinungen über Masse reihend gegeneinandergestellt. Masse sei Recht. Masse sei Tat. Masse sei Kraft. Dagegen die Frau: Masse ist ohnmächtig, Masse ist schwach. Bis hin zu jener Sequenz im vierten Bild, da auf die Feststellung der Wache: »die Masse gilt!« die Frau beharrt: »Der Mensch gilt.«

Es ist auch die Frau, die den revolutionären Genossen vorhält:

Ihr mordet für die Menschheit,
Wie sie verblendet für ihren Staat gemordet
Und einige glaubten gar

Durch ihren Staat, ihr Vaterland,
die Erde zu erlösen.
Ich sehe keine Unterscheidung;
die einen morden für ein Land,
die andern für die Länder alle... wer für den Staat gemordet, nennt ihr Henker. Wer für die Menschheit mordet, den bekränzt ihr, nennt ihr gütig.

Eindeutig nimmt die Frau den Standpunkt ein:

Kein Mensch darf Menschen töten, um einer Sache willen.
Unheilig jede Sache, dies verlangt.
Wer Menschenblut um seinetwillen fordert,
ist ein Moloch.

Obwohl sich die »Masse Mensch« aus dem Mechanismus von Töten oder Getötetwerden (noch) nicht befreien kann, beharrt die Frau noch kurz vor ihrer Hinrichtung durch die reaktionäre Partei im Gespräch mit dem Priester: »Er (der Mensch) will gut sein.«

Gewiß ist »Masse Mensch« ein Revolutionsstück, in dem Töne der Desillusionierung nicht zu überhören sind.

Ist die Frau eine der Masse ethisch überlegene Führergestalt, die aber zugleich auch im Zustand der Anfechtung und der Schwäche gezeigt wird, so lebt in ihr doch der Glaube fort, daß sich das Unvereinbare doch einmal werde vereinbaren lassen: der Umsturz im Sinn der proletarischen Revolution und die Gewaltlosigkeit.

Ganz ähnlich wie im ersten Stück der wahre Mensch erst noch geboren werden muß, sind auch hier »in der Masse sozusagen latent höhere, ethische und soziale Daseinsformen angelegt, die freigesetzt werden müssen. Das scheint gemeint zu sein, wenn Toller die Frau in seinem Stück fordern läßt: ›Mensch in Masse befrein / Gemeinschaft in Masse befrein.‹ Diese Befreiung zu erleben bleibt ihr (der Frau) versagt. Sie scheitert an ihrer Führerrolle.« (Eykmann)

Die Tragik dieses Stücks ergibt sich aus dem Umstand, daß es der Masse nicht gelingt, ihr besseres humanes Selbst freizusetzen, daß es der Anführerin wegen ihrer bürgerlichen Herkunft, ihrer Sensibilität, ihrer Gewissenhaftigkeit nicht gelingt, den Kampf um die Macht mit jener Härte und Rücksichtslosigkeit zu führen, die für einen Sieg notwendig ist. Wäre sie aber dazu in der Lage, würde sie zugleich auch jene Menschlichkeit in sich zerstören, die bewirkt, daß die Masse in sie Vertrauen setzt und sie sich zur Anführerin wählt.

So betrachtet, ist »Masse Mensch« eigentlich ein pessimistisches Stück.

Siegfried Jacobsohn schrieb in seiner Kritik des Stückes in der »Weltbühne«:

»Der Bolschewist ist ein Pazifist von der bedingungslosen Gattung geworden. Er verwirft jede Gewalt, weil sie unweigerlich neue erzeugt und des Kampfes kein Ende würde. Moskau wird diesen verlorenen Sohn verachten, der bei der Wahl zwischen Masse und Mensch den Menschen gewählt hat – und trotzdem sein Stück der Masse, den Proletariern, widmet.«

Einmal davon abgesehen, ob Jacobsohn recht hat, wenn er eine Wandlung vom Bolschewisten zum Pazifisten konstatiert – ist denn Toller je Bolschewist gewesen? –, wird da ein Kernproblem angesprochen: die Tatsache, daß in der Realität notwendige Veränderungen ohne Einsatz von Gewalt undenkbar sind bzw. daß Revolutionen, die vor der Notwendigkeit eines Macht- und Gewaltverhaltens nicht zurückschrecken, ihre eigenen Ziele diskreditieren und ihre emanzipatorischen Errungenschaften häufig im Machtrausch eines einzelnen ersticken.

Toller hat in seinen frühen Dramen diesen Widerspruch darstellen, aber nicht auflösen können. In einem Brief an Stefan Zweig schreibt er, daß er »schmerzhaft die tragische Grenze aller Glücksmöglichkeit sozialer Revolutionen« erkannt habe. Und weiter: »Darum wird die Tragödie niemals aufhören. Auch der Kommunismus hat seine Tragödie. Immer wird es Individuen geben, deren Leid unlösbar ist.« Der Brief endet mit einem Bekenntnis: eine solche Einsicht könne nur Schwache verzweifeln lassen, während Starke trotz dieses Wissens den Kampf nicht aufgeben... Damit aber rückt Toller entschieden ab von marxistischen Vorstellungen vom Wesen des Menschen und vom Verlauf der Geschichte. Er nähert sich einer existentialistischen Haltung, wie sie sich später bei Albert Camus im »Mythos von Sisyphos« in Sätzen wie dem folgenden ausdrückt:

»Ich verlasse Sisyphos am Fuße des Berges! Seine Last findet man immer wieder. Nur lehrt Sisyphos uns die größere Treue, die die Götter leugnet und den Stein wälzt. Auch er findet, daß alles gut ist. Dieses Universum, das nun keinen Herrn mehr kennt, kommt ihm weder unfruchtbar noch wertlos vor. Jedes Gran dieses Steins, jeder Splitter dies durchnächtigten Berges bedeutet allein für ihn eine ganze Welt. Der Kampf gegen Gipfel vermag Menschenherzen auszufüllen. Wir müssen uns Sisyphos als einen glücklichen Menschen vorstellen.«

Es ist allemal ein komplizierter Standpunkt, an den Toller in seinem zweiten Stück gelangt. Fragt man sich, wie es zugegangen sein mag, daß seine Stücke alle einen großen Publikumserfolg hatten, so findet man in einer Kritik von Hermann Kienzle aus dem Jahr 1921 gewisse Anhaltspunkte. Es heißt da:

»Ein Drittes (neben der Regieleistung und der Absage des Autors an einen dogmatischen Parteigeist) steigerte bei allen die Empfänglichkeit und fachte den Beifall zum Sturm an: die Anteilnahme an der Person des Verfassers.«

Tatsächlich ist es Toller gelungen, eine sonst nur selten erreichte Übereinstimmung zwischen Werk und Existenz herzustellen, und zweifellos waren die Erlösungssehnsüchte seines Werkes die Sehnsüchte vieler Menschen damals.

An diesem Punkt knüpft auch die Erfolgsanalyse an, die Wolfgang Frühwald und John M. Spalek in ihrem Nachwort zu dem die »Gesammelten Werke« begleitenden Kommentar- und Materialienband versuchen. Sie schreiben:

»Als Brennspiegel aller die Zeit bewegenden Strömungen und Kräfte ist Tollers Werk vollkommenes Abbild des Nachkriegsdeutschlands, das sich darin, ungeachtet aller angeblichen künstlerischen Mängel wieder erkannt hat. Den gegen Toller von der zeitgenössischen Kritik meist erhobenen Einwand, hat Alfred Kerr auf die Formel gebracht: ›Toller spricht Zeitung.‹ Doch scheint gerade dieser von Kerr keineswegs negativ gewertete Eindruck den Erfolg mitbestimmt zu haben. Toller hat als einer der ersten deutschen Autoren das in der Literatur der fünfziger und der sechziger Jahre überstrapazierte Motiv der Reproduzierung und Klischierung von empirischer Realität entdeckt.«

Vielleicht wird diese These noch mehr einleuchten, wenn man Inhalt und Machart jenes dritten Stückes kennt, das hier ausführlicher betrachtet werden soll: »Der entfesselte Wotan«.

Es scheint mir stärker als das tragische Heimkehrerstück »Hinkemann«, stärker als das Dokumentarstück um die Kieler Matrosenrevolte 1917 »Feuer aus den Kesseln«, stärker selbst als das schon im Stil der neuen Sachlichkeit geschriebene »Hoppla, wir leben!«. »Der entfesselte Wotan«, die Komödie eines Massenwahns, jongliert mit Klischees des Zeitgeistes. Es ist witzig und erschreckend zugleich. Es gibt Hitler und die Nationalsozialisten in einem Maße der Lächerlichkeit preis, von der man erwarten würde, sie müsse tödlich sein.

Gewiß kommt es dem Stück zugute, daß es keinen direkten Bezug zu Tollers Leben hat, daß hier Pathos nur noch in ironischer Brechung vorhanden, der Autor auch einmal von jeglicher Mitleidshaltung entbunden ist. Will man begreifen, aus welcher Mischung von Chauvinismus, Ressentiments, Größenwahn und Kleinbürgertum der Faschismus entstand, so böte diese Komödie in einer sorgfältigen und einfallsreichen Inszenierung dazu bestes Anschauungsmaterial.

Vielleicht wäre dieses Stück den Deutschen jeder Generation einmal im Leben als selbstkritisch wirksame Medizin zu empfehlen.

Schon die erste Szene ist in ihrer Mischung von Klamauk und Hohn hinreißend.

Da erscheint auf einem feuerschnaubenden Rappen Gott Wotan, der nach Wildwestmanier (Karl May, Richard Wagner und Tom Prox werden gleichermaßen evoziert!) einen deutschen Mann ins Licht der Geschichte zerrt: »Come on! mein Teurer Wilhelm Dietrich Wotan!« Dieser Wilhelm Dietrich Wotan ist gewissermaßen die kleinbürgerliche Ausführung des alten großmächtigen Germanengottes. Zunächst präsentiert er sich in seinem Traumdreß: Wildkatzenfell quer über die nackte Brust, einen Bardenhelm auf dem Kopf, ein Schwert und ein Trinkhorn am Gürtel. Die nächste Szene macht klar, daß er in Wirklichkeit ein kleiner Friseur ist, dessen Geschäfte schlecht gehen, bis er endlich auf die rettende Wahnidee verfällt.

»Europa ist futsch. Mariechen«, sagt er zu seiner Frau, in »Europa wohnt kein Gott nicht mehr... jeder Bürgersmann will dem Untergang entrinnen. Jeder Bürgersmann der Sintflut. Jeder Bürgersmann erschrickt vor der nächsten Stunde. Jedem Bürgersmann ward das Leben zum Alp. Alle werden sie mitkommen, die vom Zeitsturm aus dem Nest geworfen, verstoßen und verjagt werden. Dem Offizier stiehlt man sein Recht auf Krieg. In Brasilien kann er Krieg führen gegen die Eingeborenen nach Herzenslust! Dem Rentner Recht auf Golddividende. Wo bekommt er sie? In Brasilien. Dem Beamten stiehlt man Titel und Orden. Dem Adel Ministerposten. Ehrwürdigen Jungfrauen die Judenmission. Der Jugend, der Jugend: Soldatenspiel und Heldenverehrung und Räuberlust. Ich werde Europa retten in Brasilien.«

Die Rettung des Abendlandes, die Erfüllung der Wünsche aller, die man betrogen, um ihre Privilegien gebracht und abserviert hat, soll eine Auswanderungsgenossenschaft werden, die die noch Regenerationswilligen ins Gelobte Land, nach Brasilien, überführen und ihnen dort Lebensraum für ihre atavistischen Wünsche bescheren wird.

Wilhelm Dietrich stellt selbstgewiß fest: »Der Mob hat versagt, der schlichte Frisör, er wird Europa retten.«

Und als Mariechen, die schon zu viele hochfliegende Pläne ihres Mannes wie Seifenblasen hat zerplatzen sehen, zu zweifeln wagt und fragt: »Aber wie anfangen, Wilhelm?«, antwortet dieser, selbstbewußt Nietzsche paraphrasierend: »Des starken Mannes Anfang: Tat.«

Es gelingt Wilhelm Dietrich Wotan in von Wolfblitz, Leutnant a. D. im Königlichen Leibpionierregiment, und in Schleim, einem stellungslosen Verlagskaufmann, zwei begabte Mitorganisatoren für sein bald florierendes Unternehmen zu finden.

Das Einstellungsgespräch zwischen Wotan und Schleim bietet dem Autor Gelegenheit, einen Kübel von Hohn und Spott über das (damalige) deutsche Verlagswesen auszugießen. Von den zehn Dichtern, die Schleims ehemalige Firma verlegte, sind fünf an Hungerschwindsucht, vier im Irrenhaus und nur einer normal gestorben.

Auf Wotans Frage, was denn dieses Haus an Büchern verlegt habe, antwortet Schleim:

»Die Revolution haben wir verlegt. Alle Sünden wider das Blut haben wir verlegt. Den teutschen Geist haben wir verlegt. Wir haben eine Sendung erfüllt. Wir haben unsere Kasse gefüllt.«

Als Wotan Schleim nach dessen Vorfahren befragt, antwortet dieser:

Schleim: Was fragen Sie mich nach meiner Abstammung! Fragen Sie mich nach meiner Gesinnung... meine Mutter war Germanin.

Wotan: Und Ihr Vater? Ich muß meine Hände reinhalten.

Schleim: Die Gesinnung entscheidet. Was kann ich für meinen Vater.

Wotan: Er lebt noch?

Schleim: Ich verkehr nicht mit Judenzern. Ich fühle mich als Arier.

Wotan: Sind Sie völkisch organisiert?

Schleim: Mannes Bundes Teutobold. Ich habe die Feme geleitet.

Nachdem das große Schwindelunternehmen so erfolgversprechend begonnen hat, endet der »Allegro« überschriebene erste Akt der Komödie mit der folgenden Szene in Wotans Intimsphäre:

Wotan: zu seiner Frau Mariechen
Frisches Linnen. Ein reines Jägerhemd. Ich strotze vor Mannheit. Mein Blut rast auf. Ich blühe. Lösch die Lampe im Schlafzimmer. Ich gedenke in dieser Nacht einen jungen Wotan zu zeugen.

Dank der Publicity-Künste Schleims und guter Beziehungen zu abgehalfterten Offizieren und zum schmollenden Adel, die Wolfblitz herstellt, gewinnt Wotan immer mehr Anhänger und nimmt immer mehr Geld ein. Zwar hat die brasilianische Regierung auf die Bitte um Siedlungsland bisher noch nicht geantwortet, aber was tut's. In einem Rausch von Größenwahn verliert Wilhelm Dietrich immer mehr den Bezug zur Realität. Er wähnt sich, durch den Zulauf von Massen bestärkt, allmächtig. Als das entscheidende Telegramm aus Brasilien weiter auf sich warten läßt, befiehlt er:

Wotan: Noch immer keine Antwort! Glaubt man eine Weltmacht wie China behandeln zu können? Drahten Sie sofort dringenden Protest. Drahten Sie alle fünf Minuten Protest! Mögen die göttlichen Firmamente vom flammenden Orkan empörter Proteste kochen Sturm, Sturm läuten.

Das Witzig-Originelle an solchen Passagen ist die Mischung von Anspielungen auf damals noch jedem bekannte imperialistische Drohworte des letzten deutschen Kaisers, beispielsweise während der Marokkokrise, mit einer die Exaltierung bis ins Lächerliche steigernden, expressionistischen Sprache, an anderen Stellen aber auch die Paraphrasierung von Wagner- oder Nietzsche-Texten, und dies alles in einem Stück, dessen Handlung auch noch an die damals sehr beliebten Operetten im Stil des »Vetter aus Dingsda« erinnert.

Eine seiner Kundinnen, eine Adlige, »eine Frau von Seele, eine Frau von Herz, mit Liegenschaften von drei Millionen Goldmark und einer Rente von hunderttausend Goldmark«, weiß Wotan durch Heirat an sich zu binden. Dafür wird das nun mit dem jungen Wotan schwangere Mariechen vorläufig schnöde abserviert.

Daß man in Brasilien auch auf den »Orkan empörter Proteste« nicht reagiert, leuchtet allen ein – nur Wotan nicht. Bei ihm kitzelt das »nicht ist, was nicht sein kann«, lediglich Ressentiments wach:

Wotan: Ich ahne den Einfluß fremder Mächte.
Schleim: Sie meinen?
Wotan: Frankreich! Kein Zweifel. Frankreich intrigiert in Brasilien. Der Erbfeind fürchtet teutsche Ertüchtigung im Urwald.

Schließlich läßt Wotan, »gestützt auf meine hohen Verbündeten«, Brasilien den Krieg erklären.

Vor einem Spiegel Herrscherposen einstudierend, monologisiert er:

Wotan: ... die Menschheit lechzt nach einem Diktator. Wohlan denn! Volk, du findest mich bereit.

Aber dann bricht alles zusammen. Der brasilianische Konsul hat vor Friedrich Dietrich Wotans Schwindelunternehmen gewarnt. »Die Menge ist unterrichtet. Die Volksseele kocht. Gleich wird die Polizei kommen und Ihre Bude schließen«, berichtet Schleim, während er dem Panzerschrank das Geld entnimmt, das er zur Flucht ins Ausland braucht.

Als ein Polizist dann zur Verhaftung des Betrügers schreitet, geschieht das nicht ohne die Andeutung, daß Wotan sich der Sympathien der Ordnungswächter und der Obrigkeit sicher sein kann:

Polizist: ... ich dulde keine Beleidigungen. Ich verbiete Mißhandlungen. Herr Wotan ist der Behörde als ein Bürger von staatserhaltender Gesinnung bekannt... Herr Wotan, Ihr Betrieb wird kraft polizeilicher Verordnung für geschlossen erklärt. Strafrechtlich nicht verantwortlich, werden Sie zu Ihrer eigenen Sicherheit für einige Tage in Schutzhaft genommen.

Ehe er dorthin abgeführt wird, verkündet Wotan Mariechen:

Wotan: Ich werde im Zuchthaus... auf der Galeere... im Exil ein Buch schreiben... in drei Ausgaben. Für Fürsten, für Reiche. Fürs Volk... der Dolchstoß kurz vorm Ziel, Memoiren des Wilhelm Dietrich Wotan...«

Mit der Versicherung, er habe eine Mission, Europa könne nicht untergehen, solange Wotan lebe, endet das grotesk-makabre Lustspiel, in dessen Prolog es heißt:

O Publikum! Lach nicht zu früh.
Einst lachtest du zu spät
Und zahltest deine Blindheit mit lebendgen Leibern.
Lach nicht zu früh.
Doch lach zur rechten Zeit.
Versteh es, wer verstehen mag.

Gespielt wurde die Komödie bezeichnenderweise zunächst außerhalb der Grenzen der Weimarer Republik, in Prag. Erst der große Erfolg dieser Aufführung, über den unter anderem Max Brod berichtet hat, veranlaßte Jürgen Fehling, das Stück am 23. Februar 1926 in Berlin zu inszenieren, wobei man der Titelfigur die Züge Adolf Hitlers gab.

Durch einen glücklichen Zufall hält sich Ernst Toller im Januar 1933 bei Hitlers Vereidigung als Reichskanzler zu einem Radiovortrag in der Schweiz auf. So entgeht er der Verhaftung durch die Nazis, die einen anderen an der Münchner Räterepublik beteiligten Dichter, Erich Mühsam, ergreifen und im KZ auf barbarische Weise zu Tode quälen. Im Mai 1933 werden Tollers Bücher und Theaterstücke mit auf den Scheiterhaufen vor deutschen Universitäten verbrannt. Schon Ende Mai 1933 klagt er auf dem PEN-Kongreß in Ragusa (Dubrovnik) tapfer die braunen Gewalthaber in Deutschland ob ihres Rassismus an:

»Der Schriftführer des deutschen PEN-Klubs ist heute ein Herr von Leers. In seinem Buch ›Juden sehen dich an‹ hat er es gewagt, die Juden als Teufel in Menschengestalt zu bezeichnen. Unter die Bilder von Einstein, Ludwig, Lessing setzte er das Wort ›ungehängt‹, unter die Bilder von Erzberger, der übrigens kein Jude war, die Worte ›endlich gerichtet‹.

Wird man diesen Ausbruch des Wahnsinns und der Barbarei verurteilen, wird man Herrn von Leers aus dem deutschen PEN-Klub ausschließen? Werden den Reden und Resolutionen der Herren die Taten folgen?«

Die deutsche, die österreichische und die schweizerische Delegation hatten sich gegen das Rederecht für Toller ausgesprochen, und als der Vorsitzende H. G. Wells ihm dennoch das Wort erteilte, verließen diese Delegationen den Sitzungssaal.

Mit dieser Rede beginnt Tollers unermüdlicher, mit Waffen des Wortes geführter Aufklärungsfeldzug gegen die faschistische Gefahr.

Im Sommer 1933 erscheint im Querido Verlag, Amsterdam, »Eine Jugend in Deutschland«, jene Autobiografie, an der er lange gearbeitet hatte und die so anschaulich eine Vorstellung davon vermittelt, daß die Wurzeln des Faschismus bis in die Zeit vor dem Ersten Weltkrieg zurückreichen.

Beachtung findet das Buch vor allem in seiner englischen Übersetzung, die 1934 im Verlag John Lane, The Bodley Head, erscheint. Übersetzungen in andere europäische Sprachen schließen sich an.

Nach einer Reise nach Ägypten spricht Toller im Juni 1934 wieder auf dem Internationalen PEN-Kongreß in Edinburgh. In einer englischen Zeitung liest man:

»... seine lange Rede in englischer Sprache machte offensichtlich tiefen Eindruck. Sauber rasiert, mit stark gezeichneten Augenbrauen und dunklem, schon ergrauendem Haar, das sich aus der Stirn

Ernst Toller und seine Frau, die Schauspielerin Christiane Grautoff, 1935

nach hinten wellte, drängte er nachhaltig darauf, etwas für seine Landsleute und Schriftstellerkollegen zu unternehmen, die schon monatelang ohne Gerichtsverfahren eingesperrt sind, und für jenen Teil des deutschen Volkes, das leidende Deutschland, von dem man in den offiziellen Berichten nichts hört...«

Daß die Aktivitäten Tollers in England, Finnland, Schweden und Kanada das Nazi-Regime durchaus trafen, beweisen die nach 1945 aufgefundenen Akten des Auswärtigen Amtes, in denen immer wieder von der Wirkung der Lesungen und Vorträge Tollers berichtet wird. Die Reichsregierung ließ häufig durch ihre Botschaften gegen das Auftreten Tollers protestieren. Spitzel und Agenten der Nazis sitzen fast immer in seinen Veranstaltungen und berichten über deren Wirkung nach Berlin.

Immer mehr enttäuscht zeigt sich Toller von der Haltung seiner Mitemigranten, über die er 1936 resignierend urteilt:

»Die Emigration von 1933 ist ein wüster Haufe aus zufällig Verstoßenen, darunter vielen jüdischen verhinderten Nazis, aus Schwächlingen mit vagen Ideen, aus Tugendbolden, die Hitler verhindert Schweine zu sein, und nur wenigen Männern mit Überzeugung. Deutsche, allzu Deutsche...«

Bedrückt haben dürfte ihn auch die Entwicklung in der Sowjetunion, in der nun die stalinistischen Säuberungsprozesse beginnen.

Trotz Depressionen und Anfällen von Zweifeln, trifft auf Toller das Motto zu, das sein Freund, der englische Schriftsteller Christopher Isherwood, für seinen Lebensstil in diesen Jahren geprägt hat: »Revolutionaries never sleep« (Revolutionäre schlafen nie).

Bezeichnend für seine Haltung und sein Bewußtsein ist ein Prospekt mit Stichworten für drei Vorträge, die er für Veranstaltungen während einer Reise durch die USA und Kanada zwischen Oktober 1936 und Februar 1937 anbietet, bezeichnend auch für die von ihm mitgeprägte Rolle des engagierten, des in das Zeitgeschehen eingreifenden Schriftstellers, der nun vom Schreibenden zum Redner wird:

Ernst Toller

Themen der Vorträge

Hitler – die Versprechungen und die Wirklichkeit

Ruhelosigkeit des Nachkriegsdeutschlands. Die Wirtschaftskrise. Persönliche Begegnung mit Hitler. Hitlers Leben. Hitlers Weg zur Macht. Sein Programm. Was hat er davon gehalten? Die Judenfrage im Programm der Nazis. Juden in revolutionären Bewegungen. Ist die jüdische Frage eine deutsche Frage? Die gegenwärtige Lage in Deutschland: politisch, kulturell, wirtschaftlich. Wer hat die Macht in Deutschland? Konsequenzen des Militarismus. Will Hitler den Frieden? Hitler und die Zukunft Europas. Die Nazipropaganda im Ausland. Die Pflicht der Demokratien. Wie lassen sich Freiheit und Weltfrieden erhalten.

Die persönliche Verantwortung für diese Zeit

Ideale des modernen Menschen? Die Führer und Verführer. Die Rolle des Politikers, des Philosophen und des Dichters. Ist der Verführer allein schuldig, oder tragen wir alle Schuld? Die Furcht vor der Wahrheit und die Weigerung, über brennende Zeitfragen nachzudenken. Flucht aus der Realität. Wie wir die Zukunft durch unser Nichthandeln beeinflussen. Kommt ein neuer Krieg? Wird er sich in einem bestimmten Bereich abspielen? Ideale versus Wirtschaft. Der Krieg, und die an ihm profitieren. Die unterschiedliche Einstellung der Alten und der Jungen gegenüber dem Krieg. Die Haltung des Diktators zu Krieg und Frieden. Was läßt sich dagegen tun?

Die Rolle des Theaters in unserer veränderten Welt

Die Funktion des Theaters in der Gesellschaft. Unterhaltung und Erziehung. Unterschiede zwischen dem modernen Drama und dem Drama der Vergangenheit in Deutschland. Unterschiede zwischen dem Expressionismus und dem alten und neuen Realismus. Das soziale Drama. Einige Fehlinterpretationen des modernen Dramas. Die Aufgabe des Produzenten und des Autors. Experimentelles Theater. Volkstheater. Die Rolle des Theaters, der freien Autoren und Schauspieler im Nazideutschland. Freiheit der Kunst. Ausblick.

Im Juli 1934 wird Erich Mühsam von den Nazis im KZ Oranienburg ermordet. Während einer Reise in die Sowjetunion trifft Ernst Toller Willy Bredel, dem die Flucht aus einem deutschen KZ gelungen ist. Anfang 1938 beginnt Toller mit der Niederschrift eines neuen, realistisch-dokumentarischen Theaterstücks »Pastor Hall«.

Im Mittelpunkt der Handlung steht ein evangelischer Pfarrer, ein moralischer Rigorist, der in Deutschland zum Widerstand aufruft, ins KZ kommt, dort Zeuge der Quälereien wird, aber mit ähnlicher Unerbittlichkeit, wie das Erich Mühsam getan hat, an seinen Idealen festhält. Selbst am Rand seiner physischen Kräfte, protestiert Friedrich Hall in einem Gespräch mit dem KZ-Kommandanten gegen die Foltermethoden:

Friedrich Hall: Sie haben den siebzigjährigen Bibelforscher Herder ...

Fritz Gerte (zischend): Sie sind nicht zu retten.

Friedrich Hall: ... auspeitschen lassen, weil er ein Wort der Heiligen Schrift in seiner Not und Verzweiflung, sich und den anderen zum Trost, gesprochen hat. Sie haben ihn gezwungen, die Peitschenhiebe zu zählen, und uns, der Marter zuzusehen. Herder ist gestorben. Es kommt die Stunde, Fritz Gerte, wo Sie sich, wenn nicht vor dem irdischen, so vor dem himmlischen Richter verantworten werden.

Fritz Gerte: Wache!
SS-Mann Heinrich Degen: Zu Befehl!
Fritz Gerte: Führen Sie den Gefangenen in Einzelhaft. Er erhält morgen früh vor versammelter Belegschaft fünfundzwanzig Stockhiebe.

Während die Szenen im KZ eindrucksvoll sind (vor allem, wenn man bedenkt, daß Toller ja nur einige wenige Augenzeugenberichte kannte), verliert das Stück manches an Glaubwürdigkeit und Wirkung durch die Verbindung recht banaler privater Konflikte der Personen mit politischen Situationen in Deutschland, auf die aufmerksam zu machen es Toller in erster Linie angekommen sein dürfte. Fritz Gerte, am Ende des Stückes KZ-Kommandant, ist von Anfang an ein Tunichtgut. Er ist in die Pfarrerstochter Christine verliebt und intrigiert erfolgreich gegen deren Ausreise mit ihrem künftigen Mann, einem jungen Akademiker, in die USA. Gewiß mag es solche Konstellationen, wie Toller sie darstellt, gegeben

Ernst Toller, 1938

haben. Gemessen an der Dimension des Grauens und der Unmenschlichkeit, von denen die KZ-Szenen sehr wohl eine Ahnung geben, wirken die persönlichen Konflikte aller Personen banal und kolportagehaft. Vielleicht wollte aber Toller eben gerade dadurch ein möglichst breites Publikum erreichen. Vergleicht man aber dieses Stück beispielsweise mit denen Ödön von Horvaths, so fehlt es Tollers Personen an psychologischer Dimension. Alle bleiben sie plakativ, unlebendig, klischeehaft.

Diese Mängel sind wohl auch jenem Theaterdirektor in den USA aufgefallen, der das Stück ablehnte, vordergründig mit dem Argument, die Sprache der englischen Fassung sei zu englisch, aber dann auch wohl von Bedenken bestimmt, wie sie sich in dem folgenden Satz äußern: »Ihr Pastor ist eine edle Gestalt, aber wenn ein solcher Mann hier bei uns so reden würde, wie er redet, würde man ihn einen Poseur nennen...«

Hier wird der Finger auf eines der Grundprobleme Tollers als Theaterautor gelegt.

In seiner expressionistischen Phase trugen Sprachgestus und sein Sinn für bühnenwirksame Effekte über Schwächen in der Charakterisierung und bei der psychologischen Ausleuchtung der Personen hinweg. Bis hin zum »Entfesselten Wotan« und »Hoppla, wir leben« hatte Toller immer eher Typen als individuelle Menschen auf die Bühne gestellt. Gerade aber Charakterdarstellung, raffinierte Psychologie, war man damals in den USA in realistischen Stücken gewohnt. Künstlerische Schwächen waren der Grund, weshalb »Pastor Hall« für den Broadway abgelehnt wurde. Und gewiß wird sich Toller dieses Problems auch bewußt gewesen sein.

Aber ließ sich gegen die Nazis überhaupt mit Theaterstücken kämpfen? Auch diese Frage dürfte sich Toller damals gestellt haben.

Als überzeugter Pazifist bringt Toller es nicht über sich – wie viele seiner Freunde –, in die Internationalen Brigaden in Spanien einzutreten, die der schwachen Republik gegen die putschenden Militaristen und Faschisten zu Hilfe geeilt sind. Statt dessen versucht er, eine Unterstützungsaktion zugunsten der hungernden Zivilbevölkerung in beiden Lagern zu initiieren. 50 Millionen Dollar will er für eine Hungerhilfe zusammenbringen. Entscheidend für die Verwirklichung des Planes scheint, ob es gelingen wird, den damaligen US-Präsidenten Roosevelt zu gewinnen. Im August 1938 wendet sich Toller über Radio Madrid an den Präsidenten. Die Ansprache wird in den USA nicht empfangen. Unentwegt wirbt Toller bis Ende 1938 weiter für seinen Hilfsplan. Gleichzeitig warnt er in England die Westmächte vor den Folgen einer Beschwichtigungspolitik gegenüber Hitler. Er sammelt Geld in Norwegen und Schweden.

Als Roosevelt endlich auf den Plan aufmerksam gemacht worden ist und einen Ausschuß einberuft, der eine Spende von 500000 Dollar zusammenbringen soll, ist es schon zu spät. Der Widerstand der Republikaner gegen Franco ist zusammengebrochen. In Tollers Stichwortsammlung für ein Buch über die Spanienhilfsaktion stellt er deren tragisches Ende so dar:

»Schweden hat anderthalb Millionen, Norwegen eine halbe Million Kronen gegeben, England 50000 Pfund. Erfolg, aber unter welch tragischen Umständen. Zentralspanien abgeschnitten. Niederlage unaufhaltsam. Arbeit für Spenden nach Zentralspanien. Auch Zentralspanien fällt. Was bleibt. Hilfe für Flüchtlinge. 400000 in Frankreich. Traum und Wirklichkeit.«

An jenem 19. Mai 1939, an dem General Franco in Madrid seine große Siegesparade abhält, setzt Ernst Toller im Badezimmer seines New Yorker Hotels seinem Leben ein Ende.

Hämisch meldet der »Berliner Lokalanzeiger«: »Der berüchtigte kommunistische Schriftsteller und Verfasser von zahlreichen Hetzstücken, Ernst Toller, hat jetzt die Konsequenz aus seinem verpfuschten Leben gezogen. In New York, wohin er im Laufe seines Emigrantenlebens verschlagen worden ist, hat er sich in einem Hotel erhängt.«

Über die Hintergründe von Tollers Freitod ist viel gerätselt worden. Erwin Piscator schreibt in einem Brief an einen Freund: »Es gibt Leute, die meinen, daß er ermordet worden sei. Diese fußen auf Untersuchungen vor dem Diez-Commitee, wo ein verhafteter Nazi ausgesagt hat, daß eine hiesige Gruppe eine Selbstmordwelle unter den Emigranten entfesseln will, und Toller sei das erste Opfer gewesen.«

Im nachhinein scheint dieses Gerücht kaum haltbar. Wenn man die Situation betrachtet, in der sich Toller im Mai 1939 befand, scheint seine Weigerung, weiterzuleben, ohne Geheimnis aus Erschöpfung und Verzweiflung zu resultieren.

Der Mann, der Tausende von Dollars für die Hungerhilfe zusammengebettelt hatte, ist selbst zu diesem Zeitpunkt fast mittellos. Der Faschismus, gegen den er in all den Jahren gekämpft hat, droht ganz Europa, seine geistige Heimat, zu verschlingen. Schon 1938 hat sich seine Ehefrau, die Schauspielerin Christiane Grautoff, von ihm getrennt. Seit seiner Reise nach Mexiko, Ende 1937, hat er immer wieder unter Depressionen gelitten. Im Mai 1939 kann er sich nicht schlüssig werden, ob er in den USA bleiben oder nach Europa zurückkehren soll.

Christopher Isherwood, der ihn in diesem Frühjahr noch einmal sieht, findet ihn alt aussehend, ungesünder und dünner denn je, die schwarzen Augen verdüstert, aber fast sanft. Toller raucht fast ständig. Seine Hände zittern. Auf die Frage, wie es ihm in New York gefalle, antwortete er: »Ich hasse es.«

Wenn er nachts auf seinem Bett liege, erzählt er Isherwood weiter, höre er drüben im Zoo die Seelöwen brüllen. Manchmal komme es ihm vor, als seien sie sehr zornig und verlangten mit ihrem Geschrei die Zerstörung der Stadt.

Lion Feuchtwanger hat in seinem Nachruf geschrieben: »Mein Freund Ernst Toller hatte zuviel Herz für die anderen, um an sein eigenes Werk zu denken. Wenn einer, dann war er eine Kerze, die, an beiden Enden angezündet, verbrannte.«

Was wissen Gymnasiasten, was wissen junge Leute im Deutschland des Jahres 1981 von Ernst Toller? Man kann die Probe aufs Exempel machen. Man wird feststellen: Die wenigsten haben seinen Namen gehört, von einer Kenntnis seiner Werke gar nicht zu reden.

Dabei: Wer wissen möchte, was man in einer Kindheit und Jugend zwischen 1900 und 1918 erlebte, woran man sich anpaßte, wogegen man aufbegehrte, wofür man sich begeisterte, wovor man sich fürchtete, worüber man sich empörte – er müßte Tollers »Eine Jugend in Deutschland« lesen.

Und wer sich fragt, wie man Menschen, die den Nationalsozialismus nicht aus eigener Erfahrung kannten, das Schwärmen für einen neuen Faschismus ausreden könnte... »Der entfesselte Wotan« ist eines der wenigen deutschen Theaterstücke, die mit Witz und Gelächter zu überzeugen versuchen.

Ernst Toller verdient es, nicht nur wegen seines exemplarischen Lebenslaufs als engagierter Schriftsteller in Deutschland, sondern auch wegen seiner Schriften und Theaterstücke, neu gelesen und wiederentdeckt zu werden.

1893 Ernst Toller in Samotschin bei Bromberg geboren.
1906 Toller kommt auf das Realgymnasium. Schwere Krankheit mit zwölf Jahren. Operation.
1914 Nach Reifeprüfung Studium in Grenoble in Frankreich. Nach Kriegsausbruch: Freiwilliger im 1. Bayr. Fuß-Artillerie-Regiment.
1915 Meldet sich freiwillig an die Front und wird vor Verdun eingesetzt.
1916 Mai–September im Lazarett und bei einer Genesungskompanie. Wird kriegsuntauglich geschrieben. Beginnt das Studium in München.
1917 September: Teilnahme an der Lauensteiner Tagung des Eugen Diederichs Verlags.
Wintersemester in Heidelberg. Aktivitäten des »Kulturpolitischen Bundes der Jugend«. Kontakt mit Gustav Landauer.
1918 Geht mit Kurt Eisner nach München.
3.3.: Wird auf einer Demonstration streikender Munitionsarbeiter verhaftet.
Drei Monate im Militärgefängnis und in einer psychiatrischen Anstalt. Im September endgültig kriegsdienstuntauglich entlassen.
Kommt Mitte November nach München. Zweiter Vorsitzender des Vollzugsrates der Bayrischen Arbeiter-, Bauern- und Soldatenräte.
1919 März: Toller wird Vorsitzender der USPD. Räterepublik. Nach Gegenschlag der Kommunisten bei einem Putsch von rechts wird Toller Abschnittskommandeur der Roten Armee.
30.4.: Die »Weißen« dringen in München ein.
Ab 2.5. lebt Toller untergetaucht. Wird am 7.6. entdeckt und verhaftet.
Mitte Juli: Hochverratsprozeß. Toller wird zu 5 Jahren Festungshaft verurteilt.
September: Uraufführung seines Stückes »Die Wandlung«.
1920 Toller in der Festungshaftanstalt Eichstätt. Verlegung nach Niederschönenfeld.
1920 Februar: Erste Massenversammlung der NSDAP in München. Toller verfaßt die Sprechchordichtung »Der Tag des Proletariats«.
November: Uraufführung von »Masse Mensch«. Das Stück wird für den Freistaat Bayern verboten.
1921 Lesung des neuen Tollerstückes »Die Maschinenstürmer« in Dresden.
September: Jürgen Fehlings Inszenierung von »Masse Mensch« in Berlin.
1922 Uraufführung von »Die Maschinenstürmer« am Großen Schauspielhaus, Berlin.
Zahlreiche Aufführungen von Toller-Stücken im Ausland.
1923 Uraufführung von »Der deutsche Hinkemann« in Leipzig.
Buchausgabe von »Der entfesselte Wotan«.
November: Hitlerputsch in München.
1924 Theaterskandal bei der Dresdner Aufführung von »Hinkemann«.
April: Das »Schwalbenbuch« erscheint. Toller wird aus der Haft entlassen und an die Grenze des Freistaates Bayern gestellt.
Seine Gedichtsammlung »Vormorgen« erscheint.

1925 Vortrags- und Lesereisen. Aufführung des »Entfesselten Wotan« in Prag. Reise nach Palästina und England.

1926 Februar: Fehling inszeniert in der Tribüne in Berlin den »Entfesselten Wotan«.
März bis Mai: Reise in die Sowjetunion.
Sommer und Herbst: Reise nach Frankreich. Toller wird Mitglied der »Gruppe revolutionärer Pazifisten«.

1927 Aufführungen von »Hinkemann« und »Masse Mensch« in Österreich. Lesungen in Dänemark und Norwegen.
September: Premiere von »Hoppla, wir leben« in Hamburg und Berlin.

1928 Reisen nach Italien, Schweden und Norwegen.
Hörspiel »Berlin, letzte Ausgabe«.

1929 Uraufführung von »Bourgeois bleibt Bourgeois« in Berlin. Reise in die USA und nach Mexiko.

1930 August: Premiere von »Feuer aus den Kesseln« in Berlin.
Oktober: Tollers Reisebilder und Reden erscheinen unter dem Titel »Quer durch«.

1932 Auf dem PEN-Club-Kongreß in Budapest Auseinandersetzung Tollers mit Marinetti über Faschismus. In Wien wird Tollers Drama »Die blinde Göttin« uraufgeführt.

1933 30. 1.: Hitler Reichskanzler. Toller in der Schweiz.
10. 5.: Bücherverbrennung.
27./29. 5.: Toller greift auf dem PEN-Club-Kongreß in Ragusa die Nazis an. Lesereise durch Jugoslawien.
Im November erscheint »Eine Jugend in Deutschland« im Querido-Verlag, Amsterdam.

1934 Die Schauspielerin Christiane Grautoff trifft Toller in der Schweiz.
Juni: Rede vor dem PEN-Club-Kongreß in Edinburgh. Reise in die Sowjetunion. Englische Ausgaben seiner Bühnenstücke erscheinen.

1935 Verschleppungsversuch aus England.
16. 5.: Heirat mit Christiane Grautoff in London. Im Querido-Verlag erscheint »Brief aus dem Gefängnis«.

1936 Autoreise durch Spanien und Portugal.
Mai/Juni: Proben zu »No More Peace« in London.
11. 6.: Uraufführung. Tollers Frau in der Hauptrolle.
17. 7.: Der Spanische Bürgerkrieg beginnt.
Vortragsreise Tollers in USA und Kanada. Er schreibt zwei Drehbücher.

1937 Vortragsreise im Westen der USA. Arbeit an einem Drehbuch. Reise nach Mexiko. Schwere Depressionen.

1938 Toller trennt sich von seiner Frau und löst seinen Vertrag mit der Filmfirma. Er reist über Paris nach Spanien, dort von Barcelona aus ins belagerte Madrid.
26. 8.: Botschaft mit der Bitte um Hilfe für die spanische Zivilbevölkerung an Präsident Roosevelt. Toller reist nach Frankreich, England, Schweden, Dänemark, Norwegen, um für seine Hungerhilfe zu sammeln.
November: Kommt wieder nach New York, wird ins Weiße Haus eingeladen und kann Roosevelt zur Ernennung eines Organisationskomitees veranlassen.

1939 Franco erobert Barcelona.
Januar: Schlußarbeit Tollers an dem Drama »Pastor Hall«. Das Stück

erscheint im Juni in englischer Sprache in London.
28. 3.: Francos Truppen erobern Madrid.
1. 4.: USA, England, Frankreich erkennen das Franco-Regime in Spanien an.
22. 5.: Toller erhängt sich im Hotel Mayflower in New York.

WEITERFÜHRENDE LITERATUR

Außer den Gesammelten Werken von Ernst Toller, die als Einzelbände zu haben sind (Carl Hanser Verlag, München 1978), ist der im Zusammenhang mit den Gesammelten Werken herausgegebene Band »Der Fall Toller, Kommentar und Materialien« von Wolfgang Frühwald und John M. Spalek, Carl Hanser Verlag, München 1979, zu empfehlen.

Brigitte Dörrlamm, geboren 1936 in Marienburg/Westpreußen. Nach Realschule und Neusprachlichem Gymnasium 1957 Abitur. Studium der Germanistik und Geschichte in München und Münster/Westfalen als Stipendiatin der Studienstiftung des deutschen Volkes Staatsexamen. Von 1962 bis 1971 verheiratet mit einem Feuilletonredakteur, drei Söhne. Rezensionen, kleinere journalistische Arbeiten. Seit 1969 im hessischen Schuldienst. Zweites Staatsexamen 1972. Zur Zeit Lehrerin für Deutsch, Geschichte und Gemeinschaftskunde an einer Gymnasialen Oberstufe, außerdem in der Erwachsenenbildung tätig.

Hans-Christian Kirsch (Frederik Hetmann), geboren 1934 in Breslau. Nach dem Studium der Anglistik, der Pädagogik und der Politischen Wissenschaften arbeitete er für den Rundfunk und war Verlagslektor. Er hat mehrere Romane und Biografien und ein Sachbuch zur Geschichte der Schule seit dem 18. Jahrhundert (»Bildung im Wandel«) veröffentlicht. Er hat in Irland und den USA selbst Märchen gesammelt und zahlreiche Bände angelsächsischer und keltischer Folklore (»Amerika Saga«, »Irische Märchen«, »Irischer Zaubergarten«) übersetzt und herausgegeben. Kirsch wurde zweimal, 1965 und 1973, mit dem Deutschen Jugendbuchpreis ausgezeichnet. Er ist Mitglied des PEN-Clubs und lebt heute mit seiner Familie als »freier Schriftsteller« in einem Dorf im Westerwald.

Ulrich Konitzer, geboren 1922 in der Nähe von Danzig. Er studierte Deutsch, Geschichte und Philosophie und trat nach Abschluß seines Studiums in den höheren Schuldienst ein. Gegenwärtig unterrichtet er am Carl-Jacob-Burckhardt-Gymnasium in Lübeck. Der Autor hat einige Zeitschriftenaufsätze über jugendsoziologische und literaturdidaktische Themen veröffentlicht.

QUELLENVERMERK

BECHER, JOHANNES R., Gesammelte Werke, Band 1 und 2, Berlin und Weimar 1966.
Mit freundlicher Genehmigung des Aufbau Verlages, Berlin und Weimar.

BENN, GOTTFRIED, Gesammelte Werke in 4 Bänden, hrsg. von Dieter Wellershoff, Band 2 und 3, Stuttgart [4]1978.
Mit freundlicher Genehmigung der Verlagsgemeinschaft Klett-Cotta, Stuttgart.

BRECHT, BERTOLT, Der Nachgeborene, in: Gesammelte Werke, Frankfurt am Main 1967.
Mit freundlicher Genehmigung des Suhrkamp Verlages, Frankfurt am Main.

DÖBLIN, ALFRED, Erzählungen aus 5 Jahrzehnten, Olten 1977.
Mit freundlicher Genehmigung des Walter-Verlages, Olten.

HEYM, GEORG, Dichtungen und Schriften, Band 1 (Lyrik), Hamburg und München 1964.
Mit freundlicher Genehmigung der C. H. Beck'schen Verlagsbuchhandlung, München.

HEYM, GEORG, Dichtungen und Schriften, Band 2 (Prosa und Dramen), Hamburg und München 1962.
Mit freundlicher Genehmigung der C. H. Beck'schen Verlagsbuchhandlung, München.

KAISER, GEORG, Werke, Band 1–6, hrsg. von Walther Huder, Berlin 1970/71.
Mit freundlicher Genehmigung des Ullstein Verlages, Berlin.

LASKER-SCHÜLER, ELSE, Sämtliche Gedichte, hrsg. von F. Kemp, München 1966.
Mit freundlicher Genehmigung des Kösel-Verlages, München.

TOLLER, ERNST, Geammelte Werke, Band 1–5, hrsg. von John M. Spalek und Wolfgang Frühwald, München 1978. © 1978 by Sidney Kaufman.
Mit freundlicher Genehmigung des Carl Hanser Verlages, München.

TOLLER, ERNST, Der Fall Toller, Kommentar und Materialien, hrsg. von Wolfgang Frühwald und John M. Spalek, München – Wien 1979.
Mit freundlicher Genehmigung des Carl Hanser Verlages, München.

TRAKL, GEORG, Dichtungen und Briefe, Historisch-kritische Ausgabe, hrsg. von Walther Killy und Hans Szklenar, 2 Bände, Salzburg 1969.
Mit freundlicher Genehmigung des Otto Müller Verlages, Salzburg.

Literatur&Erfahrung

Literatur&Erfahrung

8 Tagebuch

Literatur&Erfahrung

6 Faszination des Faschismus

L&E 1
Schülerkultur
L&E 2
Literarische Sozialisation und politische Bildung
L&E 3
Lektürebiographie – lesen und leben
L&E 4
Anti-Literatur
L&E 5
Gegenwartsliteratur – Arbeit an der Geschichte
L&E 6
Faszination des Faschismus
L&E 7
Geld
(Januar 82) L&E 8
Tagebuch
(Mai 82) L&E 9
Oral-History
(Oktober 82) L&E 10
Institutionen
(Januar 83) L&E 11
Interpretieren
(Mai 83) L&E 12
Schmutz und Schund

Einzelpreis: DM 7,–; Abonnement (3 Hefte): DM 20,50; Studenten 17,–
Gabriele Schmelz, Duisburger Str. 16, 1000 Berlin 15

Literatur&Erfahrung

Literaturwissenschaft im Fischer Taschenbuch Verlag

Althochdeutsche Literatur
Mit Proben aus dem Altniederdeutschen. Ausgewählte Texte mit Übertragungen und Anmerkungen.
Hrsg. und Übers.:
Horst Dieter Schlosser
Erweiterte Neuausgabe
Band 6455

Antonin Artaud
Das Theater und sein Double
Band 6451

Hermann Bausinger
Dialekte - Sprachbarrieren - Sondersprachen
2. Band zur Fernsehserie Deutsch für Deutsche.
Band 6145

Jan Berg u.a.
Sozialgeschichte der deutschen Literatur von 1918 bis zur Gegenwart
Originalausgabe. Band 6475

Otto F. Best
Handbuch literarischer Fachbegriffe
Definitionen und Beispiele.
Überarbeitete und stark erweiterte Ausgabe. Originalausgabe.
Band 6478 / in Vorbereitung
-Abenteuer-Wonnetraum aus Flucht und Ferne
Geschichte und Deutung
Originalausgabe / Band 6453

Karl Corino (Hrsg.)
Autoren im Exil
Originalausgabe.
Band 6458

Brigitte Dörrlamm / Hans-Christian Kirsch / Ulrich Konitzer
Klassiker heute
Die Zeit des Expressionismus
Erste Begegnung mit Georg Heym, Georg Trakl, Gottfried Benn, Johannes R. Becher, Georg Kaiser, Alfred Döblin, Else Lasker-Schüler, Ernst Toller. Originalausgabe.
Band 3026

Johannes Erben
Deutsche Grammatik
Ein Leitfaden
Originalausgabe. Band 6051

Hartmann von Aue
Erec
Mittelhochdeutscher Text und Übertragung.
Hrsg.: Thomas Cramer
Originalausgabe. Band 6017
-Der arme Heinrich
Mittelhochdeutscher Text und Übertragung.
Hrsg.: Helmut de Boor
Originalausgabe. Band 6138

Kindlers Literaturgeschichte der Gegenwart
Aktualisierte und vollständig überarbeitete Ausgabe.
12 Bände in Kassette.
Diese umfassende Darstellung der Geschichte der deutschsprachigen Gegenwartsliteratur ist das Standardwerk für jeden, der am literarischen Leben unserer Zeit interessiert ist. Sie gibt einen detaillierten Überblick über Autoren, Werke, Themen, Tendenzen seit 1945. Mit mehr als 30 000 Stichworten.
Band 6460

Hans-Christian Kirsch (Hrsg.)
Klassiker heute
Zwischen Klassik und Romantik
Originalausgabe. Band 3024

Dieter Kühn
Luftkrieg als Abenteuer
Kampfschrift
Ungekürzte Neuausgabe
Band 1998

Hans Mayer (Hrsg.)
Deutsche Literaturkritik
4 Bände. Dünndruckausgaben
Band 1
Von Lessing bis Hegel
Band 2008